瓯骆风云

周永光　编著

团结出版社

图书在版编目（CIP）数据

瓯骆风云 / 周永光编著. -- 北京 : 团结出版社,
2022.2

ISBN 978-7-5126-8870-4

Ⅰ. ①瓯… Ⅱ. ①周… Ⅲ. ①壮族－军事史－研究－
中国－古代 Ⅳ. ①E291

中国版本图书馆CIP数据核字(2021)第098397号

出　版	团结出版社
	（北京市东城区东皇城根南街84号　邮编：100006）
电　话	（010）65228880　65244790
网　址	http://www.tjpress.com
E-mail	65244790@163.com
经　销	全国新华书店
印　装	成都市兴雅致印务有限责任公司
开　本	210mm×285mm　1/16
印　张	20
字　数	461千字
版　次	2022年2月第1版
印　次	2022年2月第1次印刷
书　号	978-7-5126-8870-4
定　价	128.00元

题　记

张声震

《壮族通史》在开始编写时，就计划同时编写壮族的经济、政治、军事、文化等专著。但军事专著到2006年才从原广西通志馆和广西军区军事志编辑室各物色到一人来承编，前者从古代往近代写，后者由现代往近代写，何时会合，会合处即二人的分工点。由于军事志编辑室的同志还有现时任务而无法脱手，任务只好由通志馆退休了的周永光编审一人来承担。虽然周永光也对近现代壮族军事一些重要课题做过研究且有了成果，但要全部完成近现代内容的编写，工作量太大。顾及编者的年龄和健康，也考虑出版的时间问题，这本书的下限定在1840年，这也就是它不叫壮族军事史，而是本书的缘由。

周永光自武汉大学毕业后，到总参机关工作二十三年，转业后从事地方志工作十六年，他先后从事的这两种工作，为编写地方军事史奠定了良好的基础。他研究问题思路开阔，判断事物力避主观，表述情况务求明晰精当。经过他九年多的辛勤劳作，一部几十万字的专著呈现在读者面前，填补了壮学研究的一项空白。

这本书，专业特色浓厚，写出了“那”文化基础上产生的“壮家兵文化”的风采，指出了壮族先民勇于战斗、善于战斗，史册上早有“劲越”的称号，阐明了许多客观史实虽然存在然而人们却不甚知晓的问题。这部书是专门叙述古代壮族军事活动、军事组织、军事人物、军事制度以及军事思想的书，但也每每述及经济情况和社会问题，政治观点鲜明，它对一些重要是非的判断，我是赞成的。这部书前八章纵述史事，后两章横列专题，把壮族古代军事的重大情况和许多别具价值的内容，都做了陈述，其谋篇布局，可谓匠心独运。这部书亦史亦志，图、照、表、录兼备，既有提炼归纳的叙述、一目了然的地图和表格展示，又有原始资料丰富的一些重要附录和考证，学术性和可读性都比较强。

壮学书籍的编著者，多为从事壮学研究数十年的专家，而周永光原非壮学业内人士，却在不足十年间编写出一部重要的壮学专著，难免存在某些不足。我们期待壮学同人百尺竿头更进一步，有更多更好的著作问世。

2014年1月20日

目　录

绪　论

壮族是中国少数民族中人口最多的民族，聚居于桂西及滇东南地区。历史上，壮族先民则分布于广大的珠江流域和红河流域，先后被史籍称为西瓯（西于，即西越）、骆越（瓯骆）、蛮、俚、僚、乌浒、撞、依人、沙人、狼人，还被混称为“猺獞”。有这些称谓的武装，皆属本书论述之范围。数千年来，壮族上层掌控的武装相继以酋领武装和土司（封建领主）武装的身份长期持续存在着，壮族下层武装——农奴和农民造反的队伍，则是断断续续地出现过。

“族”，乃会意字，用一面旗帜和一枚弓矢表示在一起共同战斗——渔猎和对他族争斗的人群。此一汉字深刻地概括了民族的历史内涵，说明没有共同战斗就没有民族。壮族亦概莫能外，没有武装、没有战斗就不能生存、不能发展。尚武先军是壮族的悠久传统。酋领武装、土司武装的行动，起过积极作用的，得到全民支持的，有抵抗秦军略地、反抗吕雉王莽歧视政策、反抗贪暴官员、迎应中央新政权维护岭南统一、反对唐朝改变“俚僚半输”、参加御倭、抗击交趾侵掠等；酋领、土司武装起消极作用的是为封建朝廷出征镇压人民群众；壮族地区编入国家行政区划后，酋领、土司继续兼并，掠杀不已。下层人民反压迫、反剥削的武装斗争，其正义性自不待言，但造反农军的一些流寇行为，亦不应予以肯定。

有悠久历史的壮族人民创造了灿烂的文化，其中包括丰富的军事文化。就制度而言，“田子甲”——兵农——就是一种农耕社会行之有效的军事制度，按地方编组，依农时组训，以田养兵，以获（稼获、战获）为饷为赏，平时务农，战时为兵，有警即可动员出大批的作战力量，在很大程度上弥补了政府正规军兵力之不足。它是在“那”文化基础上产生出来的“壮家兵文化”，历史上体现出了诸多的优越性，自然也有其局限性。就谋略而言，壮族先民西瓯人从失败的教训中学会了掌控战争，由就范于敌转向使敌就范于我，创造了以弱胜强的历史奇迹。造反的壮民武装还提出过“官有万兵，我有万山，兵来我去，兵去我还”的战斗口诀，反映壮族武装会做敌对双方力量比较，利用空间、时间因素，制定出扬长避短、灵活机动的战略战术。纵观岭南壮族先民的作战，包括与其交战的对方的作战，曾经是计谋叠见、智慧纷呈的。壮族社会有尚武的传统，人们自幼习武，练就了壮家兵能以少击众的技艺和勇于战斗的顽强性格，历史上曾享有“劲越”的称号。

壮族武装，无论是上层的还是造反民众的，都带有氏族性。这种氏族性，给自身带来了凝聚力、坚定性。土司武装亦兵亦农，属民兵性质，亦带有一定程度的专业性。耕兵田者为军籍，子承父业，世代服兵役。土司兵依里甲为编制，每年定期习武，且有严酷纪律，因而具有甚强的战斗力。壮族社会女性活跃，壮族武装的杰出人物中有不少的巾帼英雄，这也是壮族武装的特色之一。

壮族世代生活在岩溶地貌的深山溪洞之中，很早就有了军事地理观念，会利用“我有万山”和外敌不适应亚热带气候等自然条件与敌周旋。有进攻必谋防守，“依山筑城、石垒其缺”，是壮族先民构筑防御设施的基本做法。迄今尚存的智城、侬王城、八峰山寨城，是考察壮族古代战争的珍贵标本。

第一章　秦越战争

壮族先民——越人，最早的军事行为是部落与部落之间的战争和部落联盟与部落联盟之间的战争。那坡感驮岩文化遗址中出土斧范，证明壮族先民在中原进入商代的同一时期，就在岭南生产青铜斧——既是生产工具，也是战争武器。武鸣马头元龙坡西周至春秋时期墓地出土110件铜器，其中73件是兵器。流传于壮族民间的口头文学《布洛陀经诗》中的《唱罕王》部分，诉说了罕王与祖王在王权、美女、奴隶、土地、山塘等方面的争夺。这些传说与文物，反映了战争是古代壮族先民社会生活中的大事和常事。晋人据传说写成的《交州外域记》云："蜀王子将兵三万来讨雒王、雒侯，服诸雒将，蜀王子因称安阳王。"越北岱侬人亦有相关传说。最早见诸文字记载的可能涉及壮族先民的战争是同楚国的战争。《史记·孙子吴起列传》载："楚悼王素闻（吴）起贤，至则相楚……于是南平百越；北并陈、蔡，却三晋；西伐秦。"《后汉书·南蛮西南夷列传》亦云："吴起相悼王，南并蛮越，遂有洞庭、苍梧。"这些只言片语的记载，反映了部分壮族先民（居住在苍梧之野部分），可能曾与楚国军队兵戎相见。较为可考的古代壮族先民的战争是抵抗秦国的战争。史称这一场战争为秦征百越、秦戍五岭、秦越之战、秦瓯之战等，记载比楚并蛮越为多，但仍欠完整，主要是从秦军角度记述的。为了便于论证，先将秦越战争的基本史料及前后相关的史料原文摘录于此：

> 秦始皇既灭三晋，走燕王，而数破荆师……始皇问李信："吾欲攻取荆，将军度用几何人而足？"李信曰："不过用二十万人。"始皇问王翦，王翦曰："非六十万人不可。"始皇曰："王将军老矣，何怯也！李将军果势壮勇，其言是也。"遂使李信及蒙恬将二十万南伐荆。（王翦谢病，归老于频阳。后来荆人大破李信军，入两壁，杀七都尉。始皇闻之大怒，自驰频阳，请王翦挂帅出征，按六十万发兵。）……岁余（秦始皇二十四年，即楚荆王五年），虏荆王负刍，竟平荆地为郡县，因南征百越之君。
>
> ——《史记·白起王翦列传》
>
> 二十五年，大兴兵，使王贲将，攻燕辽东，得燕王喜。还攻代，虏代王嘉。王翦遂定荆江南地，降越君，置会稽郡。二十六年……从燕南攻齐，得齐王建。秦王初并天下。
>
> ——《史记·秦始皇本纪》

秦始皇二十六年，有大人长五丈，足履六尺，皆夷狄服，见于临洮……是岁始皇初并六国，反以为喜瑞……南戍五岭，北筑长城，以备胡越。

——《汉书·五行志》

又使尉屠睢将楼船之士南攻百越，使监禄凿渠运粮，深入越，越人遁逃。旷日持久，粮食绝乏，越人击之，秦兵大败。秦乃使尉佗将卒以戍越。当是时，秦祸北构于胡，南挂于越，宿兵无用之地，进而不得退。行十余年，丁男被甲，丁女转输，苦不聊生，自经于道树，死者相望。及秦皇帝崩，天下大叛。

——《史记·平津侯主父列传》

秦皇又利越之犀角、象齿、翡翠、珠玑，乃使尉屠睢发卒五十万为五军，一军塞镡城之岭，一军守九疑之塞，一军处番禺之都，一军守南野之界，一军结余干之水，三年不解甲弛弩。使监禄无以转饷，又以卒凿渠而通粮道，以与越人战，杀西瓯君译吁宋，而越人皆入丛薄中，与禽兽处，莫肯为秦虏，相置桀骏以为将，而夜攻秦人，大破之，杀尉屠睢，伏尸流血数十万，乃发戍卒以避（备）之。当此之时，男子不得修农田，妇人不得剡麻考缕，羸弱服格于道，大夫箕会于衢，病者不得养，死者不得葬，于是陈胜起于大泽，奋臂大呼，天下席卷而至于戏，刘、项兴义兵随，而定若折槁振落，遂失天下，祸在备胡而利越也。

——《淮南子·人间训》

三十三年，发诸尝逋亡人、赘婿、贾人略取陆梁地，为桂林、象郡、南海，以谪遣戍……三十四年，谪治狱吏不直者，筑长城及南越地。三十五年，益发谪徙边。

——《史记·秦始皇本纪》

南越王尉佗者，真定人也，姓赵氏。秦时已并天下，略定杨越，置桂林、南海、象郡，以谪徙民，与越杂处十三岁。佗，秦时用为南海龙川令。至二世时，南海尉任嚣病且死，召龙川令赵佗语曰："闻陈胜等作乱，秦为无道，天下苦之，项羽、刘季、陈胜、吴广等州郡各共兴军聚众，虎争天下……南海僻远……可以立国……"嚣死，佗即移檄告横浦、阳山、湟溪关曰："盗兵且至，急绝道聚兵自守！"……秦已破灭，佗即击并桂林、象郡，自立为南越武王。

——《史记·南越列传》

上述史料是粗略的、片段的、跳跃性的，时序上也有反复，伤亡情况，稍带夸张色彩，但基本事实是可信的。加以梳理，前后印证，并考察地理和参考其他资料，可以看出战争的主要经过、双方的基本策略和战术。

一、战争经过

秦征百越是王翦率60万大军灭楚之后，所采取的行动。对于其开始时间及经过，学术界有多种说法，叙述或细或粗，论证之依据及方法不一。[①] 综合分析，判断秦军南征开始于秦始皇二十五年（前 222 年）间较为合理。因为秦军二十四年（前 223 年）已虏楚荆王，竟平其地为郡县。秦国“二十五年大兴兵”，其内容包括两部分：在北方，小将王贲所率部队灭燕、代。在南方，老将王翦（王贲之父）继续率部分兵力（约 10 万人）东征“降越君，置会稽郡”，同时将其大部兵力（50 万人）交付给接任的统帅尉屠睢南征。如果 60 万大军完成灭楚任务后不遣散，就会执行新的任务，否则停滞 3 年至二十八年始南征，或闲置 8 年至三十三年（前 214 年）始南征，在军事上不合逻辑，“因南征”的“因”字难以解释，“大兴兵”的“大”字也就没有了内容。

---

① 范文澜《中国通史简编》（人民出版社，1964 年第 4 版）第二编第一章第一节“秦怎样建立汉族的统一国家”中的“通水路”子目中，述及“前二一四年（秦始皇三十三年），秦始皇发大军五十万人经略岭南，令史禄通运粮水道”。同节“大移民”子目中述及“又征发曾犯逃亡罪的人及赘婿、小商贾为兵，取南方桂林、南海等郡；又发五十万人守五岭，与土著杂居”。

△朱绍侯主编《中国古代史》（福建人民出版社，1982 年出版）上册述及秦灭楚后很快降服浙江一带的越族置会稽郡。秦始皇二十六年，分别征服今温州一带的东瓯和福建境内的闽越，置闽中郡。命令尉屠睢指挥五十万大军分五路南下，对今两广地区的南越和西瓯进行大规模的战争，相持达三年之久。开凿了灵渠，解决转饷困难才打败越族。三十三年，越族半夜出击大败秦军，杀死尉屠睢。秦增派援军征服了越族，置三郡。次年又迁徙五十万人戍守五岭，与越人杂居。

△［法］鄂卢梭在其《秦代初平南越考》（见冯承君《西域南海史地考证译丛九编》）中认为秦征百越的战争“好像”始于二十六年。

△［越南］陶维英《越南古代史》称，《史记》记载秦朝用兵三年才进入西瓯之地，此后方置郡县。岭南三郡于秦始皇三十三年置，看来秦出兵岭南最迟应在三十年。但《史记·秦始皇本纪》记三十年为“无事”，因此他“臆断”秦朝发兵应在二十九年。

△余天炽等合著的《古南越国史》（广西人民出版社，1988 年出版）主张秦统一岭南之战开始于秦始皇二十八年秋冬。

△张锡孔、田环主编的《中国历史大事编年》（北京出版社 1992 年出版）在“秦始皇三十三年”下写：“击南越，灵渠建成，粮道已通，始皇征发逃亡者、赘婿、贾人为垦卒，攻取南越（今岭南地区），设桂林、南海、象郡；迁罪犯五十万人戍五岭，与越人杂居。”

△白寿彝、高敏、安作璋主编的《中国通史·秦汉时期》（上海人民出版社，1995 年出版）称秦军经三年激战才打败南越攻占番禺，西线仍受到西瓯人的阻击，大约二十八年灵渠修成，秦军解决了军粮转运的困难，深入西瓯继续作战，杀其君译吁宋，基本控制该地区。在此基础上，秦始皇于三十三年分置三郡。

△翦伯赞主编的《中国通史稿》（人民出版社，1998 年出版）称秦王政二十六年，使尉屠睢发卒五十万为五军，（东线秦军）击败了闽越的抵抗，以其地置闽中郡；（中路）攻南越的秦军也占领了番禺；只有西线的秦军遇到了西瓯人英勇顽强的抵抗。西瓯译吁宋和秦军统帅尉屠睢相继战死。三十三年，秦始皇又谪发内郡罪人增援，征服了西瓯，在岭南建置了三郡，并继续征发人民前往戍守。这样，几十万北方农民驻留在那里与越人杂居，共同开发珠江流域。

△袁钟仁在《岭南文化》（辽宁教育出版社，1998 年出版）一书中的“伟大的和平进军”一节称，秦始皇于三十三年派一支由罪犯组成的，未经战阵，人数也不会很多的军队去略取陆梁地，进军岭南没有发生战斗，当年就建立了桂林、南海、象郡。该节还称《淮南子·人间训》所述秦军 50 万人分五路部署，相距遥远，任何统帅都无法指挥，部队无法呼应配合；既然已有一军 10 万人进驻番禺，则岭南问题已解决，其他四路驻军毫无必要；到西汉时整个南海郡只有人口 94253 名，此前两百多年的秦朝南海郡治就驻军 10 万人，难以想象；秦国不可能抽调 50 万大军来进驻岭南，进驻南海郡的就是万人而已，驻桂林、象郡的秦军也不会很多；使用简陋石器和少量青铜兵器的越人，一夜之间步行千里之外作战，使五路秦军全部被杀，导致农民起义，秦王朝即覆灭，浮夸失实。

△周谷城《中国通史》、张传玺主编《简明中国古代史》以及费正清主编《剑桥中国秦汉史》对秦南征百越战事本身均无具体记述。

原楚国领地已达五岭北侧，还包括湘桂走廊今天的全州、兴安一带。[①]王翦在楚国腹地长江中下游地区消灭楚军主力并轻取东越之后离任，随后便是“尉屠睢将楼船之士”开赴原楚国南境。《淮南子·人间训》所述五军50万人的情况，即是灭楚秦军从洞庭湖和鄱阳湖出发，分别溯湘江、赣江、余干之水向前进基地——五岭及武夷山开进，此即南征之始，亦即“大兴兵”的两大内容之一。“与越人战”则发生在部队陆续到达前进基地集结完毕，并经一番部署和准备，继而逾岭深入越人区域之后。翻武夷山东进的秦军较快得手，次年即建立了闽中郡。[②]逾五岭南下的秦军则初胜后挫，虽杀了西瓯君译吁宋，而与越人的交战却“旷日持久”，秦军“三年不解甲弛弩”，统帅尉屠睢战死，将士伤亡惨重。《淮南子·人间训》称其为“伏尸流血数十万，乃发戍卒以避（备）之”。《史记·平津侯主父列传》记为“秦兵大败，秦乃使尉佗将卒以戍越”。二十五年（前222年）秦军南征至大败历经三年，即是二十七年（前220年）底或二十八年（前219年）初，而尉佗出任统帅将卒戍越之年份，据其与任嚣谈话内容逆推，即在此时。[③]

“尉佗将卒以戍越”之后，《史记》中无交战之记录，只存“与越杂处”四字。《交州外域记》云，赵佗与安阳王较量，先挫后胜，终于将其赶下海。尉佗吸取尉屠睢失败的教训，改弦易辙，实行缓和政策，经过多年经营，岭南局势趋于稳定，秦始皇便于三十三年（前214年）在珠江上的番禺、郁江上的布山、桂南或越境内的临尘分别设立了南海郡、桂林郡和象郡三个行政机构，任命任嚣为南海尉，赵佗被“用为南海龙川令”。并于当年及第二、第三年连续从中原将大批按秦律应予惩罚的各种罪人迁徙到岭南三郡来。所谓“略取陆梁地”，此时并非军事攻略，而是移民到越人逃走后遗弃的地区和插入越人聚落之间地区去屯垦，使秦政权之势力从郡治附近向四周扩展，从而巩固中央王朝在岭南的统治。

简而言之，秦始皇用兵岭南和实施统治呈现为三个阶段，即尉屠睢3年、赵佗5年（指其领兵时间，不包括其任县令时间）、任嚣8年。越人抗秦激战在头3年，中期5年战事渐减，后8年任嚣主政时期越人已与南来汉人错界而居，和平共处，开始相互交流了。

---

① 1957年安徽寿县出土的制作于楚怀王六年（前323年）的鄂君启节，其铭文记载的楚国水路交通线，入湘达郷阳（今全州县），入潇（为湘江上游，今称来水）达鄙（今兴安县）。见张声震主编的《壮族通史》上册第153页，民族出版社，1997年出版。

② 据王国维考证，秦共四十八郡，二十六年始分天下为三十六郡时包括闽中郡在内。然后在燕齐故地增置六郡。至三十三年南置南海、桂林、象郡，北置九原郡。又于内地分置陈、东海二郡以达四十八郡，六之八倍。“秦制然也。”（《观堂集林·秦郡考》）

③ 《史记·南越列传》记任嚣将死前与赵佗密谈提及秦谪徙民与越杂处已十三年。谈话中有“陈胜作乱”等语，谈话时间当在秦二世元年（前209年）七月陈胜起义之后。任嚣死后赵佗即“行南海尉事”于秦二世三年（前207年）在乐昌筑城以自守（见刘远铎《乐昌县志》）。谈话最迟也在秦二世三年（前207年）。照此反推13年，赵佗将卒与越杂处当始于秦始皇二十八年（前219年）。《汉书·南越传》记赵佗于汉文帝元年（前179年）自称已“处越”三十九年，反推亦证明其入越始于秦始皇二十八年（前219年）前后。

二、秦军南征部署、策略和措施

用兵岭南，是秦始皇兼并六国后实施北守南攻战略而采取的大规模军事行动。异域作战，重兵出击，按照攻击对象之强弱和作战范围之大小分配力量。《淮南子·人间训》称，南征秦军50万分为五军。其部署依次是，“一军塞镡城之岭”，镡城岭即越城岭，其东南与其平行的是都庞岭、海洋山，两岭之间即湘桂走廊，为湘漓二水及秦卒所凿灵渠之所在。“一军守九疑之塞”，此要塞位于湘桂粤交界地区之湘南境内，南连萌诸岭。从萌诸岭可下贺江，控制苍梧。“一军处番禺之都”，番禺在今广州。有的学者认为三支秦军尚处于南岭一线时，这支秦军不可能前出这么远。“去国五百里为都”，这支秦军应是处在距其攻取目标番禺五百里的骑田岭一带。① 其实，从湘粤交界处的骑田岭出阳山关，即达湟水（洭水），然后转入北江下番禺，全程250余公里，秦军用一军突入，先行占领主要目标，这种可能性也是不能排除的。因为苍梧以东珠江流域是苍梧族（南越）的地盘，楚国击灭苍梧国后虽未南下，但该地域已无大的集团，几乎成为权力真空。“一军守南野之界”，秦南壄县汉时改为南野县，故城在今江西南康县西南章水南岸。这支秦军溯赣江、章水南下抵大庾岭，出横浦关，一可顺浈水下北江，向番禺会师；一可走陆路，攻略粤东地区。“一军结余干之水”，即集结于鄱阳湖东南今信江沿岸。溯江而上翻越武夷山进军闽越。闽越力量薄弱（赵佗曾讥闽越“千人众亦称王”），与东瓯、东越皆古越国遗众，楚灭越后皆臣服于楚。秦既灭楚，此等小王未经激战亦降。秦将闽越王废为君长，以其领地及东海王领地（东瓯，位瓯江一带）置闽中郡，治东冶，位于今福州市。

番禺处于珠江三角洲上，是岭南珠江流域自然条件最优越、交通最发达、物资最丰富、人口也相对较多的地区。控制番禺地区无疑是秦军南征的重心和首期要达成的任务。因而可以推测秦军除部署一军沿北江而下直取“番禺之都”外，同时部署南野之秦军与其平行南下。根据形势或合击番禺，或向粤东扩张。这两支秦军的任务是在粤境建立南海郡，郡治设于番禺。郡属诸县之番禺、四会（一说属桂林郡）为沿北江而下之秦军所辟；龙川、揭阳、博罗三县判系南野秦军经始兴、翁源向东南推进时所辟。

---

① 《羊城今古》1998年第4期刊载的吴凌云《也谈秦“一军处番禺之都”》文中称:“虽然《史记·货殖列传》称番禺‘亦其一都会’，但‘都’与‘都会’是两码事。查《说文解字》‘都’字:《周礼》：去国五百里为都。又师注引《司马法》曰：王国百里为郊，二百里为州，三百里为野，四百里为县，五百里为都。太宰注曰：邦中在城郭者四郊，去国百里；邦甸二百里；家削三百里；邦县四百里；邦都五百里。而‘国’‘邦’互用，按《辞源》作城邑讲，则‘番禺之都’乃是距番禺城五百里的地方。为之佐证的，有《史记》舜‘南巡狩，崩于苍梧之野’的‘野’字不可作荒野解。”吴认为“处番禺之都”的秦军当在今广东之连州市。

从“九疑之塞”南下的秦军占领苍梧，控制贺江、西江通道，可能还负有支援苍梧西南方向作战的任务。从“镡城之岭”南下秦军的任务是开凿灵渠，占领今广西大部、越南北和中部地区，作战地域与其他四路相比，最为广大。其在进攻过程中遭到了西瓯人猛烈的抵抗。秦军统帅尉屠睢设帐于该路进行指挥，该方向成为秦越战争最激烈的战场。这支秦军首要任务是确保灵渠至苍梧的桂江通道，然后溯浔江、郁江、邕江、左江而上，同时走北流江、南流江出海，向西南扩大其占领区。在今贵港市贵城镇南江村的布山设置了桂林郡治所，[①] 在今桂南或越南境内的临尘（一说位于崇左、一说位于合浦、一说在越南河内、一说越南中部之象林）设置了象郡治所。

秦军中原逐鹿，以连横对付合纵，军事与外交（包括经济收买）并用，十年间将六国各个击破，威震天下。然而进军岭南，所处的作战环境、面对的作战对象、战争进行的样式，与中原大不相同。西汉淮南王刘安对岭南状况有一分析，可借为秦越战争形势之参考：“越非有城郭邑里也，处溪谷之间，篁竹之中，习于水斗，便于用舟，地深昧而多水险，中国人不知其势阻而入其地，虽百不当其一。”“越甲卒不下数十万，所以入之，五倍乃足，挽车奉饟者，不在其中。南方暑湿，近夏瘅热，暴露水居，蝮蛇蠚生，疾疠多作，兵未血刃而病死者什二三。”[②] 秦军凭借兵员众多和武器装备的优势对越人开战，初始阶段曾经获胜，斩杀了西瓯将领译吁宋，占领了不少地方。但越人并不屈服，坚持抵抗，不断袭击秦军。秦军受重大杀伤，统帅尉屠睢亦被杀身亡，遂派尉佗为新统帅，将卒增援，并采取步步为营策略，在向前推进的同时派兵留守既占地盘，以确保后方安全，补给线通畅。据始兴县博物馆调查，从始兴至翁源，秦军每隔十余里便筑有烟火墩一座，以保持其前后方部队之联络，随时相互支援。在兴安县灵渠与溶江会合的三角洲上，尚存秦城遗址四处（部分为继后之南越国所增筑），面积共达 8 平方公里，可见规模之大，驻兵之众。秦军兵力虽多，但越向前推进，其占领区越扩大，兵员守点越多，力量越感不足。加上补给不济，伤病减员，秦军陷入进退两难的地步。秦帝国早料到远征会出现补给困难，在派尉屠睢将楼船之士出发的同时，“使监禄凿渠运粮”。监禄组织水工匠人在湘、漓上游勘测到凿渠地址，用秦军士兵挖掘出沟通长江水系和珠江水系的渠道，连续多级陡闸的设置实现浮舟过岭，使原来需要翻山越岭的补给运输变成水道直航，极大地提高了运输效率。有的学者从灵渠陡闸为 5 米的宽度推算，其通过的船只每艘可载重 20 ~ 30 吨。[③] “三七分派”的设计使较宽的北渠和较窄的南渠水位都在 1.5 米以上，一年有 8 个月可通载重之船。工程巨大的灵渠经多年紧急施工终于建成，从而使整个岭南秦军的后勤补给和人员补充都有了

① 秦桂林郡治在布山，据贵县罗泊湾汉墓考古资料推断，在今贵港市贵城镇南江村；另说在今桂平市西南古城；谭其骧主编的《中国历史地图集》将桂林郡范围标于今凌云、巴马、田林等县一带。见《广西通志・行政区划志》第 11 页，广西人民出版社，2001 年出版。

② 《汉书・严助传》。

③ 见钟文典主编《广西通史》第一卷第 44 页，广西人民出版社，1999 年出版。《广西通志・科学技术志》（广西人民出版社，1997 年出版）第 947 页则称：“灵渠刚建成时，日过船只多达 40 艘，小船载重 5 ～ 10 吨，大船 10 ～ 15 吨。”

保障。赵佗接过尉屠睢遗职南征，带来了大批增补兵员，随后秦始皇又连续三年迁徙中原人到岭南垦殖居住，三十七年（前 210 年）还根据赵佗之建议派来 1.5 万名妇女为秦军“衣补”，①鼓舞士气。尉佗是赵国正定人，后来出任海南尉的任嚣是高乐人。他们同为秦军高级将领，但均系灭国遗民，内心深处有非秦情结，从他们共谋叛秦自立为南越国的行动推断，他们自将卒戍越开始，就吸取尉屠睢暴力侵夺自取灭亡的教训，注意缓和与当地越人的关系，实行“和辑百越”的方针。由于改变了对越政策和灵渠开凿补给畅通，秦军便逐渐在岭南站住了脚跟。

三、越秦战前情况对比和越人抗秦战略战术

战争是军队的拼杀，更是交战双方综合实力的较量。秦军南征时，秦国是统一了中原的强大封建帝国，是皇帝专制的军事化国家。严刑峻法，倾财力、民力于战争。秦国人口近百倍于岭南②，拥有关中、汉中、巴蜀三大产粮基地，农业普遍使用铁器牛耕，讲究耕作施肥和防虫技术，产量较高。国家实行耕战政策，“积粟如丘山”，能保证军饷及各种工程用粮。水利科技发达，修了都江堰和郑国渠，积累的水利工程经验使南征开辟水道补给线成为可能。秦军有专业的制作精良的兵工厂，武器装备供过于求，其将从六国缴获的兵器毁掉铸为铜人即是证明。秦军实力强大，早在战国时就拥有“虎贲之士百余万”。兼并六国过程中有消耗也得到补充，秦军打的是胜仗，能利用广大的占领区大量扩军。将卒戍越的尉佗和南海尉任嚣都来自被秦军征服之国。《淮南子・人间训》称秦“发卒五十万”南征，有《史记・白起王翦列传》之相关史料为旁证，应该是属实的。南征秦军是灭楚的王翦部队，富有战斗力。秦军擅用强弩，阵前以三列横队轮番持续放箭，飞镞如织，射程 150 米，极具杀伤力。③秦军还有水战经验。春秋时期秦“舫船载卒，一船载五十人与三月之食”。“司马错曾率巴蜀军十万，浮江伐楚。”④春秋战国时期，中原的

---

① 《史记・淮南衡山列传》记赵佗“使人上书，求女无夫家者三万人以为士卒衣补。秦始皇可其万五千人”。此事距陈胜、吴广发难“间不一年”，当在三十七年（前 210 年）。“使人上书”，即龙川令赵佗建议南海尉任嚣上书。

② 秦代无人口统计存史，范文澜估计“秦时全中国人口约二千万左右”（《中国通史简编》修订本第二编第 18 页，人民出版社，1964 年出版）。汉文帝十一年（前 169 年）陆贾奉命出使南越（地辖三郡）时对南越王赵佗称，“中国之人以亿计”，“今王众不过数十万”（《史记・郦生陆贾列传》）。汉平帝元始二年（2 年）全国人口 59594978 人，今广西境人口 267714 人。（《中国人口・广西分册》中国财政经济出版社，1988 年出版）加上今广东境人口，岭南人口约占全国人口百分之一。秦代在此前，估计近似这种比率。

③ 《复活的军团》光碟。

④ 高锐主编《中国军事史略》上册第 148 页，军事科学出版社，1992 年出版。

军事思想已有辉煌成就，兵家流派大放异彩。秦始皇聘尉缭[①]为国尉，与宰相李斯一道为其军政出谋划策，其南征的部署及其措施，军事本身也是正确的。总之，岭南越人面对的是一个具有强大优势的敌手。

秦南征之时，岭南地区是百越族群的分支——西瓯人（骆越人）、南越人（苍梧人）以及闽越人的居住地。其中西瓯人（包括战国末期入盟西瓯的部分苍梧人）聚居于除桂北和桂东之外的广西大部地区、粤西南和今越南北部以及中部一些地区。（骆越即西瓯，在自会稽至交趾的百越中，骆越处于西端，故称西瓯——意为西越。“瓯骆”不可解释为两支族群，《史记》载黄同为瓯雒左将、居翁领瓯骆归汉等，足堪佐证。众多史事的记述均支持瓯骆一体说。）南越人聚居于粤北、粤中及桂东地区；闽越人聚居于粤东韩江、梅江一带和闽南闽中地区。他们处于原始社会向奴隶制社会过渡的时期，有的地方已有国家形态。闽越国已有约千人的建制武装，降秦后其国王被废为君长。赵佗文书中提到“瓯骆裸国亦称王”，说明西瓯（骆越）在汉文帝元年（前179年）赵佗上书之前，也出现了国家和国王。《交州外域记》云，安阳王国立国前在攻打骆王时已拥兵三万。从史料所称西瓯君译吁宋战死后越人“相置桀骏以为将”来看，与秦军交战时期的西瓯（骆越）社会还保持着部落或部落联盟传统制度。部落中有酋长和临时的军事首领，在生产和战争中发挥主导作用。酋长和军事首领由氏族集会或部落联盟集会推选产生，并受其监督和罢免。氏族保守和扩大自己的财产，不许流入他族人手中。同一氏族部落内部有互相保护、彼此支援之责任。族人受欺则同族为之复仇，部落间和部落联盟间之战争，时有发生。从中原来到岭南的封建文人，称越人好斗，即此遗风之反映。

岭南越人是中国最早饲养家猪、最早从事稻作生产的民族之一，秦越战争时岭南之经济已由以渔猎采集为主向畜牧养殖和水稻种植转变。生产工具有大石铲、石锄、石锛、石斧、石镰、石磨、石杵、石臼等石器，同时也使用了青铜器和铁器。青铜器、铁器一部分是向商、周中央王朝进贡后所获赏赐及从楚国流入的，一部分则是自己制造的。平乐银岭山战国墓葬出土的扁茎剑、钮矛、双肩铲形钺和靴形钺，具有明显的越人风格，其余青铜兵器、铁质生产工具和生活用具则与楚器、中原器物相同。武鸣马头安等秧等地春秋战国墓出土的文物亦反映了类似情况。武鸣出土的铸造各种钺、斧、镦、镞等器物的石范，证明当时瓯骆工匠已能生产青铜兵器和生产工具。《壮族科学技术史》称，战国时期岭南越人已能生产铜铁合制器，如铜镞铁梃之箭等。生产工具改进使耕地面积扩大，战国时期瓯骆地区中土质肥沃、灌溉较便利之处都得到不同程度的开发[②]。人们多数是聚族而居，或散布于山野，或密集于水滨，但尚无城郭出现。所谓“番禺之都”在秦时亦不过是一个大的集市而已。任嚣出任南海尉后在甘溪水道边（今广州市仓边路）筑

① 《史记·秦始皇本纪》载尉缭建议秦王以财物贿赂敌国豪臣，以乱其谋。“不过亡三十万金则诸侯可尽。”此策已为秦王所用，并收到实效。但《尉缭子》书中却未涉及有关谋略，而书中却有“梁惠王问尉缭子曰”之句。学者一般认为秦王任为国尉的大梁人尉缭不是《尉缭子》的作者，但无疑是个杰出的军事谋略家。

② 张声震主编《壮族通史》上册第162页，民族出版社，1997年出版。

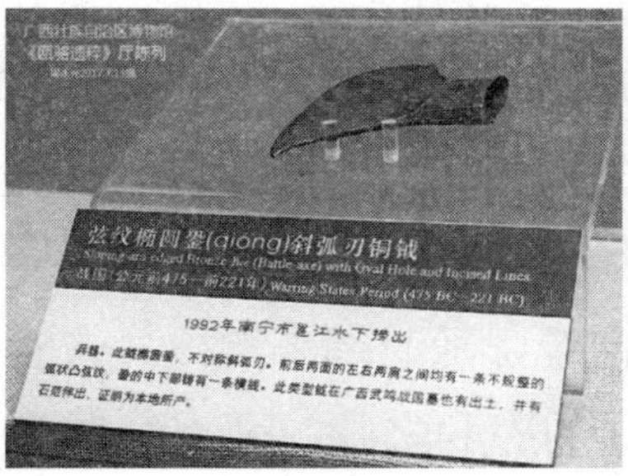

南海郡城，乃番禺有城之始。《唐垌纪略》称:“规模甚隘，仅能藩离宦舍暨中人数百家。”①《史记·货殖列传》称楚越之地“地广人稀、饭稻羹鱼，或火耕而水耨，果隋蠃蛤，不待贾而足，地埶饶食，无饥馑之患，以故呰窳偷生，无积聚而多贫”。“无冻饿之人，亦无千金之家”，也可以看作当时岭南经济状态之写照。文化方面，岭南越人尚无成熟文字，无学校教育，生产生活和作战经验靠口头相传。军事上成建制的武装和职业军人可能已经出现，但数量不会太多。氏族中青壮年平时是渔猎手和耕夫，战时即士兵。专用之兵器主要配备给职业军人，大部分士兵用狩猎之刀矛弓箭作战。只有部落战争经验，未曾进行过对付正规军的大规模的作战。对秦作战初始，尚不能对来犯者预做侦察，研究出适当的计划，采取有成效的行动。从上述情况来看，秦越战争中的越人，除了本土作战地形熟悉、适应水土、生存简易、有周旋余地之外，诸多方面都处于劣势。然而就是这一支劣势的军队，坚持了长期抗战，大量杀伤敌人，巨大地消耗了秦王朝的力量，加深了统治者与人民的矛盾，给秦的灭亡埋下了一颗定时炸弹。秦占岭南设郡才数年，即爆发陈胜吴广起义。《淮南子·人间训》云：秦失天下“祸在备胡而利于越也”。《史记·平津侯主父列传》亦云:“秦祸北构于胡，南挂于越。”类同的结论，《史记》中多处出现。

越人抗秦是保卫家园之战。土地是越人赖以生存繁衍的基业，江滨河畔土质肥沃、

① 《唐垌纪略》，引自《广东史志》1996年第4期陈泽泓《秦汉时期的岭南建筑》。

灌溉便利的地方更是正在转向种植业的越人最可宝贵的财富。秦军和随之而来的移民沿江河推进，“略取陆梁地”，夺走的尽是越人的至宝。实施武装反抗是越人势在必行、理所当然要采取的行动。敌人强暴的侵占掠夺激起整个岭南越人同仇敌忾、团结一致、前仆后继地对秦军进行战斗。即使牺牲惨重，将领阵亡，也决不言降，“皆入丛薄中，与禽兽处，莫肯为秦虏”，并从氏族之俊杰中推选出新的将领，重新组织队伍，不屈不挠地继续展开斗争。史料有具体记载的是西瓯君译吁宋牺牲，其旧部坚持斗争，后来又大破秦军，杀死秦军统帅尉屠睢。因而有的治史者直接将秦征岭南称作“秦瓯战争”。显然，从会稽到交趾的诸越人中，西瓯人是抗秦最猛烈的、发挥最重要作用的力量。但岭南的其他越人无疑也进行了长期的抵抗。不然，秦始皇兼并天下设36郡才用10年时间，进击岭南设3郡就不会费时达8年之久。

越人抗秦，经历了从自发到自觉的过程。可以推定，岭南越人抗秦，尤其是西瓯人抗秦，最先进行的是一场正面的交战。西瓯人的对手是南下五路秦军中最强大的一支部队，它担负开辟两个郡的任务，秦军统帅尉屠睢随队设帐指挥，此支秦军兵力当在10万人以上——60万灭楚秦军分了一支10万人东征会稽，所余50万人分五支南戍五岭和闽越，每支兵力不一定均等。例如，闽越只有“千人众”，在闽越方向投入10万兵力就嫌多；而要在今广西大部和越北部、中部同西瓯诸部落作战，10万兵力就显然太少。即便此支秦军也是平均数10万人，与其并行南下的左邻一支秦军亦可由统帅随时调来增援。这一战区的秦军估计在10余万到20万，他们是曾同强大楚国交战的胜利之师，又有统帅坐镇指挥，其士气当初是旺盛的。同时秦军刚入越境，部队尚未分散，兵力集中，战斗力就很强。应战的西瓯人兵力多少史无记载。汉武帝平南越时桂林郡监谕瓯骆40万口归附，假设在此100年前该地域西瓯人口大体也是这个数量，其能动员的兵力只有数万人。红河三角洲地域西瓯人口较多，但能动员的有一定战斗力的兵力也难以超过10万人。秦军残暴的侵夺，激怒人们起而反抗，西瓯战士斗志高昂，其将领也是身先士卒。从有限史料的字里行间可以感觉到西瓯是万众一心，与敌人誓不两立的。但他们对敌人尚缺乏了解，凭一时的意气，以往日部落战争、小规模战争的经验去迎击来犯者，将自己弱势的军队暴露在有备而来、兵众器利、阵法娴熟的敌人阵前，打了一场正是敌人所期待的，让敌人得以发扬其优势的阵地战，结果是损兵折将，付出了重大牺牲。

“兵起非可以忿也，见胜则兴，不见胜则止。”[①]失败的教训使越人懂得了这一作战原则，研究出新的作战指导思想。从后来西瓯人的行动可以看出他们采取了新的策略：（一）放弃夺回失地的作战，停止对敌人进行“不见胜”的正面进攻。放开道路让敌深入，等其兵力分散之后再择机予以打击。史载秦军“深入越，越人遁逃”之情况，应当是在经过正面交战，越人失利之后。（二）利用自然条件掩护，保存自己的力量，剥夺敌人之优势。即“逃入深山丛林，（使秦军）不可得攻”[②]，山林“地深昧而多水险”，秦军进入越人

① 《尉缭子》。

② 《汉书·严助传》。

这种地方“虽百不当其一”。（三）进行持久战，化整为零，以众多的小股兵力不断出击，困扰疲惫敌人。长期的小股出击收到很好的成效，使秦军“三年不解甲弛弩”“旷日持久，粮食绝乏”“宿兵于无用之地，进而不得退”。（四）依托山区丛林回旋余地大和己方熟悉地形的条件，开展游击战，不断杀伤消耗敌人。史载秦军损失数十万，应是包括岭南越人历次出战的战果在内，不可能是一次突袭取得的战果。（五）养精蓄锐，敌疲我打，集结兵力，夜暗突袭，攻其不备，出其不意。秦军“屯守空地，旷日持久，士卒劳倦，越（乃）出击之”。这一出击，是在新推举出来的杰俊将领的缜密组织策划下实施的，是在对秦军进行连年的小股袭扰，使秦军由于长期紧张而变得疲沓麻痹之后发起的，是西瓯人在深山丛林中重整队伍，严格训练，可能还是经过预演后采取的。是西瓯人下了决心，集中所有兵力，按统一部署进行的带有战略决战意义的，而且是取得完胜的一次军事行动。《淮南子·人间训》对这次战况的记述是：越人“夜攻秦人，大破之，杀尉屠睢，伏尸流血数十万，乃发戍卒以避（备）之”。50 万大军之统帅被对方袭杀，这在秦始皇的征战史上是绝无仅有的，在人类战争史上也是罕见的。秦军伤亡空前巨大，说明西瓯人不仅突袭了秦军的领率机关，而且在同一天晚上还到处袭击了分别驻扎于各地的秦军单位。有的学者对“伏尸流血数十万”有质疑，如果将其解读为此次夜袭之后，岭南秦军死者（伏尸）、伤者（流血）和患病减员，累计已达数十万人——即伤亡过半，那么也就不违情理了。因为至此秦军的损兵折将已经极为严重，其岭南局势出现了危机，秦始皇才不得不增兵换帅以挽救败局。以西瓯为骨干的岭南越人在一场整体实力极不对等的军事较量中存活下来并予敌以重挫，表明其具有坚强的意志，同时具有高明的智慧，在史籍中获得了“劲越”的称号。

越人抗秦，从战争中学习战争，积累了宝贵的作战经验。虽未写成兵书传世，然而其从就范于敌转向使敌人就范于己，限制敌人的优势，发扬自己的优势，自觉地掌握战争主动权的作战实践，无疑是弱小民族抗击强敌的成功典范。

四、战争性质及其历史意义

秦国对百越作战，有一套完整的军事部署，统一由灭楚大军负责执行，不同阶段的任务不同，因而出现不同称谓。就整体而言是“秦越战争”“秦征百越”，作战范围包括今之苏浙闽粤桂越。从实际进程来看，战争可分为两个阶段：第一阶段秦军趁灭楚声威降东越君并轻取闽越，作战范围在苏浙闽，历时 1 年多；第二阶段作战对象是南越、西瓯（骆越），作战范围包括今广东广西和越南北部及中部，史称“秦戍五岭”“秦始皇统一岭南”，历时 8 年。秦征百越最艰巨的任务在征服岭南，最激烈的交战是“秦瓯之战”。

秦越战争就发动者一方而言，它是非正义战争。从目的来看，秦始皇兼并天下之后采取的各种行动都是从巩固和扩大其统治和满足其私欲出发的。如造宫室，修坟墓，修驰道、直道，筑长城逐匈奴，南征百越等。后两项为军事行动，北筑长城逐匈奴既有利于统治者也有利于人民，南征百越除了实现统治者扩大领土，满足其占有“越之犀角、象齿、翡翠、珠玑”等欲望外，当时对人民并无益处。

从其推行战争之手段来看，秦始皇是非常残酷的。据范文澜计算，秦之人民被征发造宫室、修坟墓共150万人。戍五岭50万人，防匈奴30万人，筑长城假定50万人，加上其他，总数不下300万人，占总人口数的百分之十五。“使用民力如此巨大、急促，实非民力所能胜任。”[①] 范之统计是可信的。其中戍五岭的50万人，只是就第一批尉屠睢所率五军的人数而言。三年之后尉佗又将卒入越，再五年之后又连续三批“以谪遣戍”（用按秦律应予谪遣的人去戍守）。统治者视人民如草芥，连续用兵兴工，人民不堪忍受，逃兵役、逃徭役、逃服刑者迭出不穷。统治者以连坐法治之，结果到处皆是罪人。做生意从事末业的贾人也视同罪人，不能自立门户的赘婿也当罪人对待，女大“无夫家”者都要征发为军队服务。这种种法律实难执行，结果“治狱吏不直者”又成批出现，也被充军。秦始皇三十三年、三十四年、三十五年及三十七年发配到岭南来的就全是上述种种罪人。秦军在凿灵渠时执法也极其严厉。传说有两位指挥长因不能按期完成任务以贻误军机罪相继被杀，后来完成了任务的指挥长受到奖赏，但他深知前人之冤屈和凿渠艰辛，悲愤自杀。现兴安尚存后人所筑张、刘、李“三将军”纪念墓堪做史证。

从时机与统一方式的选择来看，秦王朝的决策是错误的。秦并天下后又逐匈奴修长城，如果说那是当时现实需要，那么统一岭南则完全不是迫不及待的问题。岭南越人并不像漠北匈奴那样对中原进行侵掠，没有对中央政权和中原人民构成威胁和祸害。岭南同中原有悠久的关系。舜和禹曾将岭南称扬州徼外和荆扬徼外，商汤命名岭南为南越，周武王定岭南地区为藩服。岭南诸越酋领像中原诸侯那样向商、周王朝进贡和接受赏赐，双方有一种虽然不平等但尚是互利的往来。秦政权完全可以在互利的基础上以和平渐进的方式统一岭南。即便用“齐国方式”（赎买）处理岭南问题也可减少灾害。但秦始皇急功近利，以强凌弱，不顾长期征战（秦国争霸中原同诸侯国交战500余年，其中秦始皇吞并六国已连续用兵10年），民生凋敝，继续大规模用兵。以为乘胜进军可迅速取胜，岂料此种威取策略虽在东越、闽越奏了效，却在倔强的岭南越人这里完全失效，使秦军深陷泥潭。

就战争的直接结果来看，给出征方的人民和被进攻方人民都带来了灾难。陈胜之部下在各地动员起义时说，秦“残贼天下数十年矣。北有长城之役，南有五岭之戍，外内骚动，百姓罢敝，头会箕敛，以供军费，财匮力尽，民不聊生……”。[②] 岭南人民遭受秦军进攻，不堪其侵夺杀戮与凌辱，“莫肯为秦虏”，只得抛弃家园，迁出生产生活条件优越的江滨河畔沃壤肥土，逃入峒场，“与禽兽处”。《中国人口·广西分册》第二章“历史人口状况”称，秦始皇从中原“迁来广西的移民主要居住在桂北灵渠周围和漓江上游，

---

① 范文澜《中国通史简编》修订本第二编第18页，人民出版社，1964年第4版。

②《史记·张耳陈余列传》。

使广西土著居民向桂中和桂西迁徙”。20世纪50年代末桂西壮文指导委员会调查到的《红水河的故事》[1]说:“在很古老很古老以前，红水河两岸，笼罩着一片瘴烟。在那里，听不到孩子的啼哭。在那里，看不见炊烟缭绕。虎狼伴着密林，蟒蛇布满山间。在漫长的静夜里，红水河发出自己的悲怨。有那么一天，有那么一群人，说不定是从遥远的海缘，抑或是从宽阔的平原，被残暴的皇帝，赶到这贫困的红水河边……”迄今为止，广西48个贫困县，大部分在桂西和桂中壮族聚居地区。应该说，广西壮族人民长期贫穷落后，是两千年封建统治者实行民族压迫、民族歧视政策的后果，然而秦始皇无疑是肇始者。

范文澜在其《中国通史简编》修订本“绪言”“历史上战争的分类”中引用恩格斯、列宁和毛泽东的理论后做出结论称，凡镇压农民起义的战争，统治阶级内部分裂争权夺利的战争，中国统治阶级侵入落后国、客观上对落后国社会只有摧残没有发生推进作用的战争，落后国侵入中国、摧残中国的经济文化的战争，都属于非正义战争。凡农民起义和全民族反抗外国侵略的战争，都是正义的战争。消灭地方割据，完成中国统一事业的战争也属正义的战争。但他同时指出，两类战争又不可视为单纯的事情。有些正义战争可能带着破坏、割据等消极成分；有些战争一方面是破坏性的、侵略性的，另一方面却发生了有益的作用。上述论断是实事求是、符合历史唯物主义与辩证唯物主义的。参照范说，岭南壮族先民西瓯（骆越）、南越人抗秦是正义的战争。壮族不是封闭的民族，自古就与中央政权建立藩属关系互通往来，并不存在维持割据的问题。秦王朝向岭南用兵是略夺性、破坏性的。但从长远的历史进程来观察，这场战争的客观后果也产生了巨大的积极作用——将岭南正式纳入中央行政的区划，强化了中国的统一；扩大和加快了中原和岭南的往来，将中原先进的文化和科技带到了岭南，促进了岭南经济的发展和社会的进步。例如灵渠这一卓越的军事交通工程，两千二百年来一直在运输和灌溉上发挥其效用，作为宝贵的人类物质文化遗产，它还使广西人民和全中国人民永远受益。

秦越战争中岭南越人一方所从事的，完全是正义的抗战。全民族上下一致，不屈不挠，经受住了民族发展史上第一次最严酷的考验，虽然牺牲惨重，丧失了土地，但仍顽强地存活着，并且前仆后继，坚持战斗，使强秦深陷泥潭。岭南越人同从消极逃役发展到自觉起义的中原人民，是未签约的抗秦同盟军，他们遥相呼应的斗争，最终埋葬了残暴的秦王朝。为统治者服务的正史都不能完全淹没壮族先民抗暴斗争之光辉，并感叹秦统治者的无道。如果说古越国人卧薪尝胆、十年雪耻是古代军事的一个坚忍复仇标本的话，那在其后二百余年的岭南越人歼尉屠睢大败秦军，则是以弱抗暴、坚忍克敌的一个典范。岭南越人抗秦是壮族军事史上辉煌的第一篇章，在世界民族之林中树立了坚忍不拔、英勇顽强的壮族形象。

---

① 黄现璠《广西壮族简史（初稿）》第5页，广西人民出版社，1957年出版。

瓯骆兼并和秦征百越形势图

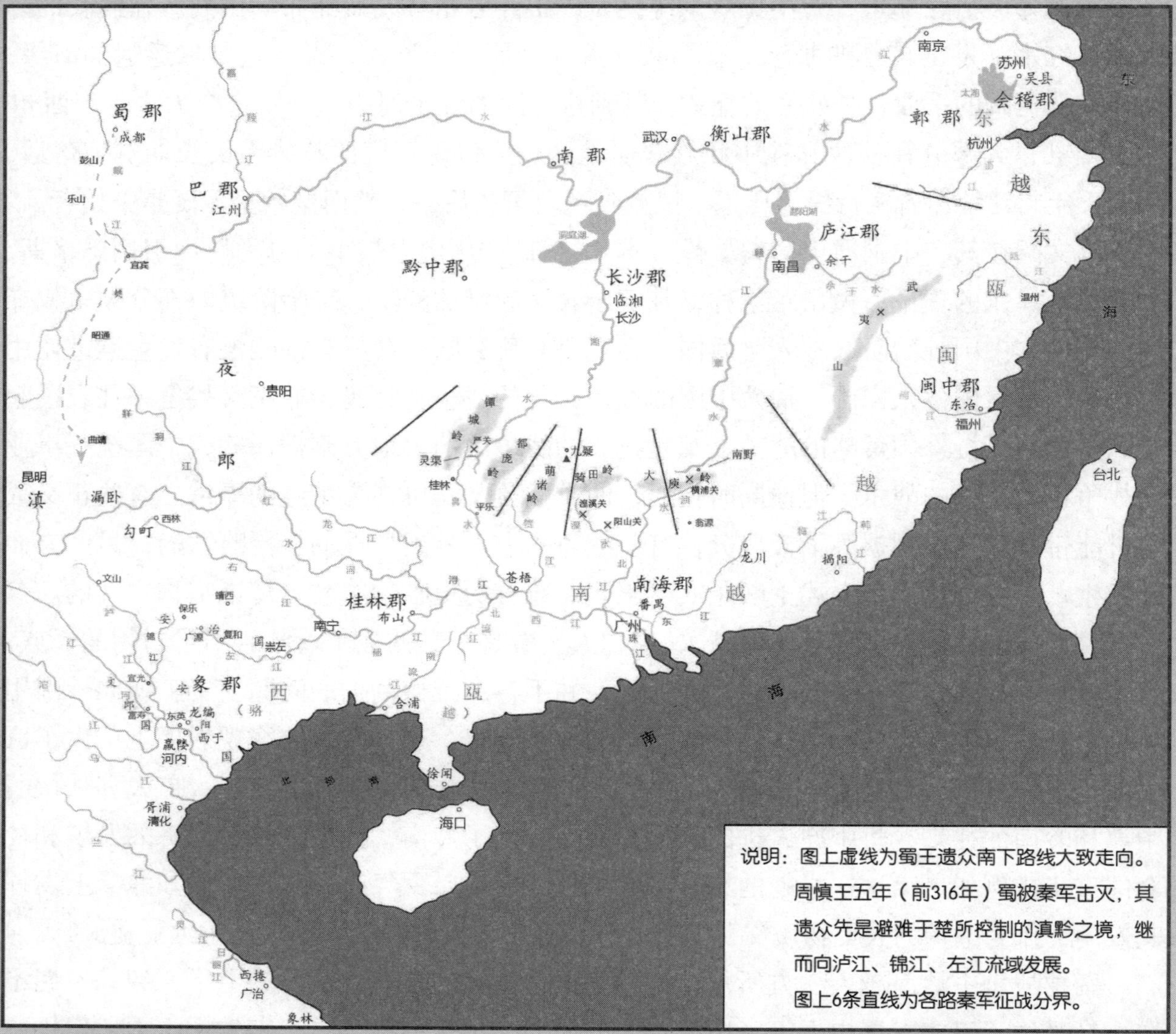

说明：图上虚线为蜀王遗众南下路线大致走向。
周慎王五年（前316年）蜀被秦军击灭，其遗众先是避难于楚所控制的滇黔之境，继而向泸江、锦江、左江流域发展。
图上6条直线为各路秦军征战分界。

战国末期，自会稽至交趾，百越杂处。东越、东瓯、闽越皆勾践遗众，臣属于楚。南越分布于苍梧以东珠江流域，苍梧国被楚击灭后，该流域几为权力真空。西瓯（骆越）分布于西江以南、苍梧以上流域和红河三角洲。据传，古代左江流域为安治王国，国王蜀制老死后九个勐主群起争王，王子蜀泮平定内乱，又打败宿敌骆王，兼并其文郎国，南下建立瓯骆国，称安阳王。《后汉书·郡国志》载：交趾郡即前安阳王国。

秦始皇二十四年（前223年）灭楚后，因其60万大军征伐百越。一路东进，于次年降东越君，置会稽郡。一路溯余干水，逾武夷山，进军闽越、东瓯，置闽中郡。一路溯赣江、章水抵南野集结，翻大庾岭攻取粤东。一路由骑田岭以南阳山关，经湟水、北江，直取番禺。一路自九疑塞沿萌诸岭下贺江，控制苍梧。最西一路乃主力，由统帅尉屠睢亲自率领，自镡城岭出发下离水后，或溯浔江而上，或走北流江、南流江下海，攻夺广大的西瓯地区。并以卒凿渠运粮。

岭南越人对来犯秦军进行抵抗。西瓯君译吁宋阵亡，越人放弃夺回失地的作战，逃入丛薄，与敌周旋。秦军深入，旷日持久，三年不解甲弛弩，宿兵无用之地，进而不得退，粮食绝乏，越人在新置桀俊指挥下，夜袭秦军，大破之，杀尉屠睢。秦军伤亡累计数十万，乃使尉佗于二十八年（前219年）将卒增援。又因灵渠凿成，秦军补给实现水道直航，恢复了战斗力，才逐渐控制局势。三十三年（前214年）秦在岭南设置南海、桂林、象郡，并连续三年移民入郡，巩固地盘。

《交州外域记》云，安阳王被尉佗击败下船径出海，说明秦瓯主战场在红河三角洲一带。

周永光撰文、制图

越人和秦军的武器装备

周永光拍照编图，匕首矛剑照片原载《壮族文明起源研究》

越人形制的铜提桶
桶腰有一圈越人战归图案装饰
广州南越王墓出土

越人战归图拓片

西周至春秋时期的
铜匕首、铜矛
皆武鸣马头出土

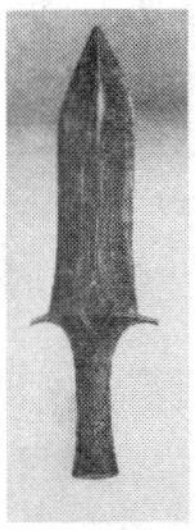

战国时代的铜剑
左剑于田东出土
右剑于南宁出土

铁环首刀
——南越王墓博物馆陈列

铜戈和铜镦

秦军箭囊及各型箭镞

秦征岭南曾三年不解甲弛弩
此为陈列于广州南越王墓博物馆的
铁甲及其复制品

灵渠小天平

大小天平的设置，
对海洋河水作三七
分派，使灵渠水位能
大半年通航，两千
年前有此，确为
世界之奇观。
卓绝匠师无留名
让人只知颂秦皇

灵渠南渠陡门

灵渠修成，沟通长江珠江水系，
使秦军补给实现水道直航，扭转了南征的困局

秦军运粮图

—— 兴安灵渠景区浮雕

第二章　南越国的军政经略

秦征百越，岭南设郡七年即亡。秦亡汉兴之际，岭南秦军将领任嚣、赵佗实行武装割据，建立了传承五世，统治岭南九十三年的南越国。南越国是一个名义上臣属汉朝中央，实际上独立自主，由留居汉人与岭南越族上层人物联合组成的政权，辖区包括今福建南陲、广东全境、广西大部、越南北部至中部的广大地域，域内郡国并设，这是中国历史上的一个重大事件。南越国是在中央王朝交替过程中产生的，由诸多因素造成，有其存在的必然性及合理性，在历史发展进程中，其贡献远远大于其消极方面。

任嚣、赵佗叛秦自立的决策

秦二世元年（前 209 年）七月，秦始皇嬴政驾崩，戍卒陈胜、吴广等揭竿而起，继而各州郡兴军聚众，虎争天下。时任秦军南海尉的任嚣重病在身，将原南征秦军统帅、时任南海郡龙川县令的赵佗召来，商议据地自守，等待内地局势变化，伺机立国，并于死前出具文书，让赵佗行使南海尉职权。任嚣死后，赵佗遂将既定战略决策付诸实施，成就了近百年大业。考察任嚣和赵佗言行，他们决策自行立国有三项主要依据：

一、雄厚的军事实力。秦二世袭位时，秦军北备于胡而南挂于越，内地兵力空虚，陈胜起义军逼近京城，靠给修骊山陵墓的囚徒发放武器来对付。这支临时凑成的队伍于次年被项羽打败悉数投降，使项羽兵力增至四十万人。内地另一支队伍是刘邦的，号称二十万人，实际才十万人。而戍守岭南的久经战阵的制式武装有四十余万人——秦征百越使用的是灭楚的六十万大军，灭东越置会稽郡后余下五十万人，灭闽越置闽中郡估计使用不足十万人，在岭南作战的是四十余万人。三年恶战，伤亡甚重，统帅尉屠睢阵亡，乃使赵佗将卒以戍越。此后五年的消耗与补充，大体保持在四十多万人——可以说这是当时全国最强大的一支军事力量，直至汉初，亦不逊色。汉高祖十一年（前 196 年）派陆贾使越，赵佗敢于戏问：“我与汉皇相比谁强？”并大笑说，“使我居中国，何渠不如汉？”赵佗并非盲目自大，汉朝开国多年后的国力、军力都很弱。《汉书·食货志》记载，汉初大饥馑，死者过半，高祖刘邦允许卖子女和让百姓就食蜀汉，自天子不能具醇驷，而将相或乘牛车。政治不稳，十一年间发生七八起王侯谋叛事件。军事上，匈奴压境，危及长安，刘邦率三十二万兵亲征，被困七日受挫而归。如此形势下，朝廷只能"专力事匈奴"，不可能分兵和倾国力来同岭南较量。因而赵佗在汉朝开国后不久（前 203 年）亦宣布成立南越国，称武王。刘邦虽欲诛之而力有不逮，死前还不得不遣使通越，欲稳住南越国，以防其继位者南北受敌，遭遇不测。

二、有充分的思想准备和广泛的社会基础。秦始皇死，天下动荡，造反戍卒逼近京城。按法理，各地秦军将领应起兵勤王，但拥有重兵的任嚣、赵佗却堵绝通向内地的道路，构筑工事，调集兵力，做自卫防守；同时找一些借口将境内忠于秦皇的长吏杀掉，换上自己的同党控制权力。当秦二世被赵高所杀，子婴又诛赵高而降汉，赵佗遂从南海郡起兵，公开击并秦之桂林、象郡，掌控了岭南全境，举起旗帜，自立为南越武王。南越立国如水到渠成，几乎是了无阻碍，原因是秦之暴政对其臣民早就做了造反的思想动员。秦始皇"内兴功作，外攘狄夷，收泰半之赋，发闾左之戍"，严刑峻法，似乎得心应手，实则社会矛盾激化，危机四伏。秦二世时，其将相曾进谏称："群盗"并起，所杀甚众，然犹不止。"盗多，皆以戍漕转作事苦，赋税大也。请且止阿房宫作者，减省四边戍转。"秦二世认为："贵有天下者，得肆意极欲，主重明法，下不敢为非。"变本加厉的暴政使身为秦军高级将领的任嚣亦产生非秦思想，认为："秦为无道，天下苦之。""中国扰乱，不知所安，豪杰叛秦相立。"既然造反有理，他自然"可以立国"。任嚣为高乐（今河北南皮县，战国时属赵、齐交界地带）人，赵佗真定（今河北正定县，属赵国）人，皆为灭国遗民。赵佗接过尉屠睢遗职，扭转败局，平定岭南，然而其职务却从整个岭南之统帅降至一县令，其施政肯定与秦统治者有所不和，任嚣召之密谋起事，一拍即合。任嚣还判断"岭南东西数千里，颇有中国人相辅"。他的依据是除自己所辖南海郡外，桂林、象郡的秦军中，尚有许多赵佗的志同道合的旧部，属于秦皇死党者只是少数。再是岭南设郡后迁入的三批中原移民，皆属触犯各类刑法的受贬谪者，秦政治为造反造就了广泛的社会基础。

三、有利于割据的地理条件。首先，岭南地处南陲，北有五岭屏障，上有若干关隘可进出中原，只需部署一定兵力守御，中原之兵即无他途易入岭南。因为东有闽南丘陵，西为云贵高原，殊难侧翼包抄。南临大海，秦亡汉兴之际中原尚无强大水师，南越国并无后顾之忧。其次，岭南属亚热带气候，雨量丰富，江河众多，平原和谷地亦不少，戍卒屯垦和移民开发，条件优越，生存简易，南来中原汉人乐于留居，不会像塞北那样，时局变化就出现"戍边者皆复去"的局面。众多汉人是立国的依靠。最后，岭南诸越是爱好和平、宽容开放的民族，在"和辑"政策实施后，已经与戍居汉人开始和平相处。由于岭南负山阻海，天时地利人和，所以任嚣、赵佗认为"可以立国"。

赵佗、吕嘉的军事、政治经略

南越国“五世九十三岁”可分为两个时期。前67年(前203年至前137年)为南越开国，建立汉越联合政权，由国王赵佗主政，越族首领吕嘉辅政的时期，简称赵佗时期；赵佗去世，二世王赵胡（眜）继位，经三世王赵婴齐、四世王赵兴，至五世王赵建德被杀，南越国灭亡的后26年(前137年至前111年)，为丞相吕嘉等越汉老臣主政时期，简称吕嘉时期。赵佗是中国古代一位能与汉朝刘邦等五帝一后并立于世的卓越的军事政治家，年逾百岁仍掌治其国，其执政艺术，是极高明的。吕嘉作为赵佗的合作者和后赵佗时期的主政人，对南越国的巩固和治理，亦颇有贡献。他们九十余年的军政经营之基本策略和做法如下。

一、关爱士卒，牢掌军队，以为立国之本。赵佗系秦尉出身，将卒征战和戍边十八年，对军旅之苦，了解深切。秦军只发武器供伙食，衣服铺盖和生活费用自家负责。秦国十七岁以上男子都要相继在郡县、中都和边疆服兵役，遇大战事时十五岁男孩也要征发上战场。在岭南戍边的士卒远离故里，水土不服，供应不济，衣食绝乏，甚为艰苦。赵佗同情关爱士卒，“使人（指通过任嚣）上书，求女无夫家者三万人，以为士卒衣补”，得到了一万五千人。还以身作则，倡导汉越通婚，让留住岭南者能够解决配偶问题。他深得军心，因此发动兵变易如反掌。任嚣临终委托他“行南海尉事”，并无法律效力，但他调动部队守关、筑城，指挥自如；“稍以法诛秦所置长吏”和出兵“击并桂林、象郡”，举重若轻；阻拒吕后南征大军年余，使其至死不能逾岭，让汉朝重新与南越修好。赵佗拥有一支将士用命的军队，是他立国之本。

二、争取酋领，“和辑百越”，稳定立国地盘。尉屠睢将卒入越，恶战三年，使越汉结下血仇，势不两立。赵佗继任南征，吸取其前任兵败身死之教训，采取了以政治争取为主的政策，承认越人酋领原来的地位和权力，缓和了越汉关系，使秦三郡和后来南越国政权能在越人的地盘上立足。他是赵国遗民，对被征服者心态很能理解，要消除被征服者的对抗情结，必须尊重对方。他“弃冠带”“魋结箕踞”，自称“蛮夷大长老夫”，以入乡随俗的办法来拉近与越人的距离，还以家作则，带动戍居汉人与越人通婚，推进民族融合，难分彼此。岭南越族领袖人物吕嘉是赵佗“和辑百越”、融合越汉政策的带头响应者和重要的推行人。《史记》称其：“宗室官仕为长吏者七十余人，男尽尚王女，女尽嫁王子兄弟宗室，及与苍梧秦王有连。其居国中甚重，越人信之，多为耳目者，得众心逾于王。”有吕嘉这样的越酋辅政，无疑使南越国的稳定扎深了根基。南越国实行郡国体制，境内遍设郡、县，同时在越人聚居区设置相当于郡之国，让诸越酋（骆将）“仍主民如故”。国王或由汉人出任，如苍梧国是赵佗派其族人赵光为秦王；或由越人部落联盟首领充当，如红河三角洲地区的西于国，系追认同尉屠睢作战阵亡的西瓯君译吁宋的后代为西于（瓯）王。西瓯地区同时设交趾、九真两郡，各派一使者“典主其民”。赵佗上汉文帝书中提及“蛮夷中西有西瓯，其众半羸，南面称王”，系援引历史现象为他自己称帝做解释。从地域分析，西瓯称王即指原有之安阳王。该王国曾被秦军打败，其民逃遁，皆入丛薄。可能秦亡时又起来复国。赵佗挫败吕后南征大军后，乘胜“以兵威边，财物赂遗闽粤、西瓯骆，役属焉”。西瓯（于）王在兵临城下时与赵佗谈判，地位得以保留，还获赠财物，因而一直忠于赵佗及其继承人，至死不渝。南越国中央，可称汉越联合政权；在地方，是汉越分治的混合政权，赵佗在少数民族地区实行羁縻政策，适合当时社会情况，造就了岭南近一个世纪的稳定繁荣局面。刘邦之诏书说赵佗执政岭南“甚有文理，中县人以故不耗减，越人相攻之俗益止”，可为证据。

三、以礼事天子，按有理有利原则，用软硬两手策略处理与汉朝的关系。刘邦灭秦称帝后，即将秦之岭南三郡划归其所封的长沙王。赵佗割据岭南而称王，自然是“与天子抗衡为敌国”，刘邦之“将相欲移兵而诛之”，只是匈奴压境，对南越才姑且“羁縻不备”。赵佗自知为汉朝所不容，立国之后不断筑城、整军备战，同时以低姿态示汉，礼事天子，力求同汉朝共处，通关贸易，发展生产，壮大国力。

汉高祖刘邦执政的十一年间，越汉处于冷战时期，其死前才与南越通使。入越汉使宣扬汉朝如何强大，并用“祸且及身”来威胁赵佗臣服。赵佗对其虚张声势心中有数，大笑置之，但仍接受了刘邦所赐王印，答应臣奉汉约。据《汉书》记载，惠帝三年（前192年）“七月，南越王赵佗称臣贡奉”，而惠帝刘盈所赐亦“甚厚”。汉朝在吕后执政时期采取“别异蛮夷”政策，下令“毋予蛮夷外粤金铁田器；马牛羊即予，予牡勿予牝”。对此经济封锁，赵佗先是谋求和平解决，三次遣使进京，请求解除禁令。吕后不听，还扣押来使。赵佗还得到一些汉朝敌视自己的消息，便更号为“南越武帝”，表示不再臣服于汉朝。吕后遂“削去南越之籍”，越汉关系破裂。赵佗认为吕后所为，是与自己有领土之争的长沙王进谗促成的，趁着吕后与刘氏势力对抗，内部矛盾深化之机，采取军事行动打击长沙王和吕后，袭击长沙国边境，败其数县而去。这一行动的目的只是进行牵制，给吕后增加包袱，令其在内部争夺中失利，并不准备进攻中原。吕后被激怒，派将军隆虑侯周灶率兵进击南越。越军倚城据险抵御，汉军不适应湿暑作战，士卒大疫，兵不能逾岭，陷入困境。对峙年余，吕后病亡，吕党被诛，汉朝撤军，赵佗获得军事、政治的巨大胜利，威震南疆。孝文帝刘恒即位后，力排讨越众议，采取为赵佗修祖墓、宠昆弟、罢驻长沙国将军等措施与南越修好，下诏称“服领以南，王自治之”，要求其去帝号，通使如故。对此，赵佗予以响应，越汉遂又长期和平相处。

赵佗一生与汉朝五帝一后——高帝刘邦、惠帝刘盈、高后吕雉、孝文帝刘恒、景帝刘启、武帝刘彻为政治对手，他知己知彼，审时度势，在较量中能屈能伸。屈不损害国家实质利益，伸便挫败对手而不付很大代价，在中国历史上是罕见的杰出战略家。西汉前期诸帝对南越采取“羁而不备”政策，两度主动打破僵局与越修好，也是难能可贵的。据当时形势，和则互利，战则两伤。九十年的偃兵息武，汉朝得以民富国强，出现“文景之治”，岭南经济文化亦得以发展。《南粤丛书·粤记》称：“广东之文治始赵佗。”其实整个岭南包括广东、广西和越北之昌明进步，都得益于赵佗、吕嘉所缔造的“和平世纪”。

四、结交邻国，互利往来，建立经济、政治联盟。南越国十七年（前 187 年），汉朝吕后执政后突然改变对南越的经济政策，赵佗意识到必须取得邻国的支持与援助，汉越交恶后方不至于陷入困境。因而趁着战胜吕后之声势，便“以兵威边，财物赂遗闽越、西瓯骆，役属焉”，同时“以财物役属夜郎，西至同师（今云南的保山龙陵一带），然亦不能臣使也”。显然，南越与其邻邦非君臣关系，而是盟主与盟友的关系。保持独立自主，担心被汉朝兼并的共同心理，使他们结成了政治经济联盟，商贸往来，互通有无，对双方经济、文化发展都有利。汉使在番禺能吃到蜀酱，就是夜郎商贾贩运去的。可以想象，当时的西南交通已相当发达了。赵佗、吕嘉同西南少数民族建立邦交，军事上也有利于增强南越国侧翼的安全。当时汉朝为拓展疆土和从侧翼包围南越，也积极向西南推进，在夜郎设犍为郡和两县一都尉。后来汉武帝调夜郎兵讨南越时，发生了且兰君拒远行并杀汉使者和犍为郡太守的事件。且兰君反汉是出于自身利益考虑，同时与“始倚南越”不无关系。

闽越与南越的关系较为复杂，它既要联合南越与汉朝抗衡，又想侵占南越东部领土扩大其地盘，于赵佗去世南越新君即位两年时兴兵西进。对于闽越犯境，南越有足够力量还击却按兵不动，吕嘉等老臣以越、闽俱为汉之藩臣不得擅兴兵相攻，上书天子出面干涉。汉武帝刘彻发兵向闽越问罪，大军迫境，闽越兵变，王弟余善杀了闽越王郢降汉。南越国不费一兵一卒即消除了边患，创造了一个“上兵伐谋”和“借刀杀人”的战例。后来汉武帝讨越时，东越（闽越由余善执政后之国名）曾发卒八千参战，“兵至揭阳，以海风波为解，不行，执两端，阴使南越”。赵佗死后发生的上述情况，证明了他谋虑之深远及其策略之效应。

五、确立防御为主的战略方针，备战而慎战。赵佗为中原南下大将，既了解岭南，又悉知中原。自信不仅文韬武略超过汉朝将相，兵力亦不弱于刘邦。但他说了“使我居中国，何渠不如汉”的话，说明他知道汉朝的长处在于据有广大的中原，从整体条件来看，从长远来看，南越国确实“不如汉”，因而他定下并一直坚持对汉以防御为主的战略方针。赵佗在下决心实行割据策略之时，即移檄告五岭上的横浦、阳山、湟溪等关，急绝道聚兵自守。同时陆续在乐昌、仁化、英德、清远筑城，在贺江上游的桂岭、珠江上的石门和闽越通道上的盘陀岭置关，继而在桂粤锁钥的苍梧建国，派族人赵光领兵镇守。对原有的兴安秦城、番禺郡城进行扩建，加强防御。兴安县城西南二十五公里大溶江与灵渠交汇的三角洲上，有古城址多处。宋《桂海虞衡志》《岭外代答》及其以后之史志多记为“秦城”，而在其先的北魏《水经注》、唐《元和郡县志》则称为越城。《元和郡县志》载：“故越城，在县（唐全义县，今兴安县）西南五十里。汉高后时遣周灶击南越，赵佗踞险为城，灶不能逾岭，即此也。”三角洲顶端上的通济城规模最大，长约 880 米，宽约 410 米，占地面积达 40 万平方米。城墙四角设置角楼，城垣外壁增筑向外凸出的马面。城址形式及筑城方法均显汉代特点，城内出土有西汉前期遗物，其中大量建筑构件与广州南越宫署相同或相近。考古学者认为：通济城是汉初南越国的军事城堡，它与北面的严关一起，构成了南越国西北边境重要的防线。[①] 位于广州市中心的秦时任嚣所修的南海郡城“规模甚隘，仅能藩离宦舍暨中人数百家”。[②] 赵佗在原址上“益广嚣所筑”。经考古测定，城之平面略近方形，周长约5公里。与《太平寰宇记》“其城周十里”的记载相同。综观上述的赵佗筑城，可以看出其部署是：以五岭关口为前沿，以苍梧、英德、清远为二线，以番禺为中心，北江及西江为重点防御方向，东西兼顾。经过连年经营，已构成了一个有主次、有纵深的折扇形防御体系。赵佗还曾向汉朝提议调整南越国与长沙国犬牙交错地带的国界——据马王堆出土地图看，长沙国的桂阳越岭楔入洭水上游，对南越国威胁大，赵佗可能用某种条件做交换，要求长沙国让出洭水上游一带。汉文帝借口是高祖所定“不得擅变”未予应允。赵佗此议是想避免朝廷军队窥视其边境和随时切断其前沿阵地与后方的联系。赵佗的军事思想是高明的，知己知彼，知天知地，依据地理形势进行的严谨的防御经营，确保他实现了立足岭南的目的。汉朝向其进攻的吕后则是愚蠢的，内部争夺未果又在外树敌，不仅政治气候不宜，又受天气影响，湿暑大疫，受挫而归。以后韩千秋孤军深入，于石门被歼，亦显南越国纵深防御之作用。

南越国共发生过五次军事行动——击并桂林郡、象郡；袭击长沙国边境和拒阻周灶；应付闽越犯境；围歼韩千秋；抵抗汉军南征——前两次行动是主动发起的，范围小，达到政治目的即止；后三次行动是防御性的，交战都不激烈，打垮闽越它自己都不出兵。五次行动四胜一负，最后之失败乃政治形势所决定，并非军事使然。综观南越国的军事，赵佗、吕嘉积极备战而慎战，始终贯彻尽少用兵的原则，有利于南越国的生存和发展。

南越国的消亡与其历史地位

赵佗、吕嘉的军政方针策略是合乎时宜的，维系南越国近一个世纪。南越国经历了鼎盛时期，赵佗之后诸王皆属无能之辈，南越国继续存在日显弊多益少。而汉朝经过六七十年蓄积力量，国势日强，又已戡平内乱，并基本打垮了匈奴之后，统一全国便提上了日程。汉武帝刘彻统一岭南的做法是和谈与备战并举。备战之举：在东面，趁诛闽越王郢，使闽越内附，并让其出兵助攻。在西面，用逾万人运财物收买夜郎，换得在其境内设郡县都尉；在昆明池治楼船，操练水战；发巴蜀卒治道，自僰道通向牂牁江。准备从西面出兵，与自五岭南下汉军及东越军对南越实施三面合围。和谈之举：趁为南越出兵解决其与闽越争端之契机，陆续遣使赴南越，晓谕其王与群臣，要求执行汉法，内比诸侯，三岁一朝，撤除边关；汉朝则继续承认南越国王、丞相及内史、中尉、大傅地位，分别赐印和颁发印信，其余官员由南越国自行委命。并对岭南“以其故俗治，毋税赋”。应该

---

① 李珍《兴安秦城城址的考古发现与研究》，见《广西考古文集》，文物出版社，2004年5月出版。

② 《唐垌纪略》，引自《广东史志》1996年第4期陈泽泓《秦汉时期的岭南建筑》。

说如此内属条件相当优惠，不难接受。可惜几批汉使皆无陆贾之才，未能收说服之效。最后派来一个庞大使团，使团长安国少季是南越国樛太后的昔日情人，使越期间复私通，"国人颇知之，多不附太后"。在内属与否同吕嘉等老臣的争议中，樛太后和国王赵兴成了少数派。樛太后与使团设计在宴会上诛吕嘉等，无人动手，她自己"欲鏦嘉以矛"，又被赵兴制止。事后，吕嘉遂称病不朝，居家与老臣商议对策。汉武帝闻讯认为南越王、王太后已附汉，独吕嘉为乱，派两千兵给韩千秋带领南下擒捕吕嘉。汉兵临境、吕嘉被逼反，与其弟将兵攻杀樛太后、赵兴及汉使，立三世王赵婴齐之长子、越族妻所生之高昌侯赵建德为王，并放韩千秋进至距番禺四十里而围歼之。韩千秋之死，使汉武帝出师有名，于元鼎五年（前 112 年）秋大兴兵，次年冬春（汉初以冬为岁首，换算为公历即公元前 112 年冬至前 111 年春）攻下南越国首都番禺并追获其君臣，灭了南越国。

吕嘉等越汉老臣反对内属原因有二：一是对自己实际是南越国主宰者的利益看得很重，担心内属受削弱；二是没有认清形势，看不到越人与汉人经长期共处，广泛接触汉文化，许多文武官员和广大越汉百姓已能接受统一的局面，只看见高层中主张内属的是少数，而且有的是"自媚"，因而坚持抵制立场。汉朝对南越国上层的争取虽然失败，但对其下属的和平攻势颇收成效。讨越的五路大军中，有两路就是以"故归义越侯二人为戈船、下厉（濑）将军，出零陵，或下离水，或抵苍梧"。这无疑产生了重大影响，因而就有苍梧国秦王赵光降汉、桂林郡监居翁晓谕瓯骆四十万口归附、瓯骆佐将黄同杀了西于（瓯）王归降、越将毕取亦率部降汉。汉军夜间火攻番禺城时，伏波将军还设营遣使招降，并纵降者复相招，天明时"城中皆降伏波"。吕嘉和赵建德夜间率众数百出逃，后又被降汉的越郎都稽和校尉司马苏弘追踪捕获。汉平南越，数月功成，与秦征岭南进程殊异，说明人心向背在战争中起决定性作用。

南越国消亡，始倚南越的夜郎王遂入朝内属，滇王不久亦举国降汉，汉武帝统一了南方，"番禺以西至蜀南者置初郡十七，且以其故俗治，毋税赋"。汉朝对少数民族领袖人物的政治地位仍予承认，赐给王印，复长其民如故。这种"初郡"政策，就仿效或直接沿用了赵佗的做法。秦亡后南越国出现，岭南由中央的郡县变为一个王国，政治形态上是倒退的，实际上其存在近百年，却让岭南社会稳定、经济文化都赖以得到发展。特别是赵佗、吕嘉使秦时的越汉对立，化为民族融合，对中华民族的形成发展起到了巨大作用，与其后六百七十年的北魏孝文帝鲜卑族拓跋宏交相辉映。[①] 南越政权保持独立，法理上并不否认隶属中央，尚非"分裂国家"。南越国退出历史舞台是经过战争来完成的，但战事规模小，时间短，灾害不大。南越国历史上的重大贡献，远远超过其负面影响。

① 东汉末年以后，匈奴、鲜卑、羯、羌等少数民族大规模迁入黄河流域，与汉族错居杂处。439 年鲜卑族拓跋氏的北魏政权统一了北方，其孝文帝（471 年—499 年在位）拓跋宏（汉名元宏）迁都洛阳，推行汉化。规定迁来的鲜卑人不得归葬平城，并改着汉服、说汉话、用汉姓。禁止族内同姓通婚，提倡按门第与汉族通婚。自己纳汉族大姓女子为后妃，为五个皇弟娶汉族大姓女子为正妻，并将诸公主嫁给汉族大姓。

南越国战事概况表

名称	时间和背景	地域	经过和特点	后果
击并秦郡	公元前209年秦始皇崩，陈胜率戍卒反，天下刑秦吏以应者无数。公元前207年秦王子婴降，秦破灭，中原出现楚汉相争局面。	粤东粤西和越北越中	赵佗受南海尉任嚣遗托，檄南岭诸关急绝道聚兵自守，诛秦吏以己党代之，待中原变。秦亡，即从南海郡出兵，夺取桂林、象郡秦政权，改设桂林郡、苍梧国、交趾郡、西于国和九真郡。事件属兵变性质。	赵佗控制岭南，于公元前203年建南越国。公元前202年刘邦称帝，将岭南划归长沙王，至公元前196年才承认南越国。
反抗吕后	吕后掌朝后按长沙王主张对南越国实施经济封锁，赵佗谋求解禁无果于公元前181年采取军事行动。	五岭北侧长沙国边境	袭击长沙国南部数县后回撤，转入边关防御。吕后派周灶将兵讨越，遇湿暑大疫不能逾岭。对峙年余，吕后病死（前179年7月），吕党被诛，周灶撤军。赵佗利用时局，以有限行动实现挫败对手和壮大自己的目的。	汉文帝执政后恢复汉越关系。“佗因此以兵威边，财物赂遗闽越、西瓯骆，役属焉。”并“以财物役属夜郎，西至同师”。
回击闽越	赵佗病故，闽越王郢趁南越新君继位刚两年（前135年）之机，兴兵侵占南越边境。	粤闽交界地区	上兵伐谋，南越将闽越犯了藩臣擅自相攻之罪上诉朝廷，汉武帝因而向闽越发兵问罪，闽越王弟余善杀郢降汉。此战乃双重的“借刀杀人”计。	闽越国被灭，汉武帝封归附的余善为东越王，并趁兵威遣使晓谕南越内附。
歼韩千秋	公元前112年南越君臣因内属问题发生分裂，汉武帝于当年四月派韩千秋将兵两千入越擒捕丞相吕嘉等反对派。	番禺西四十里	吕嘉闻韩兵入境即发动政变，与其弟将兵攻杀四世王赵兴、樛太后和汉使团，立赵建德为五世王；开道给食，放韩兵深入后围而歼之。战场选在腹地石门，使敌难逃。	韩兵悉数就歼。派兵时人称“以武往，二千人无足以为”，汉武帝故做牺牲是为讨越大兴兵造名由。
吕嘉拒汉	南越国九十三年，汉元鼎六年冬春（汉初以冬季为岁首，时为公元前112年冬至公元前111年春）	粤北和番禺	吕嘉歼灭韩兵后即发兵守要害处，但翌冬其寻峡、石门要塞即被由湞水、北江而下的汉楼船将军数万众攻破，军船及军粮皆失，遂聚兵守番禺，赵建德、吕嘉皆城守。会暮楼船军纵火烧城；伏波兵至仅千余，于西北招降，迟旦，城中皆降伏波。当晚吕、赵率数百众退守石涌，失守后下海东逃，至漳浦太武山筑城自守。迄春，吕、赵被其降汉校尉、越郎领汉军追击擒获。而苍梧王、桂林监、越将毕取闻汉兵至，皆率部降。继后，瓯骆佐将黄同杀了西于王而降，交趾九真二典使奉已降汉赵建德之命呈户籍归降。汉武帝发五路兵（楼船自豫章下横浦；伏波出桂阳下洭水；戈船出零陵下离水；下濑下苍梧；驰义侯率巴蜀罪人及夜郎兵下牂牁江，咸会番禺）共二十万人讨越，仅先至之楼船数万相与交锋，获胜之速始料未及。汉朝让故越侯戈船、下濑领兵参战，伏波阵前招降，让降者复相招，皆发挥了重大作用。南越盟友虽多却松散，无统一行动，被各个击破。	南越国亡。“始倚南越”的夜郎兵被征发时且兰君杀汉使和犍为郡太守反，被回师的巴蜀兵击平，夜郎侯内属，封王；巴蜀兵又击灭滇东两小国后，不愿内属的滇王亦举国降汉；自请参与征讨南越的东越，兵至揭阳却不进，阴使南越，继后杀汉三校尉反，被汉武帝派楼船、戈船、下濑等数路兵入其境讨平。

南越国疆域及设关筑城布防图

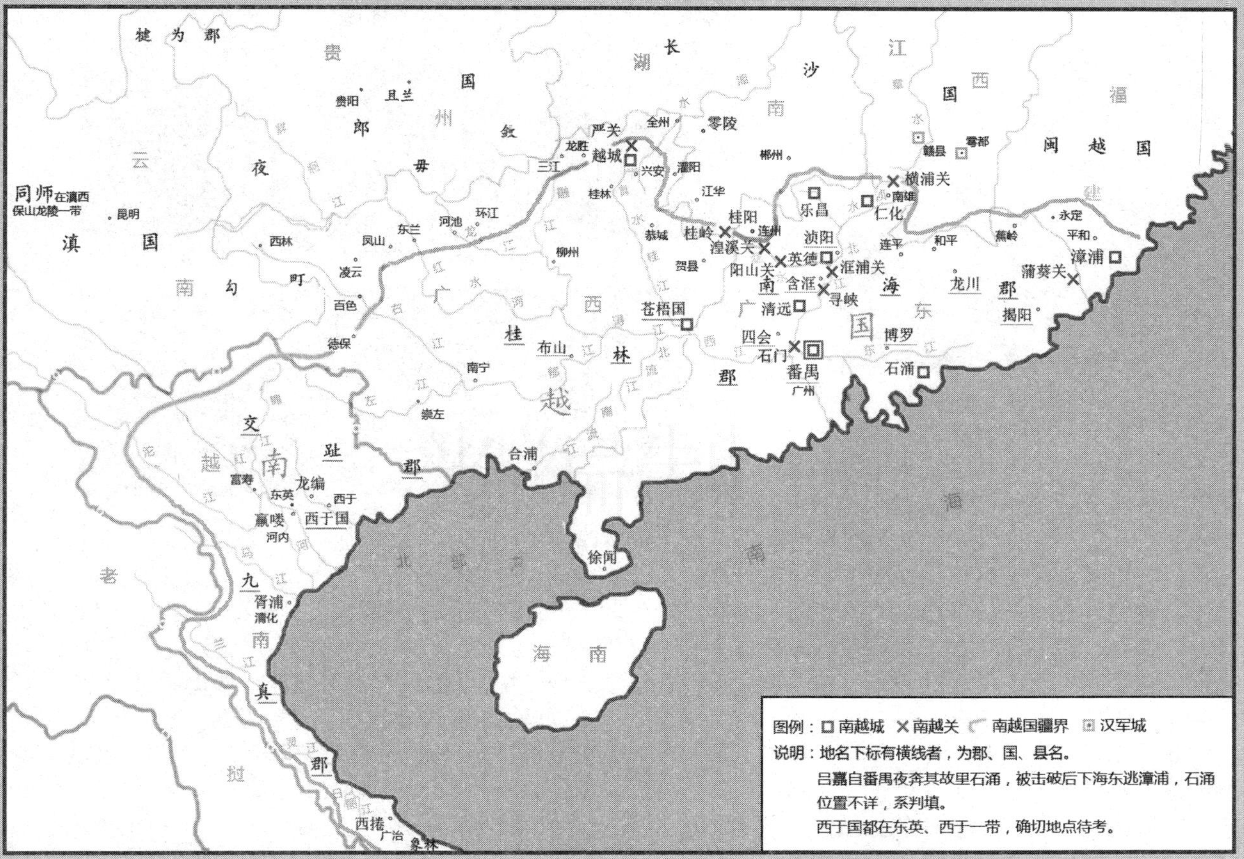

秦始皇岭南设郡五年后驾崩，受南海郡尉任嚣临终嘱托之赵佗，急令横浦、阳山、湟溪诸关聚兵绝道自守，并在乐昌、仁化筑城，尽诛境内秦长吏以其党代之。秦二世被杀，赵佗即发兵击并桂林、象郡，析象郡为交趾、九真二郡，于公元前203年自立为南越武王。刘邦击败项羽称帝后将岭南原三郡划归长沙国，死前才遣使承认南越国，同时派两将军常驻长沙国，在岭北一线布兵，于赣县、雩都筑城，以防拥兵数十万的赵佗。赵佗向汉朝称臣，与之贸易，同时陆续在英德、清远、番禺筑城，在石门进行防御部署，在桂岭、蒲葵岭设关把守。前187年吕后称制，敌视南越。赵佗于前181年发兵攻长沙国边境，败其数县而回。吕后派周灶讨之，遇暑湿大疫，兵不能逾岭。岁余吕后崩，遂罢兵。赵佗"因此以兵威边，财物赂遗闽越西瓯骆，役属焉"。所立西于王，当在此际。同时"以财物役属夜郎，西至同师"。前179年汉文帝即位，汉越恢复关系。前137年赵佗去世，第三年闽越侵略南越边境，南越诉诸朝廷。汉武帝讨平闽越，并遣使晓谕南越二世王赵眜内属。眜派太子婴齐进京入宿卫。约十五年后眜死，婴齐南归袭三世王，立在京所娶樛氏为后，兴为太子。数年后婴齐死，赵兴为四世王。樛太后让其上书朝廷要求内比诸侯，三岁一朝，撤除边关。遭丞相吕嘉等老臣反对。汉武帝派两千兵入境擒吕嘉，吕嘉遂与其弟带兵攻杀赵兴、樛太后，立婴齐越人妻所生赵建德为五世王。并于石门全歼孤军深入的两千汉兵。

前112年秋，汉军五路二十万人讨越：路博德为伏波将军出桂阳下洭水；杨朴为楼船将军出豫章下横浦；故归义侯二人为戈船、下濑将军出零陵，下离水、苍梧；使驰义侯因巴蜀罪人发夜郎兵下牂牁江，咸会番禺。楼船精卒先陷寻峡、破石门，得越船粟，数万众遂火攻番禺。伏波仅千余兵先至致力招降，迟旦一城皆降。吕嘉与五世王率数百众夜奔石涌，继而逃往漳浦太武山，被降汉官员领兵擒获。而苍梧王、揭阳令、毕取将军、桂林郡监闻汉军至皆率部归附。嗣后瓯骆佐将黄同杀西于王降，交趾、九真典使亦遵王世王命向伏波呈交二郡户籍归附。前111年春，经历五世九十三岁的南越国亡。

汉讨南越时，东越自请参战。兵至揭阳而不行，暗中派使者到南越，被汉击灭；夜郎兵被征发时且兰君拒远行，杀汉使及犍为郡太守反。南征巴蜀兵回师平之，以为牂牁郡。"始倚南越"的夜郎侯始入朝，封王；嗣后巴蜀兵击灭滇东北两小国，滇王遂举国降。汉武帝"连兵三岁，诛羌、灭南越，番禺以西至蜀南者置初郡十七，且以其故俗治，毋赋税"。

周永光撰文、制图

赵佗塑像及南越国文物

南越王墓出土的铜虎节

南越王墓出土的玉舞人

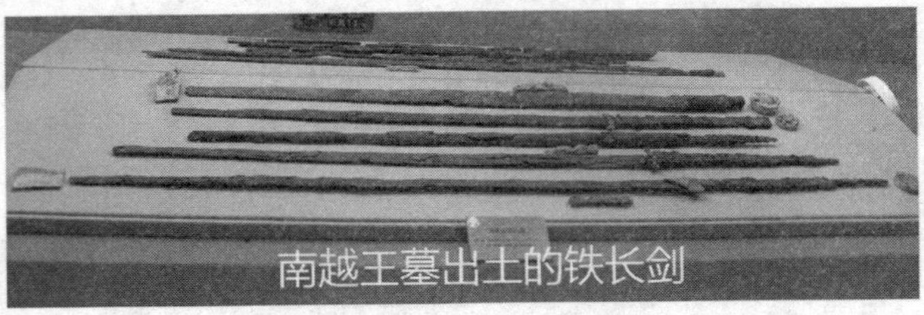
南越王墓出土的铁长剑

赵佗，赵国真定（今河北正定）人。公元前 179 年上书汉文帝称“老夫处越 39 年”，据此可知尉屠睢统率秦军南征三年兵败身死后赵佗接任统帅入越是前 219 年。赵佗若是前 222 年秦灭赵后才被征入伍（按秦律须满 17 岁），距为帅只三年，此情况罕有可能；极有可能是早前赵佗已在秦军中服役且军功卓著，因而才能出任数十万大军统帅。在其子赵始协助下，赵佗经五年交战击败瓯骆国安阳王，底定岭南。但岭南设三郡时其职位仅为县令。秦亡汉兴之际，赵佗在任嚣支持下执掌南海郡，既而击并桂林、象郡，尽诛秦长吏，以其党代之，建立南越国，自称南越武帝。境内设四郡两国（越人聚居地设苍梧国、西于国），用越酋吕嘉辅政，提倡越汉通婚，消除民族隔阂，稳定军心民心；对外结交闽越、夜郎，远至同师，组成应对汉朝的统一阵线；筑城备战，拥重兵而不轻言战，对汉称臣通使，礼事天子与汉通商谋发展。对敌视南越的吕后及长沙国，败其数县即撤。吕后派大军来犯，拒止之让其至死不能得逞。赵佗是极高明的战略家，治国如烹小鲜，与汉高祖又四帝一后并世而立，悠然活到一百余岁。得益于其策略，南越国屹立了 93 年，在中原出现文景之治的同时，岭南呈现过一段和平繁荣的时期。

文帝行玺龙钮金印

南越王墓出土的丝缕玉衣，其侧置有长剑

《史记》记载赵佗卒于公元前 137 年，其孙赵胡袭位，为文王。广州象岗墓葬出土丝缕玉衣上有文帝行玺和赵眜金印，表明墓主为赵眜，记为赵胡乃误。行玺表明南越去帝号只是礼事天子，国内仍称帝。

刘邦的诏书称赵佗执政岭南“甚有文理，中县人以故不耗减，越人相攻之俗益止”。

右下图为贵港罗泊湾 1 号西汉墓出土的漆绘铜盆，其外侧用黑漆绘有四组战事连环画：右组画一免冠徒跣的首领在戏兽，一人单腿跪报战况，一人大步前往观察；中右组画战况，一方追击，一方败逃，有人落马；中左组画持械的左右三人向盘腿箕踞的首领拱揖，左一人向外招手，呼唤更多人来领受命令，准备出战；左组画报捷，左持械三人向首领躬身，腰挂圆形物——专家判为斩获的首级，中间一赤膊壮汉肩扛小俘虏走向首领，其后又一人手持首级大步赶来。盘坐的首领手伸向一圆形物，判为火盆。三组画中都出现的首领，专家判即墓主——桂林郡守或郡尉，为南下汉人，但入乡随俗，已经越化。有人径称其为越酋领。勿论如何，岭南越人相攻击和虏人为奴的情况，或者汉人官方攻击越人这种现象在赵佗推行和辑百越政策之前和之初，应该还是普遍存在的。

盆高 13.5 厘米，口径 50 厘米 西汉时期
两含环铺首间的漆绘表现战场追击

周永光撰文、编图，铜盆漆绘临摹图系蒋廷瑜供稿，其余图片取自网络

南越国大事记

秦王政八年（前239年）	最迟是年，赵佗出生于赵国真定（今河北正定县境）世家。
秦王政二十五年（前222年）	秦灭赵，赵佗被征入伍。按秦律，年龄应在17岁以上。以后升任秦军军官。另一种可能是赵灭前赵佗已在秦军中服役，是年其年龄则更大于17岁。
秦始皇二十八年（前219年）	尉屠睢率部南征已三年，兵败身死，“秦乃使尉佗将卒以戍越”。晋人《交州外域记》云：赵佗举众攻交趾安阳王，先挫后胜，安阳王下船径出海。有说此为赵佗建国称王后所为，不对。若无秦尉赵佗在交趾战胜取得立足点，秦象郡何以立。赵佗称王后，对交趾西瓯人只是以财物役属之，史无交战之记录。
秦始皇三十三年（前214年）	秦平定百越，在岭南设三郡，并连续三年从中原移民入郡。赵佗被任命为南海郡龙川县令，取消了兵权。任嚣出任南海尉。
秦始皇三十七年（前210年）	赵佗“使人上书求女无夫家者三万人，以为士卒衣补。秦皇帝可其万五千”。据《史记·淮南列传》记载，此事距陈胜吴广起义“间不一年”。
秦二世元年（前209年）	七月，秦始皇嬴政崩，同月戍卒陈胜等反。天下郡县苦秦吏者，皆刑其长吏以应，不可胜数。沛公起沛，项梁举兵会稽郡。 九月，胡亥袭位，为秦二世皇帝。
秦二世二年（前208年）	冬，陈胜将领周章率众数十万西进至戏。胡亥大赦天下，授兵器于修骊山之囚徒，由申章邯指挥反击周章军。次年，章邯在钜鹿与项羽交战失利，率部投降。项羽兵至四十万，号百万；刘邦兵十万，号二十万。当时，岭南任嚣（《广东省志·人物志》称任嚣为高乐人，高乐在今河北省南皮县）、赵佗拥兵数十万（赵佗自称“带甲百万有余”）。《史记·南越列传》载：“二世时，南海尉任嚣病且死，召龙川令赵佗语曰：‘闻陈胜等作乱，秦为无道，天下苦之，项羽、刘季、陈胜、吴广等州郡各共兴军聚众，虎争天下，中国扰乱，未知所安，豪杰叛秦相立。南海僻远，吾恐盗兵侵地至此，吾欲兴兵绝新道，自备，待诸侯变，会病甚。且番禺负山险，阻南海，东西数千里，颇有中国人相辅，此亦一州之主也，可以立国。郡中长吏无足与言者，故召公告之。’即被佗书，行南海尉事。嚣死，佗即移檄告横浦、阳山、湟溪关曰：‘盗兵且至，急绝道聚兵自守！’因稍以法诛秦所置长吏，以其党为假守。”横浦关位南野南三十里大庾岭上，南距南雄六十里；阳山关位阳山县东北铜锣岭，北控通往骑田岭之路，南可兼控湟江（洭水）中游；湟溪关位阳山县西北四十里茂溪口，扼湟江上游。
秦二世三年 秦子婴元年（前207年）	刘远铎之《乐昌县志》载：“秦二世三年南海尉赵佗筑城河南水。”同时，赵佗还在仁化北城口筑城。朱汝珍之《清远县志》卷4载：连州江口北岸为洭浦关。此处嘴村后山出土有秦汉瓦筒残片，可证为秦汉遗址。位于英德西南连江口。 秋，赵高杀胡亥，立子婴，子婴又诛赵高。 十月，刘邦先诸侯入咸阳，子婴奉玺降，刘邦封宫室府库，约法三章，还军霸上。居月余，项羽率诸侯兵屠咸阳，杀子婴等秦宗族，秦亡。

续表

汉高祖四年 南越国元年 （前203年）	“秦已破灭，佗即击并桂林、象郡，自立为南越武王。”元鼎六年春（前111年）南越亡国时九十三岁，故可推定南越立国于汉高祖四年（前203年）。赵佗称王时年龄三十六岁以上。
汉高祖五年 南越国二年 （前202年）	刘邦经垓下决战打败项羽，于二月甲午乃即皇帝位氾水之阳。随后下诏：“故衡山王吴芮与子二人、兄子一人，从百越之兵，以佐诸侯，诛暴秦，有大功，诸侯立以为王。项羽侵夺之地，谓之番君。其以长沙、豫章、象郡、桂林、南海立番君吴芮为长沙王。”次年三月，刘邦又诏封齐信侯徭毋余为海阳侯。（《史记·高祖功臣表》）司马贞《索隐》称，海阳亦南越县地。
汉高祖十一年 南越国八年 （前196年）	汉朝初期经济未振，外拒匈奴，内乱不断，十一年间有燕王臧荼反、利几反、韩王信降匈奴“共距汉”、赵相贯高谋弑、代相国陈豨反、梁王彭越反、淮南王布反、淮阴侯韩信蓄意谋反，刘邦无暇南顾，对岭南采取羁縻政策。于十一年五月下诏书：“越人之俗，好相攻击，前时秦徙中县之民南方三郡，使与百越杂处。会天下诛秦，南海尉佗居南方长治之，甚有文理，中县人以故不耗减，越人相攻击之俗益止，俱赖其力。今立佗为南越王。”使陆贾即授玺绶，赵佗稽首称臣。 刘邦派陆贾使越，《史记·陆贾列传》有载：“陆贾者，楚人也。以客从高祖定天下，名为有口辩士，居左右，常使诸侯。及高祖时，中国初定，尉佗平南越，因王之。高祖使陆贾赐尉佗印为南越王。陆生至，尉佗魋髻箕踞见陆生。陆生因进说佗曰：‘足下中国人，亲戚昆弟坟墓在真定。今足下反天性，弃冠带，欲以区区之越与天子抗衡为敌国，祸且及身矣。且夫秦失其政，诸侯豪杰并起，唯汉王先入关，据咸阳。项羽倍约，自立为西楚霸王，诸侯皆属，可谓至强。然汉王起巴蜀，鞭笞天下，劫略诸侯，遂诛项羽灭之。五年间，海内平定，此非人力，天之所建也。天子闻君王王南越，不助天下诛暴逆，将相欲移兵而诛王，天子怜百姓新劳苦，故且休之，遣臣授君王印，剖符通使。君宜郊迎，北面称臣，乃欲以新造未集之越，倔强于此。汉诚闻之，掘烧王先人冢，夷灭宗族，使一偏将将十万众临越，则越杀王降汉，如反覆手耳。’于是尉佗乃蹶然起坐，谢陆生曰：‘居蛮夷中久，殊失礼义。’因问陆生曰：‘我孰与萧何、曹参、韩信贤？’陆生曰：‘王似贤。’复曰：‘我孰与皇帝贤？’陆生曰：‘皇帝起丰沛，讨暴秦，诛强楚，为天下兴利除害，继五帝三（皇）〔王〕之业，统理中国。中国之人以亿计，地方万里，居天下之膏腴，人众车舆，万物殷富，政由一家，自天地剖泮未始有也。今王众不过数十万，皆蛮夷，崎岖山海间，譬若汉一郡，王何乃比于汉！’尉佗大笑曰：‘吾不起中国，故王此。使我居中国，何渠不若汉？’乃大说陆生，留与饮数月。曰：‘越中无足与语，至生来，令我日闻所不闻。’赐陆生橐中装直千金，佗送亦千金。陆生卒拜尉佗为南越王，令称臣奉汉约。归报，高祖大悦，拜贾为太中大夫。”

续表

汉高祖十二年 南越国九年 （前195年）	刘邦诏曰："南武侯织亦粤之世也，立以为南海王。"此前，刘邦还派两位将军常驻长沙国，在越城岭至骑田岭一线布兵防守，并在赣县和雩都筑城"以防尉佗"。（顾祖禹《读史方舆纪要》卷八十八《江西六》） 在刘邦筑城岭北之同时，赵佗亦在岭南继续筑城。于英德县城南"筑万人城于浈水"（《岭南述丛》卷三、《英德县续志》卷三十二）；于上承英德、下连三水之清远，赵佗也"筑万人城于此"（《广东通志》卷一百二十）；在番禺西四十里的石门天险处，加强了防御部署；对番禺的南海郡城，"益广器所筑"，"俗称赵佗城"（《读史方舆纪要》）；在灵渠地区的严关和秦城增加守军；并在桂岭（萌诸岭、临贺岭）设关把守。至清代，赵佗"拒防遗址至今犹传之"（苏凤文《广西全省地舆图说·始安县》）；在揭阳县东北盘陀岭的闽粤通道上筑"蒲葵关"。《漳州府志》卷七称，此关"南越故关也"。 四月，刘邦去世，刘盈继位，称孝惠帝。
汉惠帝三年 南越国十二年 （前192年）	七月，"南越王赵佗称臣贡奉"。 四年后（前188年），刘盈病死。
汉高后元年 南越国十七年 （前187年）	高后吕雉临朝称制，"别异蛮夷"，出令曰："毋予蛮夷外越金铁田器；马牛羊即予，予牡，毋予牝。"赵佗连续派内史藩、中尉高、御史平三人进京，请求朝廷改变"别异蛮夷、隔绝器物"政策。吕后不允，并扣押来使。南越还风闻赵佗"父母坟墓已坏削，兄弟宗族已诛论"。
汉高后五年 南越国二十一年 （前183年）	"春，南越王尉佗自称南（越）武帝。"吕后"闻之大怒，削去南越之籍，使使不通"。赵佗怀疑是长沙王向吕后进谗言而造成。
汉高后七年 南越国二十三年 （前181年）	赵佗发兵攻击长沙国边境，"败数县而去"。"高后遣将军隆虑侯（周）灶击之。会暑湿，士卒大疫，兵不能逾岭。岁余（次年七月），高后崩，即罢兵。佗因此以兵威边，财物赂遗闽粤、西瓯骆，役属焉。东西万余里。乃乘黄屋左纛，称制与中国侔。"《史记·西南夷列传》称："南越以财物役属夜郎，西至同师（今云南保山、龙陵一带），然亦不能臣使也。"至死效忠南越之交趾西于（瓯）王，估被赵佗封于此际。

续表

汉文帝前元元年 南越国二十五年 （前179年）	吕后余党作乱被平，高祖中子代王刘恒即帝位，称孝文帝。刘恒修治真定赵佗先人冢，置守邑，岁时奉祀；寻访赵佗昆弟，尊官厚赐；并按赵佗之要求罢免了朝廷派驻长沙国的一名将军（博阳侯）。然后又派陆贾持诏书使越，承认岭南自治，汉越分弃前患，通使如故；同时要求赵佗去帝号，边境息兵，毋为寇灾。并赐给赵佗褚衣百件。赵佗上书文帝表示愿长为藩臣，奉贡职。并献白璧、翠鸟、犀角等。陆贾还报，文帝大悦。 文帝赐赵佗书："皇帝谨问南粤王，甚苦心劳意。朕，高皇帝侧室之子，弃外奉北蕃于代，道里辽远，壅蔽朴愚，未尝致书。高皇帝弃群臣，孝惠皇帝即世，高后（白）〔自〕临事，不幸有疾，日进不衰，以故悖暴乎治。诸吕为变故乱法，不能独制，乃取它姓子为孝惠皇帝嗣。赖宗朝之灵，功臣之力，诛之已毕。朕以王侯吏不释之故，不得不立，今即位。乃者闻王遗将军隆虑侯书，求亲昆弟，请罢长沙两将军。朕以王书罢将军博阳侯，亲昆弟在真定者，已遣人存问，修治先人冢。前日闻王发兵于边，为寇灾不止。当其时长沙苦之，南郡尤甚，虽王之国，庸独利乎！必多杀士卒，伤良将吏，寡人之妻，孤人之子，独人父母，得一亡十，朕不忍为也。朕欲定地犬牙相入者以问吏，吏曰：'高皇帝所以介长沙土也。'朕不得擅变焉。（据马王堆3号墓出土的地图所标，长沙国的桂阳在湟水东岸，今连州一带，已楔入岭南，处于南越国乐昌侧后，赵佗请求调整两国犬牙相入地带的边界，首先当指该地。）吏曰：'得王之地不足以为大，得王之财不足以为富，服领以南，王自治之。'虽然，王之号为帝，两帝并立，亡一乘之使以通其道，是争也；争而不让，仁者不为也。愿与王分弃前患，终今以来，通使如故。故使贾驰谕告王朕意，王亦受之，毋为寇灾矣。上褚五十衣，中褚三十衣，下褚二十衣，遗王。愿王听乐娱忧，存问邻国。" 赵佗上文帝书："蛮夷大长老夫臣佗昧死再拜上书皇帝陛下：老夫故粤吏也，高皇帝幸赐臣佗玺，以为南粤王，使为外臣，时内贡职。孝惠皇帝即位，义不忍绝，所以赐老夫者厚甚。高后自临用事，近细士，信谗臣，别异蛮夷，出令曰：'毋予蛮夷外粤金铁田器，马牛羊即予，予牡，毋予牝。'老夫处辟，马牛羊齿已长，自以祭祀不修，有死罪，使内史藩、中尉高、御史平凡三辈上书谢过，皆不反。又风闻老夫父母坟墓已坏削，兄弟宗族已诛论。吏相与议曰：'今内不得振于汉，外亡以自高异。'故更号为帝，自帝其国，非敢有害于天下也。高皇后闻之大怒，削去南粤之籍，使使不通。老夫窃疑长沙王谗臣，故敢发兵以伐其边。且南方卑湿，蛮夷中西有西瓯，其众半羸，南面称王；东有闽粤，其众数千人，亦称王；西北有长沙，其半蛮夷，亦称王。老夫故敢妄窃帝号，聊以自娱。老夫身定百邑之地，东西南北数千万里，带甲百万有余，然北面而臣事汉，何也？不敢背先人之故。老夫处粤四十九年（应属三十九年之误，逆推可知赵佗于公元前219年始戍越），于今抱孙焉。然夙兴夜寐，寝不安席，食不甘味，目不视靡曼之色，耳不听钟鼓之音者，以为不得事汉也。今陛下幸哀怜，复故号，通使汉如故，老夫死骨不腐，改号不敢为帝矣！谨北面因使者献白璧一双，翠鸟千，犀角十，紫贝五百，桂蠹一器，生翠四十双，孔雀二双。昧死再拜，以闻皇帝陛下。"

续表

汉文帝后元七年 南越国四十七年 （前157年）	六月，刘恒去世。刘启即位，称孝景帝。据1975年广州发现的秦越造船工场遗址证实，秦进军岭南后，曾在番禺大量制造军用船只，后来造船工场又被赵佗一直使用到文景之际（前156年），即南越国四十八年才废弃。工场规模甚大，其中一个造船台即长达88米以上。遗物中除生产及生活器具外还有兵器。说明赵佗南越国除改编利用秦军楼船之师外，还继续扩充其水上武装力量，其舰船能驶向海洋。
汉景帝前元二年 南越国四十九年 （前155年）	三月，刘启立发为长沙王。 《汉书·两越传》载，赵佗“孝景时称臣遣使入朝请。然其居国，窃如故号；其使天子，称王朝命如诸侯”。
汉景帝前元三年 南越国五十年 （前154年）	御史大夫晁错推行削藩，吴王、胶西王、楚王、赵王、济南王、菑川王、胶东王皆举兵反，景帝遣亚夫、窦婴将兵击之。破七国，斩首十余万，七王皆亡。
汉景帝后元三年 南越国六十三年 （前141年）	正月，孝景帝刘启去世。刘彻继位，称孝武帝。 班固对汉立朝后之六十六年作有评论，认为汉朝力纠秦弊，“扫除烦苛，与民休息”“海内得离战国之苦，君臣俱欲无为”“宫室苑囿车骑服御无所增益”“天下晏然，刑罚罕用，民务稼穑，衣食滋殖”。南越称帝，以德怀之，佗遂称臣；匈奴和亲又背约入盗，令边备守，不发兵深入，恐烦百姓。历朝专务以德化民，是以海内殷富，兴于礼义。尤堪称道，文景之治。
汉武帝建元四年 南越国六十七年 （前137年）	赵佗卒，享年百零二岁以上。 其孙赵胡（眜）袭位，为南越国二世王。
汉武帝建元六年 南越国六十九年 （前135年）	闽越王郢兴兵攻南越边邑。赵胡向汉武帝上书称：“两越俱为藩臣，毋得擅兴兵相攻击。今闽越兴兵侵臣，臣不敢兴兵，唯天子诏之。”汉武帝赞扬南越遵守藩臣职分，并为其兴师向闽越问罪，遣大行王恢将兵出豫章，大司农韩安国出会稽。兵未逾岭，闽越王弟余善杀郢以降。“恢因兵威使番阳令唐蒙风指晓南越。”唐蒙在南越吃到蜀产之枸酱，回京向蜀贾问知酱由夜郎牂牁江运销番禺。便向汉武帝献策：用夜郎兵浮江东下，乃是“制越一奇”。汉武帝遂派唐蒙将兵千名，随同运送财物万余人，由巴蜀入见夜郎侯多同，宣谕汉朝威德并厚赐财物，与多同达成协议，在夜郎设置犍为郡，下辖两县一都尉。并“发巴蜀卒治道，自僰道指牂牁江”。《汉书·食货志》载：“越欲与汉用船战逐，（汉武帝）乃大修昆明池，列馆环之。治楼船，高十余丈，旗帜加其上，甚壮。” 唐蒙使越的同一时期，汉武帝派严助（《史记·南越列传》记作“庄助”，而《汉书》的《两越传》及《严助传》均为“严助”）前往谕意赵胡，赵胡答应入朝拜见天子，先让太子赵婴齐随严助进京入宿卫。但严助走后南越大臣谏阻赵胡进京。认为汉朝兴兵诛郢，也是对南越的警告。“且先王昔言，事天子其无失礼，要之不可以说好语入见，入见则不得复归，亡国之势也。”因此赵胡称病不入见，后十余年，胡实病甚。太子婴齐请归，胡薨，谥为文王。婴齐袭位，为南越国三世王。

续表

汉武帝元狩二年 南越国八十三年 （前121年）	南越向朝廷献驯象、能言鸟。余天炽《古南越国史》认为，此乃婴齐对其获准南归向汉武帝谢恩之举。并推定赵胡卒于元狩元年（前122年）秋冬，在位十五年。婴齐继位后即藏其先武帝、文帝玺，上书请立樛氏为后，兴为嗣。婴齐乐杀生自恣，惧入见要用汉法，比内诸侯，固称病，遂不入见，只遣子次公入宿卫。数年后，婴齐薨，谥为明王。太子赵兴继位，为南越国四世王，立其母樛氏为太后。
汉武帝元鼎四年 南越国九十一年 （前113年）	汉武帝派安国少季率使团到南越国谕其王、王太后以入朝，内比诸侯；令辩士谏大夫终军等宣其辞，勇士魏臣等辅其缺，并派卫尉路博德领兵屯扎于桂阳，策应使团。南越王赵兴年少，听命于太后樛氏。樛氏为邯郸人，未为婴齐姬时曾是长安霸陵人安国少季之情人。情人重逢，复有私通。国人颇知之，多不附太后。太后拟倚靠汉朝威势巩固其地位，多次劝赵兴及群臣内属，通过使者上书，要求比内诸侯，三岁一朝，撤除边关。汉武帝批准其要求，赐给南越丞相吕嘉银印，并颁发内史、中尉、大傅印，其余官员由南越自行委任。废除南越黥劓刑，执行汉法，比内诸侯；令使团成员皆留驻南越，以推行新政。 吕嘉是赵佗之老臣，又连相三王（赵胡、赵婴齐、赵兴）其宗族官仕为长吏者七十余人，男尽尚王女，女尽嫁王子兄弟宗室，并与赵氏苍梧秦王有连。“居国中甚重，越人信之，多为耳目者，得众心逾于王。”吕嘉谏阻赵兴内属无效，便称病拒见汉使者。赵兴、太后和安国少季曾设宴企图谋害吕嘉等人，安国少季慑于吕嘉威势不敢动手，太后欲钬吕嘉又被赵兴制止。事后吕嘉用其弟兵力警卫，居家数月不出，“阴与太臣作乱”。
汉武帝元鼎五年 南越国九十二年 （前112年）	汉武帝闻讯，以为南越王、王太后已附汉，独吕嘉为乱，不足以兴兵。派郏壮士故济北相韩千秋及王太后弟樛乐率众两千南下，擒杀吕嘉。四月，兵至越境，吕嘉遂反，宣布王太后擅权和淫行，欲内属，尽持先王宝器入献天子以自媚，取自脱一时之利，不顾赵氏社稷，毫无万世虑计。与其弟率兵攻杀王太后和四世王赵兴，尽诛汉使者。并通报苍梧秦王和各郡县：立赵婴齐之长子（越族妻所生）高昌侯赵建德为五世王。对于入境汉兵，吕嘉让其破数小邑，又开道给食，使其深入距离番禺四十里处围而攻之，全歼韩千秋、樛乐及其部众。事后，吕嘉函封汉使节置于塞上，编了一套好听的话向汉武帝“谢罪”，同时派兵加强边关要塞的防卫。 汉武帝给韩千秋、樛乐之子封侯，决定“令罪人及江淮以南楼船十万师”前往讨伐吕嘉、赵建德。《史记·平准书》记为“因南方楼船卒二十余万人击南越”。秋，汉武帝派卫尉路博德为伏波将军，出桂阳，下洭水（连江）；主爵都尉杨仆为楼船将军，出豫章，下横浦；故归义越侯二人为戈船、下厉（濑）将军，出零陵，或下离水，或抵苍梧；使驰义侯就近调用巴蜀罪人，并征发夜郎兵，下牂牁江，咸会番禺。

续表

汉武帝元鼎六年冬春（汉初以冬季为岁首，时为公元前112年冬至公元前111年春）南越国九十三年	冬季，楼船将军率精兵首挫越锋，攻下寻峡，破石门，缴获南越军船只和粮食；伏波将军带领由罪人组成的队伍路远后到，与楼船将军数万人会师时才有千余人。继而楼船居东南，伏波居西北，两军合攻番禺。傍晚楼船打败越人，纵火烧城；伏波遍设营寨，招降越人，对降者赐印绶，令其相招。“迟旦，城中皆降伏波。”五世王赵建德、丞相吕嘉及随从数百于黑夜逃往吕嘉故里石涌，凭借先期所筑的石瓮、金斗两城进行抵抗。伏波从降者获悉吕嘉、赵建德去向，编桥渡兵追击，大败越军于石瓮、金斗。吕、赵率残部下海东逃，往漳浦县太武山筑城自守。已降汉的南越国校尉司马苏弘、越郎都稽带领汉军尾追，捕获了赵建德和吕嘉。（参见戴肇辰《广州府志》卷六十九、李维玉《漳州志》卷七）汉兵南下时，苍梧王赵光及揭阳令史定降汉，越将毕取率部投降，桂林郡郡监居翁谕告瓯骆四十余万口归附。继后，瓯骆佐将黄同杀西于王归降。交趾、九真二郡典使奉已降五世王之命亦降。戈船、下厉（濑）将军之兵及驰义侯所发夜郎兵未至，南越已平。《汉书·武帝纪》载：汉武帝“行东，将幸缑氏，至左邑桐乡，闻南越破，以为闻喜县。春，至汲新中乡，得吕嘉首，以为获嘉县”。《华阳国志》载：汉武帝还将吕嘉子孙宗族迁往四川，“置不韦县，以彰其先人之恶”。（汉之不韦县在今云南巍山。）《史记·南越列传》载：南越国“自尉佗初王后，五世九十三岁而亡国”。 南越平定后，汉朝在其境内设置南海，苍梧、合浦，郁林、九真、交趾、日南七郡。汉武帝元封元年（前110年），楼船将军杨仆率兵自合浦徐闻南入海，得大洲，略以为儋耳、朱崖二郡。 《史记·平淮书》称：“汉连兵三岁，诛羌、灭南越。番禺以西至蜀南者置初郡十七，且以其故俗治，毋赋税。” 《史记·西南夷列传》载，南越反汉时，汉武帝令驰义侯调南夷兵（夜郎兵）参加征讨。且兰君恐远行旁国虏其老弱，乃率众反，杀了汉使者和犍为郡太守。汉武帝令前往征讨南越途中的八校尉所率巴蜀罪人回师诛南夷，平之以为牂牁郡。“始倚南越”的夜郎侯遂入朝，被封为夜郎王。汉武帝又乘破南越及诛南夷兵威派使者风喻滇王入朝，无果。元封二年（前109年）汉武帝发巴蜀兵击灭滇东北附滇之两小国，滇王离难遂举国降，汉以其地为益州郡，赐滇王印，复长其民。《史记·东越列传》载，汉武帝征讨南越时，东越王余善上书请以卒八千从楼船将军击吕嘉。兵至揭阳，以海风波为解，不行，执两端，阴使南越。元鼎六年秋，余善闻楼船曾上书请诛之，遂反，刻“武帝”玺自立。汉武帝发四路兵讨之，元封元年（前110年）冬咸入东越，余善被部属杀以降汉。

附：安阳王国的若干记述

晋人所著《交州外域记》称，南越王尉佗及其太子赵始曾率兵与蜀王子安阳王统率下的骆将作战，安阳王败逃出海，赵佗在其境设立交趾、九真二郡，并派二使者典主其民。但《史记》《汉书》均无相关经过的记载，只有《后汉书·郡国志》载："交趾郡，武帝置，即安阳王国。雒阳南万一千里，十二城，龙编、嬴陵。"《交州外域记》凭口传写四百年前事，名称混杂，时序错乱，并掺有神话，但也含有事实可补史之缺。与《史记》《汉书》相印证，可以确定以下基本史实：一、尉屠睢深入越三年战死后，尉佗带来增援兵力再战，将瓯骆国安阳王打败，秦象郡得以在桂南、越北和越中地区建立。二、赵佗击并象郡后析之为交趾、九真两郡，派使者典主之。汉平南越，此二典主奉越王之命携郡民户籍到合浦向伏波将军归降。此越王乃五世王赵建德，被俘降汉后复相招，封术阳侯，食三千户。三、瓯骆人虽败犹存，仍控制着郡城以外的广大地域，秦亡时可能起来复国称王。赵佗乘挫败吕后之兵威，以财物赂遗西瓯骆而役属之。按其"和辑百越"方略，封西瓯骆领袖为"西于王"，让诸骆将仍主民如故。有学者认为，此王即与尉屠睢作战的译吁宋的后代。

安阳王国之来历，源出蜀王后裔。《华阳国志》（卷三）载："周慎王五年（前316年），秦大夫张仪、司马错、都尉墨等，从石牛道伐蜀。蜀王自于葭萌拒之，败绩，王遁走，至武阳（今彭山县），为秦军所害。其傅相及王子退至逢乡，死于白鹿山，开明氏遂亡，凡王蜀十二世。"陈修和《越南古史及其民族文化之研究》（1944年昆明出版）推断，蜀王遗众循岷江南逃至今宜宾、庆符等地，沿后来之僰道入南中，避难于与秦为敌的楚人所控制的滇黔之境。后来秦拔楚之黔中，楚将庄蹻在与楚国割离之滇境称王，蜀王遗众遂又向今越南北部发展，与骆王斗争，征服了文郎国。

陶维英《越南历代疆域》（1964年河内科学出版社出版）载：越南高平地区岱依人（与壮族同源异名）中流传的史诗称，中国南方左江源头地区有一个南岗部，由蜀制统治，称安治王，奠都南平，下辖石临、河广、保乐、石安、福和、上琅、广源、太宁、归山九个区。各区三年一朝贡。中国曾几度来攻，均被打退，后来双方遂和好。蜀制在位六十年，享年九十五岁，死时其子蜀泮方十岁。后来蜀泮制伏了九个王公，巩固了基业，又为父报仇，打败了雒王，将其文郎国兼并入南岗部，定新国号为瓯骆，奠都螺城（在今越南永福省东英县古螺村）。自此之后，四方太平。《安南志原》（1932年远东博古学院版）载：螺城，形似螺也，俗传系安阳王所建。陶维英认为，西于部落是蜀泮的基本部落。在泸江、斋江（今明江）和锦江一带；麋冷部落是雄（雒）王的基本部落，"也许这个部落包括了现今安沛省一部、宣光省南部、富寿省、山西省和永福省……中心大约在富寿，这里的山围县羲岗村现今还有雄（雒）王庙"。陶并称，"安阳王奠都之地，就是后来汉代设置封溪县的地方"。马援将西于县析为封溪、望海二县，并筑茧城和望海城以守御。"可能今天的古螺城遗址，就是马援所建茧城和安阳王故城相混合的遗址。"

第三章　句町的战争和治国治军

句町原先是位于滇桂黔交界地区的壮族先民的一个部落联盟，句町王“其置自濮”①，它在长期的兼并战争中得到发展。西汉——新朝时期句町进行过三次重大军事行动，连续的胜利使其国势日益上升，汉昭帝始元六年（前 81 年）其首领被朝廷由侯擢升为王，蜀汉时句町王更被诸葛亮指定为领掌兴古郡之长，其势力范围空前扩大，句町进入鼎盛时期。此后的情况史籍缺载，北周大定元年（581 年）废兴古郡②，句町亦消失。

句町国的三大军事行动

一、参加益州、牂牁平叛。《汉书·西南夷传》载：“孝昭始元元年（前 86 年）益州廉头、姑缯民反，杀长吏。牂牁、谈指、同并等二十四邑凡三万余人皆反。遣水衡都尉发蜀郡、犍为奔命万余人击牂牁，大破之。后三岁，姑缯、叶榆复反，遣水衡都尉吕辟胡将郡兵击之。辟胡不进，蛮夷遂杀益州太守，乘胜与辟胡战，士战及溺水死者四千余人。明年，复遣军正王平与大鸿胪田广明等并进，大破益州，斩首捕虏五万余级，获畜产十余万。上曰：‘句町侯亡波率其邑君长人民击反者，斩首捕虏有功，其立亡波为句町王。大鸿胪广明赐爵关内侯……’”据《昭帝纪》，句町封王时在始元六年（前 81 年）秋。

此则记载反映汉武帝、汉昭帝在西南少数民族地区推行郡县制，加强中央行政管理过程中遭到地方势力的抵抗，数年间益州和牂牁连续发生两次动乱，长吏、太守相继被杀，官兵阵亡和溺死达四千余人。汉朝三次组织戡乱，经激烈交战，终于将事件平息。

---

① 《华阳国志·南中志》载：“句町县，故句町王国名也。其置自濮，王姓毋，汉时受封至今。”覃圣敏研究员考证，百濮原在汉水流域，公元前 523 年“楚子为舟师以伐濮”，濮人迁徙到西南后封句町为王，其时最迟也在战国之前。见覃圣敏《句町古史钩沉》之《句町史迹概说》，原载《广西民族研究》1988 年第 3 期。

② 梁庭望《略论句町国的主体民族及其社会性质》，见《句町国与西林特色文化》第2页，广西人民出版社，2009 年出版。

句町侯率部参战有功，被汉昭帝封为句町王。记载中未交代句町人是参加了几次平叛，出兵多少，斩虏多少，但肯定是参加过有决胜性质的作战，而且发挥了重要作用。否则不会得到封王之重赏，在皇帝的嘉奖书中名列于封侯的大鸿胪之上。

二、对抗夜郎。《汉书·西南夷传》载:“成帝河平中（公元前28年至公元前25年），夜郎王兴与句町王禹、漏卧侯俞更举兵相攻。牂牁太守请发兵诛兴等，议者以为道远不可及，乃遣太中大夫蜀郡张匡执节和解。兴等不从命，刻木象汉吏立道旁射之……大将军（王）凤于是荐金城司马陈立为牂牁太守。立者，临邛人，前为连然长，不韦令，蛮夷畏之。及至牂牁，谕告夜郎王兴，兴不从命，立请诛之。未报，乃从吏数十人出行县，至兴国且同亭，召兴。兴将数千人往至亭，从邑君数十人入见立。立数责，因断头。邑君曰:‘将军诛亡状，为民除害，愿出晓士众。’以兴头示之，皆释兵降。句町王禹、漏卧侯俞震恐，入粟千斛，牛羊劳吏士。立还归郡，兴妻父翁指与兴子邪务收余兵，迫胁旁二十二邑反。至冬，立奏募诸夷与都尉长史分将攻翁指等。翁指据阬为垒。立使骑兵绝其饷道，纵反间以诱其众……蛮夷共斩翁指，持首出降。”

此则记载称业已归汉的夜郎、句町、漏卧三国照旧进行兼并战争，违背了藩臣不得擅自举兵相攻的禁令，朝廷进行干预。当时的句町国势在上升，但为确保胜算，还联合了漏卧来与夜郎对抗；夜郎仗其地广兵众，认定吞并句町、漏卧稳操胜券，以为朝廷要求和解妨碍了它的利益，抗命不遵，终遭灭国。句町遭到进攻，虽不像南越国在遭闽越进攻时那样主动要求朝廷干预，但看到朝廷严惩了拒不从命的夜郎王之后，能幡然弃武，令行禁止，并同漏卧拿出千斛粟和牛羊慰劳汉太守及其从吏，表示顺从朝廷旨意，而不是乘敌之危，大举进攻，扩大地盘。句町的抉择——在三国争霸的斗争中，懂得联合盟军壮大自己的阵营孤立敌人，并能顺应历史潮流按朝廷要求释兵停战——表现出其首领的明智。

三、反抗王莽。《汉书·西南夷传》载:“王莽篡位，改汉制，贬句町王以为侯。王邯怨恨，牂牁大尹周歆诈杀邯。邯弟承攻杀歆，州郡击之，不能服。三边蛮夷忧扰尽反，复杀益州大尹程隆。莽遣平蛮将军冯茂发巴蜀、犍为吏士，赋敛取足于民，以击益州。出入三年，疾疫死者十七，巴蜀骚动。莽征茂还，诛之。更遣宁始将军廉丹与庸部牧史熊大发天水、陇西骑士，广汉、巴、蜀、犍为吏民十万人，转输者合二十万人，击之。始至，颇斩首数千，其后军粮前后不相及，士卒饥疫，三岁余死者数万。而越嶲蛮夷任贵亦杀太守梅根，自立为邛谷王。会王莽败汉兴，诛贵，复旧号云。”

上述记载反映王莽执政伊始便改变汉朝的少数民族政策，遭到边疆各民族首领的反对。据《汉书·王莽传》载，王莽于始建国元年（9年）派使者南下，“隃徼外，历益州，贬句町王为侯”，同时派使者至西域尽改其王为侯。陈饶至匈奴庭，授单于新印，汉文易玺为章。单于欲求故印，陈饶椎破之。“单于大怒，而句町、西域后卒以此皆畔。”西汉西南地区的三大王国，到王莽执政时滇国、夜郎国均已灭亡，句町成为西南唯一王国，而且国势日升，然而被贬，其国王自然不满。王莽更不该授意牂牁郡大尹诈杀句町王，逼得句町起兵造反和三边少数民族尽反，相继杀了牂牁和益州的大尹，控制了西南大片地区。据载，王莽于天凤元年（14 年）、三年（16 年）、六年（19 年）和地皇二年（21 年），四度倾财力、出大军，“击句町”“击益州”，均被句町人和拥护句町的益州人民挫败。王莽三次换帅——先派冯茂，改用廉丹，再换郭兴——不断投入兵力和民力，“赋敛民财十取五，益州虚耗而不克”，地皇四年（23 年）绿林军攻入京城，王莽垮台。句町军民以弱抗强，同王莽朝廷较量了 15 年，表现出顽强的战斗力，同时也反映出句町首领在西南各少数民族中具有巨大的感召力。

句町治国与治军之道

《华阳国志·南中志》载：“南中，在昔盖夷越之地，滇濮、句町、夜郎、叶榆、桐师、嶲唐，侯国以十数……秦并蜀，通五尺道，置吏主之。”此说明战国末期和有秦一代，句町已作为秦管辖范围之内的一个侯国存在。《汉书·西南夷传》称：“南夷君长以十数，夜郎最大。”句町在汉初被视为夜郎的“旁小邑”。到汉昭帝时，句町因助战有功由侯国升为王国，以“国县并置”的形式存在了约六百年。句町的疆域有多大，史籍没有明确记载。西汉牂牁郡所辖的十七个县中出现一个句町县，从《汉书·地理志》对其水系的记载分析，西汉句町县包括今广西的西林、隆林、田林、凌云、百色和云南的广南、富宁等县[①]。蜀汉建兴三年（225 年）春，诸葛亮亲征南中对各少数民族的分布和相互关系有了深入的了解，同年秋南中平定后，按其“不留兵”亦“不留人”，“皆即以渠帅而用之”原则[②]，调整当地的行政区划：将句町县从牂牁郡析出，加上其北面的漏卧（今罗平）、汉兴（今兴义）两县，西南面的镡封（今邱北）、宛温（今砚山）、都梦（今西畴、文山、麻栗坡）、进桑（今屏边、河口）、西随（今金平），以及原在益州郡内的西丰（前称毋掇县，今通海、开远）、贲古（今个旧、蒙自）、胜休（今峨山、石屏、建水）等，共十一个县成立兴古郡，确定以句町王为长[③]。郡中句町、镡封、都梦三县属于句町部族，可直接由句町王管理，其余八县虽为别的部族，但都与句町关系密切，有“同姓相杖”之盟，在很大程度上都听令于句町。后晋天福二年（937 年），大理国的开创者段思平在通海会盟 37 部，讨伐大义宁国时曾到秀山土主庙祈求土主亡波神灵保佑，得胜后特建神祠，铸句町王丈八金身铜像，永世祭拜。句町在自身消失三百余年之后其先王尚能发挥如此巨大的精神作用，可以想见，句町还存在时其影响和控制力显然远远超越于其县界之外。句町的强大并能存在六百余年，是由于其首领治国和治军有道。据已有的史料分析，其道

① 《汉书·地理志》载：牂牁郡，武帝元鼎六年开，县十七。“句町，文象水东至增食入郁。又有卢唯水、来细水、伐水。”此说明句町县位于增食县以西，内有四条江河。增食县西境到达今田阳，故推定句町县包括当今百色以上右江流域七个县。

② 《三国志·蜀书·诸葛亮》，裴注引《汉晋春秋》。

③ 《华阳国志·南中志》。

有三：

第一，战略决策明智，始终正确地处理与中原王朝的关系。《尚书·誓牧》载，周武王伐纣时有“庸、蜀、羌、髳、微、纑、彭、濮人”八个少数民族参加。句町“其置自濮”，濮人参加中原征战的历史，不可能不对句町产生影响。前述汉代句町的三次大的军事行动，都直接或间接与中原王朝相关。第一次行动是为中原王朝效力。此次军事行为性质如何，是非功过怎样评价，有待专门探讨，但句町的参战与获胜，增进了自身与中原王朝的关系，由侯国变为王国，为自身的发展和长期存在，无疑奠定了基石。与滇、夜郎、南越的封王相比，句町的封王是中原王朝给予立功藩臣的回报，对前三者的封王是出于笼络的需要而做出的施予，性质大不相同。前者的封王不久即被取消，句町的封王不仅西汉历朝承认、东汉历朝承认，蜀汉亦予承认，以至延绵到北周。

句町的第二次军事行动是同夜郎争霸，间接与中原王朝有关。进入阶级社会之后万国争霸，争斗的过程是血腥的、残酷的，兼并的结果却带来了社会的进步。句町、夜郎都是在兼并战争中发展起来的，但纳入中原王朝统一的行政管辖之后，继续火并则破坏社会稳定，违背了历史发展的潮流。当朝廷前来制止火并之时，句町及其盟军漏卧顺从朝廷的旨意，停止了军事行动。比起不看形势、自不量力、顽抗到底、自取灭亡的夜郎来，句町首领们的抉择显得明智得多。

句町的第三次军事行动是反抗王莽的斗争。王莽新朝也是中原王朝，其政治改革并非全无是处，但改变汉朝正确的民族政策显然是错误的。句町反抗朝廷，以弱对强，胜败难料，似乎还犯了“兵起不可以忿”之忌，但他们认定是在为维护自己民族的尊严而战，举国一致，同仇敌忾，不屈不挠，利用本土战场的优势，长期坚持，最后拖垮了敌人。王莽执政夺取了刘氏江山，是对汉朝的大逆不道。句町同汉朝的敌人战斗了15年，汉朝复国之后对句町自然应是感激，呵护有加。句町抗击王莽，进一步巩固了自己在中原王朝中不容动摇的地位。

第二，句町战而能胜，与其广泛结盟，同周边各部族能够“同姓相杖”关系重大。《汉书·西南夷传》载：西汉之初“南夷君长以十数，夜郎最大”。句町侯国为夜郎国掌领的“旁小邑”之一。以郡县而论，句町县只是牂牁郡所辖十七个县之一，全郡人口为十五万三千三百六十人，句町县不过一万人上下①。王莽十万兵——加上后勤保障部分则为二十万人向其进攻，句町抗战15年，让王莽损兵折将以失败告终，除了靠战略战术的正确，同时还依靠了广大同盟军的力量。句町王弟率部攻打牂牁郡时，“三边蛮夷愁扰尽反”，杀了益州太守，控制了滇池周围地区。所谓“愁扰”，意思是说句町南北及西边的少数民族都与句町建立了同盟关系，句町既然与王莽朝廷开战，其三边各部族担心祸及，故而都跟着造反。此话所说含有被动的意思，其实各少数民族对王莽的民族政策都是不满的。未与句町有盟的“粤嶲蛮夷”（位今四川西昌地区）当时也起来造反，杀了王莽的

① 《汉书·地理志》载：牂牁郡，武帝元鼎六年开，户二万四千二百一十九，口十五万三千三百六十，县十七。按十七县共十五万余口平均计算，句町县在编人口约万人。

太守自立为邛谷王。句町根据各少数民族维护自己民族尊严的共同愿望，广泛结盟，极大地扩大了自己抗敌的阵线，使王莽“击句町”又要“击益州”，还要“击蛮夷若豆”等，应付不暇。句町领导的反抗王莽战争的胜利，进一步增强了自身在西南地区的政治影响。蜀汉时的诸葛亮依据这种情势，特意设立了辖十一个县包括多个部族的兴古郡，由句町王掌领之。

第三，句町武装富有战斗力，能坚持长期抗战，得益于其三位一体的政治体制和军政一体、军民一体的军事体制。句町国的政治体制是政权、族权、神权三位一体。行政的最高长官国王，是本部族同外族长期斗争中考验出来的深受拥戴的族长，他以本部族利益的代表者、维护者、掌管者和分配者的身份出现，部族内所有人都被称为其子女，尚无民主意识的族人以为自己的一切都是头领赐予的，终身仰仗主人。土司时期领取份地而耕的农奴被称为“勒那”——壮文 lwgnaz，意即耕田的孩子；土司标榜其领地“十六堡群黎谁非赤子”，[①] 都属于壮族古代家族奴隶制的遗风。句町国奴隶主与奴隶的关系蒙上了一层温情的面纱，奴隶主驾驭驱使奴隶征战或劳作时，带有族缘亲情的色彩，奴隶“亲长死上”被视为理所当然，族缘色彩能强烈刺激部队的战斗力。句町国王是部族中最大的奴隶主，又是部族中威势最强的族长，其权力是世袭的，代代相传，根深蒂固，不容动摇。句町首领因助战有功被汉朝廷封王，更增强其权力的合法性和稳定性，被视为珍宝。王莽将其业已获得的封号取消，削弱其权势的分量，显然犯了大不韪，引起句町举族而反。

西林县八达乡普驮村句町墓出土的铜棺上的青铜鎏金面具

句町王治国、治军除了将政权与族权相结合之外，更注入了神灵的因素，借助

① 广西忻城县莫土司衙署大门楹联。

超现实的力量，使其权威发挥到极致。《左传》云："国之大事，在祀与戎。"人类进入阶级社会以后战争不断，统治者必须时时准备对外作战和应对内部的反叛，战争乃一国生死之地、存亡之道，"戎"为大事很好理解。而要防止内部的反叛和让部属听命驰骋，统治者就需要树立自己的绝对权威，其做法就是举行各种祭祀活动，通过大型集会，彰显其凌驾一切的地位、权力和威势。"祀"之重要，在于它是心理驭民之诀窍，在结盟时是精神上控制加盟者的手段。云南晋宁石寨山出土的M20鼓形贮贝器上有一组祭祀雕塑：32个人物在进行杀人祭祀活动，祭祀的对象是场地中央的叠置的三面铜鼓。以活人为牺牲来做祭祀，统治者所谋图的就是一种震慑人心的效应。铜鼓在壮族先民心中被视为神器，是权力的象征。"有鼓者号为都老，群情推服。"[①]"得鼓二三，便可潜号称王。"[②]"俚僚铸铜为鼓……战阵、祭享、合乐皆用之。"[③]"欲相攻，则鸣此鼓，到者如云。"[④]在句町国故地桂滇交界各县出土铜鼓很多，仅西林一县就有23面。1972年西林县普驮发现的铜鼓墓内，四面大小不同的铜鼓套叠成棺，内置人骨一具，人骨由松绿石珠襦包裹，随葬品有鎏金骑马俑、鎏金马腿、铜踞坐俑、铜柄铁剑、铁铤铜镞等400余件。据骨骼和牙齿，鉴定墓主为25岁左右的男性，应为句町王族的首领。从随葬品来看，还是个军功卓著的人物。云南晋宁滇王墓随葬铜鼓只有三面，西林句町首领墓葬铜鼓达四面之多，其生前威势之显赫，可见一斑。

句町国在祭祀活动中，通常都进行占卜。一项活动、一场战争，是否举行，后果如何，用占卜的形式请示于神灵。一旦测到顺卦，那就是最好的精神动员——这件事不仅是国王、长老要求做的，而且是顺应天意的行为，大吉大利——从而达到举国一致、吏民同心、将士用命的效果。壮族先民普遍使用鸡卜术，汉武帝平南越后岭南的鸡卜术传到朝廷，"上信之，越祠鸡卜始用焉"。[⑤]迄今搜集到的鸡卜经书主要来自云南文山壮族苗族自治州和广西壮族自治区的百色地区，即原句町王国的中心地域。文山州的一部鸡卜经书共478卦，属于战争内容的有133卦。其一卦经文为："打贼杀得1000头，捉得30索，吉。"测得此卦应属可战。另一卦经文为："打贼杀得80头，捉得40索，吉。圣忽（判系'慎勿'之误写）出战。"此卦称战果小，可战可不战。据该经书搜集者统计，此133卦经文中，参战人数少者一两万，多者达十数万；己方损失将领3人、伤将领38人、阵亡士兵17人、伤士兵35人、被俘士兵90索；杀对方将士2854人、俘对方6049索，其中奴婢4索。[⑥]上述数据是得大于失，吉多凶少。这种经文是使用者预先就设计好的，让神灵为当政者的决策服务，当政者可以操纵自如。

句町国的军事体制是军民一体。国家及下属各邑可能有若干战将及小量的专业武装，

① 《隋书·地理志》。

② 《明史·刘显传》。

③ 清道光九年《怀远府志》卷三辑录的《广州记》。

④ 《隋书·地理志》。

⑤ 《史记·孝武帝本纪》。

⑥ 黄桂秋《句町古国宗教信仰文化初论》，载《句町国与西林特色文化》第29页、第30页，广西人民出版社，2009年出版。

但其基本队伍是全国全部族的青壮年，平时为民，战时为兵，招之即来，编组参战，罢之即去，重操旧业。这种兵民体制使其在战时获得最大的兵源，而平时又不必承担过多的军费开支。句町武装的指挥系统是军政一体，国王和各邑君长分别是全国武装和各邑武装的统帅和统领。《汉书·西南夷传》记载汉昭帝所说的“句町侯亡波率其邑君长人民击反者”这句话，是做出上述判断的依据。西林普驮出土的鎏金骑马俑，似乎也展示了句町首领身兼军事将领的形象。

句町势力范围和军事行动态势图

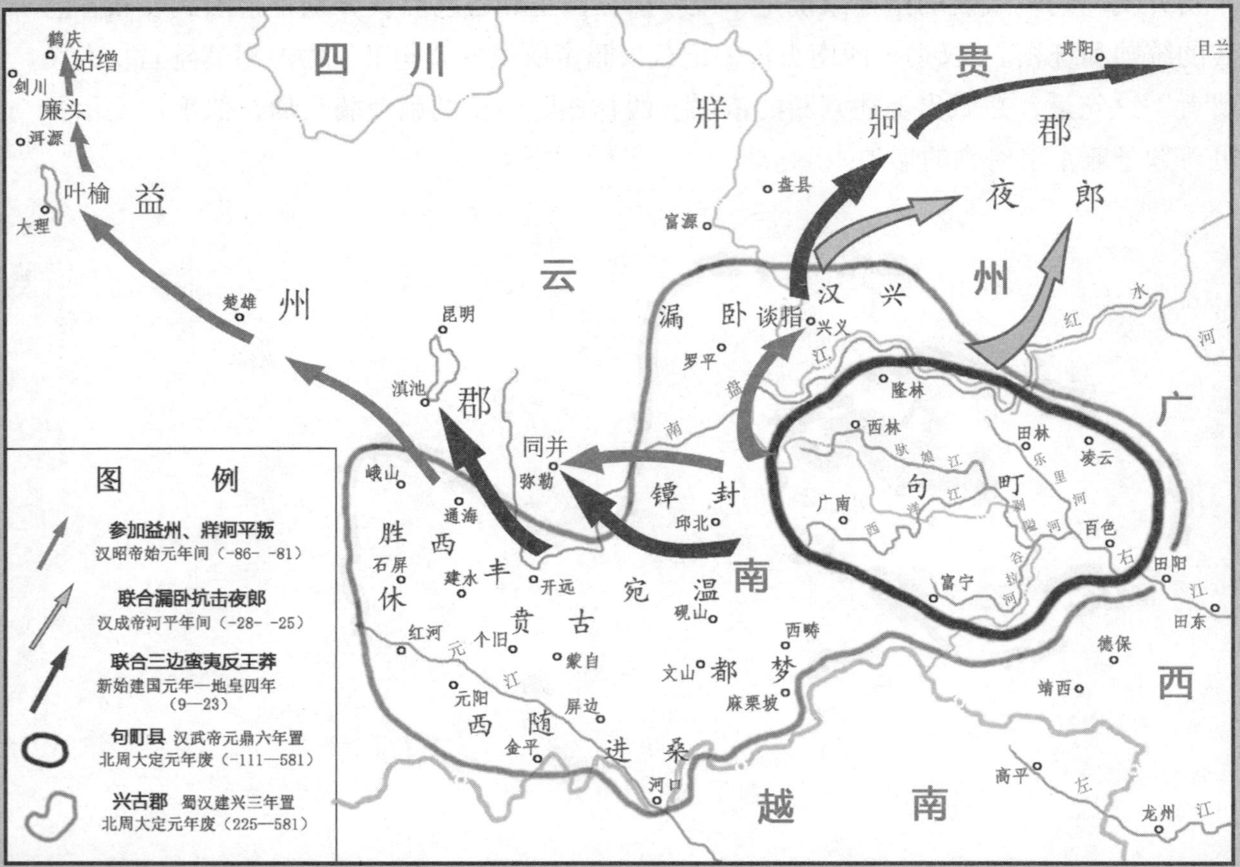

句町王国“其置自濮”。秦并蜀通五尺道置吏主南中，句町为十侯国之一。汉设牂牁郡，句町为十七属县之一。汉昭帝始元元年至六年，益州廉头、姑缯、叶榆和牂牁谈指、同并等地民反，句町侯亡波率其君长人民击反者，获朝廷封王。汉成帝河平年间，句町王禹联合漏卧侯俞与夜郎王兴交战，朝廷遣使劝和，夜郎王兴抗命被诛，句町、漏卧皆释兵。

王莽当政改汉制贬句町王为侯，并授意牂牁大尹诈杀句町王邯。句町和三边蛮夷尽反，攻下牂牁和益州郡，杀死郡尹。王莽派冯茂发巴蜀犍为吏士，民财十取五，击益州。出入三年疫死者十之七，巴蜀骚动。王莽诛冯茂，另派主帅，发兵十万运输者合二十万再战。始至颇斩首数千，其后军粮不济，三岁士卒饥疫死者数万。后莽败汉兴，句町复旧号。蜀汉建兴三年春，诸葛亮亲征南中，同年秋平定后调整行政区划，设兴古郡，辖十一县，以句町为长。北周废兴古郡，句町亦不存。

《汉书·地理志》载：“句町，文象水东至增食入郁。又有卢唯水、来细水、伐水。”增食属郁林郡，包括今田阳、田东、平果等县，故可判定句町在田阳以西。句町境内文象、卢唯、来细、伐等诸水与今右江上游各江河对应关系尚未完全判定。

周永光撰文、制图

句町文物及纪念庙宇

周永光拍照编图撰文，宙町神像照片原载《句町国与西林特色文化》

摄于西林县博物馆

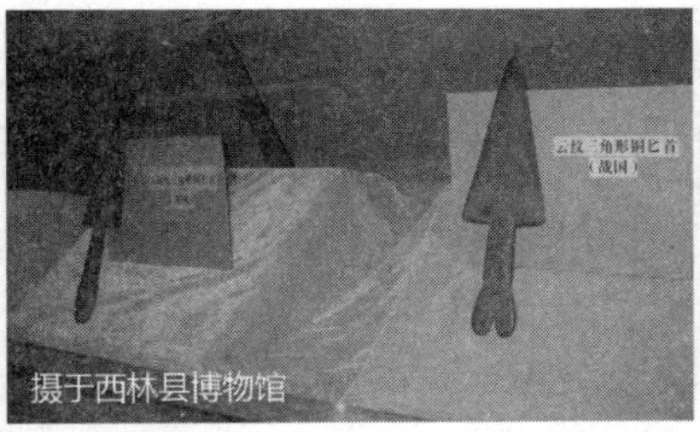
摄于西林县博物馆

摄于西林县博物馆

摄于西林县博物馆

摄于广西壮族自治区博物馆

西林普驮句町墓葬中，有四个套叠的铜鼓。

M12-26号"诅盟"贮贝器
晋宁石寨山西汉墓群出土
摄于广西壮族自治区博物馆

“诅盟”是南方部落中重大事务都要举行的仪式。左图贮贝器盖立体装饰表现女奴隶主与其部落头人结盟情景。两巨型铜鼓间的石碑上绑缚着牺牲，将做血祭。

右图为大理国国王所建的通海句町王庙。公元937年南诏国通海节度使段思平会盟37部落讨伐义宁国杨干贞，行前入土主庙求毋波显灵保佑，段思平得胜建大理国后特建秀山神祠永世祭拜。《通海县志》载：秀山神祠即句町王庙，又名土主庙。位于秀山正中下方，乃一座四合大院，庙内曾铸有句町王丈八镏金铜像。

通海在诸葛亮所设兴古郡中为西丰县境地。兴古郡十一个县，以句町县为长，领掌诸县。

句町王庙中殿，位于云南通海秀山公园内

C-2　文山县高登村土主庙内的“宙町”神像

明清时期云南开化府治（今文山开化镇）东山建有宙町庙，府城区十余个壮族村庄的村民逢祭日皆聚集祭拜。20世纪50年代庙毁，庙中石雕像被壮族村民抬到高登村重新建庙安置，迄今仍受祭拜。人问拜的是谁，长者只说是远古的一个“宙”——应该即为句町王。云南广南县者免乡的七皇山（又称黄金山）亦为壮族的一个圣山，每年清明壮族男性都上山杀牛祭祀“弘町”，外地外族人不得参与。

第四章 酋领武装对中原王朝的对抗与追随

秦用兵岭南，开辟三郡，嗣后历朝都在岭南建立有郡县州府等政权，然而各地少数民族酋领仍保持着强大的势力，“主民如故”。他们拥有武装，家蓄兵器，雄踞一方，有的出任了政府的官职，但同中原王朝或即或离。是叛是服，受自身利害得失所支配，取决于朝廷的政策和当地官员与他们的关系，并受时局的影响。据史籍所记载，从后汉到隋唐，岭南较大的军事行动，主要是酋领武装对抗朝廷和酋领武装配合朝廷行动两大类。追随中原王朝维护岭南统一，具有历史进步作用，但有时为朝廷出征，并非都是正义的。反抗朝廷的斗争，有的符合人民反压迫剥削的愿望，有的是为了维持或扩张酋领阶层的权势，须做具体分析。

征侧、征二

《后汉书·南蛮西南夷传》记载，后汉一百九十五年间，岭南大的军事冲突有五起，规模最大者为征侧、征二造反。

一、建武十六年（40 年），交趾郡麊冷县骆将之女征侧、征二造反，九真、日南、合浦“蛮俚皆应之，凡略六十五城，自立为王。交趾刺史及诸太守仅得自守”。汉时县邑才筑城，征侧能略取岭南 65 城，说明其势力已超出交趾、九真等四郡之外——据《后汉书·郡国志》载，该四郡共有 27 城，全交州七郡亦才 56 城——“《越志》云，征侧兵起，都麊冷县”。[①] 据《水经注》载，征侧“已得交趾、九真二郡民二岁调赋”，[②] 反映征侧的根据地在此两郡，而且拥有了相当的政治、经济实力。对于征侧造反，朝廷先是下诏长沙、合浦、交趾等郡具车船、修道路、通障溪、储粮谷，接着遣伏波将军马援领长沙、桂阳、

① 《后汉书·马援传》（唐）李贤注。

② 郦道元《水经注》第 643 页，永乐大典本，江苏广陵古籍刻印社，1998 年出版。

零陵、苍梧兵万余[1]讨之。军至合浦而楼船将军段志病卒，“诏援并将其兵，缘海而进，随山刊道千余里”。[2]建武十八年（42年）春，马援所带部队与交趾刺史部直属及所辖各郡的部队一万二千人会合，总兵力共二万，进抵浪泊[3]，同征侧军交战。征侧军战败，被斩首数千级，降者万余人，退到禁谿[4]又数次被追击，征侧被俘，队伍溃散。马援副将刘隆“别于禁谿口破之，获其帅征二，斩首千余级，降者二万余人”。[5]十九年（43年）春，马援斩征侧、征二，传首洛阳。四月，即领楼船大小二千余艘、士兵二万余人进击九真的征侧余党都阳等部，从无功至居风（红河下游至马江、朱江中、下游一带），斩获五千余人，“破降之，徙其渠帅三百余口于零陵，于是岭表悉平”。[6]征侧的失败在于其队伍人数虽众——仅就交趾、九真两地作战损失人数推算，其兵众已是马援二万兵力的一倍以上——但仓促组合，缺乏大规模作战的训练；更在于战略错误——不应正面与对方决战。浪泊首战失利，主力损失近半，力量对比即由优势转劣，接着又丧失了主帅，交趾战场一年的较量彻底失败后，九真地域的抵抗也就迅速被摧毁。

二、永元十二年（100年）四月，日南、象林“蛮夷二千余人寇略百姓，燔烧官寺，郡县发兵讨击，斩其渠帅，余众乃降。于是象林始设将兵长史，以防其患”。永初元年（107年），“九真徼外夜郎蛮夷举土内属，开境千八百四十里”。

---

① 《水经注》第645页载：“建武十九年九月马援上言：臣谨与交趾精兵万二千人，与大兵合二万人，船车大小二千艘，自入交趾，于今为盛。”此说明马援自带的“大兵”为八千人，《后汉书·南蛮西南夷传》称所发长沙等四郡兵共万余人，途中非战斗减员甚多，包括楼船将军段志亦病死于合浦，故抵达前线时不足原数。《后汉书·马援传》载，马援南征交趾于建武“二十年秋振旅还京师，军吏经瘴疫死者十四五”。作战伤亡数缺载。染瘴疫者体弱，战场上不死亦伤，因而阵亡者大多数属瘴疫者，可能作传者已一并计入“瘴疫死”之中。汉交趾刺史部辖南海、苍梧、郁林、合浦、交趾、九真、日南七郡，各郡皆有武装，唯实力不玥；仅知此七郡及刺史部直属部队参加对二征作战的总兵力是一万二千人。

② 《后汉书·马援传》。在广西左江、邕江、郁江沿线，有伏波庙、伏波滩、出钱粮支前的班夫人庙等诸多马援纪念遗址和民间传说，似说明沿线曾有军队经过。一些学者认为是马援率长沙、零陵、桂阳三郡之兵沿湘江、漓江南下，到苍梧与该郡士兵会合后，即分兵一路，由副将刘隆率领，逆浔江、郁江、邕江、左江而上，再由陆路推进，与海路进攻的主力相呼应，合击征侧之都麊冷；有的认为马援没有分兵逆江而上，只是班师时顺江而行。孰是孰非，有待材料来证实。有关讨论见《广西文史》2010年第2期施铁清《马援南征“分兵进交趾”置疑——与滕兰花博士商榷》。

③ 陶维英《越南历代疆域·汉朝统治下的瓯雒国·交趾郡》云:《水经注》载，马援率军攻打征二时，“以其地高，自西于进屯于此”。西于县治即后来的封溪县城，在古螺。马援沿水而行，“浪泊想必是今慈山县周围的深凹地区，在古代像湖泊一样，所以有那样的名称。在慈山县治之南，有一些丘陵是该地最高而且干燥的地方，马援可能就屯军于此”。陶还注称，马伯乐《马援的远征》也认为浪泊为仙游县即今慈山县的丘陵地带（《集刊》第18卷）；施铁清认为浪泊在今福安（《广西文史》2010年第2期施铁清《置疑》一文）。福安在今河内西北，慈山在河内东北，孰是孰非，待证。

④ 《后汉书·刘隆传》（唐）李贤注：交趾郡麊冷县有金溪穴，相传音讹，谓之“禁谿”，则征侧等所败处也。其地今岑州新昌县也。陶维英《越南历代疆域·隋唐统治下的我国·峰州承化郡》载：新昌县在永福省立石县。

⑤ 《后汉书·刘隆传》。

⑥ 另，《水经注》卷37“叶榆河”条载：“建武十九年……十月援南入九真，至无切（应为功）县，贼渠降。进入余发，渠帅朱伯弃郡亡入深林，巨薮犀象所聚，群牛数千头，时见象数十百为群。援又分兵入无编县王莽之九真亭。至居风县，帅不降，并斩级数十百，九真乃靖。”

征侧马援交战示意图

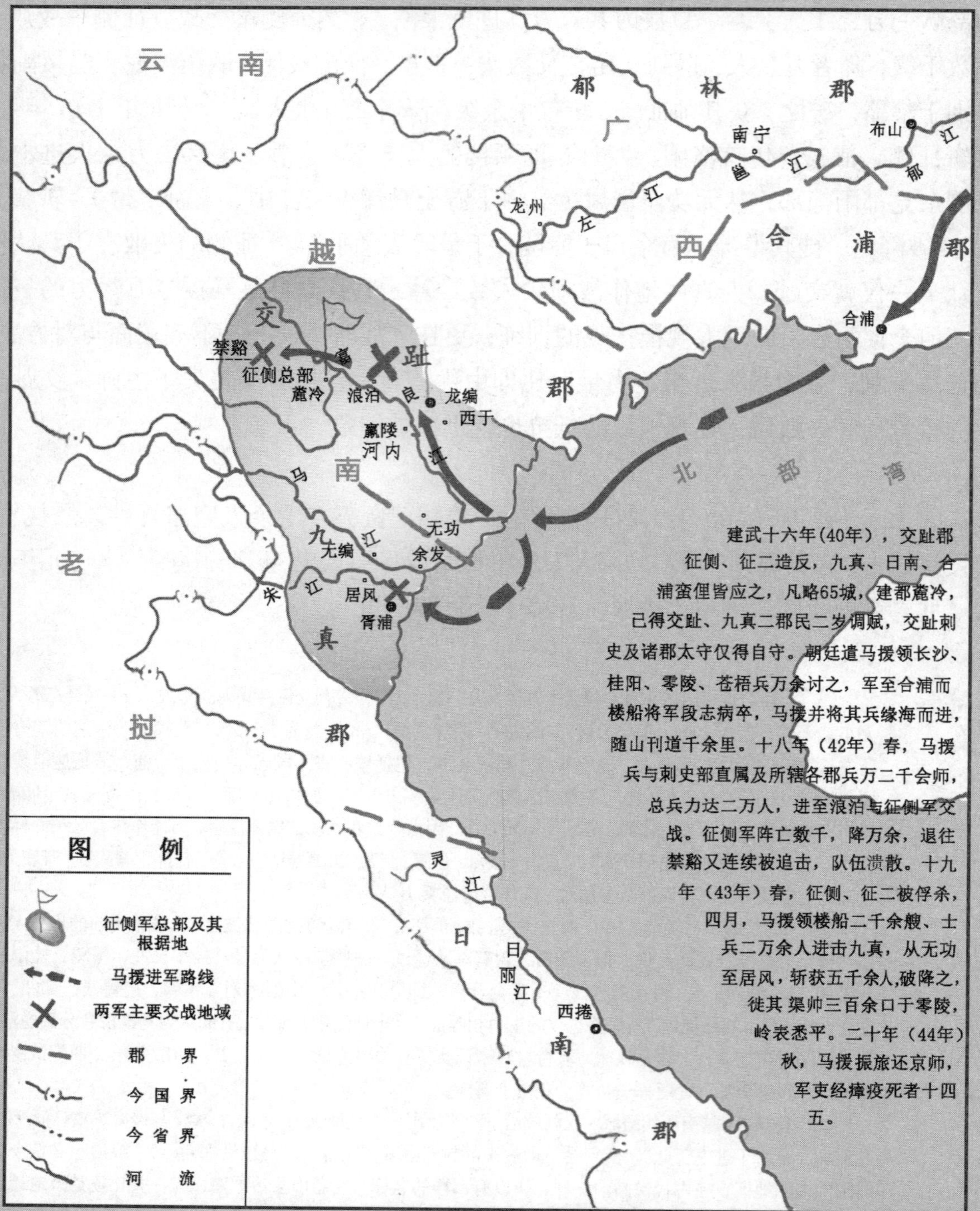

说明：1. 本图绘制参考谭其骧《简明中国历史地图集》及陶维英《越南历代疆域》。禁谿在麓冷县境，方位系估填。李贤《后汉书·刘隆传》注称禁谿其地唐时岑州新昌县。《疆域》称新昌县相当于永福省立石县；浪泊一说在今福安，一说在慈山县。均待确证。

2. 广西左江、邕江、郁江沿线有伏波庙、伏波滩、出粮钱支前的班夫人庙等马援纪念遗址及民间传说，似说明沿线有军队经过。有的学者认为马援曾分兵一路逆江而上，然后由陆路进击交趾；有的认为马援并未分兵，只是班师时顺江而回。二说之是非，尚待材料证实。

周永光撰文、制图

二征画像、马援塑像及各方庙宇

河内二征庙

征侧征二画像

征侧、征二是越南民间崇拜的英雄，每逢正月初六人们即到庙中祭拜。征侧及其丈夫皆为骆将子女，汉代交州七郡设有刺史太守，而在县里则是骆将主民如故，骆将本为部落酋领，又经政府任命为世袭职官，他们拥有私家武装，雄踞一方，颇具实力。征侧因丈夫犯事被处死，本人亦被交趾太守绳之以法而生怨怒，伙同妹妹征二起兵造反，驱逐走太守苏定自立为王，定都麊泠县，远近骆将率众响应，掌控65城，岭南震动。后来姐妹俩与马援交战失败而牺牲。

马援，字文渊，建武十七年（41年）玺书拜为伏波将军将兵南征。身为汉代名将，服役二十二年，北出塞漠，南渡江海，触冒害气，僵死军中。然其并非一介武夫，平凉州后曾出任陇西太守，视事六年；平岭南后又条奏越律与汉律驳者十余事，与越人申明旧制以约束之。自后骆越奉行马援将军故事。还奏言西于县户有三万二千，可分为封溪、望海两县，获得朝廷批准实行。马援南征所过，为郡县治城郭，给农田穿渠灌溉，以利其民。今广西境内有众多的马援纪念遗址，越境亦曾有以马援的字做地名者。

桂林伏波山以马援将军之号命名山中有马援"试剑石"漓江对岸穿山传说是马援试箭所洞穿

马援塑像

钦州湾口的乌雷伏波庙

周永光撰文编图，拍摄马援塑像，其余图片取自网络

横县郁江边上的伏波庙

三、元初二年（115年），“苍梧蛮夷反叛，明年遂招诱郁林、合浦蛮汉数千人攻梧郡。邓太后遣侍御史任逴奉诏赦之，贼皆降散”。

四、永和二年（137年），“日南、象林徼外蛮夷区怜等数千人攻象林郡，烧城寺，杀长吏。交趾刺史樊演发交趾、九真二郡兵万余人救之。兵士惮远役，遂反，攻其府”。“围岁余而兵谷不继，帝以为忧。”召公卿百官及四府掾属问其方略，皆议遣大将，发荆、扬、兖、豫四万人赴之。独大将军从事中郎李固主张选有勇略仁惠任将帅者以为刺史、太守进行招抚。于是汉顺帝刘保即拜祝良为九真太守、张乔为交趾刺史。“乔至，开示慰诱，并皆降散。良到九真，单车入贼中，设方略，招以威信，降者数万人，皆为良筑起府寺。由是岭外复平。”建宁三年（170年），郁林太守谷永以恩信招降乌浒人十余万内属，皆授冠带，开置七县。

五、光和元年（178年），“交趾、合浦乌浒蛮反叛，招诱九真、日南数万人，攻没郡县。四年，刺史朱儁击破之。六年，日南徼外国复来贡献”。

后汉近两百年间，岭南发生上述五次较大军事冲突以及一些小的冲突，既是中央政权与地方势力及人民群众发生的矛盾，亦是中原文化与岭南文化接触、融合过程中难以避免的碰撞。中原汉人的文化和生产技术较为先进，建武初年锡光为交趾刺史，任延为九真太守，教当地人学耕稼，制冠履，设媒聘，行婚娶，建学校，导礼义，产生了良好的影响。建武十二年（36年），九真徼外蛮俚张游率种人慕化内属，被封为归汉俚君。次年，又有徼外蛮夷来献白雉、白菟。但十六年（40年）却发生了交趾、九真、日南、合浦等大规模的反抗行动。起因是征侧丈夫——朱鸢（今海防一带）骆将之子诗索——犯事被处死，征侧又被交趾太守苏定绳之以法，“侧怨怒，故反”。[①] 征侧系骆将之女，“甚雄勇”，自立为王，“蛮俚皆应之，凡略六十五城”。她以民族为号召，故而获得广泛的社会认同——到岭南任职的有不少是贪暴官员，例如苏定就是“张眼视钱”“贪暴好杀”之官，[②] 在造反者眼里他们无疑就是整个外来汉人和国家政权的代表。从秦在岭南设三郡，移民与越杂处到当时是255年，民族隔阂是不可能在每一个地方都消除得了的。传授先进文化和生产技术能给人们带来好处，但要执行中原的法律则不容易使人接受，特别是触犯到上层人群利益就会爆发抵抗，例如命令各县骆将“省俸禄”去赈助“贫无聘礼”的骆民，骆将显然不愿意。部落酋领的身份加上政府给予的世袭的官职，使其具有号召力；拥有自家的武装，世代称雄一方使其敢于反抗，也有能力反抗。马援平息岭南之后向朝廷“条奏越律与汉律驳者十余事，与越人申明旧制以约束之，自后骆越奉行马将军故事”。[③] 说明对待少数民族要考虑历史因素，应从社会现实出发处理有关事务。

---

① 《后汉书·马援传》（唐）李贤注。
② 《后汉书·马援传》《岭南摭怪》。
③ 《后汉书·马援传》。

冼夫人、冯盎

（一）

据《北史》《隋书》记载：谯国夫人乃高凉冼氏之女，冼氏世为南越首领，跨据山洞，部落十余万家。夫人自幼贤明，多筹略，在父母家抚循部众，能行军用师镇诸越。其兄挺为南梁州刺史，恃强凌弱，侵掠旁郡，岭表苦之。夫人多所规劝，由是怨隙止息，海南、儋耳归附者千余洞。梁大同初（535年），罗州刺史冯融闻夫人有志行，为其子高凉太守冯宝聘以为妻。融本北燕苗裔，从其祖父起，三世在岭南为守牧，他乡羁旅，号令不行。冼夫人婚后诫约本宗，使从民礼。与丈夫参决词讼，首领有犯法者，虽亲不纵，自后政令有序，人莫敢违。梁朝末年（梁亡于557年）侯景叛乱，广州都督征兵援台。高州刺史李迁仕称病，铸兵聚众，并遣召冯宝。夫人认为刺史召太守是非常举动，怀疑迁仕欲诈冯宝参与为反，劝冯宝且无行，以观其势。数日后迁仕果反，派其主帅领兵进扎灨石，拒阻官军。夫人为冯宝设计称：现迁仕的州城空虚，宜遣使诈之。就说身有不便，拟遣妇带礼前去参见。我将千余人步担杂物，唱言输赕，得至栅下，贼必可图。冯宝同意夫人施计，迁仕果不戒备，被夫人击溃，退守宁都。接着，夫人又率兵与梁都督陈霸先所率官军会师灨石，合击叛贼。夫人对冯宝称：陈都督大可畏，得众心，必能平贼。要冯宝大力资助之。

梁、陈遭递之际，岭表动荡。陈武帝永定二年（558年）冯宝去世，夫人遣其九岁的儿子冯仆领众酋领到丹阳朝拜陈主陈霸先，被封为阳春郡守。陈朝初期，岭南州郡纷争，各自趁机扩大领土。广州刺史欧阳纥与其父长河豪族欧阳颜企图割据广州，召冯仆至高安，诱其参与反陈。冯仆遣使归告夫人，夫人不顾儿子之安危而发兵拒境，率领百越酋长去迎接陈将章昭达。欧氏乱党遭受内外压力而溃败。冯仆因夫人之功被封信都侯，加平越中郎将，转石龙太守。诏使持节册夫人为中郎将、石龙太夫人，赍绣幰油络驷马安车一乘，给鼓吹一部，并麾幢旌节，其卤簿一如刺史之仪。至德三年（585年）冯仆病亡。四年后，陈朝亡。岭南无所附，数郡共奉夫人，号为“圣母”，保境安民。

隋文帝统一中原后，派韦洸安抚岭南，陈将徐璒拒守南康，韦洸受阻。此时，晋王广将陈主遗夫人书及犀杖、兵符等信物送交夫人，谕以国亡，令其归化于隋。夫人验知陈亡，集首领数千，尽日恸哭。遣其孙冯魂率众迎洸进入广州，岭南悉定。朝廷表冯魂为仪同三司，册夫人为宋康郡夫人。开皇十年（590年），番禺酋长王仲宣造反，各地首领皆应之，韦洸被困于州城。夫人派孙冯暄领兵救洸，暄与造反头领陈佛智为故交，迟留不进。夫人遣使执暄押入州狱。另派孙冯盎出征，斩杀了佛智，进军南海，与鹿愿军会合，打败了王仲宣。夫人亦披甲乘马，张锦伞，领彀骑，护卫诏使裴矩巡抚诸州。苍梧首领陈坦、冈州（今广东新会北）冯岑翁、梁化（惠州，一说乐昌）邓马头、藤州李光略、罗州庞靖等，皆来参谒。诏使和冼夫人让他们各自归里，统领旧部如故，岭南遂定。隋文帝对夫人及冯氏几代之表现甚为惊异，任冯盎为高州刺史，赦冯暄并任其为罗州刺史，追赠冯宝为广州总管、谯国公，册封夫人为谯国夫人。以宋康邑回授冯仆妾冼氏。仍开谯国夫人幕府，置长史以下官属，给印章，听发部落六州兵马，若有机急，便宜行事。皇后以首饰及宴服一袭赠夫人，夫人盛之于金匣，与梁、陈赐物各藏一库。每岁时大会，皆陈于庭，训示其子孙曰：此忠孝之报也。

夫人晚年目睹番州总管赵讷贪虐，诸俚僚多有亡叛，遣长史张融上封事，论安抚之道，并言赵讷罪状不能招怀远人。朝廷查获赵讷赃贿，绳之以法，并下诏委夫人招抚亡叛。夫人载诏书历十余州谕诸俚僚，所至皆归附。文帝赐夫人临振县汤沐邑，一千五百户。追赠冯仆为崖州总管、平原郡公。

仁寿初（601 年），冼夫人去世，谥为敬诚夫人。从其大同初（535 年）完婚推算，当是享年 80 余岁。她经历梁、陈、隋三朝，相夫教子、带领孙辈，戢止动乱，惩治贪虐，怀集百越，为岭南的稳定和国家的统一，做出了杰出的贡献。其所以屡建功勋，因为她是仗义而行，符合历史发展之潮流，且有筹略，多谋善断，同时与其生性豁达、体魄强健有重大关系。

（二）

冼夫人去世后，其孙冯盎在隋、唐时期亦有作为，特别是为唐朝统一岭南做出了重大贡献。据旧、新《唐书》记载，冯盎为高州良德人，远祖为北燕汉人贵族，在北中国“五胡”争立中失利，南下投归刘宋，留于新会。从冯业到冯盎，已五代在岭南为守牧，成了俚僚“本部大首领”。盎少有武略，隋开皇中为宋康令，开皇十年（590 年）出任高州刺史。仁寿初（601 年）冼夫人去世后，潮、成（今封开一带）等五州僚民起来造反。盎赴京请求出兵征讨，与左仆射杨素研究对策颇有见地，杨素惊叹：“不意蛮夷中有此人，大可奇也。”文帝令盎发江、岭兵征讨。事平，盎被授金紫光禄大夫，任汉阳太守。大业初年（605 年），盎随隋炀帝伐辽东后升武卫大将军。

大业十四年（618 年）隋亡，冯盎返回岭南，“啸署酋领”，掌控了苍梧、高凉、珠崖、番禺等地，拥众五万，自号总管，名义上曾一度依附于在九江鄱阳称帝，立国号为楚的林士弘。唐高祖武德初年（618 年），唐之势力尚未达于岭南，番禺、新会酋领高法澄、冼宝彻等率众起事，杀隋官员，冯盎领兵击破之。继而冼智臣（宝彻兄子）又聚众新州为乱。盎趋往击之，却兜鍪大呼：“尔等颇识我否！”乱党弃戈拜地，其徒溃散，智臣、宝彻被擒，岭南遂定。当时有人建议冯盎说：“公克平二十州，地数千里，请上南越王之号。”盎曰：“人生富贵，如我希矣，常恐忝先业，尚自王哉？”

唐武德四年（621 年），冯盎以南越之众归附于唐。唐高祖以其地为高、罗、春、白、崖、儋、林、振八州，授盎上柱国、高罗总管，封吴国公，寻改封越国公。任命其子智戴为春州（今阳春）刺史、智彧为东合州（今雷州半岛）刺史，徙封盎耿国公。贞观五年（631 年），盎进京朝贡，唐太宗赐宴甚厚。不久，罗、窦诸州洞僚造反，聚众数万，屯守险要，官军不能靠近。太宗诏令盎率其部落二万众为诸军之先锋进剿。盎身临前线，发七箭连中七人，造反者惊溃，盎领兵追击，斩杀千余人。此后，盎获朝廷赏赐不断，拥有家奴万余人，据地两千里。贞观二十年（646 年）冯盎去世，诏赠为左骑卫大将军、荆州都督。《新唐书》载，盎“善为治，阅簿最，擿奸伏，得民欢心”。盎还与朝廷重臣联姻，（许）“敬宗嫁女与蛮首冯盎之子，多纳金宝”。

与冯盎不同，冯暄对中原王朝则是叛服无常。《新唐书·南蛮南平僚传》载：唐武德六年（623 年）高州首领冯暄、谈殿伙同南越州刺史宁道明造反，攻姜州。八年（625 年）冯暄被唐军昌州刺史庞孝恭部击退，但仍与谈殿拥兵割据地方，四出侵掠。贞观元年（627 年）后才接受招降。

（三）

高凉郡系三国吴孙权将合浦郡析置，辖思平、安宁、高凉三县，以后建置变动不定；冼夫人屡建功勋，其儿孙被封于各州郡为官，她生前曾往来于各儿孙处，死后许多州郡都建有夫人庙祭祀。出于以上两方面原因，后人对冼夫人籍贯有多种说法。范文澜《中国通史简编》第三编第 390 页载：冼夫人是“高凉（广东阳江）人”。1983 年《冼夫人学术讨论会》油印本的曾传荣《高凉冼夫人是今阳江县人》一文称，据考证南北朝时高凉郡辖区尚未包括今电白县。陈武帝任命九岁的冯仆为阳春郡守，阳春距阳江约 40 公里，距电白 120 余公里，冯仆母亲冼夫人住高凉（父亲冯宝为高凉太守，已去世），高凉是在阳江一带则离阳春甚近，冼夫人便于辅导这位尚无政治能力的郡守；高凉若是电白的话，则无此便。武帝的任命不得不考虑到这个地缘问题。从这一点来看，冼夫人的籍贯高凉判在阳江也较合理。

另一观点肯定高凉在电白。吴晗在 1961 年 11 月给中共电白县委办公室的复信中说：“冼夫人的高凉并非阳江，而是电白。”2004 年广东考古队发现电白县山兜村是冼夫人故里。2013 年电白县（茂名市电城区）冼夫人墓已被列入第七批国家重点文物保护单位。

《隋书》称高凉冼氏“世为南越首领，跨据山洞，部落十余万家”。这段话说明冼夫人出生之家，乃世世代代居住岭南山洞的土著，属豪族大姓，其掌控的部落人口达数十万（每家按五口计算）。高凉位于西江南侧，历史上为俚僚人之领地，外来人在此欲立足，势必要取得当地酋领之合作。南来的冯氏家族与冼家联姻（史载冼夫人嫁冯宝，其子冯仆又纳有冼姓女子为妾，不见于史载的冯氏家人与当地俚僚联姻亦应不少）之后亦渐被当地人同化，朝廷修的史书径称冯盎为“蛮夷中人”“蛮酋”“部落大首领”。隋、唐的史书称西江以南的土著为“狸獠”，视同野兽，但对获得朝廷封号的冼氏夫人，修史者不敢轻蔑，因而对其族籍改称为“南越”——用秦汉时对此地土著的称呼，其实她也就是此地俚僚的一分子。

民族是个历史进程中不停地演变着的事物，南北朝、隋、唐时期，壮族的称谓尚未

冼夫人、冯盎军事活动地域图

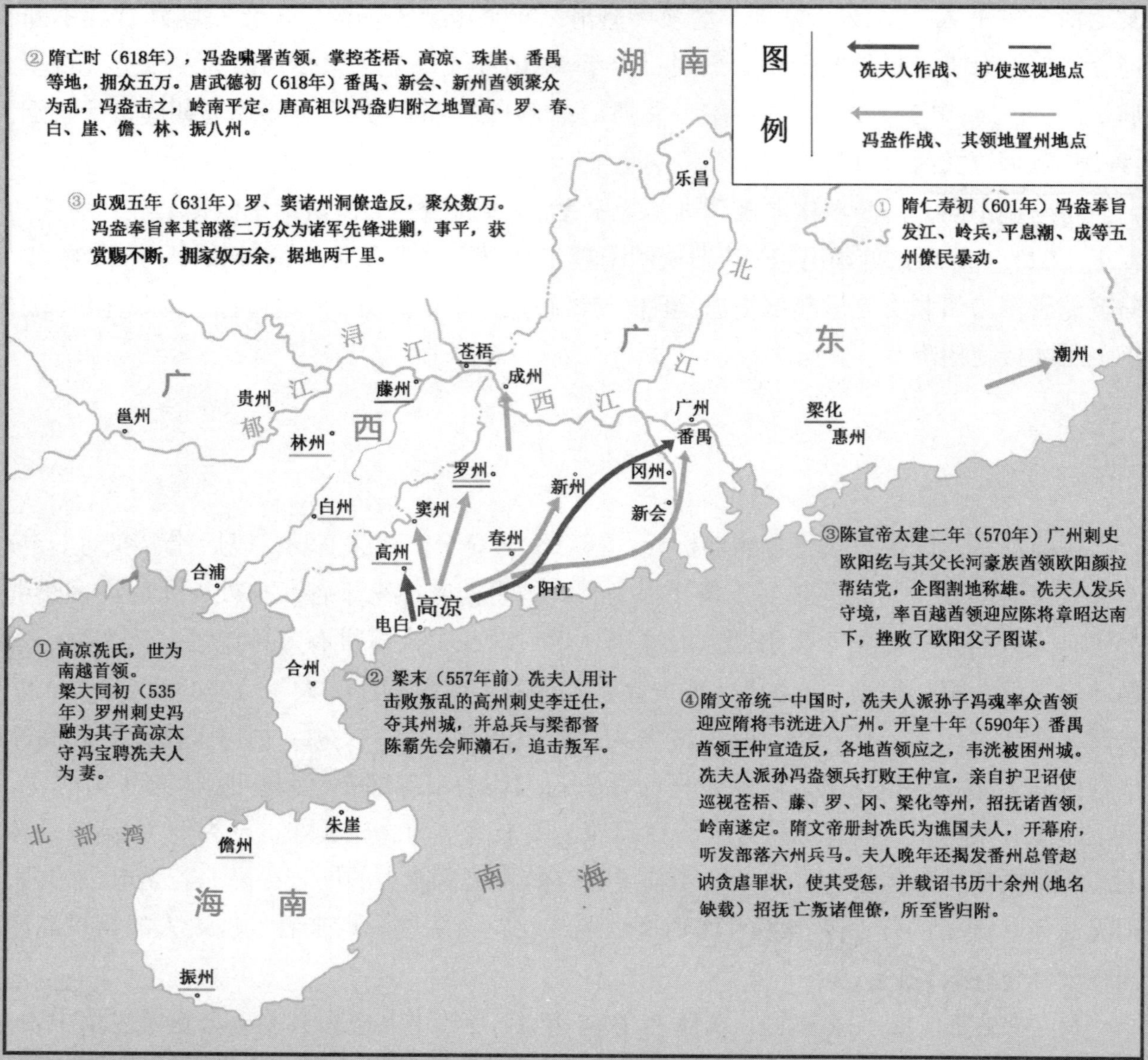

高凉冼氏世为南越首领，跨据山洞，部落十余万家。冼夫人自幼品性贤明，能行军用师，威震诸越。其兄冼挺为州刺史，恃强侵略旁郡，岭表为苦。夫人劝止之，海南儋耳千余洞因而归附。梁大同初（535年）夫人嫁与高凉太守冯宝为妻。冯氏外来汉人，号令不行。夫人诫约本宗，使从民礼，首领犯法，虽亲无纵，政令有序，人莫敢违。梁陈遭递，岭表大乱，夫人怀集百越，境内晏然，并设计击败高州叛乱。陈代欧阳氏父子企图在广州割地称雄，冼夫人领诸越协助陈将领挫败之。隋开皇十年（590年）番禺酋领王仲宣造反，冼夫人派孙冯盎领兵将其击败，又亲护诏使巡视诸州，岭南遂定。晚年还揭发番州总管贪虐，并载诏书历十余州招抚亡叛俚僚，所至皆归。

隋亡时，冼夫人之孙冯盎啸署酋领，拥众五万，掌控粤西南桂东和海南，唐高祖以其归附之地置八州。贞观五年（631年）冯盎领兵两万参与平定罗、窦诸州洞僚造反。事平，获赏不断，拥家奴万余，据地两千里。

周永光撰文、制图

冼夫人、冯盎故里景观

周永光撰文编图，图片均取自网络

茂名市电城镇山兜村冼夫人故里的“岭南圣母”像

冼夫人名英，历梁、陈、隋三朝，享年八十余岁（？—601 年），一生致力于维护家国道统，相夫教子，带领孙辈，戡止动乱，反对酋领恃强凌弱侵掠旁郡或图谋叛乱割据地方，并揭发贪虐，惩治恶吏，怀集百越，对岭南稳定和国家统一，卓有贡献。

冼夫人惩治贪官，历十余州抚谕亡叛俚僚，所至皆归附

《隋书》载高凉冼氏世为南越首领，跨据山洞，部落十余万家。冼氏势力范围主要在西江西南地域。当地俚僚重铜鼓，相攻则鸣此鼓到者如云。有鼓者号为都老，群情推服。域内之阳春铜石岩有“刘三姐歌台”刻石，落款为后梁乾化五年（915 年）。南宋《舆地纪胜》可证此台无讹。清代之《广东新语》云，刘三姐登山而歌，粤民及傜僮诸种人围观，男女数十百层。铜鼓与歌仙的史事说明，冼夫人幕府麾下之俚僚“部落六州兵马”乃为后世僮人之祖先。

高州市的铜鼓雕塑

海口冯宝冼夫人纪念馆

冼夫人长兄冼挺为南梁州刺史，其暴虐令岭表苦之。经冼夫人规劝怨隙止息，海南、儋耳归附千余洞。冼夫人及其子孙之德政在海南颇孚众望，宋代的苏东坡登岛看到各地冼夫人庙甚多，曾写有五言诗咏其事。2011 年海南省排查，岛上有冼夫人庙包括与他人合祀之庙共达 262 所。

海南冯氏众裔孙为冼夫人重新立碑

阳江市2008年秋迁建的冯盎墓

冯盎系冼夫人孙，助隋统一岭南有军功，历任高州刺史、汉阳太守，曾随隋炀帝伐辽东。隋亡，返岭南啸署酋领，掌控苍梧、高凉、珠崖、番禺，拥众五万，自号总管。后率众归附于唐，唐高祖以其地为八州。贞观年间以其部落二万众为诸军先锋，平定罗、窦诸州洞僚造反，获赏赐不断，据地二千里。《新唐书》云，冯盎“善为治，阅簿最，擿奸伏，得民欢心”。

出现。《隋书·南蛮传》云："俚僚贵铜鼓，岭南二十五郡，处处有之。"此说明今广西以及广东西部地区的壮族的先民，当时被统称为俚僚；换言之，隋、唐的俚僚到宋代以后就被称为撞（僮、壮）人了，俚僚中的另一部分则被同化成了汉人，俚僚的称谓被弃用。顾炎武在其《天下郡国利病书》中论及岭南少数民族时说："广东有傜僮二种，傜乃荆蛮，僮则旧越人也。"冼夫人的出生地高凉境内即今广东阳春市铜石岩内有"刘三姐歌台"石刻，右款为后梁乾化五年（915年）。南宋王象之《舆地纪胜》第九十八卷"三妹山"条云："刘三妹，春州（今阳春市）人，坐于岩石之上，因名。"屈大均（1630—1696）《广东新语》的"刘三妹"条载："三妹为新兴（在阳春市东北88公里）女子，尝与白鹤乡一少年登山而歌，粤民及傜僮诸种人围而观之，男女数十百层。"上述材料说明，南北朝、隋、唐时期高凉的冼夫人和她的冯姓子孙及其幕府麾下的俚僚"部落六州兵马"，就是后世僮人的祖先。

宁猛力、宁长真

钦州久隆乡出土隋代所刻宁姓墓志碑[①]云：钦州宁氏祖籍冀州临淄，岭南的始祖是宁逵，南朝梁武帝时（502—548年）任定州（治所今贵港市贵城镇）刺史，"总督九州诸军事"，陈宣帝时（569—582年）任安州（治所今钦州东北）刺史，其子宁猛力承袭了此一职务。宁氏以武功传家，领兵入洞，在岭南为陈、隋、唐三朝开疆拓土，建县置州，代有功绩。[②]据《隋书·令狐熙传》所载，陈亡隋兴之际，宁猛力拥兵自重，控制了南海一带，自谓与陈后主叔宝同日生，且貌有贵相，"当代为天子"[③]，身为陈之安州刺史却拒不入朝。隋文帝平陈之后，宣谕招抚，仍委任猛力为安州刺史。然而他骄倨恃险，不予参谒。当时隋文帝因为岭南夷越数为反乱，拜令狐熙为桂州总管十七州军事，许以便宜

---

① 钦州市久隆乡新明村石狗坪出土的隋大业五年（609年）所刻宁越郡钦江县正义大夫宁赞墓志碑文云：宁赞系冀州临淄人，开皇十四年（594年）入朝，授大都督。大业二年（606年）征林邑有功，隋炀帝"乃授开府仪同三司，即其年改为正义大夫"，四年终于私宅。其祖父宁逵，南朝梁武帝时任定州刺史，总督九州诸军，陈宣帝时任安州刺史。其父宁猛力，其兄宁长真。此碑于清道光六年（1826年）出土，现存广东省博物馆。

② 陈末宁猛力派胞弟宁宣领兵进驻大廉洞，发动洞民报家口，编造户籍，组织下山耕种，创立大廉县，隶属合浦郡；隋代宁长真于开皇十八年（598年）以同样办法在今灵山县旧州墟一带开辟南宾县，二十年（600年）又在今灵山新墟镇南部开辟遵化县，并把该两县归隶钦州；唐代，宁纯于武德初（618年）在今浦北县福旺墟和灵山县武利墟一带"招徕峒民，辟其四境，开创蔡龙、东罗两县"。朝廷以该两县及封山县置姜州，任宁纯为刺史。贞观十年（636年）废，此三县入廉州。在此同时，宁道明在合浦北部和东部开辟安昌、高城、大都三县，朝廷以此三县及合浦、大廉二县置越州，以宁道明为刺史。贞观十二年（638年）宁京师奉李弘节之命寻刘方赴交趾故道，在今宁明、上思境"开拓夷僚，置瀼州"。领四县：临江、波零、鹄山、弘远。——见《旧唐书·地理志》、覃乃昌《环钦州湾地区古代的民族关系》（载《中国壮学》第一辑，民族出版社，2006年）。

③《新唐书·南蛮南平僚传》。

行事，刺史以下官员得承制补授。令狐熙到任，大弘恩信，溪洞渠帅相率归附。先前“州县生梗”，长吏多不得之官，寄政于总管府。熙悉遣之，为建城邑，开设学校，“华夷感敬，称为大化”。对于桀骜的宁猛力，熙亲笔致信，申以交谊之分，闻宁母有疾，又送给药物治疗。猛力为之感动，诣府请谒，表示遵从朝廷约束，不敢为非。令狐熙奏改安州为钦州。开皇末年（600 年），桂州俚酋李光仕起兵反抗朝廷，象州杜条辽、罗州庞靖应之，猛力亦图造反。但李光仕等被何稠率领的官军迅速讨平，猛力惶惧，率部迎接官军，并请求入朝，以表归附诚意。何稠见其重病在身，约秋后再诣京，不料当年十月病死。

猛力之子宁长真按父之嘱，办完丧事即入朝，隋文帝让其承袭钦州刺史。[①] 仁寿末（604 年），朝廷为图南方之珍宝，令宁长真率部参加大将军刘方统率的隋军南征林邑，林邑王梵志率众乘大象迎战。长真负责击敌之后，对战胜林邑有功，隋炀帝赐进上开府仪同三司钦江县开国公，食邑一千户，兼行军总管。此次作战隋军士卒普遍得了脚肿病，死者十四五，统帅刘方也在途中患病而死。[②] 大业三年（607 年），炀帝升钦州为宁越郡。大业八年（612 年），长真率数千之众随炀帝出征辽东有功，诏为鸿胪卿，授安抚大使。旋即又封授右光禄大夫、宁越郡太守，同时授其族人宁宣为合浦太守。

隋朝末年，全国大乱。萧铣兼并南方州郡，拥兵四十余万，自立为梁帝。宁长真亦趁乱扩张，除保有宁越郡外又占据了郁林、始安，鉴于萧铣势力强大，权归附之。当时的交趾太守丘和不知隋亡，被萧铣召而不就。萧铣看到丘和得到林邑之西诸国送给的明珠、文犀、金宝甚多，富埒王者，派宁长真“率百越之众”（一说为“以南粤蛮俚”）渡海攻之。丘和初拟归附，其属下朱鸢主簿高士廉谏称：长真兵势虽众，悬军远至，内离外蹙，不能持久，且城中胜兵足以当之，奈何欲受人所制？丘和遂命高士廉为行军司马，水陆并进，迎击来者。长真部众被击溃，仅以身免。[③]

唐武德初（元年为 618 年），李靖率军平萧铣，度岭至桂州，遣人分道招抚。宁长真遣子弟参谒，李靖承制授其官职。[④] 武德五年（622 年）四月，长真以宁越、郁林之地降，自后交、爱数州始通。朝廷将宁越郡改为钦州，授长真为钦州刺史。同时宁宣亦遣使请降，未报身卒，朝廷授其子宁纯为廉州刺史，授其族人宁道明为南越州刺史。但长真自认对平定岭南有功，要求设总管府，获朝廷认可，将其升授为钦州总管府总管。随后总管府改都督府，长真出任都督。武德六年（623 年），长真向朝廷献合浦大珠，唐高祖认为道远劳人，不予收受。宁道明伙同高州冯暄、谈殿反，由东西两面进攻姜州（今灵山南境），宁纯派兵参与。武德八年（625 年），宁长真亦出面反唐，出兵攻下封山县（今浦北境），后被唐军昌州刺史庞孝恭部击退。贞观元年（627 年），宁道明被州人杀死，继而宁长真亦故。对于岭南动乱，朝廷群臣议请讨伐，太宗李世民不许动兵，派使持节宣谕。长真之子宁洄藻出降，承袭钦州刺史。[⑤] 贞观十年（636 年），钦州都督府易名总

① 《隋书》卷 68《何稠传》。

② 《隋书》卷 53《刘方传》、卷 83《南蛮林邑传》。

③ 《旧唐书》卷 56《萧铣传》、卷 59《丘和传》、卷 65《高士廉传》。

④ 《旧唐书》卷 67《李靖传》。

⑤ 《新唐书》卷 222 下《南蛮南平僚传》。

管都督府，并移治灵山。十二年（638 年）罢止总管都督府，钦州及其属县主官皆由外地人出任。自此，宁氏世袭土官之制结束，宁氏势力亦渐消减。

从隋唐官方的记载来看，钦州当时的宁氏父子是一个拥有私家武装——“百越之众”“南粤蛮俚”的地方豪强，他们有保存和发展自身势力的本能愿望，为朝廷开疆拓土，即可据地为官。他们审时度势，朝廷衰弱时他们企图“代为天子”；当天下动乱时他们趁机扩张地盘；当新朝既立，或一个比其强大的集团出现在其身边时，他们表示归附，以免遭受讨伐。宁长真对隋帝和梁帝萧铣表现了追随，领兵为他们打林邑、讨辽东和进攻交趾，从中获利；对唐朝虽归附，亦获封赏，但仍是不满足。从其献大珠得不到接纳之后便造反来分析，宁氏应是在进贡之时向朝廷提出了某些愿望而无结果。唐高祖李渊、太宗李世民是顾及民生的君主，对地方豪强予以削弱、限制。宁长真及其族人反唐，是地方豪强利益与当时的国家利益相冲突的反映，无进步意义可言。

宁氏领兵拓土建县和军事活动示意图

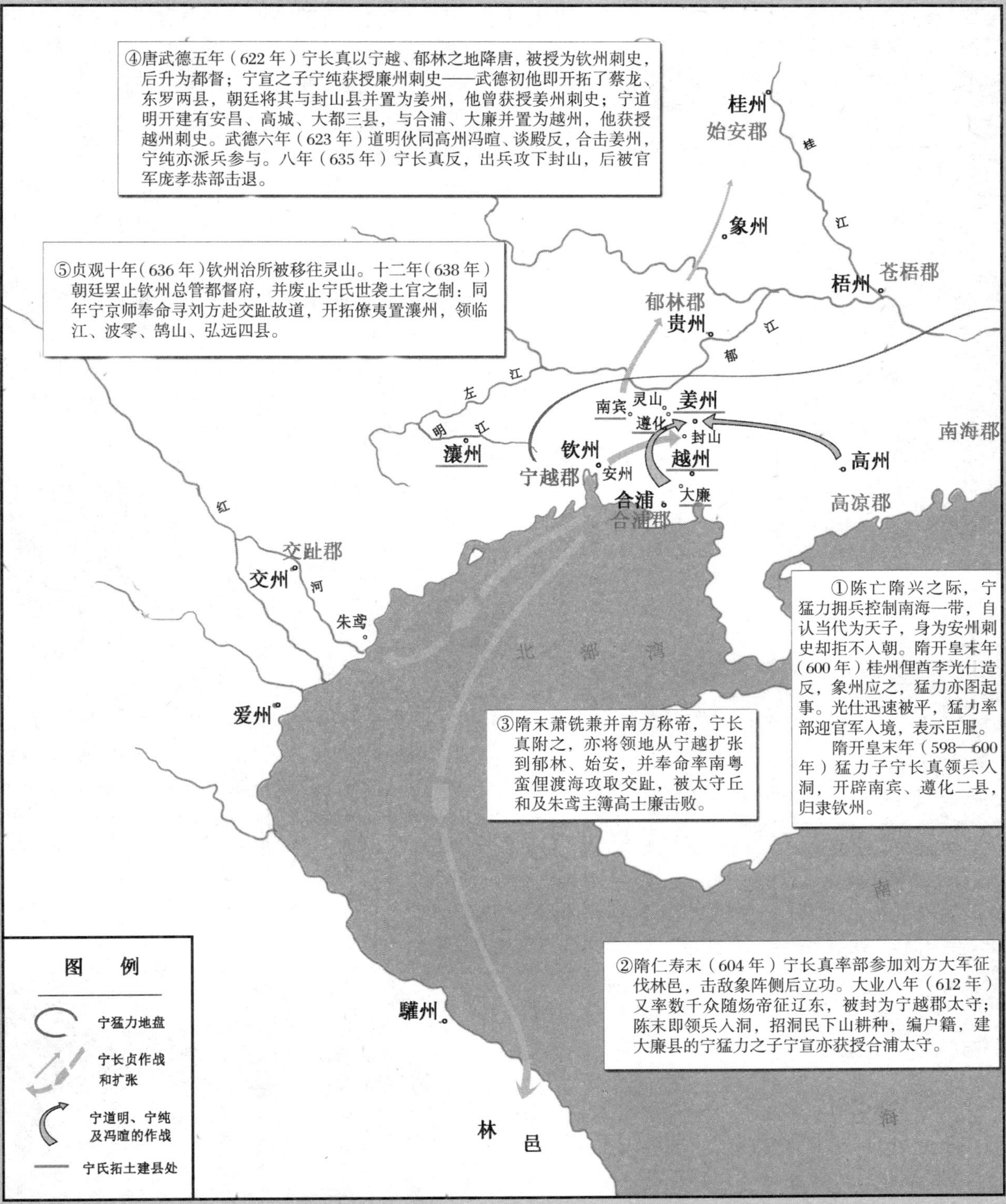

钦州宁氏祖籍冀州临淄，陈宣帝时（569—582 年）宁逵始南迁任安州刺史，其子猛力、孙长真等领兵入洞，为陈、隋、唐三朝开疆拓土，建县置州，代有功绩。宁氏是拥有私家武装——南粤蛮俚——的地方强豪，怀保存和发展自己势力的愿望。为朝廷拓土可据地为官；朝廷衰弱则欲代为天子；时局动乱则趁机扩张；强大集团出现于旁或新朝既立则表示归附，以免遭受讨伐。宁长真为隋帝和萧铣带兵出征以从中获利；对唐朝先归附后谋反，原因是唐高祖、唐太宗对地方强豪加以削弱和限制。　　周永光撰文、制图

宁氏领地遗址遗物

钦州市东北50公里的久隆乡石狗坪绵延十余公里的土山为“南越蛮俚”酋领宁氏家族的墓葬群所在地，已探明的宁氏古墓有30余座。其中宁贙墓出土的隋大业五年（609年）“宁越郡钦江县正义大夫之碑”称宁氏祖籍冀州临淄，岭南的始祖为宁逵，南朝梁武帝时任定州（治所位今贵港市贵城镇）刺史总督九州诸军事，陈宣帝时任安州（治所今钦州东北）刺史，其子宁猛力承袭此职。碑文还述及宁贙及其兄宁长真的战功，对研究岭南历史颇具价值。

久隆乡东坝村还有钦江故城遗址，20世纪60年代专家踏勘，城址南北长约200米，东西宽约180米，开四门，城墙用红土夯成，残存部分高5～10米，墙底厚8米，墙顶厚3～4米，城址四周护城池依稀可认。故城是南朝陈时安州治所，隋时钦州和宁越郡治所，唐时又称钦州治所，在治所被迁往灵山之前，一直是宁氏集团的政治军事中心。

鼓面铸有六蛙的灵山型铜鼓是宁氏酋领权威地位的象征。

左图为浦北县石埇镇坡子坪的越州古城遗址全景，城址占地约250亩，分内外城，外城南墙长360米，西墙长280米，东墙和北墙依山势而建。内城建在西侧小高地上，长方形，南北宽130米，东西长160米。外城四周有护城池。南朝宋亡齐立，陈伯绍出任越州刺史“始立州镇，穿山为门，威服俚僚”。古城东门为方形山洞，与史载相符。

左图为越州古城护城池遗址。经千余年风雨城池尚存，可知其工程之坚实。南朝梁时越州治向东迁至今泉水镇。

宁宣隋代为合浦太守，隋亡附唐，其子宁纯被任命为廉州刺史。下图为廉州故城所在地今浦北县泉水镇旧州村之远景。廉州前身为越州，唐代改置。

仁寿末年（604年）宁长真率部参加刘方大军征林邑立功获隋炀帝赏赐；隋灭，宁长真附萧铣，奉命率其蛮俚渡海攻交趾，受到交趾太守丘和及朱鸢主簿高士廉抵抗，败绩而回。

周永光撰文编图，图片均取自郑超雄、黄继先《土州土治：土司制度面面观》

黄乾曜、黄少卿、黄少度

（一）

唐代中叶，左江地区少数民族在黄乾曜、黄少卿、黄少度领导下起来进行武装斗争，联合桂西北、桂东南少数民族反抗朝廷的压迫剥削，席卷桂境及湘南达数千里，延续八十年，为壮族历史上几个规模最大的军事行动之一。

据《新唐书·西原蛮传》《全唐文·兵部奏桂州破西原贼露布》等文献记载，至德初（756 年）羁縻西原之黄橙洞（黄洞，左江南面）酋首黄乾曜、真崇郁联合陆州（今防城至钦州南部一带，治所乌雷）、朱兰（今东兰）、武阳（今罗城县北）、环州（今环江）、古州（今三江境）等一百余洞民众起来造反。乾元二年（759 年）二月二日，推举武承裴、韦敬简为帅，称中越王，廖殿为桂南王、莫淳为拓南王、相支（文）为南越王、梁奉为镇南王、罗诚为戎城王、莫浔为南海王[①]，合众二十万，绵地数千里，遍立官署，任命官吏。起义军“控带十八州，丁壮并执其干戈，子女尽充其仆隶”，“旌旗蔽野，鼓角沸天，恣杀戮以威人，将玉帛而济众”，遍受百姓拥护。《露布》称，起义军“横行岁久，骄纵日深，势如雷霆，莫敢拒敌”。他们攻桂管诸州县，“欲先破岭南，后图岭北”。

同年（759 年）三月十日，朝廷遣中使魏朝灿宣慰，凡诸首领，皆赐敕书，再三晓谕，许以官爵。同时令都督杨谭调集梧州、柳州、象州、贺州、湖南衡州、广东番禺等地官兵（官员五百余人，其中有的亦为俚僚大首领），以及接受了招抚的西原、环、古等州的方子弹、甘令辉、罗承韦、张九解、宋元等五百余大小头目所率之部众，共成二十万众，对起义军进行征剿。经过乾元二年和三年（759 年和 760 年）两百多天的三十余次激战，

① 桂林铁封山摩崖石刻《韩云卿平蛮颂并序》云：大历十一年（776 年）有西原贼率（通帅字）潘长安伪称安南王，诱胁夷蛮，连跨州邑……南距雕题交趾，西控昆明夜郎，北泊黔巫衡湘，弥亘万口（里）。天子命我陇西男昌夔领桂州都督兼御史中承，持节招讨，斩首二万余级，擒获元恶并其下将率八十四人，生献阙下，其余逼逐俘虏二十余万，并给耕牛种粮令还旧居。统外一十八州牧守，羁縻反复，历代不宾，皆顿首请罪……

此石刻于大历十二年（777 年）八月二十五日立，为“朝议郎守尚书礼部郎中上柱国韩云卿撰”。所云除八十四人献阙一事外，皆难以置信。西原蛮起义——准确地说应称黄洞蛮起义——三起三伏，规模最大有二十万众的第一波起义于 760 年已失败，被斩五千余级，余部被招降。李昌夔于 773 年才出任桂州刺史，去何处斩西原贼二万余，俘虏二十余万。所谓“西原贼率潘长安”是另外的桂北少数民族武装的头领。《代宗纪》载：767 年“九月辛未，桂州山獠陷州城，刺史李良遁去”。这支武装也有相当规模，也活动了较长时间，李昌夔才可能抓到其部分人员押送京城。韩云卿将潘长安称为西原贼安南王——事发时的官方文书及事后编修的史书，述说的西原诸王皆无安南王潘长安；即便潘曾经借助西原声威自称其为安南王，但其武装不可能有二十余万众，弥亘万里——是用移花接木法夸大敌情，将杨谭调集桂粤湘之兵平西原蛮一事说成十三年后才到来的李昌夔之功，明显是向皇族李昌夔献媚取宠。

起义军失利，黄乾曜、真崇郁、廖殿、莫淳、梁奉、罗诚、莫浔七位首领相继牺牲①，其部众或联袂坠谷，或带刃投江，被杀的有五千余人，武承裴、韦敬简"以余众面缚诣桂州降"。但起义军的部将张侯、夏永及西原酋长吴功曹又同至德元年（756 年）就攻占了容州的溪僚起义军首领梁崇牵、覃问联合行动，相互策应，军威复振。广德元年（763 年）起义军"合兵"北上，于十二月攻下湘南的道州，据城五十余日。桂州经略使邢济带兵前来进攻，吴功曹被俘。起义军撤退后再度攻打道州，不克，移师进攻永州亦不克。广德二年（764 年）转而攻打邵州，留数日而去。大历二年（767 年）桂北爆发少数民族起义，"桂州山僚陷州城，刺史李良遁去"。大历五年（770 年），戍守武岗的将领王国良愤于湖南团练使辛杲贪暴而造反，领兵千人，攻打州县，与桂州起义军的行动相呼应。大历六年（771 年），容州梁崇牵、覃问的队伍遭到新来上任的狡悍的容州刺史王翃纠合义州（今岑溪东）、藤州（今藤县）官军的进攻，经百余战，梁、覃先后被俘，队伍溃散。②建中元年（780 年），湘南的王国良因其与起义军的通道被官军阻断而投降，起义军的斗争亦陷入了低潮。

十余年后，黄橙峒酋首时任钦州守镇的黄少卿又领导左江一带部众起来斗争，于贞元十年（794 年）七月进攻邕管，八月间占领了钦、横、贵、浔四州。其子黄昌沔甚骁勇，率部先后共夺取了十三州，声威大震。朝廷任命阳旻为容管招讨经略使，带兵前来镇压。起义军奋勇抵抗，常一日交战数次，但多不利，丢失了许多地盘。元和二年（807 年）二月，别帅黄承庆被邕管官军俘获，起义军受重挫。三年（808 年）六月，黄少卿接受招抚，被任命为归顺州刺史、其弟黄少高为有州刺史。

未几，起义军重举义旗，黄少度、黄昌瓘各领一支队伍进行作战，于元和十一年（816 年）八月占领宾、峦二州。十一月被邕管官军夺回后，转而攻取岩州（今玉林境）。桂管观察使裴行立、容管阳旻"利虏掠，幸有功，乃请合兵讨之"。宪宗许之，"大发江、湖兵会二管（桂管、容管）入讨"。③官军征讨两年，妄奏斩获两万人，而邕、容两道杀伤

① 《全唐文》卷377《兵部奏桂州破西原贼露布》（乾元三年初—760年初，广州都督杨谭签署上呈）写到经二百余日三十余阵，"破贼二十万众，斩获五千余级。以头丧亡，余党奔乱，穷灭之后，然始求降"，被推为帅的两个中越王武承裴、韦敬简"解甲辕门，面缚伏罪，臣（指杨谭自己）便脱其桎梏"等情况，但未提及黄乾曜等七个主要首领之下落。《资治通鉴》卷221唐纪37肃宗上元元年（760年）条下载："六月甲子，桂州经略使邢济奏，破西原蛮二十万众，斩其帅黄乾曜等。"

② 《新唐书·王翃传》载，朝廷诏岭南兵北上归南阳鲁炅指挥讨伐安禄山，战败兵溃，谿峒夷僚造反，夷酋梁崇牵号"平南都统"，与别帅覃问联合，又与西原蛮张侯、夏永"诱啸"，攻夺城邑，遂据容州达十五年。朝廷任命的三届容管经略使皆侨治藤、梧，不敢到治所上任。王翃接任后出私财募士，许官悬赏，与造反军战数月小有斩获后，便到广州请节度使李勉出兵助剿。李不许，称：僚方强，今速攻，只自败耳。翃求其下书州县，阳言以兵为助，冀藉此声威，成万一功。李许诺，翃便移书义、藤二州刺史，约皆进讨，引兵三千进攻夷僚，一日数战。李勉致檄止之，匿而不发，战愈力，经百余仗，擒酋领七十，最后打败造反军，俘梁崇牵，悉复容州故地。捷书闻，诏更置顺州。会哥舒晃反，翃命部将悉师援广州，覃问乘间合众来袭，中了伏击被俘，夷僚的造反被平息。唐代宗遣使慰劳王翃，为他加金紫光禄大夫，赐第京师。

王翃"出私财募士"纠合三州之兵共三千人便打败了掌控容州十五年的义军，唐朝驻岭南五府的官军一万五千四百人，驻广州城内就有五千四百人（见《旧唐书·地理志》），李勉却不敢出战，可见唐朝官员勇怯之别。

③ 《新唐书》册 16 卷 163《孔巢父传附孔戣传》。

疾疫死者十八以上，对裴行立、阳旻二人，“当时莫不咎之”。元和十二年（817 年），起义军与容管官军在钦、横、贵、浔等州进行争夺战，十五年（820 年）双方激战于神步，官军虽夺回各州城，但并不能控制局势。长庆初（821 年），新任容管经略使严公素又上表请求兴兵讨伐，兵部侍郎韩愈、监察御史杜周士、邕州刺史李元宗均以为不当。长庆二年（822 年）五月，李元宗因受严公素弹劾其擅以罗阳县（今扶绥县北部中东镇一带）还给黄少度，遂派兵百名持州印投向黄少度。长庆年间（821—824 年）和宝历初（825 年），起义军主要在邕州南部活动，占领了邕州的左江镇和钦州的千金镇，两度进出陆、钦二州，杀死陆州刺史葛维，逐走钦州刺史杨屿，还攻打了西原、思陵等州。后来，黄昌瓘遣其党陈少度二十人归款请降，敬宗纳之（敬宗在位两年——825 年、826 年）。大和年间（827—835 年），经略史董昌龄遣子董兰“讨平洞穴，夷其种党，诸蛮畏服，十八州岁输贡赋”。

此后，与黄洞氏族共掌十八州的侬洞氏族变为最强，并与对抗朝廷，在咸通二年、五年和六年（861 年、864 年和 865 年）三度打到邕州的南诏结交，参与其行动。乾符四年（877 年），南诏王遣使与邕管节度使辛谠修好，辛谠随后“赍美货啖二峒首领”“与之通欢”。随后又“持牛酒音乐”调解了员州（属邕州羁縻，位置不详）侬姓首领与黄洞首领的仇杀，使双方罢兵。《新唐书・西原蛮传》载：交州之外，濒海诸蛮，无广土坚城可以居守，故朝廷兵未尝至。“及唐稍弱，西原、黄洞继为边害，垂百余年。”此所谓“百余年”，是按天宝初（742 年）黄氏与韦氏、周氏相互攻逐于海滨，至乾符年间（最迟 879 年）黄氏与侬氏之仇杀被调解这段时间计算的。其间，黄氏酋首领导的带有反抗朝廷压迫剥削性质，符合少数民族下层民众意愿的斗争，是从至德初（756 年）开始，到大和年间（最迟 835 年）结束，共约八十年。

（二）

黄乾曜、黄少卿、黄少度领导的武装起义，是得到广大民众支持和参与的斗争，它反映了岭南壮族先民反压迫反剥削的愿望。唐初武德七年（624 年）规定的租税是岭南诸州“夷僚之户，皆从半输”。① 唐太宗还曾下诏：亩税二升，商贾无田之“下下户及夷僚不取焉”。② 到了武则天执政后的垂拱年间（685—688 年），岭南俚户“遂勒全输”。③ 大和七年（833 年）御史台奏中反映，天下除夏秋两税外，地方官又妄有科配，擅加杂榷率。岭南道还擅置竹练场，重税渔利。④ 安史之乱爆发，朝廷诏岭南兵北上作战，更加深了人民的苦难。岭南壮族先民延绵不断的起义斗争，沉重打击了封建统治者，朝廷

① 《旧唐书》册 6 卷 48《食货志》。
② 《新唐书》册 5 卷 51《食货志》。
③ 《旧唐书》卷 90《刘延祐传》。
④ 《旧唐书》册 6 卷 49《食货志》。

不得不于咸通七年（866年）二月下令:“免桂邕容三管夏秋税之半。”[①]广明元年（880年）正月又“免岭南税赋十之四”。[②]

黄乾曜、黄少卿、黄少度是世居左江南面之黄洞，本为汉人业已土著化的俚僚首领，[③]与其毗邻的有韦氏、周氏、侬氏。官方将“广容之南、邕桂之西”的上述各姓以及钦州宁氏，统称为“西原蛮”“濒海诸蛮”。“天宝初（742年），黄氏强”，“韦氏、周氏耻不肯附，黄氏攻之，逐于海滨”。唐代实行羁縻政策，同时力图削弱地方势力。嗣圣元年（684年）朝廷曾议拟禁止岭南酋领家蓄兵器，唐中宗因为听取黄门侍郎郑惟忠“为政不可革以习俗”的意见而未予实行。[④]少数民族酋领虽仍能“主民”，但其权力已不“如故”，他们的利益空间受到压缩，因而同朝廷有矛盾。从严公素弹劾邕州刺史李元宗“擅以罗阳县还黄少度”一事可以推知，朝廷曾将黄氏一片领地划出来设县。除领地缩小外，酋领们还受朝廷法律某种程度的约束，就更不自在。[⑤]《新唐书》载，宝历年间（825—827年）“黄氏侬氏据州十八，经略使至，遣一人诣治所，稍不得意，辄侵掠诸州”。酋领造反，积极意义是带领民众冲击了封建统治，迫使朝廷一度减轻了对人民的压迫和剥削；酋领在其领地的掌控极其牢固，没有他们的领导或允许，下层民众要起来反抗朝廷，或者企图一举推翻朝廷和领主的统治，都是不可想象的。酋领造反的消极作用则是延长了封建领主制的寿命，推迟了岭南社会发展的进程。酋领与封建朝廷的矛盾不是根本对立的矛盾，当其发现形势不利，继续与朝廷对抗会使其权力和利益丧失殆尽时，就会同朝廷进行妥协。率先起义的黄乾曜那一批九名首领多数表现坚定，有七名一直坚持战斗到牺牲。但其中两名被推为帅者却“解甲辕门，面缚伏罪”。朝廷对他们“仍加寔赏，兼赍疋帛，各分疆界，使其斥堠递相辖控，永绝忧虞”，依然掌控其领地。更有方子弹等五百余大小首领接受招抚，“自蒙提赏，感激殊私”“训勉子弟，策励甲兵，介胄自出于私门，粮储不损于官廪”，出兵参加剿杀起义军。[⑥]后期的黄少卿、黄少高则有归附朝廷而出任刺史的情节，其后的酋领有边进攻边与对方讨价还价的，有遣其党数十人归款请降的，有啖人美货与官府通欢的，再未见有酋领战死的记录。武装起义的最终失败，就缘于其主导者——酋首们对朝廷的妥协与归降。

起义军八十年的征战，有两点经验值得肯定。一是广泛团结友军，壮大己方势力，分散和耗减敌人的力量。起义是黄氏酋长领头发动的，一开始就组成了一个广泛的联合阵线，参加起义的酋领见于史载的达十六姓，起义以左江流域为中心，南至钦州湾，北

① 《新唐书》册6卷9《懿宗纪》。

② 《新唐书》册1卷9《僖宗纪》。

③ 民国《钦县县志》载:“留居于钦，以黄姓人从马伏波来者为最久，繁衍钦属，多称纯旺后裔，如贴浪、时罗、思勒（东兴东北约20公里）、了葛、澌凛、罗浮、古森七峒，宋皆命黄姓为峒主。如黄令鉴、黄令岳等可数也。为汉族亦已变为土著，所有外来华族，与内地蛮僚各族，悉听命于七峒主所治理。”

④ 《旧唐书》卷100《郑惟忠传》。

⑤ 《旧唐书·王方庆传》载:管内诸州首领旧多贪纵，百姓有诣府称冤者，府官以先受首领参饷，未尝鞫问。方庆（则天时拜广州都督）乃集止府僚绝其交往，首领纵暴者悉绳之，由是境内清肃。

⑥ 《全唐文》卷377《兵部奏桂州破西原贼露布》。

达桂西北，形成了一股绵地数千里、合众二十万的强大力量。后来长期的斗争证明，黄氏家族力量是起义军的核心和主体，但所封七王两帅中黄氏只占一个名额，从中可以看出黄乾曜具有宽广的胸怀和高明的政治头脑。首战受挫后，起义军又同控制容州地区的溪僚酋领梁崇牵、覃问所部“合兵”北上，并同造反的官军王国良部联合，转战湘南。朝廷一时穷于应付，后来于建中元年（780 年）“城叙州以断西原（蛮）”，阻隔了起义军的通道，才迫降了王国良。长庆四年（824 年）冬，起义军占陆州、杀刺史，安南都护奏称系“黄家贼与环王国合势”所为。[①] 后期黄洞、侬洞“结南诏为助”，更使朝廷备受压力，不得不以“约和”手段来平息局势。

二是避实击虚，适时转移战场。官军都督杨谭描述其征讨时起义军的反应是：“追之则鸟散兽惊，缓之则蚁结蜂聚。”反映起义军在强敌进攻时就化整为零，使其打不着；敌人松懈时则化零为整，重新集结，寻机打击敌人。这是以弱抗强应持的正确原则。战争最需要避免的是在不利的情势下与对方交战，黄乾曜起义后没能较好地做到这一点，被迫在两百天中连续打三十余仗，被对方打垮，损失惨重。其部属汲取了教训，即时移师北上，到敌人未及设防的湘南开辟战场，继续战斗。当友军被敌击破形势不利之后，又回师南下，在桂南打开新局面。这种转移战场的做法，可以化解危局，保存实力，另谋出路。起义军靠此与官军周旋了数十年。

① 见《旧唐书》册 2 卷 17《敬宗纪》，再《新唐书》卷 222《南蛮环王传》载：(环王)“元和初(806 年)不朝献，安南都护张舟执其伪驩、爱州都统，斩三万级，虏王子五十九，获战象、舠、铠。”

黄乾曜、黄少卿、黄少度起义斗争态势图

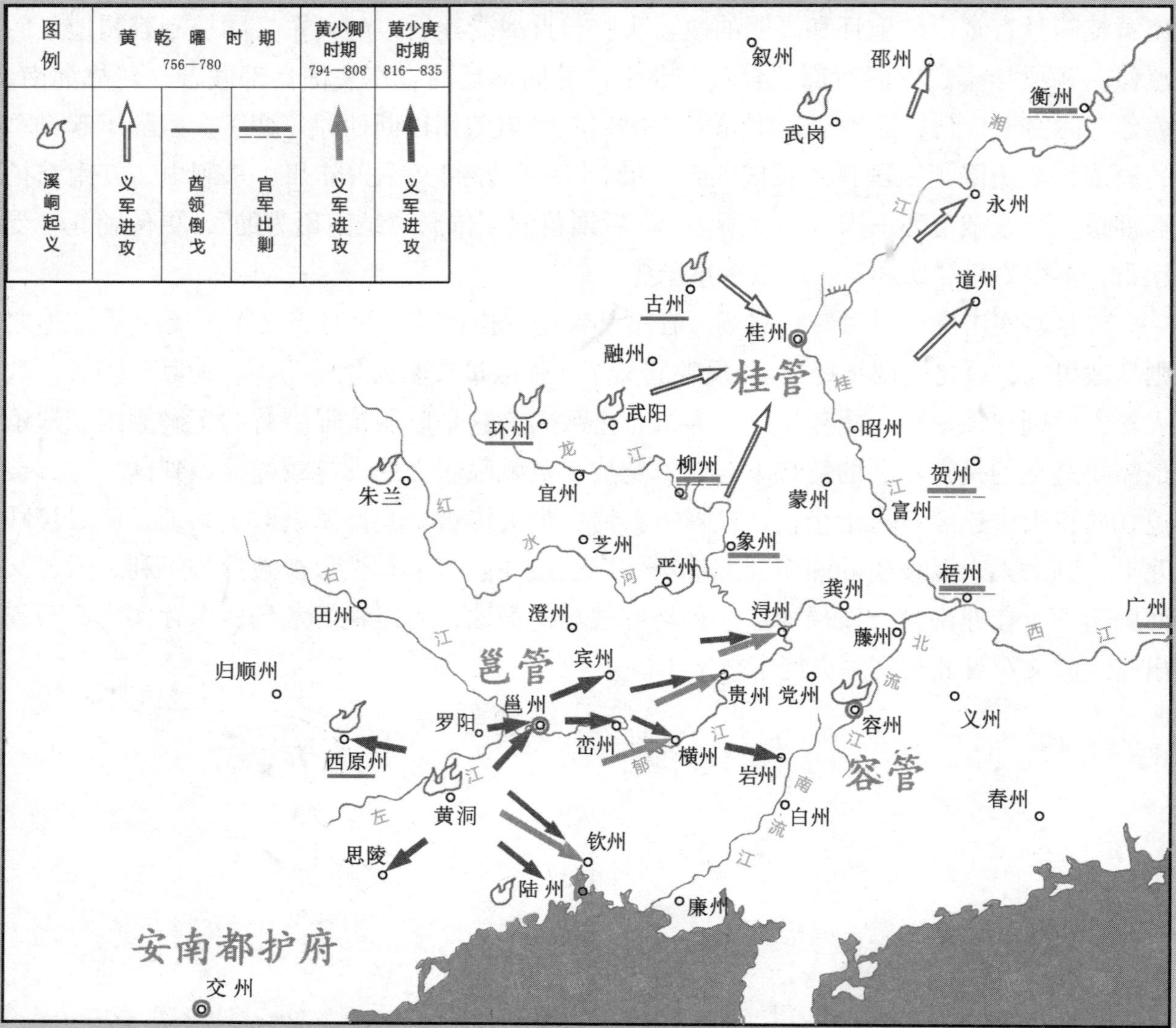

唐初岭南税赋“夷僚半输”，迄唐代中叶垂拱年间（685—688 年）“遂勒全输”，地方官又擅加杂榷率重税渔利，民生痛苦。同时少数民族首领亦对朝廷限制和削弱其权力不满，遂率部造反，合众约二十万，席卷桂境及湘南，斗争延绵八十年。由于官军的剿杀和对酋领进行分化收买，起义终被平息。但咸通七年（866 年）朝廷亦不得不下令“免桂邕容三管夏秋税之半”。

以“黄洞蛮”为主体的少数民族武装斗争呈现为三个阶段：（一）至德元年（756 年）黄乾曜等领导黄洞、西原、陆、朱兰、武阳、环、古等州一百余洞举行起义，控带十八州，攻打桂管，欲先破岭南，后图岭北。朝廷派都督杨谭调集梧、贺、柳、象、广、衡诸州兵及受招降的酋领武装成二十万众，连续剿杀。上元元年（760 年）黄乾曜等首领及五千部众牺牲，部分投降，但余众又联合容州义军梁崇牵部北上，并与造反官军王国良部相呼应，转战湘南。后梁部被歼、王部投降，建中元年（780 年）后斗争转入低潮。（二）贞元十年（794 年）黄少卿重举义旗，与其子昌沔率部连续攻占钦、横、贵、浔等十三州。元和二年（807 年）部将黄承庆被俘，义军受挫，次年黄少卿等归附。（三）元和十一年（816 年）黄少度、黄昌瓘再起，攻下宾、峦、岩三州，重占钦、横、贵、浔、陆等州，并进击思陵、西原。宝历年间（825—827 年）黄昌瓘派部下二十人归降。大和中（827—835 年）官军“讨平峒穴，夷其种党，诸蛮畏服，十八州岁输贡赋”。

周永光撰文、制图

附:《南蛮西原蛮传》的几点辨析

《新唐书·南蛮西原蛮传》称:“西原蛮,居广容之南,邕桂之西。有宁氏者,相承为豪。又有黄氏,居黄橙洞,其隶也。其地西接南诏。天宝初,黄氏强,与韦氏、周氏、侬氏相唇齿,为寇害,据十余州。韦氏、周氏耻不肯附,黄氏攻之,逐于海滨。”“及唐稍弱,西原、黄洞继为边害,垂百余年。”

《新唐书·地理志》载,安南都护府辖有羁縻西原州,州辖三县:罗和、古林、罗淡。州治所在罗和,即今之大新县下雷镇。西原州酋领参加黄乾曜领导的起义,乾元初(758 年)倒戈参加围剿起义军,后来受到黄少度的进攻。

《传》所谓“西原蛮”指西江以及浔、郁、邕三江以南至海滨,邕、柳、桂之线以西至南诏国,这个 L 形地域内的各少数民族,包括宁、黄、韦、周、侬各氏族,以及朱兰(今东兰)、武阳(罗城县北)、环(环江)、古(三江境)的少数民族。末句之“西原”专指西原州。该地宋代为傥犹州,为侬智高父子发迹地。逆推可知唐代已是侬氏族的主要聚居地之一。《传》云“黄氏侬氏据州十八”,显然二者同为起义时的主力。侬氏退出后,只有黄氏继续斗争,三起三伏,大和中(827—835 年)最后一波平息,“其后侬洞最强,结南诏为助”。邕管节度使辛谠遣使与南诏约和,赉美、货唊二洞首领,太州刺史黄伯蕴、屯洞首领侬金意、员州首领侬金勒等与之通欢。员州又有首领侬金澄、侬仲武与侬金勒袭击黄洞首领黄伯善,在瀼水(宁明以东之明江)半济时被伯善的伏兵击杀,士卒略尽,唯金勒遁免。尔后金勒欲兴兵复仇,辛谠遣人持牛酒音乐和解才罢。

一些史书称黄乾曜领导的农民起义斗争长达百余年,显然是误套“垂百余年”四字。起义于至德初(756 年)开始,大和年间(最迟 835 年)结束,不过八十年,此期间的斗争是反唐,含有抵制增税政策和反抗贪官的进步意义,具有人民性。此前黄氏与韦氏、周氏的斗争,此后与侬氏的斗争,属地方豪强间之兼并,不能归入起义,确属“边害”。民国《钦县县志》载,留居于钦以黄姓人从马伏波来者为最久,多称纯旺后裔。如贴浪、古森等七洞,宋皆命黄姓为洞主,如黄令鉴等可数也。为汉族亦已变为土著,所有外来华族与内地蛮僚各族,悉听命于七洞主所治理。此记载颇能说明俚僚酋领的一般情况,宁氏、冯氏、冼氏大体类同。《传》称黄氏隶属于宁氏。陈、隋、唐三代,宁氏在钦州东西两面派兵入洞开疆拓土,置州建县,成为朝廷任命的刺史、郡守,以至一方总管、都督,当地的黄氏酋领自然在宁氏管辖之下。例如,瀼州是宁京师奉李弘节之命去开辟的,当地的酋领黄伯善应该听命于宁氏。

《传》称“及唐稍弱”出现“边害”。唐朝“开元盛世”过后八年,南诏背唐朝而附吐蕃,联手进行扩张,杨国忠从全国各地调集十万兵去征讨,大败而归。其后 755 年便发生“安史之乱”。次年,对朝廷积怨已久的岭南黄氏等溪洞酋领乘势率部造反。黄乾曜已封王拜将帅,朝廷与南诏约和,黄氏与侬氏数次“构败之”。显然,黄、侬酋领确有仿效南诏而在岭南割据立国的构想。

周永光撰文,题图原载《土州土治:土司制度面面观》

第五章 侬智高抗交趾和反宋

依智高及其父亲侬存福是北宋时期岭南左江上游地区壮族先民的首领，他们为谋求生存发展所进行的抗击交趾吞并、压榨，反对宋朝政治排斥、经济封锁和割弃国土，为期二十五年（1030—1055年）的斗争，是壮族战争史上威武悲壮的一幕，在中国政治、军事历史和东南亚民族发展史上有重大影响。侬智高造反冲击了宋朝廷，使其得到教训，事平后即“置博易，务通诸蛮之有无”；给溪洞酋领授官，包括对拒不屈服于交趾而归附的一大批智高部将；对岭南科考采取优惠措施等。宋廷如智高愿调整边疆政策和民族政策，对于捍卫国土、巩固边防和促进少数民族地区经济、文化、社会发展，都具有重大意义。

依智高父子与交趾李朝的斗争

李焘《续资治通鉴长编》卷167载：“初，有侬全（按：应为存）福者，知傥犹州，其弟全（存）禄知万涯州，全（存）福妻弟侬当道知武勒州。一日，全（存）福杀全（存）禄、当道，并有其地。”司马光《涑水记闻》卷13载：“智高父存勖（按：应为福）……袭杀存禄而夺其地，又以女嫁广源州刺史，遂引兵袭杀刺史及其婿而夺其地。”五代宋初，广源州为侬民富控制的地盘，他领有南汉的诏敕（委任状），同时臣服于大理国，拜为“坦绰”。开宝四年（971年）二月宋灭南汉。九年（976年）正月，侬民富率所属广源、温、武勒、南源、西农、万涯、覆和、弄8州及古拂、八耽2洞首领委托七源州首领向宋朝传递要内附的请求，上缴了南汉诏敕，宋太祖予以接受，将广源等上述10州洞列为邕管羁縻州，[①] 受建武军节度。[②] 太平兴国二年（977年）正月戊子，宋太宗授广源州酋长侬民富检校司空、御史大夫、上柱国。[③] 依存福取代侬民富后代和自己亲戚掌控广源、万涯、武勒等州后，重新向宋朝表示要求内附。沈括《梦溪笔谈》卷25载：“（宋仁宗）天圣七

① 曾公亮《武经总要》前集卷20。

② 《太平寰宇记》卷166。

③ 《宋史·太宗本纪》。

年（1029 年），首领侬存福归附，补存福邕州卫职。转运使章频罢遣之，不受其地。”《宋史·章频传》载，章频“雅善丁谓”。而丁谓是宋朝的“屈志买和”派，力主迁都与辽议和。“澶渊之盟”后，取代抗辽的寇准当上宰相，勾结宦官独揽朝政。乾兴元年（1022 年）丁谓倒台，章频跟着被贬，到福州任知州，又徙潭州，天圣七年四月出任广南西路转运使，九年六月离任。章频执行买和路线，到任不久即“罢遣”了侬存福，“不受其地”，让交趾李朝入控广源地区，求得相安无事。

交趾，秦、汉、隋、唐，历代皆属中国政区。五代十国的梁贞明年间（915—921 年），安南人曲承美赶走原朝廷命官，被时据岭南的南汉政府讨平后，又有杨廷艺等据地自雄，与南汉相抗衡。宋初，交趾十二州大乱，丁部领力削群雄，称王交州，其子丁琏袭位后向宋朝纳贡，开宝七年（974 年）宋太祖委任其为检校太师充静海军节度使、管内观察使、安南都护，两年后宋太祖确认广源等 10 州洞由建武军节制。静海军与建武军为平级机关，说明丁朝无权对广源等州洞行使权力。太平兴国五年（980 年）大将黎桓篡权，当年秋，宋太宗派兵由邕钦陆水并进，讨伐“害主”之黎桓，翌年夏季班师。七年（982 年）三月，黎桓上表谢罪，且贡方物。当时宋朝正致力于对付北方的辽国，对南方的黎桓则不再追究，并且连连为其加官晋爵。黎桓看透了宋朝的底气，“渐失藩臣之礼”，至道二年（996 年）派百余艘船侵入钦州如洪寨，略居民，劫廪食而去。还让其苏茂州五千乡兵寇邕管之禄州（今越南禄平），被都巡检杨文杰击退。[①]

大中祥符三年（1010 年），黎桓卒，诸子争立，部将李公蕴取而代之，宋真宗亦予以册封，其领地西北界于大理及其所属白衣九道，东北为宋广南西路邕、钦二州及其界外山僚，南绝占婆（今越南中南部），东即大海，仅辖相当于唐时安南都护府的交、谅、峰、爱、驩数州之地。过去被黎桓武力迫附的一些山僚，因“不胜驱率，戮及亲族”，此时都趁机脱离交趾。如黄庆集、黄秀和蛮音就率其族人千余口进入钦州，要求归附宋朝，并愿为先锋，“乞兵攻打交州”。[②] 李公蕴稳住阵脚后极力向外扩张，祥符七年（1014 年）七月在芳林州金花步——今河内西北之越池一带[③] 打败了大理国将军杨长惠所部，随后即向西北部用兵，征服了渭龙（今沾化一带）、都金（咸安一带）、定原（安沛一带）、彘原等州。天圣五年（1027 年），李公蕴派儿子德政率兵攻占宋邕管羁縻七源州（治今越谅山省七溪）和邕管界外山僚文州（今谅山省禄平县南）。[④] 并招甲洞（在今谅山省境）首领甲承贵为婿，封为谅山州牧，指使他攻打宋邕州太平寨，杀寨主李绪，“入省打劫，抢财物，掠人口”。[⑤] 六年（1028 年）李德政继位，翌年即将女儿平阳公主嫁给甲承贵之子甲绍泰，封之为谅山知州，以供驱使。皇祐二年（1050 年），在甲绍泰引导下，李德政派兵攻占了“宋境西平州”（治今谅山省北部），“置决旱、大发、文湘”三洞，迫其首领臣服。[⑥]

---

① 《宋史·外国交趾传》。

② 《宋会要辑稿·蕃夷》四之二七。

③ 白耀天《侬智高：历史的幸运儿与弃儿》第 86 页，民族出版社，2006 年出版。

④ 《越史略》。

⑤ 《宋会要辑稿·蕃夷》四之三二。

⑥ 《越史略》。

在交趾极力进行扩张兼并的形势下，侬存福于1029年率广源等州洞内附——广源等州洞于976年已内附，此为他掌权后进行重新确认，不久却被宋朝广南西路主官“罢遣”，“不受其地”。但他拒不臣服于交趾，而是选择了独立发展的道路，“乃与其子智高（疑为智聪之误）东掠笼州（判在今龙州至扶绥一带），有之七源。存福因其乱，杀其兄，率土人刘川以七源州归存福”。[①] 利用七源首领内讧之机，将刚被交趾攻取的七源纳入自己的地盘。邕州知州萧注称：“广源州地产金，一两值一缣，智高父由是富强，招诱中国及诸洞民，其徒甚盛。交趾恶之，遣兵袭虏之。”[②] 据越南无名氏《越史略》载，李德政是在通瑞六年（宋宝元二年，1039年）亲征，掳侬存福及智聪押作人质，迫使广源州称臣纳贡的。由于父亲和兄长已被绑架，侬智高于当年五月向交趾“献生金一块，重一百十二两”，“岁输金货甚多”。但“交趾赋敛无厌，州人苦之”。[③] 侬氏父子不甘屈居人下，交趾王遂杀了侬存福和智聪。越《钦定越史通鉴纲目》正编二卷“李太宗乾符有道元年（1040年）二月”条载，李德政下诏曰：“朕有天下，率土皆臣，诸藩奉贡。傥犹存福，妄自尊大，建国潜号，骚扰边氓。朕龚行天讨，师广源，俘存福等五人，尽平其地，遂皆斩之于市。”父亲被杀，侬智高即与其母阿侬于庆历元年（1041年）自广源州“奔雷火洞，复据傥犹州”[④]“自名其居曰云南道”，[⑤] 一说建国曰大历，[⑥] 表明与交趾决裂。由于交趾预有防备，迅即将其追获。广源地区历来系侬氏领地，仅侬存福父子（儿子中主要是智聪）经营至少有十年之久，根基牢固。而此十年，正是李德政继位后各州相继叛乱，自顾不暇的时期，后来出师广源，亦无力留驻官兵来治理，而是用扣押人质来控制。此次侬智高叛逃李德政不加追究，继续让他担任广源州知州，并且以雷、火、频、婆4洞及思琅州划归他管辖。[⑦] 明道二年（宋庆历三年，1043年）又“赐智高郡王印，仍拜太保”。[⑧] 李德政以为侬智高尚年轻，可以笼络利用。智高按例于翌年朝见了李德政。

庆历八年（1048年），侬智高起兵反抗交趾。《涑水记闻》载邕州知州萧注的说法：侬智高“既长，因朝于交趾，阴结李德政左右，欲夺其国，事觉，逃归”。他带领队伍北上，到安德州建立根据地，称南天国，改年景瑞；徙居右江文村[⑨] 四五年，去娶田州知州黄光

① 沈括《梦溪笔谈》卷25。
② 司马光《涑水记闻》卷13。
③ 司马光《涑水记闻》卷13。
④《宋会要辑稿·蕃夷》五之六一。
⑤ 余靖《大宋平蛮碑》。
⑥ 李焘《续资治通鉴长编》卷167。
⑦《宋会要辑稿·蕃夷》五之六一。
⑧《越会要》。
⑨ 农贤生《右江文村的调查》称：云南省剥隘镇娅王村西面有一陡峻山峰，原名坡者山后称娅王山，山上有台阶遗存，山脚有屋基遗迹，传为古代练兵时修筑的。娅王村有小河东流20里到剥隘注入右江，附近的者宁、索伍、毛根（已废）、常弄、那力、那塘、那长、风洞、者邦等村寨皆属壮族，均为鱼米之乡。诸村中传说古代有一个姓侬的女首领到此组织练兵打交趾，后来她儿子也来此宣传要生存就要反宋。索伍村和毛根村的黄达和杨梅等当地首领带头参加，昼夜练兵，打到广州。者宁村和索伍村盖有娅王庙和黄达庙，该两村土戏班能现编现唱《娅王》《侬智高》的剧目。农贤生认为，《涑水记闻》所谓“右江文村”就在富宁县的娅王村一带。农之《调查》载于范宏贵主编《侬智高研究资料集》第222页、第223页，广西民族出版社，2005年。

祚之母为妻；其母亲阿侬则嫁给特磨道主侬夏诚之弟侬夏卿，以联姻方式向东北、西北方向扩展。由于有了广大的后方可供周旋，同交趾作战就能战而不殆。当年，交趾派太尉郭盛溢前去征讨，无果而还。皇祐元年（1049 年）九月乙巳，侬智高试探性地攻击邕州辖区，宋仁宗诏江南、福建等路以备，并遣入内东头供奉官高怀政到邕，与转运使督捕蛮贼——侬智高人员。翌年（1050 年）二月丙戌，广南西路钤辖司奏请于邕州罗徊（今龙州水口镇东）置一寨以防堵侬智高，朝廷批准执行。[①] 同年“五月戊申，广南西路转运司言交趾发兵捕广源州贼侬智高，其兵皆遁伏山林。诏本路严备之”。[②]

据《孙威敏征南录》载，自皇祐二年（1050 年）二月起，侬智高就不断向宋朝请求内附，“始乞本朝补田州刺史；不得，又乞教练使；又乞徒赐袍笏；又乞每南郊时贡金千两，愿常于邕管互市。（朝廷）皆不许。”据《文献通考》卷 22 之《土贡一》载，宋朝每年冬至日南郊进奉一十五万二千八百六十五贯匹两，摊给广南西路进奉银五百两、钱二百三十文。而智高愿年贡金千两，远远超出广西承担的数量。同年间，广南西路转运使萧固令邕州指挥使亓赟侦探侬智高部情况，亓赟“欲邀奇功”却发兵开战，结果兵败被俘。然而侬智高释放亓赟，派部下十人随之至邕州，奉表请求归附，“不敢复求刺史，但乞通贡朝廷”。朝廷予以拒绝，嗣后还以战败偷生，妄许贼朝贡，为国生事之罪，贬黜亓赟。[③] 当时不少的广西官员先后多次上奏朝廷，申诉理由，主张接纳侬智高。萧固奏称：“智高必为南方患，愿赐一官以抚之，且使抗交趾。”宋仁宗则责问萧固：“能保交趾不争智高？智高终不内寇？”在仁宗及其枢密院的屡屡刁难下，招抚的主张始终不被采纳。[④] 皇祐三年（1051 年）三月癸酉，广西又奏报侬智高“奉表献驯象及生熟金银”，请求通贡。但宋仁宗“恐失交趾之心”，诏广西转运司、钤辖司曰：“止作本司意答：以广源州本隶交趾，若与其国同贡奉，即许之。”[⑤] 这里，宋仁宗已经背叛了宋太祖、宋太宗并否认了自己天圣七年的行为，昧心割弃国土，出卖边疆爱国的少数民族，却着意遮掩，要地方官来承担。如前所述，交趾立国前广源等州属南汉，南汉灭后五年广源等 10 州洞即属宋邕管羁縻州。《涑水记闻》载知邕州萧注称，广源州本属田州，侬存福对其兼并时，田州酋长请往击之，原知邕州者禁不许（田州为邕州所辖羁縻州）。仁宗所谓“广源州本隶交趾”完全是对历史之篡改。李朝对广源授官、用兵，是对宋主权、领土的侵犯，是在宋仁宗默认条件下进行的，乃宋朝的耻辱。《宋史·仁宗本纪》皇祐四年（1052 年）四月癸丑条载：侬智高为达到内附目的，又“表献驯象金银，却之”。《宋史·列传·蛮夷·广源州》载：智高“后复赉金函书以请知邕州陈珙上闻，不报”。

---

① 《宋会要辑稿·蕃夷》四之三二。
② 李焘《续资治通鉴长编》卷 168。
③ 司马光《涑水记闻》卷 13。
④ 李焘《续资治通鉴长编》卷 170。
⑤ 《宋会要辑稿·蕃夷》五之六一。

侬智高父子与交趾李朝斗争态势图

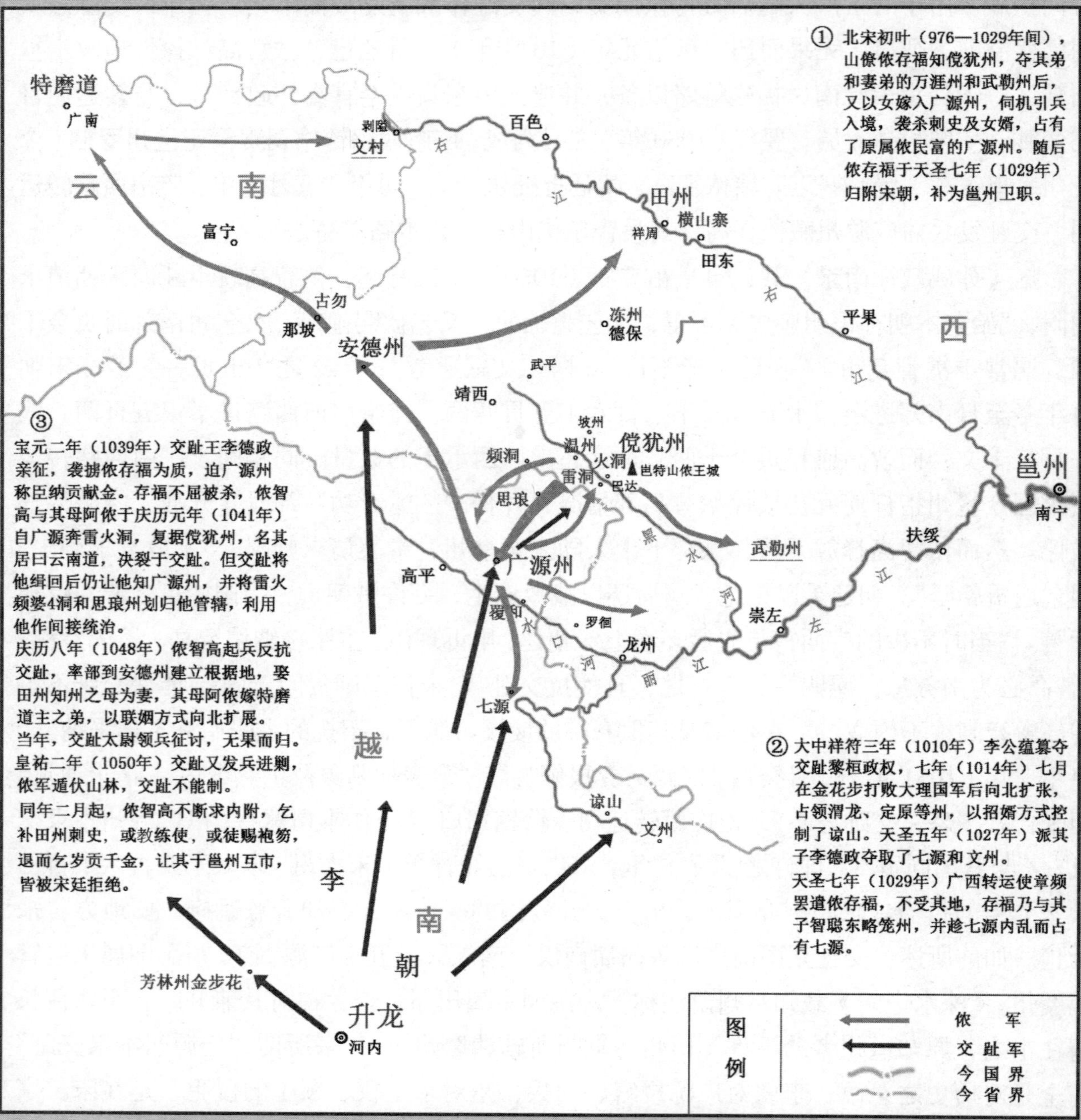

五代宋初，广源州一带为侬民富掌控的地盘，他领有南汉的诏敕，同时臣服于大理。开宝九年（976年）正月，他率所属广源、温、武勒、南源、西农、万涯、覆和、弄8州及古拂、八耽2洞向宋廷表示归附，获宋太宗授衔爵，其8州2洞被列为邕管羁縻州洞。

侬智高起兵失败后，土人刘纪知广源州，臣服于交趾，但已不能领率诸州洞。由温州离散成的火洞、温闷洞首领侬宗旦、侬日新父子，雷洞首领侬盛德，以及古勿洞的首领侬智会、侬进安父子等，亲率丁壮固守隘路，自保境土，拒不附于交趾。任洞首领侬顺清以及宫阙、武陵、古农、八细、古弄、古万等洞首领亦不服刘纪管辖。嘉祐七年（1062年）侬宗旦父子、侬盛德、侬顺清等接受宋廷招安，宋以雷火计诚诸洞（统称勿恶洞）组建顺安州，任侬宗旦为知州。熙宁二年（1069年）侬智会父子受宋招安。六年，宋升古勿洞为归化州，任侬智会为知州。九年，宋发兵征交趾，刘纪举广源州降。

注：图内武勒系判填，万涯方位不明。傥犹州治判在今下雷镇巴达屯，频洞为今岳圩，温州治温闷为今湖润，计洞在今靖西县城，诚洞为今新靖镇诚良村，雷洞在今下雷镇，火洞在其东岸，含巴达屯、岜特山。任洞为今壬庄。古勿洞又称古拂洞、勿阳洞，在今那坡县。广源为今越南广渊，七源即今七溪。笼州在广源州东，《旧唐书·地理志》载：贞观十二年置，领武勒、扶南等七县，治所武勒。

周永光撰文、制图

南天国等侬智高遗址

依智高“南天国”故地——靖西县安德镇

1048 年，侬智高起兵反抗交趾，率部到安德州建“南天国”。交趾太尉带兵征讨，被挫败。1050 年，交趾又发兵进剿，侬军遁伏山林，使敌无果而归。

照阳关据说曾是侬军与交趾军交战地之一。

照阳关
位于安德镇西4公里
是侬智高南天国屯兵把守的要隘

安德《侬智高六旗兵阵》演出场景

侬智高在安德建立南天国后实行全民皆兵，对周围村寨分别发给红、黄、绿、蓝、青、紫六色旗号，其安德总部则用黑色旗号，以便对部众进行识别和指挥。左图为 2015 年安德镇民众操演《侬智高六旗兵阵》，画面表现的是青旗兵的三叉阵。

农贤生拍摄
有练兵场遗址的
娅王山 位于剥隘西20里

娅王山位于云南省富宁县剥隘镇娅王村，村下小河东流 20 里到剥隘汇入右江，附近的者宁、常弄、索伍、那力、那塘、那长等九个村均属壮族，皆为鱼米之乡。诸村传说娅王姓侬，到当地组织练武打交匪，后来她儿子又来宣传要生存就要反宋。在山上开会，广东山王和各地头领都来参加。当地判即“右江文村”。

侬智高反宋失败后，其后方诸将皆亲率丁壮，固守境土，拒不附于交趾。1069 年侬智会父子附宋，宋廷授其为右千牛卫将军，仍知古勿洞，继升知州。1079 年宫阙洞侬智春叛投交趾，侬智会率一千二百余人参与平叛，次年诏给宫苑副使智会全俸。向武州都军屯建有侬大将军庙，供奉“敕封威灵显应伏蛮义勇都军侬大将军”，后世重建新庙仍用此神牌。

侬兵供稿
天等县金洞乡福利村都军屯
侬大将军庙祭坛神牌

周永光撰文、编图及拍摄六旗兵阵操演，南天国故地照片原载《土州土治：土司制度面面观》

侬智高反宋作战始末

（一）

鉴于求附连连被拒，宋朝不仅对其进行经济封锁，而且逼迫其臣服于仇敌交趾，侬智高要生存、要发展，不得不举兵反宋，走上一条以战求附的道路。

侬智高决心反宋后“乃与广州进士黄玮、黄师宓及其党侬建侯、侬志忠日夜谋入寇”。[①]“黄师宓者，广州人，以贩金常往来智高所，因为之画取广州计，智高悦之，以为谋主。”[②]应该说，侬存福被罢遣之后侬氏父子对宋朝邕管州邑就续有冒犯了。在控制左右江上游地区的同时，侬智高也对邕州进行侦察，安插内线，“阴结（知州陈）珙左右，珙不知之”。为麻痹对方，他“数出敝衣易谷食，给言洞中饥，部落离散。邕州信其微弱，不设备也”。为了动员部众，他在一天傍晚放火“焚其巢穴，给其众曰：‘平生积聚，今为天火所焚，无以为生，计穷矣。当拔邕州，据广州以自王，否则共死！’”。是月（皇祐四年四月，1052 年 5 月），率众五千沿郁江（指其上游之右江）东下，攻破横山寨（在今田东县城祥周镇）。“寨主右侍禁张日新、邕州都巡检左班殿直高士钦、横州同巡检右班殿直吴香死之。”[③]周去非《岭外代答》卷 3《沿边兵》载：“邕屯全将五千人，以三千人分戍横山、太平、永平、古万四寨及迁龙（隆）镇，其二千人留州，更戍。”据此，横山寨守军估计为数百名至千名。曾巩《与孙司封书》称：“智高出横山，掠其寨人，因其仓库而大赈之。”此说明，横山寨除顽抗的主官被打死，众多的军人和民众归附了侬智高，并且获益。

皇祐四年五月乙巳朔（初一，1052 年 5 月 31 日），侬智高兵临邕州城下。《续资治通鉴长编》卷 172 载，邕州知州陈珙令通判殿中丞王乾祐守来远门，权都监三班奉职李肃守大安门，指使武吉守朝天门。广西都监六宅使张立自宾州带兵来援，正当陈珙在城楼上犒军宴饮之时，侬智高部队在内应配合下破城而入，击毙抵抗的官军千余人，俘虏了陈珙、王乾祐、张立、节度使推官陈辅尧、观察推官唐鉴、司户参军孔宗旦等军政官员，予以处死。而李肃、武吉、武缘令梅微之、支使苏从，都因与黄师宓有交情而获释。侬智高搜查军资库发现自己所上金、函，曾怒问陈珙：“我请内属，求一官以统摄诸部，汝不以闻，何也？”陈珙称“尝奏，不报”。向其索取奏稿，不获，遂推往刑场。“珙病目，不能视，皇恐呼万岁，求自救。”侬智高不屑一顾，仍杀了他。宋人魏泰《东轩笔录》卷 4 载，陈珙知邕时有旨，任内无边事予除阁门使。故而侬智高乞于界首置榷场通货珙不报，侬军犯横山寨掠居民畜产亦寝不奏，虑起事而失阁门使

① 李焘《续资治通鉴长编》之卷 172。

② 司马光《涑水记闻》卷 13。

③ 李焘《续资治通鉴长编》之卷 172。

也。孔宗旦在侬军东进之前曾上书陈珙要求早做防备，并不断面谏，遭到陈珙怒斥："司户狂邪！"侬军破横山寨，孔宗旦即送亲属往桂州，说"吾有官守，不得去，无为俱死也"。被俘后侬军"欲任以事"，不受且大骂，乃被杀。侬智高占领邕州，即建立"大南国"，称"仁惠皇帝"，封其母阿侬为皇太后，黄师宓以下均仿宋朝之制封官，改元启历（《宋会要辑稿》称改元端懿），"赦境内"，队伍迅即扩充，达到一万余人。[①]《陶弼墓志铭》云："皇祐中（陶弼）徙柳州司理参军，岁饥多盗，絷者满狱，公谓良民，失职至此，多以傅生议。"[②]侬智高所"赦"者多为被宋官员当作盗贼囚禁起来的良民，他自称"仁惠皇帝"，这就是一种实质内容。曾巩《与孙司封书》述及侬军攻邕时称"城中皆应之"，亦是侬智高颇受拥戴的一个佐证。

（二）

五月癸丑（初九），侬军趁水涨，乘船沿邕江而下抵达横州（今横县），知州殿中丞张仲回、监押东头供奉官王日用弃城逃走。丙辰（十二日）进抵贵州（今贵港），知州秘书丞李璟亦弃城。庚申（十六日）进抵龚州（今平南），知州殿中丞张序亦弃城。辛酉（十七日）连下藤州（今藤县）、梧州，知藤州太子中舍李植、知梧州秘书丞江镃相继弃城而逃。接着，侬军于同日进入广南东路地界，在封州（今封开县）遇到了知州太子中舍曹觐组织的抵抗：都监陈晔带百名士卒迎击，县令带乡丁、弓手跟进，寡不敌众，迅即败溃，随队参战的曹觐被俘。侬智高对他说："从我，得美官，付汝兵权，以女妻汝。"不从，反而痛骂。智高"犹惜不杀，徙置舟中"，望他回心转意，但未能如愿。曹觐绝食两日，智高见其无降意，方才斩之。

壬戌（十八日），侬军攻下康州（今德庆）。先前，知州太子右赞善大夫赵师旦得到侬军东来，"诸州守皆弃城走矣"的报告，他斥责探报人说："汝亦欲吾走耶！"他下令大索城中，捕获三名侬军谍者迅即斩首。"师旦止有兵三百，开门迎战，杀数十人。会暮，贼稍却……遂与贵（按：监押右班殿直马贵）部士卒固守城。召贵食，贵不能食。师旦独饱如平时。至夜，贵外不安席。师旦即入卧内大鼾。"迟明，侬军攻城愈急，"至城陷，无一逃者。矢尽，（师旦）与贵俱还，据堂而坐。智高麾兵鼓噪而入，胁之。师旦大骂……智高怒，并贵害之"。癸亥（十九日），侬军入端州（今肇庆），知州太常博士丁宝臣弃城走。欧阳修《举丁宝臣状》云："（宝臣）曾斗敌，朝廷以其如此，故他人（弃城走）皆夺两官（降两级），独宝臣只夺一官。"[③]王安石为丁氏写的墓志铭亦说他曾"出战，能有所捕斩，然卒不胜，乃与其州人皆去而避之"。[④]后之治史者认为"盖饰说也"，不可置信。[⑤]

---

① 欧阳修《欧阳文忠公文集》卷 25 之《集贤校理丁君（宝臣）墓表》。

② 《肃忠集》卷 12。

③ 《欧阳文忠公集》卷 112。

④ 《临川先生文集》卷 91 之《司封员外郎秘阁校理丁君（宝臣）墓志铭》。

⑤ 李焘《续资治通鉴长编》之卷 173"宋仁宗皇祐四年五月癸亥"条之注。

皇祐四年五月丙寅（二十二日，1052年6月21日），侬军进抵岭南大都会广州城下，开展了一场激烈的历时五十七天的攻坚作战。侬军到达之前，广州知州兵部郎中天章阁侍制仲简曾派广南东路钤辖文思副使王锴领兵去扼守端州，王锴行至郊外市舶亭即擅自折返。其部下海上巡检右侍禁王世宁要求率部分兵力前往，王锴不允，并催之返城。王世宁回城后指责王锴拥兵不进，贻误军机，被王锴以违令之罪处斩。[①]仲简不相信侬军已逼近广州的情报，“前二日，有告急者，知州仲简以为妄，囚之。下令曰：‘有言贼至者斩！’及贼至，始令（民）入城，民争以金贝遗阍者，求先入，践死者甚众。余皆附贼，贼势益张”。[②]《孙威敏征南录》载：“臣窃闻贼破邕至广，广天下宝货之储，而蕃舶之家常以亿万计，贼悉取之，日据刘王山纵酒大会，亡命归之者万余人。”《续资治通鉴长编》卷173载：“枢密院言：‘蛮贼徒党无虑二万人，日食米五百石，非有资其粮者，则势不可留，须法外禁之。’（七月）辛酉，诏犯者其首处斩，从者配岭北牢城，舟车没官。”《涑水记闻》载：侬军围广州时“十县民皆反”，“某家客户十余人，今复为贼矣”。“蛮众数万，皆所掠二广之民也，使之昼夜攻城。”“乡村无赖少年，乘贼势互相剽掠，州县不能制。”上述材料反映，侬智高起兵反宋，获得岭南各阶层民众的支持，一月间其队伍即从数千人发展到数万人。不仅民众积极参加和拥护侬军，在官军中亦有响应者。侬军到达广州第八天，韶州（今韶关市）永通监的戍军杀了知监都官员外郎邓骧，策应侬军的行动。[③]守广州城的官兵，不少亦拟归附侬军。某夜，当巡城的士卒“疲极，有裨将诱士卒下城，欲与之降贼”，因碰上都监侍其渊而未遂。[④]

侬军“至广州，据民廛围府，州将莫之所为”。[⑤]起初，仲简曾派兵出城偷袭，中了侬军埋伏，“贼使勇士数十人以青黛涂面，跳跃上岸，广州兵皆奔溃”。[⑥]六月甲申（十一日），广端都巡检高士尧率部出击，在市舶亭被侬军打败。[⑦]庚寅（十七日），广惠等州都大提举捉贼西京左藏库副使武日宣、惠州巡检左侍禁魏承宪，率部在广州城下与侬军交战，皆兵败身亡。[⑧]侬军一面打击来犯者，一面加紧攻城。由于原广州知州魏瓘所筑州城环五里，城墙坚固，城内凿井蓄水，饮之不竭，作大弩为守备，弩发则洞中，攻者不易接近，所以侬军尽管断了入城流水，运用“云梯土山，极肆其巧”的各种办法来进攻[⑨]，又“掠得海船昆仑奴使登楼车以瞰城中，又琢石令圆以为砲，每发辄杀数人，昼夜攻城”，[⑩]却久不能下。

守广州的知州仲简史载是个“性愚且狠”、处事无远虑、临敌乏对策、“纵部兵馘平

---

① 李焘《续资治通鉴长编》之卷174。
② 李焘《续资治通鉴长编》之卷172。
③ 白耀天《侬智高：历史的幸运儿与弃儿》第177页，民族出版社，2006年出版。
④ 江少虞《宋朝事实类苑》下册卷55之《侍其渊》。
⑤《武溪集》卷20之《萧府君墓志铭》。
⑥ 司马光《涑水记闻》卷13。
⑦ 杨仲良《通鉴长编纪事本末》卷50之《广源蛮叛》。
⑧ 李焘《续资治通鉴长编》之卷172。
⑨《大宋平蛮京观碑记》。
⑩ 司马光《涑水记闻》卷13。

民以幸赏”[①]“阴具舟欲与家属逃”[②]的庸官，而受仲简节制的广南东路转运使王罕则是个悍将。王罕当时带随从十数人在梅州出巡，赶回惠州，闻侬军至，“十县民皆反，相杀掠，死伤蔽野”。“乃召每村三大户，与之帖，使人募壮丁二百。又帖每县尉募弓手三千人以自卫。捕得暴略者十余人，皆腰斩之。又帖知州、知县，令皆得擅斩人，一时乡村肃然。罕为募民之骁勇者以自随，得二千人，船百艘，制旌旗、钲鼓，长驱而下，趋广州。蛮兵数千来逆战，击却之。蛮皆敛兵聚于城西，乃开南门，作乐而入。罕不视家，登城，子死于贼人之手而不哭，树鹿角于南门之西以拒蛮；自是南门不复闭矣，凡粮用皆自南门而入……知新州侍其渊在广州，罕以其忠勇，与之共守。蛮众数万，皆所掠二广之民也，使之昼夜攻城，为火车，顺风，以焚西门。时六月，城上人不能立，军校请罕下城少休，罕欲从之。渊奋剑责军校曰：‘汝曹竭力拒敌，则犹可以生；若欲溃去，纵不为贼所灭，朝廷亦当族汝；前部亦欲何之！’罕乃止，士气亦百倍，蛮车不能克而退。”[③]侍其渊尽忠职守，“昼夜未尝眠”，是他发现“裨将诱士卒下城，欲与之降”，予以阻止，然而“终不言裨将谋叛之事”。也是他发现侬军在夜间偷袭，“已逾壕，蚁附登城，将及堞矣，城上人皆不知觉”。他带领二十余名弓弩手衔枚于一处，突然射之，侬军退出壕外。[④]官军守城起重要作用的另一人是番禺县令萧注。侬军围城，数攻无果，乃组织“方舟数百，急攻城南”。萧注“先自围中出，募得海上强壮二千余人，以海船集上游，未发，会飓风夜起，纵火焚贼船，烟焰属天，大破之……即日发县门，诸路援兵及民户牛酒刍粮，相继入城，城中人乃有生意”。嗣后，王罕带兵入城，“益修守备，贼知不可拔，围五十七日，（七月）壬戌（十九日）解去”。[⑤]侬军进攻广州未能达成合围，守军困而不死，双方形成对峙，旷日持久，侬智高放弃攻城，率部回撤。

（三）

粤北英州（今英德市）知州苏缄是个效命于朝廷的官员，当广州被围时即“搜募壮勇合数千人，委州印于提典刑狱鲍柯，夜行赴难，去广二十里驻兵”。他抓捕了侬智高谋士黄师宓之父，斩首示众，用以打击侬军士气。“时群不逞皆旁缘为盗，缄捕得六十余人斩之；招怀其驱胁诖误，使复故业者凡六千八百人。”苏缄得知侬军将撤，“分兵扼其归路，布樣木、巨石凡四十里。贼至，果不得前，乃绕出数舍，入沙头渡江，由清远县道连、贺州西归”。[⑥]

侬军虽然采取撤退行动，但士气并不稍减，史称其“由清远县济江，拥妇女作乐而

---

① 李焘《续资治通鉴长编》之卷 173“皇祐四年九月”条。
② 司马光《涑水记闻》卷 13。
③ 江少虞《宋朝事实类苑》下册卷 56 之《王罕》。
④ 江少虞《宋朝事实类苑》下册卷 55 之《侍其渊》。
⑤ 李焘《续资治通鉴长编》之卷 173。
⑥《宋史》卷 446 列传第 250 之《苏缄》。

行。攻贺州，不克，遇广东都监张忠于白田，忠战败被杀，虔州巡检董玉、康州巡检王懿、连州巡检张宿、贺州巡检赵允明、监押张全、司理参军邓冕皆殁”。[①]可以推断，侬智高攻贺州不是主要目的，打援才是其真正意图。歼灭敌三个州的援军数千名，包括贺州主官在内的一大批州官被杀，敌军主帅张忠亦告阵亡，应该说这是侬智高诱敌进入预设阵地——泥泞地段，以众击寡取得全胜的一个漂亮仗。余靖所作《大宋平蛮碑》称张忠“素号骁将”，其实不过是有勇无谋邀功心切的一介武夫。史载：“先是（苏）缄与洪州都监蔡保恭以兵八千人据边渡村，扼贼归路，会（张）忠自京师至，夺而将之。临战，谓其下曰：‘我十年前一健儿，以战功为团练使，尔曹勉之！’于是不介马（骑裸马）而前。先锋遇贼奔，忠手拉贼帅二人，马陷泞，不能奋，遂中标枪死。”[②]

侬军在桂东北与官军周旋月余，每能寻机歼敌。史载：“（七月）甲子（二十一日），广东钤辖蒋偕击贼于路田，兵败。南恩州巡检杨逵、南安军巡检邵余庆、权宜州巡检冯岳、西路捉贼王兴、苌用和皆殁。”“九月戊申（初六），侬智高杀广南钤辖蒋偕于贺州太平场，庄宅副使何宗古、右侍禁张达、三班奉职唐岘皆亡。”[③]“余众畏亡将被诛，多降贼。”陶弼矫杨畋命许以不死，才收容到千五百人。[④]蒋偕亦“素号骁将”，朝廷派其南征，“驰驿十七日至广州城下，入城揖州官未定，数知州仲简曰：‘君留兵自守，又纵部兵馘平民以幸赏，可斩也！’简曰：‘安有团练使欲斩侍从官？’偕曰：‘斩诸侯剑在吾手，何论侍从！’左右解之，乃止”。侬军从广州撤围北上时，南下至韶州的广南东西路体量安抚提举经制盗贼杨畋（六月乙亥受命，十日后离京南下）曾命令蒋偕等“弃英州，焚储粮……退保韶州”。后来侬军折向西北行进，蒋偕领兵追击，“军次贺州，贼夜入其营，袭杀之。偕举动轻率，卒坐此败”。[⑤]据《涑水记闻》载李章所云，侬智高是以逸待劳，智取蒋偕的：“蒋偕将千余人，昼夜兼行，追侬智高至黄富场。蛮人诇知官军饥疲，夜以酒设寨饮之，即帐中斩偕首，因纵击其众，大破之，枭偕及偏裨首于战场而去。”

九月甲寅，侬军又在龙岫峒迎击前来征讨的桂、宜、柳州巡检三班借职李贵所率的部队，李贵兵败身死。同月庚申（十八日），侬军攻下昭州（今平乐）。洛苑使广西钤辖王正伦曾在馆门驿进行抵抗，被击毙；知州柳应辰弃城逃走；东头供奉官阖门祇侯王从政、三班供奉徐守一、借职文海被杀。王从政被逮后骂不绝口，给汤沃死。昭州城西有数山洞，可容数百人，百姓避难于此，侬军以为宋兵，将之焚死。[⑥]

面对败绩，朝廷将杨畋、曹修撤职降级，另任命孙沔为广南东西路安抚使（八月辛卯改新知秦州为湖南江西安抚使，九月甲辰行至鼎州时诏加此职）、余靖为提举广南东路兵甲经制盗贼（九月丁巳由知桂州任上加任）来对付侬军。但九月癸亥（二十一日）朝

① 李焘《续资治通鉴长编》卷173。
② 李焘《续资治通鉴长编》卷173。
③ 李焘《续资治通鉴长编》卷173。
④《宋史》卷334《陶弼传》。
⑤ 李焘《续资治通鉴长编》卷173。
⑥ 李焘《续资治通鉴长编》卷173。

议“帝犹以为忧，或云侬智高欲得邕、桂七州节度使即降。枢密院副使梁适曰：‘若尔，岭外非朝廷有矣！’帝问宰相庞籍谁可将者，籍荐枢密院副使狄青。青亦上表请行，翌日入对，自言：‘臣起行伍，非战伐无以报国，愿得蕃落骑兵数百，益以禁兵，羁贼首致阙下。’帝壮其言。（九月）庚午（二十八日），改（狄青为）宣徽南院使，荆湖南北路宣抚使，提举广南东西路经制盗贼事。十月丙子（初四），诏鄜延、环庆、泾原路择蕃落广锐军曾经战斗者各五千人，仍逐路遣使臣一员押赴广南行营，从狄青请也。青言：‘贼便于乘高履险，步兵力不能抗，故每战必败。愿得西边蕃落兵自从。’或谓南方非骑兵所宜，枢密使高若讷言：‘蕃落善射，耐艰苦，上下山若平地，当乘瘴未发时，疾驰破之，必胜之道也。’”[①]

侬智高“欲得邕桂七州节度使即降”的停战条件，何时传到朝廷，史籍缺载，大体应该是在放弃“据广州以自王”，从广东西返之时。他在桂东北转战兼月，目的是造成战场优势，增加政治谈判筹码，迫使朝廷接受其统摄邕桂。他确实对逾岭北伐有所考虑，但“用为内应者”被潭州知州任颛破获，[②]情报准备未完成，就谈不上采取行动。以后他在写给结洞首领黄守陵的信中提及，若能战胜拥有骑兵的宋军，便“长驱以取荆湖、江南”，邕州之地即授予黄守陵，则更是一种或许有的设想了。侬智高当时实际的企图和行动都是附宋做个管辖若干州的大官，历史也确实闪现过让其如愿的一线光亮，但随即消逝了。他向朝廷发出信息得到的回应是狄青率大军南下，由于对骑兵作战胜负难料，他决定做进一步的战线收缩，乘胜主动退回桂南。

《续资治通鉴长编》卷173记载：“（十月）丁丑（初五），侬智高入宾州，知州国子博士陈东美弃城。”“甲申（十二日），侬智高复入邕州，知州礼宾使宋克隆弃城。克隆承贼践蹂之后，不营葺守备，颇纵士卒下诸山寨杀逃民，诈为获盗，一级赏钱十千文；诈给亲兵帖，以为尝有功。及智高再至，克隆无以御贼，遂遁去。”“侬智高还据邕州，日采木造舟，扬言复趋广州也。”“十二月壬申朔（初一），广西钤辖陈曙击侬智高，兵败于金城驿，东头供奉官王承吉、白州长史徐噩死之。曙素无威令，既与贼遇，士卒犹聚博营中，将承吉将宜州忠敢兵五百为先锋，仓卒被甲以前，遂致覆军。”另据《涑水记闻》卷13载：“曙败，遁归，死者二千余人，弃捐器械辎重甚众。”事情经过是“余靖遣广南西路钤辖陈曙将万人击智高，（陈曙）为七寨，逗留不进”。反被侬军袭击致败。民国《邕宁县志·地理》记载：《明史·地理志》和《清统志》称，宣化县（治今南宁）东有宋金城驿，明洪武四年改为金城寨，置巡司（清宣统三年巡司废）。阮元《狄青间道度兵昆仑考》称，其亲往踏勘，“昆仑关顶四十里渐落平地，为金城寨，由金城至南宁府，即邕城，尚有六十里。而归仁铺距城北仅二十里”。据此，金城驿位于今五塘一带。

---

① 李焘《续资治通鉴长编》卷173。

② 李焘《续资治通鉴长编》卷176之“宋仁宗至和元年四月庚申”条。

(四)

皇祐五年正月甲辰(初三),[1]狄青及孙沔抵宾州,与余靖会兵,"官军及土兵合三万一千余人"。[2]一说"正月达宾间大军及辎重凡四万"。[3]"青以张忠、蒋偕皆轻敌取死,军声大沮。前戒诸将:'无得妄与贼斗,听吾所为。'陈曙恐青独有功,乘青未至,则以步卒八千犯贼,溃于昆仑关(按:系泛指,确切地点在关南金城驿),其下殿直袁用等皆遁。青曰:'令之不齐,兵所以败。'己酉(初八)辰,会诸将堂上,揖曙起,并召用等三十二人,按所以败亡状,驱出军门斩之,沔、靖相顾愕然。靖尝迫曙出战,因离席而拜曰:'曙失律,亦靖节制之罪。'青曰:'舍人文臣,军旅非所任也。'诸将皆股栗。丁巳(十六日),狄青既戮陈曙,乃按军不动,更令调十日粮,众莫测。贼觇者还,以为军未即进也。翌日(十七日),遂进军,青将前阵,孙沔将次阵,余靖将后阵,夕次昆仑关。(十八日)黎明,整大将旗鼓,诸将环立帐前,待令乃发。而青已微服与先锋度关,趋诸将去食关外,即归仁铺为阵。"[4]据《涑水记闻》称,当时狄青"勒兵而进,步骑二万人"。

皇祐五年正月己未(十八日,1053年2月9日),[5]侬智高悉其众一万六千余人,[6]在今二、三塘之间的归仁铺列三锐阵,骁勇者执长枪居前,羸弱在后,以迎战官军。侬军执大盾、标枪,衣绛衣,望之如火。狄青所率官军则使步卒居前,匿骑兵于后。步卒以右班殿直张玉为先锋,如京副使贾逵将左,西京左藏库副使孙节将右。既阵,青誓曰:不待令而举者斩!及战,在山下搏击的右将孙节中标枪死,官军前锋稍却,侬军士气甚锐,沔等俱失色。狄青起,自执白旗麾蕃落骑兵,张左右翼,出击侬军之后。贾逵想到其所率忠敢、澄海部众皆土兵,数困而心慑易衄,苟待令必为敌所薄,且兵法云先据高者胜,乃引兵疾趋山,立始定而侬军冲到,逵拥众而下,挥剑大呼,断侬军为二。此时张玉亦率先锋突出阵前,向侬军冲击;后方骑兵则以长刀、巨斧、铁连枷等兵器,冲击侬军,左而复右,右而复左,旋而击之,侬军枪立如束,不知所为,遂溃败。侬智高率部退回邕州城时,被骑兵追击十五里。[7]此战,侬军阵亡二千二百余人,内含黄师宓、侬建中、侬智忠等将领五十七人,被俘五百余人。狄青为防有诈,不入城而营于城下(按:望仙坡一带)。夜间,侬智高带部众三千余人焚营后出城西去。"迟明,青按兵入城,获金帛巨万,杂畜数千,招复老壮七千二百尝为贼所俘胁者,慰遣使归。枭师宓等首于邕州城下,得尸五千三百四十一,筑京观城北隅。"以上为《续资治通鉴长编》卷174之

---

① 余靖《大宋平蛮碑》。

② 《宋史·列传·蛮夷·广源州》。

③ 《孙威敏征南录》。

④ 李焘《续资治通鉴长编》卷174。

⑤ 余靖《大宋平蛮碑》及《平蛮京观志》皆为"己未";李焘《续资治通鉴长编》记为"戊午",即十七日,误。

⑥ 据战后各类人数合计。

⑦ 余靖《平蛮京观志》称"十五里";李焘《续资治通鉴长编》称五十里,误。

记载，而余靖《平蛮京观志》则称：“聚伤还城而死，并活擒面戮，及奔而蹂践燔灼者三千二百二十八人为一冢，瘗于城之北。”并称追杀的二千二百余人“为塚于归仁之南”。《涑水记闻》载：狄青入邕城当天，“遣裨将于振追之（指侬军），过田州不及而还”。

据宋人孙升《孙公谈圃》17册载，狄青追至邕州时，曾“列军阵城下，智高大宴城头，鼓吹振作，一人衣道服骂官军，有善射者，一矢毙之。青随行以河东王简子为先锋，勇甚，为镳所杀，青见之，汗出如雨……是时智高可擒，青疑有伏兵，乃止”。宋人彭百川《太平治迹统类》卷10载，狄青还朝后，四月庚寅，宋仁宗在崇政殿让蕃落骑兵演示归仁铺驰逐之阵势，等第推赏，“仍以拱圣马三百补其阙”。此为反映狄青部众损失数量的唯一参考。

（五）

侬智高对于同狄青作战，曾有两种设想，做了两种准备。据《涑水记闻》载：智高曾写信给结洞首领黄守陵称：“吾向者长驱至广州，所向皆捷，所以还复邕州者，欲抚存汝诸洞耳。中国名将如张忠、蒋偕辈，皆望风授首，步兵易与，不足忧；所未知者骑兵耳，今闻狄青以骑兵来，吾当试与之战。若其克捷，吾则长驱以取荆湘江南，以邕州授汝；不捷，则吾寓汝洞中，休息士卒，从特磨洞借马，教以骑战，俟其可用，更图后举，必无敌矣。”智高并“厚以金珠遗守陵，守陵喜，运糯米以饷智高”。邕州有一个尝举进士不中第的人石鉴，其亲属多被侬军杀害，他逃往桂州。当“秘书监余靖受朝命讨贼，鉴以书干靖，言邕州三十六洞蛮，素受朝廷官爵恩泽，必不附智高。向者，从智高东下皆广源蛮及中国亡命者，不过数千人，其余皆驱掠二广之民也。今智高据邕州，财力富强，必诱胁诸蛮再图进取。若使智高尽得三十六洞之兵，其为中国患，未可量也。鉴素知诸洞山川人情，请以朝廷威德说谕诸蛮酋长，使之不附，智高孤立，不足破矣”。余靖让石鉴派人到诸洞挑拨离间，并对“侬、黄诸姓酋长，皆縻以职”。[①] 三十六洞中，结洞最强大，“洞中有良田甚广，饶粳糯及鱼，四面阻绝，唯一道可入”“智高深与相结”。经官方的游说拉拢，结洞酋长黄守陵“由是狐疑，稍疏智高。智高怒，遣兵袭之。守陵先为之备，逆战，大破之。会智高亦为狄青所败，遂不敢入结洞而逃奔特磨。”[②]

据《续资治通鉴长编》载，“智高败走，阿侬入保特磨，依其夫侬夏卿，收残众三千余人，习骑战，复欲入寇”。《涑水记闻》记述较详，称邕州孔目官杨元卿曾对余靖献策称：“西山诸蛮，凡六十族，皆附智高，其中元卿知其一族，请往以逆顺谕之一族，顺从，使之转谕他族，无不听矣。若皆听命，则智高将谁与处？此必成擒矣。”余靖让元卿“赍黄牛、盐等物往说之。二族随元卿出见安道（余靖字安道），安道皆补教练使，装饰补牒如告身状，慰劳燕犒，厚赐遣之。于是转相说谕，稍稍请降。先是，智高筑宫于特磨寨，

① 《宋史 · 余靖传》。

② 司马光《涑水记闻》卷13。

及败，携其母、弟、妻、子往居之。闻诸族俱叛，惶惧，留其母及弟智光、子继封于特磨寨，使押衙一人将兵卫之，智高自将兵五百及其妻、六子奔大理国，欲借兵以攻诸族。诸族走告石镇兄鉴，安道使元卿等十人，发诸族拣完等六州兵袭特磨寨，杀押衙，获其母、弟、子以归”。广西安抚司称，时间是皇祐五年（1053 年）十二月。[①]

《涑水记闻》还有记载说，侬智高败退到特磨后，“悉以所得二广金帛子女遣特磨布燮（酋领）侬夏诚，夏诚许以兵马借之。智高留其母及一弟二子于夏诚所居之东十五里丝苇寨，而身诣大理，欲借兵共寇西川，使其母以特磨之兵自邕州寇广南。（石）鉴请诣特磨寨说夏诚使图智高，智高以兵守三弦水，鉴几为所获，不得进而还。鉴言于靖曰：‘特磨距邕州四十日程，智高恃其险远，必不设备。鉴不用中国尺兵斗粮，募诸峒丁壮往袭之，仍以重贿说特磨，使为内应，取之必矣。’靖许之，仍许萧继将大兵为鉴后，继常与鉴相距十程。鉴募峒丁，得五六千人，率之以进”，获胜而归。《续资治通鉴长编》和《宋史》称：“余靖督部吏黄汾、黄献珪、石鉴、进士吴舜举发峒兵入特磨道掩袭之。”《涑水记闻》所记则是捕获侬智高母子后，余靖“召其所亲黄汾于韶州，使部送至京师。汾自幕职迁大理寺承，元卿除三班奉职，（石）镇除斋郎，其余皆除斋郎、殿侍”。《宋史·萧注传》所载为：（智高）“母与二弟寓特磨道，注帅师往讨，获一裨将，引至卧内，与之语，具得贼情，悉擒阙下。”前载之“萧继将大兵为鉴后”，“继”似为“注”之误。据《涑水记闻》载，侬智高母子押到邕州时，“安道欲烹之，广南西路转运司奏：‘所获非智高母、子，蛮人妄执之以于赏耳。’于是安道奏送京师，请囚之，俟得智高以辨虚实。”此处所说的“蛮人”，究竟是出兵进讨的“诸族”，还是受了重贿而做了内应的特磨人，没有记载。诸族数千峒丁进讨却未见交战，阿侬有三千旧部也无行动，只有领兵的押衙一人被杀，似乎说明是特磨人抓了智高母子。余靖所写《贺生擒侬智高母表》云：“假辩士之缓颊，诱群蛮而协心，洞民授甲以赴期，寇党倒戈而自请……罔遗寸镞，遂获渠首。”所云“倒戈”之“寇党”应是指特磨侬氏首领，他们在抓捕智高母子行动中起码予以配合了，侬夏卿、侬平、侬亮等特磨酋领归附宋朝是在嘉祐七年（1062 年）。

司马光编《涑水记闻》是原样载录当时听说的各种情况，为治史备料。由于提供材料者众多，因此所述情况不尽相同。侬智高将兵五百赴大理的目的，一则说是借兵回来“攻诸族”，一则说是“欲借兵共寇西川”。二者不同，但并不相斥，有可能是二者并存。唐末咸通年间，大理的南诏国南下攻打邕州时，时称西原蛮的侬氏部族曾经参与作战。旧戏重演，侬智高借大理兵回来，协同其母亲在特磨组训的三千兵，以“攻诸族”，进而“寇广南”，是有可能的。背叛的诸族和邕州当局认为这已经是一种现实的威胁，因而抢先下手，突袭了特磨寨。侬智高带去大理的不仅是五百兵，还有他的大南国的主要人才、各方面的骨干力量，包括擅长文学的谋士黄玮、医术高明的白和原、精于制作的匠人等，曾使“大理文学、医方、巧匠，于斯而著”。[②] 可以看出，侬智高有意在大理立足，只要

① 《宋会要辑稿·蕃夷》五之六一至六五。

② 大理市博物馆《故大师白氏墓碑铭并序》。

大理同意，双方联合向西川发展，这也是一种可能，而且已经在西川一带造成了动荡。当时在成都官府任职的苏辙所写《龙川别志》记载："侬智高自邕州败，奔南诏，西南夷闻之，声言智高将借兵南诏以入蜀。时知成都程勘适罢去，转运使高良夫权知成都，得报大恐，移檄属郡，劝各迁入城廓，且令逐县添弓手。蜀人久不见兵革，惧甚，汹汹待乱。文潞公为长安帅，知两蜀无武备，即车载关中器甲入蜀，蜀人益惧。朝廷遣张安道出帅成都，于道中见所运关中器甲，即令所至纳下，仍罢所添弓手。蜀人闻之皆安，归田数。"《龙川别志》还载称，张安道查悉智高入蜀之报乃雅州蕃牙郎号任判官者所为，将斩之以徇。任震恐伏罪，乞身自入蕃，穹问智高脂实，一月为期，逋月不返，甘举家为戮。张许之，任如期返，"得小云南书，言智高至南诏，复谋为乱，为南诏所杀"。张乃释任而奏其事。据侬智高的御医白和原的八世孙，被大理封为"大师"的白长善的墓碑碑文所云，大理对侬智高"不得不诛……函其首送于知邕州萧……"。碑文还称，大理"不可使玉石……升和原为医长……元贞元年（1295 年），王鉴于师（指被大理授给'大师'称号的白和原之八世孙白长善）药有验，常置左右，赏赐不可胜数。至大德三年乙亥（1299 年）……师染疾，至五月十八而终……生寿七十有三"。此碑碑文残缺不全，未见侬智高姓名，但所载各项合乎事理，智高被诛，毋庸置疑。《宋史・萧注传》云萧注"募死士使入大理国取智高，至则已为其国所杀，函首归献"，亦印证了此一事实。

侬智高下落不明之时，宋朝廷曾将其母、子侍养于京师故府司，"惟所欲，如奉骄子，月费钱三百余贯，病则国医临视""欲存此以招智高"。杨元卿、石镇（石鉴弟）因"晓蛮语，使留侍侬母。元卿等皆愤叹曰：智高杀我等近数十口，我愿至京师，分此妪一脔食之。岂知今日朝夕侍之，若孝子之养母……涕泣求归，不许"。"智高母年六十余，隆准方口。智光年二十八，神识不慧，智高使知所部州，不能制，黜之，其妻美色，智高夺之。继封年十四，智高长子，智高之僭立为太子。继明八岁。"[①]《续资治通鉴长编》卷 175 载："阿侬有智谋，智高攻陷城邑，多用其策，僭号皇太后。"卷 180 载：至和二年（1055 年）"六月，乙巳，侬智高母阿侬，弟智光，子继宗、继封伏诛……或传智高已死，遂戮之"。司马光《百官表》《大事记》载，当年四月"侬智高死于大理"。

侬军及其领袖评析

关于侬智高的年龄，司马光《涑水记闻》载："前知邕州萧注曰：'广源州本属田州……交趾恶之，遣兵袭掠之，智高时年十四岁，与其母逃窜得免。'"这是唯一的记载。交趾袭掠广源州虏走侬存福发生于 1039 年，此时十四岁的侬智高当生于 1025 年。死于 1055 年，则只有三十岁，此时，其弟智光二十八岁，其长子十四岁，这些情况无矛盾。萧注

① 司马光《涑水记闻》卷 13。

侬军东征西返与宋军交战态势图

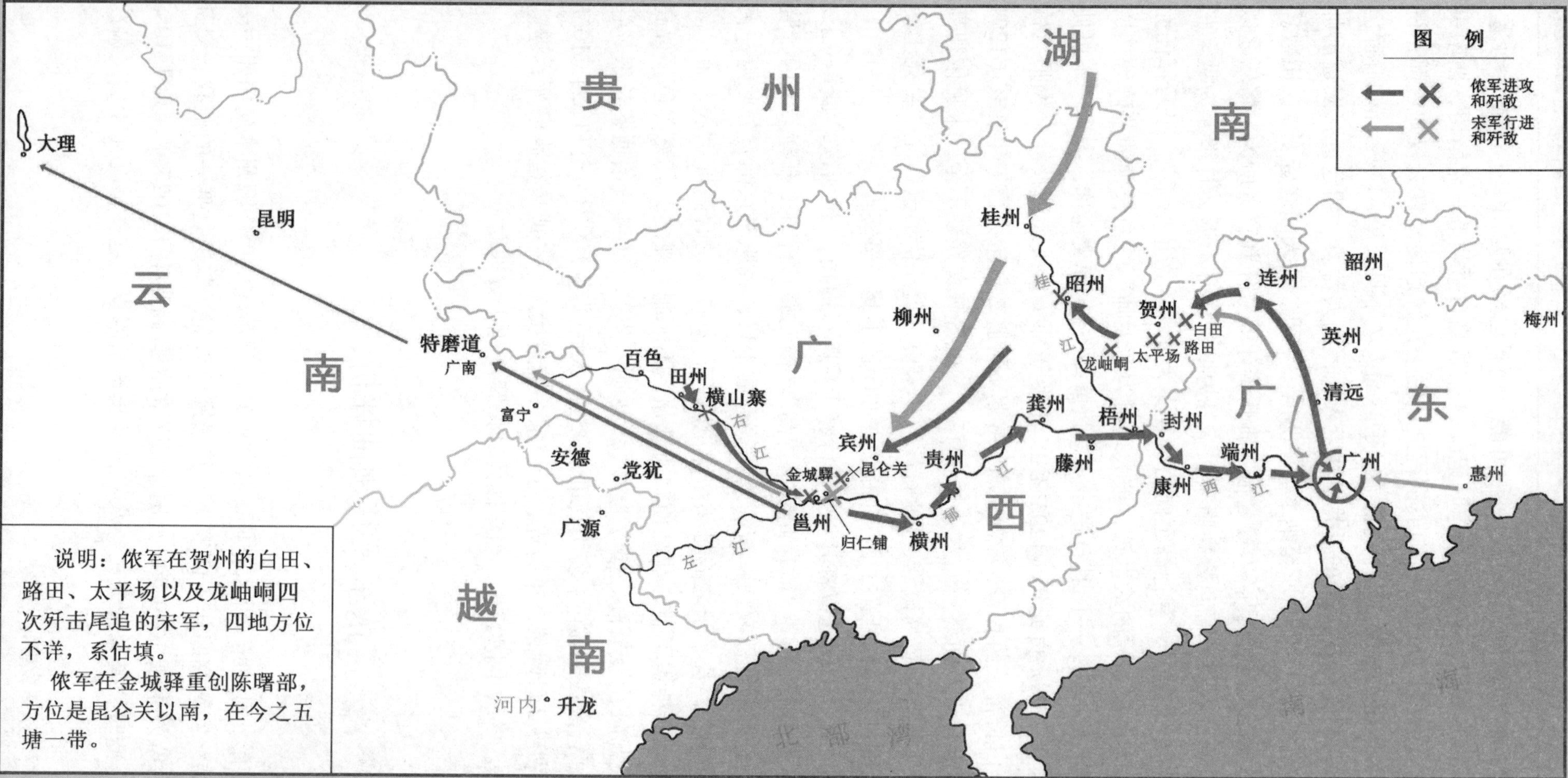

皇祐四年（1052年）四月，侬智高自田州举众五千攻破横山寨，五月初一进攻邕州，歼敌千余，队伍扩至万人，建大南国，称仁惠皇帝。初九东取横州，十二日取贵州，十六日取龚州，十七日连下藤、梧、封三州，十八日歼敌三百占领康州，十九日入端州，二十二日进抵广州，十县民皆反，侬军发展至二万余人，昼夜攻城，宋军出战者皆败。六月十一日高士尧率部来援被击溃，十六日武日宣、魏承宪亦兵败身死。嗣后王罕领兵两千冲开围城侬军，打开南门运入粮用，萧注又以火攻重创侬军攻城船队，侬军久攻不下，遂于七月十九日撤围。因苏缄已布兵设障于其西归路，侬军改由清远北上。

宋将张忠领兵八千尾追侬军，在贺州白田被伏击身死。七月二十一日侬军又于路田歼灭蒋偕追兵大部，九月初六在太平场袭杀了蒋偕等将领。十二日在龙岫峒歼灭李贵所部，十八日歼灭王正伦部，夺取昭州。九月二十一日，宋朝廷否决了侬智高得邕桂七州节度使即降的要求。二十八日，狄青受命领兵南征。十月初六侬军撤至宾州，十三日复入邕州。十二月初一，陈曙发兵八千进击侬军，在金城驿被打败，死二千余，损失辎重甚众。

皇祐五年（1053年）正月初三，狄青及孙沔部抵宾州，大军及辎重凡四万。初八狄青斩陈曙肃军纪。十六日勒兵而进，步骑二万人。十七日夜领先锋渡过昆仑关，令诸将率部即归仁铺为阵。十八日，侬智高悉众迎战，被狄青骑兵击溃，追杀十五里，亡二千二百人，被俘五百人，智高退回邕城，连夜带三千残部西走。翌日狄青入城，招复遣散侬军七千二百人，聚侬军受伤还城死、蹂践燔灼死及擒获面戮者尸三千二百二十八，筑京观于城北。

侬智高撤至特磨道，留其母阿侬带兵习骑战以反攻广南，自带五百部众赴大理，拟联合大理图西川。十二月，余靖令部吏杨元卿等发峒丁五千余掩袭特磨道，获阿侬及智高弟智光，子继宗、继封。诏护送京师。

至和二年（1055年）四月，侬智高于大理遇害，函首邕州。六月，软禁于宋京的阿侬等亦被杀。

周永光撰文、制图

邕州战场侬军宋军遗址

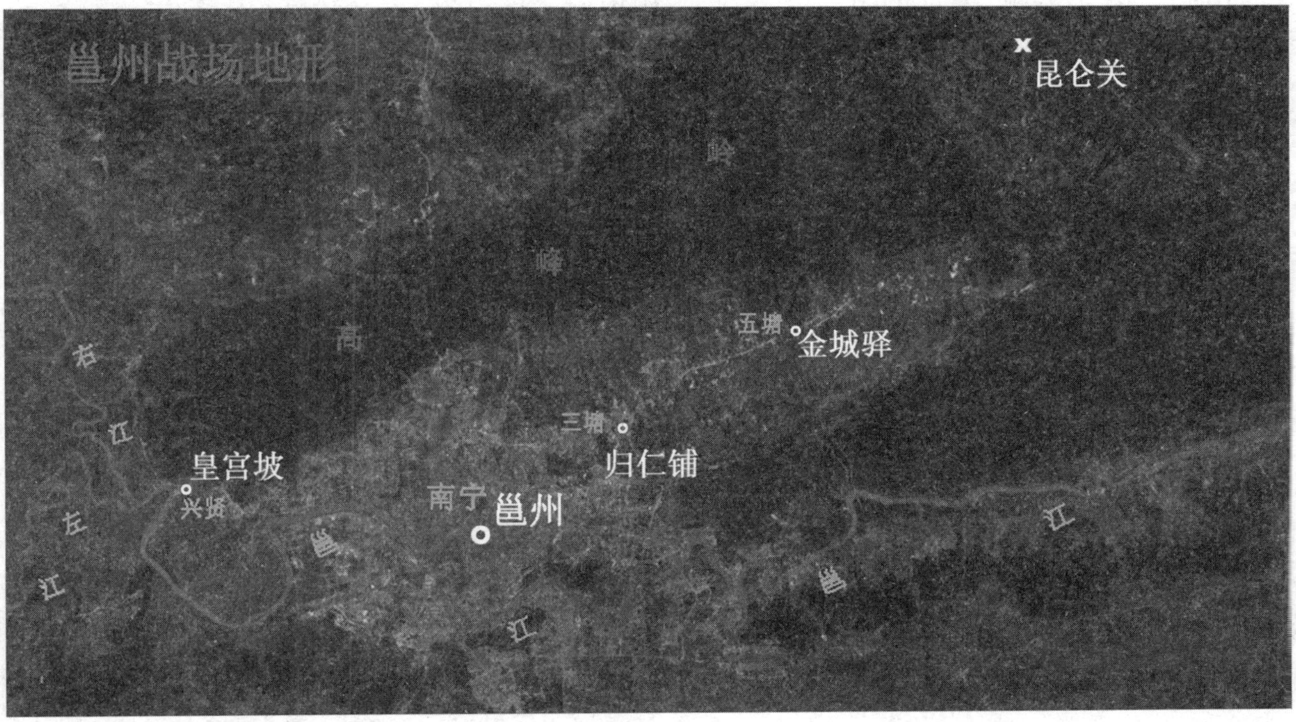

南宁市江西镇兴贤村皇宫坡
曾为侬智高驻跸处

南宁市江西镇兴贤村皇宫坡村，位于左右江、邕江交汇处，因传说侬智高皇宫在此而得名。侬军五月初一打下邕州，初八即趁水涨顺江而下进攻横州，史籍未见侬智高营建宫室的记载。可能是侬军自右江南下在此三江口登岸，集结后前去攻打邕州，侬智高曾在此设指挥所，临时搭建有其皇室的驻跸设施。

宋邕州城原仅三门，平侬智高后增开一归仁门。《竹谱详录》卷四载:“邕州旧以刺为墙。”唐中叶造反四起，开元二年(714年)邕州始筑城，圆周一千丈。史载：侬智高破横山寨，邕州知州陈珙始令王乾祐守西面的来远门、李肃守南面大安门、武吝守北面朝天门。张立自宾州带兵来援，珙犒军城上，酒乍行而城破。因南北门守将已通侬军，仅王乾祐与张立顽抗，在其部众被歼千余名后被俘，与陈珙一道被处死。

此明代《殿粤要纂》的宣化县图，与宋代邕州城无大变化
此图对方向表示不准，三城门应分别位于南、北、西三个方向

金城驿原址——五塘地貌

《清统志》载：明洪武四年（1371年）金城驿改为金城寨。阮元由宾州至邕州城做沿途考察后称：“昆仑关顶渐落平地，四十里为金城寨。”据此，今五塘即侬智高重创宋军之地。当时侬军已退守邕州，狄青正率部南下，余靖为邀功，乘青未至，命陈曙领兵八二攻打侬军。陈曙于金城驿安营扎寨，逗留不进。侬智高先机出击，陈曙猝不及防，损失惨重，遁归被问斩。

沈括《梦溪笔谈》云：侬智高守昆仑关，青至宾州，值上元节，令大张灯烛燕饮三夜，次夜二鼓青忽称疾如内，至晓客未敢退，忽驰报云：是夜三鼓青已夺昆仑关矣。

阮元《狄青间道度兵昆仑考》称:《笔谈》谬也。余今由宾州九十里至关顶，若武襄十六夜二鼓出宾州，岂三鼓即能到关？宾州又何以晓即得报？

侬军与宋军从未在昆仑关有过交战，余靖《平蛮碑》称陈曙“溃于昆仑之关”，是将金城驿纳入著名的昆仑关范围而言。

1998年拍摄的昆仑关　依鼎升供稿

周永光撰文、标图、编图

是剿办侬智高的当事人，他说的侬的年龄应属可信。但别的史料反映侬智高于1030年前后即助父“东掠笼州，有之七源”；1048年或1049年“据田州，以其守黄光祚之母为妻”；1052年对封州知州曹觐说“从我，以女妻汝”等情节，则与萧注所说似显抵牾。究竟是萧注所说的“十四”有误，还是有关情节不确，如说助父东掠笼州的可能是智聪，而误记成智高了，尚待证实。即使给加十岁，侬智高仍不失为少壮有为之杰出人物。

宋人张端义于淳熙丙午十三年（1186年）写的《贵耳集》第三集载：“侬智高发三解不得志，遂起兵两广，遂有两解试摄官之格；张元因殿试落第，径往西夏，自此殿试无黜落之士。”《贵耳集》讲的是宋代科举制度一些改革的缘由，其中也反映了侬智高曾有学而优则仕，通过科举之路当官以统摄诸部的念头和经历。他与进士黄师宓、黄玮相交，与“常举进士不中第”的石鉴相仇，似乎也证明他曾进入礼部会试的圈子。侬智高既走科举之路，他就不可避免地深受儒家学说和中原文化的影响，他怀报国之志，守君臣之礼，行“仁惠”之举，谋一官以抗交趾，愿岁献千金以求互市，力图巩固自己的地盘，发展本地的经济，是无可指责的——利国、利民，有利于边疆的巩固，有利于少数民族地区的繁荣和进步。至于他率部东进，攻城略地，欲据广州以自王，则完全是朝廷错误的外交方针和错误的民族政策逼出来的。清代的广西巡抚谢启昆就有类似的看法，在其《树经堂续集》卷4中有诗写道：“仁庙承平轻远徼，赤鸢以外阻声教。金函不报朝贡疏，雷火频婆遂屯啸。”有一种观点认为侬智高起兵反宋是分裂国家，要在岭南变封建制为奴隶制的反动之举，未免是莫须有的判断。如果说其父侬存福扩大领地的举动带有较重的家族奴隶主兼并战争色彩的话，侬智高抗交趾和起兵反宋则具有正义性和推动历史前进的意义。宋朝在平息侬智高反抗之后进行反思，号召溪洞首领“归明”，为他们授官，开创了土司制度的先河；编组和集训洞丁，以资管理和调用；于边疆开设博易场，同少数民族互通有无：调整科举制度，对岭南各族应试者予以优待。《宋史》卷311《庞籍传》载：“岭南平，二广举人推恩者六百九十余人，论者以为过。”这些都说明，侬智高的斗争具有合理性。

侬智高被称元帅——中越边境民间祭祀称其为“天子”“元帅”，桂东北钟山县亦有“侬元帅”摩崖，将其当成了战神。① 侬智高既是亲临战阵、号令三军的猛将，又是有全局观念、有长远思考的文武兼备的谋略家。他以“仁惠”为旗帜，广招壮汉人才，举贤授能，敌方贤能亦极力争取；嫡亲不慧，黜而不用。他施惠于民，对本族如此，对他所到之处皆如此，因而其队伍才能在一年间迅速从五千人发展成数万人。当年官方立碑、修史皆称侬军为“贼”，“掳生口万计，牛畜资宝无算，所过焚荡无余”。局部而言，应该是有的。侬智高退到特磨要立足，就曾以所得二广金帛子女送予其布燮（头领）；整体而言，跟着侬智高转战两广，迭挫强敌的上万人的队伍，都视为被掳之“生口”，恐怕解释不通。侬军破横山寨即“因其仓库而大赈之”，拿下邕州立国后又“赦境内”，其队伍才

① 摩崖在钟山镇城厢街北小钟山石崖上，碑文为“侬元帅平猺复县治”。明洪武二十三年(1390年)广西都指挥使韩观督军会同永明、道州兵围剿造反瑶民收复富川县城（今钟山镇）。事后官方摩崖刻此碑，意图借曾在此地转战的宋代侬智高的赫赫威名，警告胆敢造反者。在此，侬智高已被抽象成战神。

成倍增长。宋李焘《续资治通鉴长编》载:（侬军进逼广州时）“民争以金贝遗阍者，求先入，践死者甚众，余皆附贼，贼势益张。”《广州府志》卷113之《成讳传》载：“智高猖獗，所至响应，岭外骚然。”成讳乃三水县人，曾任狄青参军。这些文字供认：侬军势力益壮，是因为得到多数民众的支持参与。元代脱脱《宋史·陶弼传》载：“大将蒋偕适战死，余众畏亡将被诛，多降贼。”余靖为狄青写的墓铭亦称侬军西返时，“仍覆四将，燔毁二郡，俘劫兵民四万”。说明侬军的一大部分还是反戈的宋军。侬军并非肆意抢劫，胡乱杀人放火，而是公平买卖，维护社会秩序的。宋仁宗于皇祐四年（1052年）十一月乙卯诏狄青：“广南民吏有与蛮人（指侬军）买卖者，斩讫以闻，仍徙其家岭北。”[①] 七月辛酉还曾下诏对以粮资敌者“其首处斩，从者配岭南牢城，舟车没官”。[②]《武溪集》卷20《故萧府君墓志铭》供称，时任番禺县令的萧注就曾“杀乡坊之民与之（指侬军）交易者数百人”。朝廷对城乡民众、工商业者，包括其自身的一些官吏同侬军贸易如此深恶痛绝，因为他们都帮助了侬军。侬智高还以赠财物、联婚姻等方式广结盟友，所以进攻能里应外合，退亦能栖身有地。不幸的是其盟友受官方挑拨利诱而相继背叛。

侬军对宋军作战，从横山寨到金城驿，一直处于优胜态势。余靖概括为“蛮犯邕州，陷之，乘江流暴涨，东陷九城，遂至广州，广人怯战，登郛自固，贼将驻兵傅城，云梯土山极肆其巧，城坚不能下，乃还。经途复残二郡，覆四将，再入于邕，凡害将佐五十余员”。[③] 宋官员李觏在其《寄上孙安抚书》中哀叹当时宋军损兵折将是“以侯伯富贵之身，落豺狼腥臭之手，远近闻之，莫知所由，皆以贼为鬼将神兵，非人可敌，故锋刃未交，而心胆已碎，后败甚于前败，今日甚于昨日，徒使狂童（按：指年轻的侬智高）谓天网，此所谓我失之速也”。[④] 侬智高当年确实名震遐迩，使敌闻风丧胆。他死后十余年，广南西路官员还相继上奏称“侬智高犹在大理国及往来蜀中”“侬智高现在特磨道”。宋英宗下诏“更切差人探候，如侬智高果在，亦无致张皇”。宋英宗“仍令诸处常切提备”。[⑤]

侬军战斗力极强，其来源，即基干部分是氏族武装——洞丁。范成大《桂海虞衡志·志蛮》载，左、右江州洞旧有四道侬氏，又有四道黄氏，其雄长者为首领，“各服属其民，又以攻剽山僚及博买嫁娶所得生口，男女相配，给田使耕，教以武艺，世世相属，谓之家奴，亦曰家丁。民户强壮可教劝者，谓之田子、田丁，亦曰马前牌，总谓之洞丁”。这种洞丁武装的族缘因素和地缘因素带来了凝聚力，构成其稳定性和坚强性。宋祁《上仁宗论河北及岭南事宜》曾云：侬军“略地千里，弄兵安行，无一能拒，虫飞蝇营，拏而不散”。[⑥] 俚僚酋领对其武装是极为重视并加以优待的，洞丁后来编为土司兵，每人授田等同于村中的苏老、保正。[⑦] 土司兵受优待是壮族先民优军规制的反映。侬智高是慷慨

① 李焘《续资治通鉴长编》之卷173。
② （宋）彭百川《太平治迹统类》。
③ 余靖《平蛮京观志》。
④ 李觏《直讲李先生文集》。
⑤ 《宋会要辑稿·蕃夷》五之六一、六二。
⑥ 《宋景文集》拾遗九卷。
⑦ 黄文观《凤山县志》（民国三十二年油印本）。

能施的人，不吝奖赏其部众，包括各地参军的百姓以及归附过来的宋军官兵。孙沔说侬军在广州城外“日据刘王山纵酒大会，亡命归之者万余人”是个证明。史载侬军转移时“拥妇女作乐而行”，其详情不得而知。范成大《志蛮》所载豁洞酋领以攻剽所得生口，男女相配，教以武技，使之变成自己的氏族武装的情况，有可能也就是侬军发展壮大的一个写照。《孙威敏征南录》称：“贼之长技用蛮牌、捻枪，每人持牌以蔽身，二人持枪夹牌以杀人，众进如堵，弓矢莫能加，久为南患。”《续资治通鉴长编》记载，壮族先民“俗椎髻左衽，善战斗，轻死好乱”。归仁铺之战中侬军“持大盾、标枪，衣绛衣，望之如火”。初战，宋军右将即中标枪死，“贼气锐甚，沔（孙威敏）等俱失色”。侬军作战能“所向无前”，因为其队伍团结、士气高涨、兵器攻防兼备、置阵严密、作风凌厉，还因为其将帅富有谋略：田州起事前早已筹措满当，对部众却说平生积聚全被天火所焚，不出战必死，激发士卒破釜沉舟之志；对敌则“强示之以弱”，敝衣易谷，让对方“信其微弱，不为备”。以致进入粤境，康州知州当了俘虏还骂侬军为“饿僚”。侬军对敌作战，常是出其不意，攻其不备。如在太平场聚歼蒋偕诸将、在金城驿突袭陈曙来犯之众即是。陈曙率八千兵进攻侬军，却被侬军先机出击，交锋时宋军“士卒犹聚博营中”。侬军还能因敌用兵，就张忠“邀功而鲜谋”之特点将其诱歼。侬军也有船队，但主要用于运输，“不习水战”，[①]广州久攻不下，最后才组织方舟数百，急攻城南，结果受挫。侬军之强项是步兵，狄青说“贼便于乘高履险，步兵力不能抗”，故而选用骑兵出战。

侬军有甚强的后勤保障能力。侬智高父子经营广源时就很“富强”“其徒甚盛”。起兵反宋后沿江而下，自邕至广，皆为岭南富庶之区，仓廪丰足，侬军缴获甚众。《续资治通鉴·宋纪》称：“贼遽至，不及清野，故贼得肆略。”《孙威敏征南录》称：“广天下宝货之储，而蕃舶之家，常以亿万计，贼悉取之。”加之买卖所得，物用不缺。《宋纪》称苏缄堵侬军归路，“摧伤甚众，缄尽得贼所略去物”，是无稽之谈。苏缄临时募集之勇，做牵制尚可，尽夺走侬军之物谈何容易。张忠领苏缄之勇去追击侬军，结果是兵败身死。侬军在桂东北转战三月，供应并不短缺。倒是宋军被击溃后粮断饷绝，少数被陶弼收容，多数投归了侬军。侬军退回邕州后“厚以金珠遗守陵，守陵喜，运糯米以饷智高”。智高“日采木造舟，扬言复趋广州”。到归仁铺战败西撤，狄青入邕城尚获金帛巨万、杂畜数千。侬智高财力雄厚，经济手段常是他应付局势的一个主要办法。

侬智高重视且擅长谍战。他朝于交趾时，阴结李德政左右，欲夺其国，事觉逃归；进攻邕州前，阴结知州左右，知州不知之，其三座城门的三名守将两名已通敌；转战桂东北时，曾向岭北派出谍报；侬智高在用间之同时注意反间，萧固派丌赟深入其境侦察，被他擒获。石鉴企图前往策反侬夏诚，在三纮水被他所布之兵截击，途中折返。侬智高对情报的判断有一次严重的失误——狄青率部从宾州开拔的前一天“更令调十日粮”，侬军侦探报称敌未即进，其统帅部信以为真，造成了归仁铺仓促应战的恶果。

侬智高反宋战争最终失败了。造反谋官、以战求附之举，历史注定这种自相矛盾、

① 《涑水记闻》之蔡子直云。

自相牵制的愿望难以实现。仅就军事而言，侬智高的失败在于同狄青作战他下错了决心、选错了战场、选错了战争方式。本来撤至邕州后侬智高是做过胜负两种设想的，对战胜拥有骑兵的又是名将指挥的新对手缺乏信心，只想“试与之战”，岂料仓促间却悉众出城迎战，形成决战局面，将自己不知如何应对骑战的队伍，全暴露在对方新锐之师面前，让对方的快马得以左右冲击，长刀巨斧、铁枷铁链得以肆意击杀，一仗就死五千多人，被俘七千多人，受到了歼灭性的打击。设若侬军是早修城池，据城固守，对方骑兵之长技则无用武之地；设若侬军分散往各谿峒，长期同对方周旋，水土和气候对方均不适应，要战胜侬军就更为困难。侬智高没有做后一种选择而是出城迎战，孙沔认为是“贼有轻我心”，必出城求战。许多研究者亦认为侬军同宋军作战从来无败绩，因而侬智高犯了轻敌的错误。事实并不尽然，侬军在桂东北连战皆捷之时，侬智高却向朝廷发出了答应条件愿降的信号，得知狄青领骑兵南下便迅即将队伍南撤，到邕州后又同结洞首领联系，准备一旦失利便退结洞中，休息士卒，并从特磨洞借马，教习骑战，再图后举。这些行动说明侬智高并未将狄青之部队与以前跟自己交过战的宋军等同看待。侬智高之所以没有采取避免决战，径直退往谿洞保存实力再图后举的做法，是因为结洞等酋领已被余靖策反成了仇敌。当然，已无信心，依然“试与之战”，其中不免包含有对敌估计不足之因素。

侬军的二号领袖是阿侬，“本左江武勒族，转至傥犹州，存福纳之”。[①]她既然是在傥犹州与侬存福成婚的，自然就了解和参与了侬存福自傥犹向南兼并武勒、万涯、广源等州的整个过程。她的弟弟武勒州知州侬当道被其夫所杀，很有可能她是同谋。余靖《贺生擒侬智高母表》云：“嗟彼蠢蛮，产兹悍妇，会于凶族，济以奸谋，篡父党以假权，屠子婿而兼土。”认为侬存福兼并广源，阿侬也曾经“济以奸谋”。安南《大越史记全书》载，侬存福“潜称昭圣皇帝，立阿侬为明德皇后”。[②]天圣四年（1026 年）她生智高。宝元二年（1039 年）交趾王李德政亲征广源，掳走侬存福为人质，迫使广源州称臣纳贡。邕州知州萧注说：“智高时年十四，与其母逃窜得免，收其余众，臣事交趾。既长，因朝于交趾，阴结李德政左右，欲夺其国，事觉逃归，因求内附。朝廷恐失交趾之心，不纳……乃自左江转掠诸峒，徙右江文村，阴查官军形势，与邕州奸人相勾结，使为内应。在文村五年，遂袭邕州，陷之。”[③]《续资治通鉴长编》卷 165 载：“阿侬有智谋，智高攻陷城邑，多用其策，潜号皇太后。天资惨毒，嗜小儿，每食必杀小儿。智高败走，阿侬入保特磨，依其夫侬夏卿，收残众约三千余人，习骑战，复欲入寇。”卷 167 还载：“存福见掳，阿侬遂嫁商人，生子名智高。智高生十三年，杀其父商人，曰：‘天下岂有二父耶！’因冒姓侬，与其母奔雷火洞，其母又嫁特磨道侬夏卿。”阿侬每食必杀小儿，嫁商人生智高，纯系无稽之谈。存福见掳在 1039 年，如果此后阿侬嫁商人才生智高，智高十三岁起码是 1052 年，而 1052 年智高已在率众数万围攻广州城了。阿侬嫁商人生智高不实，但她生性豁达、

---

① 《续资治通鉴长编》卷 167。

② 《大越史记全书》系 1479 年吴士连撰，1665 年范公著增补，后黎僖又增补。

③ 《涑水记闻》卷 13（尧夫云）。

豪爽能施，故而她和她的丈夫能“招诱中国及诸峒民，其徒甚盛”。她和儿子与同他们做生意的客户黄师宓相处甚洽，他们通过黄师宓、黄玮等了解谿峒外面的情况，策划夺邕广。史称智高攻陷城邑多用阿侬之策，而里应外合拿下邕州则得力于黄师宓沟通了众多官员。皇祐四年八月戊子朝廷下诏：广南有捕获侬智高者，授正刺史，赏钱三千缗，绢二千匹；获智高母，授诸司副使，钱三千缗，绢二千匹；获黄师宓、黄玮，授东头供奉官，钱一千缗。从此赏格中，可以看出侬军统帅部成员不同的地位——智高为统帅；阿侬为副帅且出谋划策；两位汉人主要是谋士，他们虽为外来者，但皆同心同德，一位于归仁铺战死，一位追随智高到最后。

阿侬隆准方口，体健貌美，先后嫁给两个谿峒雄长——嫁侬夏卿时已年过五十。她相夫教子，协力奋斗，闯荡四方。她让儿子智高读诗书，三番赶考，期盼踏上仕途，当个朝廷命官。他们母子既追慕汉文化，又不拘礼教，皇后改嫁、同姓结婚、兄夺弟妻，无所顾忌——《后汉书·南蛮传》载:“娶妻美，则让其兄，今乌浒人也。”汉人所不为的事，在当时少数民族中是一种习俗。阿侬夫妇和儿子雄心勃勃，执意谋求自己氏族的生存和发展，一切阻挡其前进的障碍都要踏倒它，乃至采取六亲不认的血腥手段亦在所不惜——社会向前发展要经过氏族兼并阶段，这是可以理解的。阿侬母子求内附不得，攻城略地，岭南动荡，一度给社会带来了灾难，但其行动促使朝廷调整民族政策、调整边疆政策，在历史上是具有积极意义的。至于阿侬夫妇和母子抵抗交趾的吞并和压榨，其正义性就更毋庸置疑了。

侬智高、阿侬起兵失败后，广源地区的侬姓首领们仍然坚守各自的地盘。广源州知州刘纪虽然臣属了交趾，但却不能领率诸州洞。由温州离散出来的火洞、温闷洞首领侬宗旦、侬日新父子，下雷洞首领侬盛德，以及古勿洞首领侬智会、侬进安父子，均亲率丁壮固守隘路，交趾派兵和派招诱人员欲入境皆被拒止。[①]任洞首领侬顺清、古农洞首领侬士忠、宫阙洞首领侬智春、八细洞首领卢豹，以及武陵、古弄、古万等洞首领皆拒不服从刘纪的管辖。[②]嘉祐二年（1057年）四月，啸聚甚众的火洞侬宗旦数出剽掠省地，知邕州萧注欲发洞丁击之，知桂州萧固独请以敕招降，转运使王罕领兵次境上，使人招宗旦子日新，于是父子皆降。[③]继后侬盛德、侬顺清亦接受招安。嘉祐七年(1062年)十月，宋朝廷以雷、火、计、诚诸洞（统称勿恶洞）组建顺安州，任侬宗旦为知州。十二月，特磨道侬平、侬亮、侬夏卿归明。熙宁二年（1069年）九月，侬智会递交文状表示愿意归明，“只乞在本洞居住，不敢于省地作过，乞赐予官爵，其余头目亦等第予名目。诏侬智会除右千牛卫将军，依旧知古勿洞；侬进安予保顺郎将，依旧同知古勿洞，仍各赐锦袍、金涂银带，其余首领有恩赐”。三年(1070年)正月二十六日，广南西路经略使潘夙言:“广源州侬智高残徒卢豹、黎顺、黄仲卿归明，乞各与左班殿直于省地溪洞顺安州居住。”朝廷“从之，仍加检校官”。六年（1073年），朝廷将古勿洞升为州，任侬智会为知州。九

① 《宋会要辑稿·蕃夷》五之六五、六六,《续资治通鉴长编》卷275。

② 《宋会要辑稿·蕃夷》四之三四,五之六七、八七,《续资治通鉴长编》卷279。

③ 毕沅《续资治通鉴》卷56。

年（1076 年），宋征交趾大军入广源，刘纪举州率家属并洞长降。①

宋军转败为胜的原因

宋军对侬军的战争，从皇祐四年四月底横山寨之战开始，到五年正月十八日归仁铺之战结束，历时八个多月，其间较大的交战为横山寨、邕州、广州（含高士尧、武日宣和魏承宪、王罕、萧注的四次出战）、贺州（含张忠、蒋偕两度、李贵，共四次交战）、昭州、金城驿、归仁铺之战，在狄青之来“电扫云开”归仁铺获胜之前，宋军全为败绩，凡死将佐五十余员。

宋军前期的失败在于边城之无备和官员的腐败。欧阳修在述及侬军东进，诸州官“或死或不死，而无一人能守其州者”的情况后指出：“盖夫城郭之不设，甲兵之不戒，虽有智勇，犹不能胜一日之变也。”② 依智高起事前，广西转运使萧固曾“请择将吏，缮兵械，修城郭”，但未能引起朝廷重视，奏至六七皆不报。③ 除了无备，官员的腐败则是宋军失利的根本原因。狄青领兵南下至洪州，微服向在家丁忧的曾久做广南官的陶弼问筹策。陶弼反映：“官吏皆成贪墨不法，惟欲溪洞有边事，乘扰攘中济其所欲，不问朝廷安危，谓之做边事，涵养以至今日。”④

宋军最后战胜侬军，究其原因，首先是朝廷投入了足够的兵力和财力，改变了双方的力量对比。侬军东进之所以连下九城，势如破竹，是因为每战都是以众击寡——重镇邕州守军虽有数千，但过半将领已被瓦解，顽抗的只有千余人；此后八城皆是数百守兵对上万之众，不堪一击。侬军打到广州后，朝廷派文臣杨畋、曹修和武将张忠、蒋偕南下负责招抚和镇压，广东一些官员募兵来对抗，虽然缓解了广州的危局和干扰了侬军回撤的方向，但尚不足以扭转战场的劣势。朝廷派狄青率三将兵南下，宋军和侬军的对比，不仅在数量上，而且在质量上都占了优势。所谓三将兵，狄青为第一将，他直接领率一万五千人（指派数）的蕃落骑兵和若干数量的荆湖北路兵马，同时统一指挥另两将；孙沔和石全彬为第二将，领率有荆湖南路和江南西路兵马；余靖为第三将，领率广南西路兵马。⑤ 总兵力四万人，其中冲锋陷阵的步、骑兵二万人，骑兵为经过挑选的“曾经战斗者”。朝廷投入应有力量，曾经历了一个认识过程。广州被围攻而不下，宋仁宗相信一种不确的报告，以为侬军“今其微矣”。孙沔奉命南征时“乞兵万人、马千骑、金帛称之”“又乞兼安抚江南东、荆湖北两路，冀以四路（前已除江南西、荆湖南路安抚使）共

---

① 《宋会要辑稿·蕃夷》五之六一、六五、六六、六七。

② 《欧阳文忠公文集》卷 82 之《桂州新城记》。

③ 王铚《默记》下卷 42 页，中华书局，1981 年版。

④ 王铚《默记》上卷 11 页，中华书局，1981 年版。

⑤ 桂林龙隐岩《平蛮三将题名碑》。

赡军”。皆被大臣所阻。一些人还说他“张扬贼势”，以图事成邀功。他起程时才得人马军七百人，兼安抚池、江、饶、太平四州。他南下途中蒋偕又蹈张忠之辙，全军覆没，朝廷才为其“追加安抚广南东西路”，并加派狄青南征。

宋军最后获胜，还因为有了一个合格的统帅和一个能统筹全局的司令部。统帅狄青，史载其为汾州西河人，善骑射。宝元初（1039年）从边，为延州指使，与西夏大小二十五战，每战戴铜面具，披发出入行阵间，凡中八箭。因频立战功累官至泾原路招讨副使。为人缜密寡言，其计事必审中机会而后发。行师先正部伍，明赏罚，与士卒同饥寒劳苦，虽敌猝犯之，无一士敢后先者，故其出常有功，尤喜推功予将佐。为韩琦、范仲淹所深知，称其为国器。范授以《春秋》《汉书》，曰将不知古今，匹夫之勇，不足尚也。于是他通究古人，浥录作今。宋军于桂东北迭覆四将之际，他从枢密院副使任上被派领军南征。谏官称狄青武人，不足专任，请以侍从文臣为之副。宰相庞籍告诉仁宗，狄青在鄜延时系其部下，沉勇有智略，若专以智高之事委之，使其先以威齐众，然后用之，必胜。青起于行伍，若以侍从之臣副之，彼视青如无，青之号令复不得行，偏裨人人自用，则循覆车之轨矣。皇上称善，于是岭南用兵皆受狄青节制，处置民事则与孙沔、余靖议之。[1]狄青受命，有托贵望求从行者。青延见谓之曰：从青击贼有功，朝廷有厚赏，青不敢不为之请；若往而不能击贼，则军中法重，青不敢徇私。君其思之，愿行，青求之不得，何必托人说情。闻者大骇，再无图赏而求从行者。他所挑选的都是平素深交的能办事之人。他带队开拔，日不过一驿，每到州，则休士一日。至潭州，遂立行伍，明约束。军行止，皆成行列。至于荷锸赢粮，持守御之备，皆有区处。军人有夺逆旅菜一把者，立斩之以徇，于是一军肃然，万余人行未尝闻声。他到邮驿，四面严兵，每门皆诸司使二人把守，无一人得妄出入；而求见者，无不及时得通。队伍野宿，皆成营栅。他的驻所，

① 《宋史·狄青传》《宋朝事实类苑》《涑水记闻》。

《平蛮三将题名碑》位于桂林龙隐岩洞口崖壁

四面陈彀弓弩，皆数重。所将精锐，列部左右，守卫甚严。[①]

十一月，狄青至湖南，诸道兵皆会，戒诸将无得妄与贼斗，听其所为。而余靖为争功，遣广西钤辖陈曙将万人（另说八千）进击侬军。陈曙为七寨，逗留不进，于金城驿被侬军袭击，兵败遁归。狄青至宾州，数陈曙败军之罪，将之与其军校三十二人一并处斩。先前诸将视元帅如僚寀，无所严惮，每议事，各执所见，喧争不用其命。至此，诸将股栗，莫敢仰视，余靖亦自称有节制之罪，再不敢擅作主张。

狄青带兵严格，将士用命；用兵则审中事机而后发，制敌于被动而聚歼。他已向战场逼近，却佯装尚在备粮，急示之以缓，让对方猝不及防。布阵时，他针对侬军骁勇持长枪居前，羸弱悉在后的阵势，让自己的步卒居前，匿骑兵于后。开战初，其前锋不敌侬军长枪，一度退却，但将卒畏青令严，力战而不垮。相持间，他挥骑兵从两侧出击对方长枪之后，以强击弱，侬军被断为三，遂大溃。两军交锋，相持不下时，统帅的心理素质和意志对胜负起决定性作用。开初宋军步兵被侬军压倒时，其副帅孙沔失色，桂帅余靖更是恐惧，弃其部众躲到了孙沔的队伍中，孙沔"叱去之"。[②]如果没有统帅狄青的沉勇压阵，宋军难免续蹈覆辙。

狄青对后勤要求极严。进军至界首时，随军广南转运使李肃前来请示，问供粮数量及时间等。青谓之曰：此行无东西南北远近之所在，亦无岁月多少之期，既曰随军转运，须著随军供赡，人人足备。若少一人之食，则先斩转运使。李肃懔然而退，故其军食足而成功捷。[③]

① 曾巩《杂识》册 4。
② 《孙威敏征南录》。
③ 王铚《默记》,《宋代笔记小说》第 4 册第 238 页，河北教育出版社，1995 年。

狄青不仅是带兵用兵有方，作战过程中遇到涉外问题，还能为国家根本利益着想。余靖派陈曙出战惨败后，积极拉交趾入境助战。他奏称交趾今岁当入贡，因所属侬智高叛乱，道阻不通，曾多次移文乞会兵讨贼，观其要约甚诚。朝廷不许，他又进言：智高乃交趾叛者，不宜阻其出兵会讨善意，不许其出兵必愤而反助智高，因以便宜许之，他已于邕钦备万人粮以待。宋仁宗遂听其所言，亦拨给助兵费缗钱二万（按：每缗一千文），候贼平更赏三万。狄青闻讯奏称：李德政声言将兵赴援非情实。假兵于外以除内寇，非我利也。蛮夷贪得忘义，因而起乱，何以御之。请朝廷罢交趾兵勿用，并令余靖不再与其使者往来。朝廷最终按狄青主张办，于皇祐五年正月丁未诏广西转运使移文止交趾助兵。人服青有远略。[①] 安南《大越史记全书》载："宋皇祐五年冬十月，智高使梁珠来乞师，诏指挥使武珥将兵援之。"说明交趾王李德政两面三刀，心怀叵测。

狄青严赏罚、强调统帅的权威是必要的，但实施中难免有欠妥之虞。陈曙被杀，苏东坡认为"死非其罪，庙食西路，威灵肃然"，写信请广西宪曹子安为之撰文载祀典。[②] 狄青杀陈曙等人时，"疑（萧）注倚贼声势为奸利，欲诛之"。注察觉，未赴会幸免。事后得知萧注对广州解围有功，以其知邕州。[③] 狄青挂帅时，朝廷即降空名宣头、杂子各一百道，锦袄子、金银带各二百给他，以备赏军功。但他嫌以恩悦军，士卒进入邕州后未即获赏，皆恟恟或偶语。孙沔说："士卒冒万里险瘴以立功，奈何不赏耶？万一有变，非太尉计。"狄青才以下赏赏部众，军心遂定。[④]

狄青司令部中的参谋长是孙沔，字元规，号威敏，越州会稽人，中进士第，补赵州司理参军。赴秦州任前上朝，对仁宗说：秦州（在西夏南）不足烦圣虑，陛下当以岭南为忧。他力驳那些无知而故作镇静之论，不日蒋偕败讯传至，杨畋寻乞弃英州，仁宗感叹"南事诚如沔所料"。宰相庞籍遂奏遣孙沔南征。他一受命，即先为虚声，飞报荆湖南北，言大兵将至，其缮治营垒多具燕犒，致使侬军不敢逾岭。闻朝廷又遣狄青南征，他遂留长沙一月以待，且思考制胜之具，朝夕不怠。闻侬军用蛮牌捻枪，众进如堵，弓矢莫能加，便令部众多备长刀巨斧，制其所长。又作燥湿之具，应付南方水潦瘴疠。他与狄青讨论战事时，曾以三计料敌："贼出上计，归其巢穴；中计守邕城，自固以久王师；下计与吾战。今度其必出下计焉，何者？彼以天幸，横行于大岭之外，有骄我心。骄则必出，出则必败。"已而果然。他与狄青心和而谋协，夜谋幄中，昼则推青自行之。青治附贼者多诛杀，他请与青分治，免释了数百人。狄青返京留他于邕善后，他鉴于戍兵役期三年，瘴死者十常七八，便令本道择善地番休，留邕者役期改为一年；邕城惟三门，增辟北门，曰归仁门；表洪潭籍重兵多畜财，以给岭外筑城；抚集亡民散卒；置博易，务

---

① 《续资治通鉴长编》卷 173、174。

② （宋）王明清《挥尘后录》卷 2。

③ 《宋史 · 萧注传》。

④ 《孙威敏征南录》。

通诸蛮之有无；民之因贼而科徭，卖鬻男女为人奴婢者，约以一年折其券。[①] 孙沔有讲情面的弱点，据曾巩《杂识》册 4 载，其南行时大受请托，所与行者皆险薄无赖，远近莫不嗟异。

狄青司令部的三号人物是余靖，字安道，韶州曲江人。举进士起家，做过赣县尉，新建县知县，迁秘书丞。广州被围时就丧次起为秘书监，知潭州，改桂州，诏以广南西路委其经制。侬智高西返时，余靖判断其必结援交趾而协诸洞以自固，乃约李德政会兵击侬军，并备万人粮以待之，被狄青所制止。余靖募侬、黄诸姓酋长，皆縻以职，使不与智高合，以后又募洞丁袭特磨道，对配合狄青战胜侬军以及肃清侬军余部起了重大作用。侬军回师将至宾州时，余靖弃城，称走保邕；侬军入宾后其又引兵出，扬言邀贼。自己屡避战，却指使孙沔先期入桂的李定部击侬军，李定不从，转而迫使陈曙出战，陈曙兵败以违令被杀，实乃代余靖受罚。[②]

宋军最终获胜，还有赖于一批地方文武官员积极主动地采取措施，控制局势，争取到时间，迎应主力的到来。没有王罕、萧注、苏缄等动员地方力量参战，为危城纾困，侬军一旦夺得广州，战局衍变，则难以逆料。陶弼收容散卒，则对减少宋军损失、削弱侬军的增长起了作用。

统观岭南战事整个过程，宋朝文臣武将是庸才多、贤能少。其死于侬军手下的将佐达五十余名、被军法处死三十四名（狄青杀陈曙等及王锴所杀王世宁）、被朝廷夺官降职或杖脊刺配者亦达数十名。见诸史载的受惩官员简况如下：

亓赟　邕州指使，黜全州都指挥使，因妄入贼境被擒，又欲脱死，妄许贼朝贡，为国生事。

刘文炳　广南西路转运使，削五官，责授均州团练使，不签书州事，坐侬智高反失备御。[③]

萧固　广西转运使，降知吉州，坐不察侬智高反。

张仲回　横州知州，夺两官，除名编管，坐弃城。[④]

王日用　横州监押，夺两官，除名编管，坐弃城。

李琚　贵州知州，夺两官，除名编管，坐弃城。

张序　龚州知州，夺两官，除名编管，坐弃城。

李植　藤州知州，夺两官，除名编管，坐弃城。

江镃　梧州知州，夺两官，除名编管，坐弃城。

丁宝臣　端州知州，夺一官，据称曾出战，但终弃城，坐废累年，有多人保举方复职。

王锴　文思使广南东路钤辖，降为文思副使建州都监，其以违令罪斩王世宁。朝廷下广州体量，魏瓘言："世宁为海上巡检，若令领兵城中，则舟船为贼有，锴令非也。世宁有胆略敢战，且能守职，

---

① 《宋史·孙沔传》《孙威敏征南录》。
② 《宋史·余靖传》《孙威敏征南录》《涑水记闻》。
③ 《续资治通鉴长编》卷 173。
④ 《涑水记闻》载：前广州通判康卫云："弃城者皆除名编管。"

其死甚冤。”①

黄固 东莞县主簿兼令，停职。曾募海上无赖数千人、船百余艘赴广州夜袭侬军，侬军弃船自陆路转移，追无果。通判孟造按其舟中之民私载盐鲞至上游贩卖，其县中官钱亦有出入不明者。②

萧注 临江新喻人，举进士，摄广州番禺令。火烧侬军船队后蒋偕上其功，擢广南驻泊都监。侬军西返，余靖为破坏侬军与豁洞的联盟，派其入蛮中施结恩信。狄青疑其倚贼声势为奸利曾欲诛之，闻其前功，以知邕州。因率师讨特磨道，继而募死士赴大理取智高，得首归献，拜西上阁门副使继而转使。居邕数年，阴以利啖广源群蛮，密缮甲兵，乃上疏曰：交趾虽奉朝贡，实包祸心，以蚕食王土为事，天圣中擅赋云河洞，今云河乃落蛮数百里。臣已尽得其要领，今不取，异日必为中国扰。愿赴京师，面呈方略。未报，而交趾甲洞犯西平，五将被害。谏官论注不法致寇，罢为荆南钤辖、提典刑狱。李师中又劾其沮威嗜利，略侬智高阉民为奴，发洞丁采黄金无账可考。中使按验颇有实，贬泰州团练副使。③

王罕 以荫知宜兴县，出为广东转运使，守广州有功，时南道邮驿断绝，其上事不得通，谏官李兑奏其只在广州端坐，又奏其退走，因而被降一官，谪监信州酒。孙沔言其实有功，复以为广西转运使。时智高族人侬宗旦父子据险聚众，邕守萧注欲发洞丁击之，王罕以为入洞作战，未必可胜，领兵次境上，招谕侬日新，日新与其父俱降。④

简仲 扬州江都人。侬军东进时知广州，人告急，简辄囚之，牓曰妄言惑众者斩，于是人不复为避贼计。侬军至始令民入城，相蹂践致死者甚多，不得入者皆附侬军。侬军撤离广州，朝廷以为其能守城，徙知荆南。既而言者论之，遂落职，知筠州。⑤

杨畋 侬军下邕州时丁父忧，仁宗赐服饰御巾，除起居舍人、知谏院、广南东西路体量安抚、经制盗贼。智高自广州回师北上时，畋令苏缄弃英州、令蒋偕焚粮储及召亓赟、岑宗闵、王从政退保韶州，贼势愈炽，畋不能抗，坐是落知谏院，降知鄂州，再降为屯田员外郎，知光化军。翌年又降为太常博士，徙郊州。⑥

曹修 与杨畋同时出任同体量安抚经制盗贼，同因同时降职为黄南都监。

柳应辰 昭州知州，夺两官，除名编管，坐弃城。

贵州守者 朝廷命岭表筑城，该守者虐用其民，人不堪命。皇祐四年六月庚子，朱寿隆出任广西提典刑狱，赶赴贵州，械守送狱，奏黜之。⑦

---

① 《续资治通鉴长编》卷 174。
② 《涑水记闻》之蔡子直云。
③ 《宋史·萧注传》。
④ 《宋史·王珪附王罕传》。
⑤ 《宋史·简仲传》。
⑥ 《宋史·杨畋传》。
⑦ 《续资治通鉴长编·宋纪》五二。

杨德言　灵山县主簿权推官，除名，刺配湖南牢城，永不录用，坐侬军再至弃城。[①]

王方　宾州推官权通判，所受惩处及原因同杨德言。[②]

刘庄　溪洞都巡检，除名，杖脊，刺配福建牢城，坐侬军再至邕州时弃城。[③]

宋克隆　邕州知州，贷死，除名，杖脊，刺配沙门岛，坐侬军再至弃城。[④]

程东美　宾州知州，侬军再至弃城，所受惩处缺载，或例夺两官、除名编管。

①②③④　（宋）彭百川《太平治迹统类》卷 10，南林张氏采集善本汇刊，文物出版社，1992 年。

附:《大宋平蛮碑》碑文

大宋平蛮碑（篆额径九寸）

大宋平蛮碑（真书径二寸） 朝散大夫给事中知桂州军州事兼管内劝农使充广南西路都钤辖兼经略（下缺）广南西路诸州水陆计度转运使兼本路劝农使事朝奉郎尚书判员外郎（下缺）给事郎守太常□□□□□□□□州兼管勾斩抚事（下缺真书径一寸五分） 圣宋体天法道，钦文聪武。圣神孝德皇帝在宥之三十一年。大宇之内，海渚之外，毡裘卉服，罔不率俾。粤五月，蛮贼侬智高寇邕州，陷其郛。贼虐衣冠，驱虏稚艾，遂沿郁江东下，所过郡县，素无壁垒，倏然寇至，吏民弃走，因得焚荡剽钞，无所畏惮。乃攻围广州五十余日，不克，大掠其民而去。然所存者，官舍仓库而已。百年生聚，异域珍玩，扫地无遗矣。国家于岭南不宿重兵，故贼起三月而后师集，蒋偕、张忠，素号骁将，相继覆没。由是畏懦者望风溃走，贼锋益炽，逼连、贺，毁昭、宾，再穴于邕矣。驿音继闻，上甚忧之。枢密副使狄公青以为将帅之任，古难其才，若再命偏裨，事一不集，则二广之地，祸炽而不解矣。亟自请行，天子韪之，逐改宣徽南院使、荆湖南北路宣抚使、都大提举、广南东西路经制贼盗事。九月拜命。既授禁旅，仍启以旧镇骑兵荆湖锐卒从行。十二月至桂林。督部伍，亲金鼓，然后兵知节制矣。明年正月甲辰至宾州。先是，钤辖陈曙领步人八千，溃于昆仑之关。公推其罪，首斩曙及左吏已下三十一人，然后人知赏罚矣。兵将股栗，咸思用命。是月己未，引师至邕城一合，贼悉其徒以逆战。公之行，师虽仓卒，道途皆有行列。贼至，驻先锋以接之。公凭高望，挥骑兵以翼焉。贼徒大败，追奔十五里，斩首二千二百余级，生擒五百人，尸甲如山，积于道路。伪署将相死者五十七人。是夕智高焚营自遁，复入于蛮中。先是，命湖南江西路安抚使枢密直学士孙沔、入内押班石全彬过岭，与广西经略使余靖同共经制东西路贼盗，故命公都大提举。然孙、石赞谋而军中悉禀公之节制。贼之再居邕也，农者辍耕，商者辍行，远迩惶惶，不聊其生。及公之拜命也，朝野之论，中外欢然，以方召之才，兼机轴之重，出剪狂蛮，无噍类矣。贼之巢穴曰广源州，交趾之附庸也。父为交趾所戮，遂弃其州，奔南蛮界中渊薮，悖慠以僭称号，自名其居曰云南道，又曰南天国，再名其年曰景瑞，曰启历，杂名其左右之人。自待中、开府已下署之，其主谋者黄师宓、侬建侯、侬志忠等战没于阵。未有剪其羽翼而能飞，刳其腹心而能全者也，故宵遁矣。呜呼，智高之谋，十余年间，招纳亡叛，共图举事。十余月间连破十一郡，所向无前。夫岂自知破碎，奔走在于顷刻之间，乃知名将攻取，真自有体哉！二月甲戌改乘辕，其月丁亥至桂州，诏徒护国军节度，复以枢密副使召，仍曲赦岭南，民得休息矣。遂磨桂林之崖石，以书其勋。其词曰：有宋之大，天覆地载。四海正朔，百蛮冠带。蠢兹狂寇，起乎徼外。父戮于交，逃死獠寨。招纳亡命，浸淫边害。边臣罔上，习尚以懈。卒陷邕郛，乘流东迈。志图全越，肆其峰虿。广诚言言，梯冲附焉。攻之五旬，掠民而旋。贼锋一至，千里无烟。还居于邕，五岭骚然。天生狄公，辅圣推忠。情存义烈，志疾顽凶。请缨即路，仗节临戎。英材遴集，猛将风从。贼之敢斗，实惟天诱。来迓于郊，奄丧群丑。当我摧锋，易如拉朽。僭补伪署，丛然授首。羽翼既剪，心腹既刳。虽欲自举，人谁与图。焚庐而去。回巢以逋。六亲不保，曰献其俘。厥惟邕边，南国之纪。九峒襟带，列城唇齿。险固一失，兵粮无恃。庶民蚩蚩，鸟惊兽散。我公之来，电扫云开。叛蛮斗破，纲领重恢。师成庙算，民得春台。天声远振，德公之瑰。（真书径二寸）

右摩崖在临桂城北镇南锋。撰书人名氏皆剥缺，不可辨考。首行结衔，则余靖也。第三将提名内，靖以秘书监知桂州，此云给事中者，按《宋史·余靖传》：智高反，起靖秘书监，知潭州，改桂州。贼平就迁给事中。御史梁蒨言赏薄，又迁尚书工部侍郎。是靖作此碑时，已拜给事中之命，尚未闻侍郎之擢尔。

嘉庆《广西通志》，清光绪十七年（1891年）桂垣书局再补刻本，卷216金石略2

附：《平蛮三将题名碑》碑文

平蛮三将题名（篆额径八寸）

大宋皇祐四年夏，蛮贼侬智高寇广南，陷十二郡，据邕州。其年九月，诏以枢密副使狄公统兵南征，号二十万。明年正月己未，与贼战于邕之归仁，大破之。翼日，复邕州。贼之余党遁于铜柱之外。二月丁亥，班师至桂林，诏换河中旌节，召还枢密。凡从行将佐，文武官二百三十一员。今记将官已下姓名于左：宣徽南院使、彰化军节度使、荆湖南北路宣抚使、都大提举、广西经制贼盗事狄青第一将。下：左卫将军、荆湖北路兵马钤辖王遂。西京左藏库副使孙节（战殁于阵，赠忠武军节度观察留后）。如京副使贾逵。西京左藏库副使竹晒。文思副使时明。管勾机宜太子赞善大夫冯炳。权石州军事推官武纬。管勾粮草殿中丞霍逮中。走马承受公事入内内侍省内西头供奉官张若水、李若讷；枢密直学士、右谏议大夫、充经湖南路江南西路安抚使、广南经制贼道孙沔，内园使陵州团练使、入内内侍省押班、充荆湖南路江南西路安抚副使、广南经制贼盗石全彬第二将。下：庄宅使荆湖南路兵马钤辖刘几。文思副使张宪。六宅副使孙昂。供备库副使邓守恭、夏元崇。内殿承制閤门祗侯孙宗旦。管勾机宜都官员外郎郑纾。勾当公事殿中丞王纲。管勾粮草效用使其浚；秘书监知桂州、充广南西路都钤辖兼经略安抚使、广南东西路经制贼盗余靖第三将。下：皇城使、广南西路兵马钤辖李定。供备库副使史青。内殿崇班武防。虎翼都虞侯吕斌、张远。管勾粮草大理寺丞章询。经制贼盗司走马承受公事入内内侍省内西头供奉官李宗道。西头供奉官李达。管勾机宜守将作监主簿余仲荀。勾当公事权邕州节度推官黄汾。转运使管勾随军粮草都官员外郎孙抗。转运判官都官员外郎宋咸。提点刑狱同计置粮草司门员外郎朱寿隆。文思副使高惟和。其年二月，曲赦广南东西路，甄劳能，减租赋。其死事者给棺殓，录子孙。溪峒首领不从贼者，悉如恩赏。又宜德音荆湖江南，询疾苦，蠲赋役，杂犯死罪已下，并从虑减。四月，又诏以青为枢密使，孙沔授给事中枢密副使，余靖迁工部侍郎，石全彬授宫苑使、利州观察使，孙抗授司封员外郎，宋咸职方员外郎，朱寿隆考功员外郎，高惟和左藏库副使。王遂而下，定功为五等，第一等转官五资，余增秩有差。（真书径二寸，注径寸许）僧宝珍篆额，区华、区诚镌。（真书径一寸）

刘玉麟曰：皇祐四年，侬智高寇广南，陷十二郡，据邕州。即《东都事略·余靖传》称：智高陷邕州，乘胜连破岭南州县，围广州，还据邕是也。云诏以枢密副使狄公统兵南征，又书衔云：宣徽南院使、彰化军节度使、荆湖南北路宣抚使、都大提举广南经制贼盗事，即《宋史·狄青传》称青领彰化军节度使，擢枢密副使。智高反，除宣徽南院使，宣抚荆湖南北路提举广南经制贼盗是也。云明年正月与贼战于邕之归仁，大破之，翼日复邕州，贼遁于铜柱之外，即《宋纪事本末》称：五年正月，狄青夜渡昆仑关，大败侬智高于邕州，智高走大理，及《东都事略》称狄青败贼于归仁，邕州平是也。云班师至桂林。诏换河中旌节，召还枢密。末云：诏青为枢密使，即《宋史本传》称：捷闻，迁护国节度使、河中尹，及《东都事略》云：青还朝，复为枢密副使，遂拜枢密使是也。石刻所载与史传，一一符合。

石刻在临桂龙隐岩之潜真洞。按余靖（《平蛮京观志》）云：先是。命枢密直学士孙沔、入内押班石全彬、同本路经略使余靖经制贼盗，命青以宣徽使大提举总其节制。明年正月己未，青帅三将兵至邕州云云。其词似以沔、全彬、靖为三将，而青为总帅者。此碑则以青为第一将，沔、全彬为第二将，靖为第三将。盖朝命以全彬副沔，故得共为一将也。三将《宋史》皆有传。

嘉庆《广西通志》，清光绪十七年（1891）桂垣书局再补刻本，卷216金石略2

第六章　瓦氏夫人将兵御倭

明嘉靖三十四年（1555年），瓦氏夫人率田州狼兵四千一百余人偕左右江另四州狼兵二千七百余人东征御倭，在松江嘉兴前线转战三个半月。依靠狼兵和湖广土兵为主力取得的王江泾大捷，使御倭战争发生了由负而胜、由防守态势变为进剿的转化，十一年后戚继光等剿灭倭寇。狼兵土兵与戚家军，前后继为御倭劲旅。狼兵兵法和武艺，在军事发展史上亦有贡献。

倭患由来

中国宋元时代，倭寇即已出现。起初，倭寇只是日本九州西部滨海一些乡党族人集聚而成的小股海盗。公元14世纪日本发生南北朝分裂，进行了六十年的战争，战败的武士、失业的浪人、饥饿的农民，相率入海为盗。大批的倭寇船队接受地方领主的豢养、训练和控制，内战中领主们以其对敌实施海上攻击，扩大地盘；对外以到邻国抄掠，增殖财富。此时的倭寇已非一般海盗，而是一种训练有素的职业军人的海上武装。[①]

明初，朝廷在沿海设卫所，不给倭寇以可乘之机。到正德、嘉靖时期，国势渐衰，东南沿海武备废弛。而日本则进入诸侯割据的战国时期，明正德四年（1509年），日本幕府贡使率领的勘合贸易船队在归途中，竟被领主大内氏的船队劫持，抢去从明朝领到的勘合一百道，强迫幕府承认其对明贸易的独占权。嘉靖二年（1523年），大内氏家臣持正德勘合来明贸易，京畿管领甚为不平，亦派家臣持旧治勘合前来贸易，两家贡使在宁波火并，烧了嘉宾堂，一直打到绍兴城，沿途焚掠，殃及百姓。嘉靖皇帝震怒之下，依言官夏言之奏，诏罢市舶，禁止了中日贸易。公开的贸易受阻，暗地的走私便猖獗起来，奸商、豪绅、海盗结成死党，盘踞宁波近海岛屿，接纳日货，转手内销，再购国货，

① 谯枢铭《明代御倭战争与狼兵统帅瓦氏夫人》，载覃彩銮、黄明标主编《瓦氏夫人论集》，广西人民出版社，1992年。

输往日本，牟取暴利——仅以湖丝为例，百斤值百两者，在日则售五六百两。更有王直、叶宗满等在权豪、世家的策谋和支持下，造船专营海上走私。嘉靖二十二年（1543 年），王直造访倭寇老巢肥前松浦郡，与倭首松浦信隆谋划扩大倭寇队伍。木官泰彦《日中文化交流史》引《新转年代记》称，当时松浦郡的男人都出海为盗，女人当了娼妓。中国闽、广、浙、徽的无赖亡命，亦纷纷泛海而去，潜匿倭国。到了嘉靖三十二年（1553 年），倭寇在王直等人的引导下，"连舰数百，蔽海而进，一时浙江东西，大江南北，滨海数千里，同时告警"。[①]烧杀掳掠，民不聊生。据学者统算，有明一代，中国沿海百姓死于倭患者达数十万人。而当时明朝编制 5600 人的各卫实力只剩下原额的两成左右，且兵甲朽钝，军营未垒，难以御敌了。郑若曾《江南经略》记载：唐顺之领兵到崇明岛御倭，倭舞刀出战，官军皆弃械而逃，顺之责备之。"三军哭诉曰：'逃非本愿，见贼递魄耳！'公问其故，曰：'不娴武艺也。'公曰：'奚而为兵？'曰：'向来官兵不战罔罪，故应募以规儋石之需；今欲实战，不如愿矣！'"《世宗嘉靖实录》卷 417 亦云："功罪不明，则军不蓄威，三四倭奴挺刀而至，官军三四百相顾披靡。"

田州等狼兵东调经过

卫所军不堪御倭，朝议补救的办法有三种：曰练乡兵、曰募土著之兵、曰调客兵。前两种办法需经召集训练，颇费时日，只有调客兵可以应急。于是朝廷下令调取直隶的长箭手、真（定）保（定）的达兵、山西白棒手、河南毛葫芦兵、少林僧兵、徐（州）邳（县）盐徒、青州长枪手、沂州的沙家兵和竿子手、广东藤甲兵、处州坑兵、漳州仓兵、上杭赖家兵、湖广土兵、广西狼兵等，赶往江浙御倭。其中征调广西狼兵是张经的主意。[②]

张经，福建侯官人。嘉靖三十三年（1554 年）五月朝廷议设总督大臣以御倭，命时任兵部尚书的张经"不解部务，总督江南、江北、浙江、山东、福建、湖广诸军，便宜行事"。张经于嘉靖五年（1526 年）曾领兵征讨岑猛，一度留守田州，与当地土兵进行过较量，互有胜负。十六年（1537 年）总督两广军务，任内镇压断藤峡侯公丁起义，又指挥过田州兵作战，还讨平过思恩九土司之乱。[③]《百粤风土志》载：（广西）"诸土司惟田州、泗城最强，南丹次之。田州临大江，地势平衍，沃野方数百里，精兵万人，一呼即应……泗城方千余里，兵力倍田州，散居岩洞……南丹差小，而兵甲悍劲敢死，诸司惮之……次则东兰、那地，皆有精兵，其地微小，朝贡不绝。"广西土司兵的整个情况，张经心中有数，其战斗强悍，更是亲有体会。故而倭寇猖獗，"吴会民兵脆弱，无可制御"之际，他"乃奏调田州、东兰、那地、南丹、归顺等州狼兵五千名，永顺、保靖二宣慰

① 《明史·日本传》。
② 唐顺之《武编》前集卷 1。
③ 《明史·张经传》。

司土兵六千名，盖欲合力并势，为必胜之算尔”。[①] 张经于嘉靖三十三年（1554 年）七月乙丑上奏，皇帝从之，起任原贵州总兵白泫、广西都司指挥邹继芳俱充游击将军，往田州等五地调兵。[②] 十一月，朝廷改任张经为右都御史兼兵部右侍郎，专办讨倭。

此时的田州，土官岑猛因兴兵攻略旁郡遭朝廷讨伐已死，内部尔虞我诈，外部邻封觊觎，其孙岑芝应调从征海南战亡，其曾孙岑大寿、大禄年幼，其妾瓦氏夫人实际主持州政，竭尽辛劳。朝廷的调兵命令到达田州，瓦氏夫人不顾自己已年近六旬，慨然表示要亲自率部出征，欲为国建功，重振家声。据《江南经略》卷 8 下《调狼兵记》称，瓦氏夫人“初以一万三千人应调，兵备不许，止准四千有奇”。《调狼兵记》所载五个土州的出兵员额是：“田州土官瓦氏与其（曾）孙官舍岑大禄、岑大寿所统头目钟南（富）、黄仁（维）等，领兵四千一百名有奇，战马四百五十匹；归顺土目黄虎仁等，领兵八百六十三名；南丹州官弟莫昆、莫从舜等，领兵五百五十名；那地州土目罗堂等，领兵五百九十名；东兰州土目岑褐等，领兵七百五十名，共计六千八百七十三名。瓦氏带女从四十余人，不与焉。”对于瓦氏以己身往，“督府壮之，题授女官参将，总兵赴南畿”。[③] 瓦氏夫人率部开拔时，“尝对张司马委官云：‘是行也，誓不与贼俱生！’”。据《调狼兵记》云，张经于九月十日遣南京车驾司主事阮文中南下，十一月朔至梧州军门，调取左江之田州、归顺州，右江之南丹州、那地州、东兰州土官、土目所率其旅听用。十一月十九日，广西兵备副使陈绍儒呈册交兵。阮文中接兵后于十二月十四日领兵离开梧州，顺西江而下，至广东溯北江、浈水至南雄郡，翻越大庾岭复下船，亦用三板船六百艘运至南昌，在南昌换乘四百艘大赣船出鄱阳湖入长江，经安徽，至京口，然后入大运河南下，至丹阳。丹阳县尹、豪绅避而不见，居民闭门不纳，瓦氏夫人只好徒步行军至奔牛镇，由常州府用民船送至嘉兴，时为嘉靖三十四年（1555 年）二月间。三月初一，瓦氏夫人受命复归苏州，苏州知府林茂举按“祖宗旧制”不许狼兵进城，只在枫桥设帐招待其头目。张经闻讯，急自嘉兴赶来，与知府协商说：“野人慕苏松之胜久矣，万里远来，藉以靖难，当推诚待之。若防闲如寇，焉得其心耶？”终于说服知府开城门迎入。三月五日，瓦氏夫人率部离苏州开赴前线。张经知道田州兵与右江三州兵素不和睦，相聚则斗，故特派两位游击将军白泫和邹继芳分别管理。[④] 在前线，瓦氏田州兵和白泫皆交由总兵俞大猷指挥，于三月十二日进驻金山卫；继后到达的东兰、那地、南丹三州兵由邹继芳指挥，驻扎闵行；归顺兵及募至思恩兵、东莞打手由参将汤克宽指挥，驻守乍浦。这三处兵力部署，从西南面和北面对倭寇巢穴柘林形成了钳制之势，为“捣巢”做准备。上年冬倭寇已有万余人盘踞在柘林和川沙洼，此后其党踵至，“其众且二万余”。张经认为“贼狡且众，今檄召四方兵，独狼兵先至耳……姑俟永（顺）保（靖）兵至夹攻，庶保万全”。[⑤] 仅是广西

① 《世宗嘉靖实录》卷 424 之三十四年七月张经上疏自理。
② 《世宗嘉靖实录》卷 412。
③ 嘉庆《广西通志 · 列女传》。
④ 《平倭通录》、《明大政纂要》卷 5 下。
⑤ 《明史 · 张经传》。

狼兵，与敌的力量对比并不占优势——官军虽不少，士气不高，不能算数。加之广西“新至之将，贼情地利皆所未谙”，与官军又言语不通，彼此一时难以相互配合，因而主张“狼兵不可骤用”。[①]

狼兵数次对倭作战及王江泾大捷

四月五日（一说三月末），宰相严嵩的义子，工部右侍郎赵文华到松江祭海，督察江南军务。他一到松江，就催促张经派狼兵出战，言之再三，张经“守便宜不听”。他遂密疏张经“糜饷殃民，畏贼失机，欲俟倭饱飏，剿余贼报功。宜亟治，以纾东南大祸”。[②]鉴于“总兵俞大猷遣游击白泫等将狼兵数队，往来哨贼，乘隙邀击，稍有斩获。文华因谓狼兵果有用，厚犒之，激使进剿，至漕泾，遇倭寇数百人，与战不胜，头目钟富、黄维等十四人俱死，兵众失亡甚众”。[③]此次漕泾之战，据后来张经上疏所述，是“游击白泫以田州兵千余”自金山卫向倭寇巢穴柘林开进，在漕泾（距柘林尚有八公里）“遇贼伏卒，杀其头目钟富，损兵大半”。[④]采九德《倭变事略》的记载是：“四月初八，金山诸帅扬兵出哨，遇贼，击杀九贼而覆兵三百。明日，瓦氏侄（岑匡）恃勇独哨，贼复掩击，瓦侄杀六贼（另说杀四贼）而人马俱毙。瓦氏来海上，锐欲建功，数请出战。诸将集议军门，辄以固守为上策，多观望不进，至是其侄战死之。”此后的战事，载于王士骐《驭倭录》的有：四月十九日倭寇二千余人“突出金山卫，从独山往嘉兴。俞大猷先不敢拒，乃率瓦氏兵追其后，被贼反攻，杀伤颇重，赖瓦氏殿后，得免全覆”。载于《倭变事略》的有：“四月二十一日，贼分一支约二三千南来金山，白都司率兵迎击。白被围数重，瓦氏奋身独援，纵马冲击，破重围，白乃得脱。”

瓦氏夫人所部自三月十二日抵达前线到四月二十一日这段时间，所进行的战斗胜负互见，四月初八以千人出击柘林是个巨大损失，二十四员部将已牺牲十四。失利的原因是总督“狼兵不可骤用”的作战部署受到侍郎的干扰，田州兵在敌情不明、地形不谙、官军不援的情况下，贸然以千余人进击敌之二万余众，陷入孤旅奋战的险恶境地。

四月二十日，应调的湖南永顺、保靖土兵到前线后，[⑤]张经便组织狼兵、土兵和官军、乡兵等对倭寇展开作战，史称“王江泾大捷”。《明通鉴》卷61载：“嘉靖三十四年五月甲朔，总督张经大败倭贼于王江泾。时柘林倭纠新倭四千余人突犯嘉兴，经遣参将卢镗督狼、土等兵水陆击之。会保靖、永顺兵俱至，保靖宣慰使彭荩臣遇贼于石塘湾，败之。

① 《世宗嘉靖实录》卷424之三十四年七月张经上疏自理。

② 《明史·张经传》。

③ 《世宗嘉靖实录》卷421。

④ 《世宗嘉靖实录》卷424。

⑤ 《世宗嘉靖实录》卷424。

贼将北走平望，副总兵俞大猷会永顺宣慰使彭翼南兵激击，又败之。贼奔回王江泾，永顺兵攻其前，保靖兵蹑其后，参将汤克宽引舟师由中路蹴之，贼遂大败，斩首一千九百余级，焚溺死者无算，余众奔柘林，纵火焚其巢，贼遂驾残舟出海遁。自军兴以来，战功称第一。”

《明世宗嘉靖实录》卷422所载与《明通鉴》所载大同小异：一是无汤克宽引舟师一句；二是对战果的叙述为，“诸军共擒斩首凡一千九百八十人有奇，溺水及走死者甚众。余贼不及数百，奔归柘林。自有倭患以来，东南用兵未有得志者，此其第一功云”。

《明史·张经传》云：“永、保兵已至，其日即有石塘湾之捷。至五月朔，倭突嘉兴，经遣参将卢镗督保靖兵援，以大猷督永顺兵由泖湖趋平望，以克宽引舟师由中路击之，合战于王江泾，斩贼首一千九百余级，焚溺死者甚众。”

采九德《倭变事略》及万历《秀水县志·建置志·兵伍》的记载是：徐海所领四千余倭寇由嘉善犯嘉兴。张经分遣卢镗等率狼、土兵水陆击之。彭荩臣率保靖兵刚到，地形不明，遭倭寇伏击，在石塘湾激战失利。巡按御史胡宗宪从绍兴日夜兼程赶到嘉兴，重新组织进攻才把倭寇打败。倭寇乘数十条大船沿运河一路焚掠北窜，吴江县知县杨芷集乡兵于盛墩（大捷后更名为“胜墩”），或驾舟，或泅水，袭击寇船。会保靖土兵两千人追踵而至，与吴江乡兵一道击寇于平望，倭寇退回王江泾与其后续部分会合。（四月）二十九日晨，北上追击的狼兵、土兵、浙兵、乡兵，已到达王江泾以南三公里处的秋茂桥与倭寇接触。张经、胡宗宪均亲临指挥督战，先是派俞大猷督永顺土兵二千，由泖湖间道趋平望，扼寇通路；派汤克宽引舟师截击倭寇侧翼。至二十九日晚，各路部队对王江泾达成合围，翌日发起攻击，倭寇南、北、东三面受敌，遂大溃。①

通览以上关于王江泾作战的记载，只知广西狼兵参战了，但田州等五支部队具体情况无描述。从狼兵原配属关系判，瓦氏田州兵是随俞大猷会同永顺土兵在平望、盛墩一带阻击，继而南下围歼麇集王江泾之敌；归顺州狼兵随汤克宽乘船由东面攻击王江泾；原由邹继芳指挥的南丹、那地、东兰狼兵，有可能属于卢镗所率的狼土兵，最先奉命追击出剿倭寇，经由嘉兴、石塘湾一带，从南面攻击王江泾之敌。王江泾大捷后，嘉靖皇帝赏给田州瓦氏夫人银三十两、彩缎三表里，与赏给浙江省巡按胡宗宪的相等，其他四州狼兵的赏银还不计在内，可见广西狼兵出力之多。

王江泾战后，有关广西田州狼兵的记载仅见一则：“五月初五报，金山瓦氏兵剿残贼一百五十有奇，则知归巢者无几矣。初十日，柘林贼空巢而出，南围金山城，大索瓦氏。缘前战解白司围，知其骁勇，故欲劫其众也。”②

此外，《明世宗实录》载：“嘉靖三十四年五月……乙卯，苏州兵备任环、总兵俞大猷等官，及永顺官舍彭翼南等土兵，苏州府县兵，进攻陆泾坝（位苏州市东的跨塘乡），贼败之，斩首二百七十有奇，焚舟三十余艘，余贼奔溃。”有的学者认为瓦氏夫人所部参

① 徐云飞《瓦氏夫人率领广西壮族“狼兵”在嘉兴抗倭情况和战绩》，见《瓦氏夫人论集》。

② 《倭变事略》卷3。

加了陆泾坝的对倭作战——可能是因为俞大猷辖有狼兵；有的学者对此做过调查，有关著作均无狼兵参加此战之叙述。[①]

再者，《吴江县倭患事迹》载："嘉靖三十四年正月二十六日……苏州知府林茂举以狼兵至，兵威大振，贼退屯王江泾，明日复进至平望。彭荩臣为先锋，与诸兵合击之。狼兵首殪其渠首一人，贼气沮，捐资于狼兵求脱。不听。东西皆阻水，官兵南北夹击之，斩首一百余级。战至杨家桥，又斩首二百余级。远近称快，更盛墩之名曰'胜墩'。"有的学者认为此则所载"正月二十六日"应为二月二十六日，当时田州狼兵正从嘉兴折返苏州途中，"立即参加盛墩战役"。[②]但所载有"彭荩臣为先锋"，当为四月二十日彭荩臣率其三千土兵到达以后之事，应属王江泾大捷中的一段过程，不宜另外称之为"盛墩战役"。《筹海图编》卷6亦有类似记载："三十四年正月……贼进至胜墩，(任)环与知府林茂举等率狼兵自北击之，浙江副使孙宏轼、总兵俞大猷率宣慰彭翼南土兵自南击之。狼兵首殪其渠首一人，贼气沮，捐资于狼兵求脱，弗听。东西皆阻水，官兵南北夹击之，贼遂大溃，斩首三百。"其"正月"亦应为"四月"。另一种可能是正月间就已经有一部分狼、土兵先期到达当地。

王江泾大捷，本是总督张经先期谋划，亲自指挥，用其从外地调来的狼兵和土兵取代官军为主力杀敌才取得的，但嘉靖皇帝却于五月巳酉下诏逮张经及参将汤克宽，械系赴京问罪。[③]"给事中李用敬、阎望云等言：'王师大捷，倭气夺，不宜易帅。'帝大怒曰：'经欺诞不忠，闻文华劾，方一战……'(严)嵩言：'……浙人皆言经养寇不战，文华、宗宪合谋进剿，经冒以为功。'因极言二人忠，帝深入其言。经既至，备言进兵始末，且言：'任总督半载，前后俘斩五千，乞赐原宥。'帝终不纳，论死系狱。其年十月，与巡抚李天宠俱斩。"[④]李天宠乃前任浙江巡抚，嘉靖三十四年正月守杭州，张经守嘉兴，在狼兵、土兵未至，倭寇猖獗，"杭城数十里血流成川"时，使该两地免陷倭灾。[⑤]四十五年后张经冤案获得平反，《神宗万历实录》卷349载："万历二十八年(1600年)七月……诏与原南京兵部尚书张经祭葬，仍加祭二坛并谥……(嘉其)调广西田州瓦氏、东兰、那地、南丹、归顺狼兵，并湖广永顺、保靖土兵斩倭功，四千八百有奇。"

认识、倚重和关照广西狼兵的是张经，张经入狱，狼兵士气涣散，瓦氏夫人建功立业之壮志难酬，加之疾病缠身，遂于嘉靖三十四年(1555年)七月初三，率部返回广西。当年冬，全部广西狼兵撤出剿倭战场。《明史记事本末》载："十一月止征狼土诸兵……土兵、瓦氏等至浙，骄悍不受约束，所过残掳，百姓苦之，于是总督杨宜力请止征。(帝)从之，命两广督臣随路制止。"

---

① 黄明标《瓦氏夫人抗倭史迹考察》，见《瓦氏夫人论集》。

② 《明通鉴》卷61。

③ 《明史·张经传》。

④ 《明通鉴》卷61。

⑤ 《倭变事略》卷3。

瓦氏夫人将狼兵御倭示意图

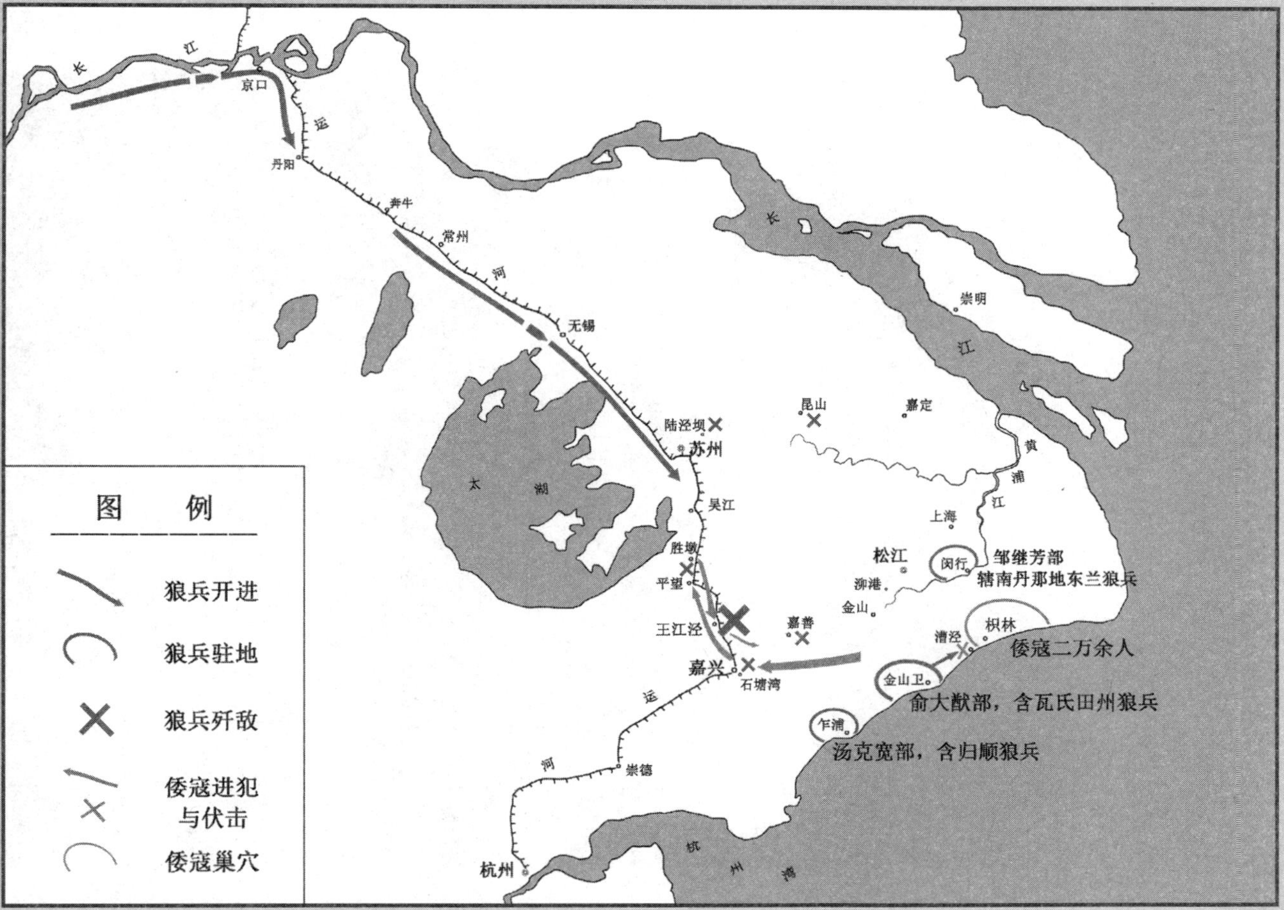

嘉靖三十四年（1555 年）春，瓦氏夫人率田州狼兵 4100 余人，偕归顺、南丹、那地、东兰狼兵 2750 余人，奉御倭总督张经之调，经长江、大运河到达松江嘉兴前线，三月十二日进驻金山卫、闵行、乍浦，对倭寇巢穴柘林形成南北钳制，待湖广永顺、保靖土兵调至后合力并势，再行捣巢。瓦氏夫人锐欲建功，受督军之赵侍郎鼓动，于四月八日派出千余众向柘林进剿，在漕泾被伏击，损兵大半，14 名部将牺牲。四月二十日，湖广土兵到达，张经遂组织作战。时值倭寇 4000 余人犯嘉兴，张经遣参将卢镗等督狼、土兵水陆击之。倭寇先败于石塘湾，遂北走平望，又受阻击，窜回王江泾。五月甲午朔，狼、土兵及官军、乡兵向被围倭寇发起攻击，擒斩 1980 余人，溺毙走死无数，残寇数百逃回柘林。五月五日，瓦氏夫人所部又剿灭残寇一百五十有奇。王江泾大捷一举扭转了御倭战争以来“未得志”的战局，但总督张经被诬入狱，接任者对狼、土兵不能制，奏请止调。瓦氏夫人于七月三日率部返乡。战场上狼兵英勇杀敌，能以少击众称著。狼兵兵法和武艺，被戚继光吸收运用和发展，粤西狼兵和戚家军前后继称御倭劲旅。

周永光撰文、制图

瓦氏夫人画像和墓碑墓地

周永光撰文编图，图片原载《土州土治：土司制度面面观》

画家笔下和舞台塑造的瓦氏夫人形象

土田州士兵还原形象

朝廷据御倭总督张经之请，调广西田州等五州狼兵赴松嘉前线御倭。《调狼兵记》载，瓦氏夫人初以一万三千人应调，兵备不许，只准四千一百有奇。瓦氏年近六旬以己身往，“督府壮之，题授女官参将，总兵赴南畿”。张经知田州兵与右江三州兵素不相睦，故特派两名游击将军分别管理，先后开拔。夫人率所部起程时云：“是行也，誓不与贼俱生！”广西五州狼兵与永顺、保靖土兵及官军、乡兵协同，在王江泾给倭寇以歼灭性打击，一举扭转了倭患以来官军从未得志之局势。但张经被诬入狱，继任者奏准罢狼、土兵，夫人率部返乡。狼兵在松嘉作战仅三个半月，但其英勇事迹已被永世传扬。

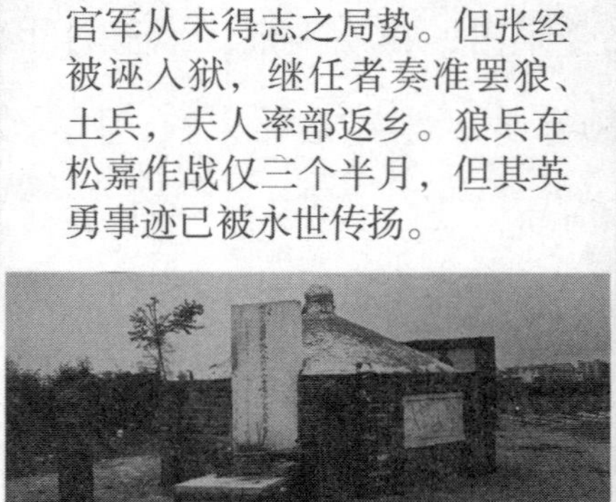

在田阳县田州镇隆平村那豆屯重建的瓦氏夫人墓

瓦氏夫人墓原碑 田阳县文管所收藏

狼兵兵法和武艺在历史上的影响

广西狼兵三月中旬进入御倭战场至七月初撤离，见诸记载的作战不过数起，杀敌仅以千计，但其在御倭战争中所起的作用和在军事史上产生的影响，则远远大于其战绩。明代中国东南沿海具有整体规模的御倭战争，从嘉靖三十三年（1554年）五月朝廷任命张经总督六省军务专办讨倭开始，到四十四年（1565年）戚继光将陆兵、俞大猷率水兵于南澳剿灭广东倭寇，倭患全部解除，历经十二年。战争从"未有得志者"到"倭气夺"，发生明军由防御变为进剿、由劣势变为优势的转化，是从王江泾大捷开始的。先是浙江巡按后任御倭总督的胡宗宪在其《筹海图编》卷9中写道："自王江泾捷后，我兵始有生气……嘉兴杭人始安枕，军民主客始知贼犹人也，非真若鬼神、雷电、虎豹然……贼亦自是稍顾忌，逆气狂谋渐以亏朒，始可诱而图矣。"而王江泾取得大捷，依仗的主力是近七千人的左右江五州狼兵和保靖、永顺各两千人的土兵。此前，朝议要调的各地的精兵有十余种，山东民兵、处州坑兵、少林僧兵，嘉靖三十三年（1554年）都曾在卢镗、俞大猷指挥下御倭，虽有斩获，但倭患却日炽，发展到逼近留都南京的地步。能打破倭寇如雷电鬼神不可战胜的神话，使敌氛渐朒的是壮族狼兵和湖广土兵。狼兵能胜敌，因为其有"可死不可败"的纪律、"精绝"的武艺、"誓不与贼俱生"的斗志。壮族狼兵御倭给吴越人留下了深刻印象，籍载"（瓦氏）至苏州，索有司捕蛇为军中食，败倭于王江泾，时人语云：'花瓦家，能杀倭，腊而啖之有如蛇。'"[①]"粤右狼兵，鸷悍天下称最"。[②]

壮族狼兵在松嘉转战三个半月扭转了战局，撤离后其兵法及武艺，继续在剿倭作战中发挥作用。倭寇是以职业军人为骨干的武装，它针对当时明朝官军"兵无武艺、队无阵法"的状况，采取一种名为"蝴蝶阵"的战法进行作战。据《太仓州志》卷15《海防议》的描述："我走则（倭）众拢，群起而攻之，追之如蜂拥然。我若胜彼则奔去，我争割首而（彼）合围之；或于战时分兵绕出左右，先制胁，后尾击；或诱我追兵至其营，但见其财宝不见贼众，承我取宝而袭杀之。"倭寇使用的兵器有刀、长枪、日式弓弩及少量火枪。主战兵器是精工打制的犀利倭刀，刃长三尺许，铁木柄长一尺，其以双手握柄劈砍，力量沉猛。而且"倭勇而悍，不甚别生死，每战则赤体，提三尺刀舞而前"。[③]不习武艺且纪律松懈的明军遇之，每每望风而逃。但在左右江狼兵和湖广土兵面前，倭寇的阵法和长刀则不再是很有威力了。

《调狼兵记》载："（田州）岑氏兵法，七人为伍，每伍自相为命，四人主击刺，三人专主割首，所获首级，七人共之。割首之人，虽有照护主击者之责，但能奋勇向前，不

① 董斯张《吹景集》。
② 魏浚《峤南锁记》卷下。
③《明史记事本末》卷55。

必武艺之精绝也。"《筹海图编》卷11《经略·客兵附录·狼兵》载:"东兰、那地、南丹三州狼兵能以少击众,十出而九胜。何者?三州土官之兵,大略如昔秦人,以首虏为上功。其所布署之法,将千人者,得以军令临百人之将;将百人者,得以军令临十人之将。凡一人赴敌,则左右人呼而夹击,而一伍争救之。否则一人战没,而左右不夹击者,临阵即斩。其一伍之众,必论罪以差,甚者截耳。不如令者斩,退缩者斩,走者斩,言恐众者斩,敌人冲而乱者斩,敌既败走佯以金帛遗地,或争取而不追蹑者斩……论功行赏之法,战没受上赏,当临阵跃马前斗,因而摧敌破阵,虽不获级,而能夺敌之气者,受上赏。斩级者,论首虏以差,斩级而能冠同伍者,辄以其人领之。故其兵可死而不可败。"

广西狼兵,左江七人为伍,右江十人为伍,以伍为基本战斗单元,每单元内以武艺精绝者担任主攻,较多的人员负责掩护,协力摧敌破阵。由于队伍的构成攻防兼备,故能多杀敌而少伤亡。由于实施重赏严罚,故而宁死毋败,军威凛凛。狼兵使用的武器有长枪、匕首、钩刀、双刀、弓弩、盾牌等。钟薇《倭奴遗事》载,官军三千与狼兵钩刀手二千在王江泾两翼夹击,贼即遁走,斩首二百五十颗,行兵向无此胜。嘉庆《广西通志》卷279载:"狼人……善伏弩,猎山而食……少长习军骑,应募为狼兵"。不像吴会兵民那样柔弱。狼兵各级将领从实战中选拔产生,皆武艺高强,往往能一以当十,令敌气沮。

关于土兵,《江南经略》卷8下《杂著·调湖广兵》载:"湖广土兵,永顺为上,保靖次之,其兵天下莫强焉。近尝调三千人,后调六千,此在官之数内也。实私加一倍,共一万二千人。其阵法,每司立二十四旗头,每旗一人居前;其次三人,横列为第二层;又其次五人,横列为第三层;又其次七人,横列为第四层;又其次七人,横列为第五层;其余皆置后,欢呼助阵。若在前者败绩,则第二层居中者进补,两翼亦然。胜负以五为限,若五层皆败,则余无望矣。每旗二十三人,二十四旗共五百五十二人,皆精选之兵也。"《筹海图编》卷11《经略·客兵·附录·湖广兵》载"其节制甚严,止许击刺,不许割首。违者与退者皆斩"。据称湖广土兵属土家族和苗族,其阵法是每个旗皆分为多梯队,强调前仆后继,进攻富有冲击力,防卫有后劲。

狼、土兵的独特阵法,在作战中显现成效,为后来之御倭者所效法。胡宗宪之幕僚郑若曾在其《调狼兵记》中说:"狼兵此法,可以为用兵者之要诀,不可谓为夷见而不之师也。"戚继光御倭所用的"鸳鸯阵",以十二人为一队,配以盾、枪、狼筅、叉、钯、棍、刀等长短兵器,攻防兼宜,因敌因地变换队形作战,能每战多捷。戚家军实行连坐法,一队出战,畏缩不进,即斩队长;队长战没,一队不救,全队皆斩。对立功者予以重赏,斩首一级奖银三十两。严刑峻法使戚家军具有坚强的战斗力,在浙东屡战屡胜,创造了歼敌上千,己方仅伤亡十余人的战例,使倭寇得出了"遇戚必死"的教训。戚继光于嘉靖三十四年(1555年)从山东调到浙江任都司佥事,翌年被胡宗宪荐升参将,并获准组训新军。他不收市民和流氓,特招性格剽悍、身体健壮的农民和矿徒。后期主持整个抗倭战争的胡宗宪在其《筹海图编》中说,俞大猷、谭纶、戚继光就是在其招来的兵员中,"择其最骁勇者,各照狼、土兵法编为队伍,结为营阵,象其衣甲,演其技艺,习其劲捷,随其动止饮食”来进行训练的。此证明，军事名将戚继光的兵法，是直接继承壮族兵法及其他南方少数民族兵法加以创新发展而成。壮族古代兵法在中国战术发展史上，有其不可磨灭的贡献。

战斗编组和布阵属于战术，枪法、刀法等属于技术，俗称武艺。在军事技术层面上，粤西狼兵在御倭作战中亦显示出了许多特长，其中“瓦氏双刀”最受推崇。有“天都侠少”之称的安徽歙县人项元池于嘉靖三十四年（1555 年）拜瓦氏夫人为师学武艺。崇祯八年（1635 年），25 岁的江苏娄江县武术家吴殳到浙江湖州绕翠堂拜当时已是高龄的项元池为师，专学双刀秘诀，深知双刀法功夫之深，领悟到瓦氏夫人单骑出入重围，所向无敌之原因，写了《短降长说》，论述瓦氏双刀的特点及其战场运用，称之为“瓦氏双刀降枪法”。还写了《双刀歌》颂扬瓦氏夫人，均收载于其武术专著《手臂录》中。瓦氏领狼兵杀敌的故事，直到清代还在当地民间流传。[①]《双刀歌》云：

岛夷缘海作三窟，十万官军皆露骨。
石柱瓦氏女将军，几千战士援吴越。
纪律可比戚重熙，勇气虚江同奋发。
女将亲战挥双刀，成团雪片初圆月。
麾下健儿二十四，雁翎五十各翕忽。
岛夷杀尽江海清，南纪至今推战伐。
天都侠少项元池，刀法女将手授之。
乙亥春抄遇湖上，霜髯伟干殊恢奇。
谓予长矛疏远利，彼已慎密须短器。
绕翠堂中说密传，朔风六月生双臂。

瓦氏夫人将兵御倭的事迹，在江浙产生了深刻的影响。江阴（今绍兴）一代文豪徐渭曾在胡宗宪幕府任书记，亲历御倭，见过瓦氏夫人。事后他写了剧本《雌木兰》，批判男尊女卑封建观念，辑于其著名的剧本集《四声猿》中。在乐府中，木兰无姓，后之好事者曾考证木兰姓魏、姓朱等，徐渭在其剧本中给她姓花，从此花木兰流传后世数百年。有学者研究认为，“花”乃缘于瓦氏夫人之“瓦”。[②]上海太学士、明代诗人朱察卿的《江南感事诗》，更是当年倭患猖獗和人民支援瓦氏夫人所率狼兵杀敌的生动写照，其中不乏对朝政腐败和官军无能的讽喻。[③]《江南感事诗》云：

江南千里暗妖氛，野哭家家不可闻。
落日群狐窥白骨，荒林万马卧黄云。
将军不下征夷令，使客空赋祭海文。
试问九重宵肝处，殿头香气正氤氲。
万里迢遥征戍士，虎符星发路何赊。

① 黄明标《瓦氏夫人抗倭史迹考察》，见《瓦氏夫人论集》。
② 徐志华《瓦氏夫人与花木兰》，见《瓦氏夫人论集》。
③ 黄明标《瓦氏夫人抗倭史迹考察》，见《瓦氏夫人论集》。

帐前竖子金刀薄，阃外将军宝髻斜。
田父诛茅因缚犬，乞儿眠草为捉蛇。
军储不惜人间供，愿斩鲸鲵静海沙。

瓦氏夫人述评

瓦氏夫人生于明弘治十年（1497 年），系归顺州土官岑璋之女，小名氏瓦。据碑载，她的嫁给本州土目黄安为妻的同胞姐妹小名叫氏多。[①] 氏瓦十余岁时嫁到田州府为土官岑猛之妾。壮俗同姓结婚并无禁忌，但土官受汉文化影响较深，在官场上还是回避其同姓婚之事实，故而以名为姓，称之为瓦氏。有的研究者更认为是明王朝封其为二品夫人时才改名为姓的。瓦氏立功受封之后，沿袭为尊者讳之例，其妾之身份亦被改为妻，有的史籍则称其为土官妇。

归顺州是一个边陲小州，辖区包括今之靖西及那坡县地，南面与交趾接壤，史载元明之际，交趾曾多次入侵劫掠归顺州；北面与田州毗邻，田州沃野数百里，拥兵万人，其“土酋桀骜反侧，时与诸土司为难”。归顺知州岑璋原为洞官，因奉调领洞兵镇守府江有功，于弘治十二年（1499 年，一说九年，即 1496 年）被授给州印，其领地由洞升为州。[②] 岑璋是位守土有方的武将，他为保境安民和稳住自己的统治，一方面厉兵秣马，抵御交趾入侵；一方面向势力强盛的田州土官示好，求得庇护，免遭欺凌——包括来自田州的欺凌。因此，他不惜让女儿沦为人妾。瓦氏的丈夫岑猛颇有谋略且雄心勃勃，在弘治十八年（1505 年）田州被改流时，曾被朝廷遣往福建御倭前线，任平海卫千户，但他迁延不行，通过施计得以留任田州府同知，实际掌控田州。正德七年（1512 年），岑猛奉调领洞丁出征江西归来，论功迁卫指挥同知，“兵复振，稍复侵旁郡自广”。此时已是岑猛小妾的瓦氏，见“猛多行不义，瓦委曲陈谏不听，至于流涕”。[③] 岑猛先后攻打龙州、泗城、归德、上隆等地，违反了土司不得擅自相攻的朝廷禁令。嘉靖五年（1526 年）朝廷发兵八万，由沈希仪、张经等率领，分道并进，征讨岑猛。猛之长子邦彦在工尧隘被沈希仪部击杀，猛投奔岳父岑璋。璋因女儿在猛家“失爱屏居”怨恨在心，更慑于朝廷之兵威，便鸩杀岑猛，斩首以献。时为嘉靖六年（1527 年），“瓦年三十，刻苦励节，孙芝方乳，善护之，后袭知田州。瓦朝夕语以朝廷恩德，宜抚巡遗民，勤修阙职。（嘉靖）二十九年（1550 年），芝从征海南，没于王事。瓦抚曾孙太寿，太寿夭（三十五年卒，无嗣），复抚太禄。凡州之利害，躬为规画，内外凛然。”[④] 据《田州岑氏源流谱》载，嘉靖

---

① 《瓦氏夫人论集》黄健衡《前言》。
② 《归顺直隶州志·纪事志》。
③ 嘉庆《广西通志·列女传五》。
④ 嘉庆《广西通志·列女传五》。

三十四年（1555年）瓦氏率狼兵东征御倭，“寿与禄皆从军至苏，隶于总兵俞大猷麾下，屡建奇功，诏给瓦氏二品夫人，及其曾孙大寿大禄银币，余目兵令军门分别奖赏”。“（瓦氏）以疾告归，抵署即告家庙，厚恤随征诸目兵丁，未几无疾而终于内寝。”[①]嘉庆《广西通志》称：“（瓦氏）抵家未几卒，年五十有九。”

纵观瓦氏夫人一生，她是政治婚姻和土司兼并战争的受害者，而苦难的遭遇却又给了她机遇，将其磨炼成了堪当大任的人。当然，瓦氏夫人能成为壮族历史上，乃至整个中华民族历史上一名罕见的英雄女将，还有其深厚的民族文化背景。

首先，壮族有浓厚的女权社会遗风。妇女在生产劳动中发挥主要作用，在家庭经济生活中有重要地位，儒家男尊女卑、三从四德的观念对壮族的影响和束缚较少，妇女有话语权，可以发挥自己的才干。明代宣德年间（1426—1435年）上隆州、泗城州和上林司同时出现了陈氏、卢氏和黄娘三名女土官；天顺和正德年间（1457—1464年和1506—1521年），泗城土官妇卢氏及其女儿先后领兵出征贵州，皆获封二品夫人。在左右江地区，土官死印妻可以接其任，因而瓦氏夫人在夫丧子亡之后，出来实际主持州政，“躬为规画，内外凛然”，也就不足为奇。28年的执政经验使瓦氏夫人领受女官参将军衔同样能够胜任，节制“三虎五豹二十四将”，[②]统率千军杀敌，“屡建奇功”。而瓦氏夫人对部队的管理，在江浙亦颇有口碑，称其“以妇人将兵，颇有纪律，秋毫无犯”。[③]“（瓦氏）泊胥关月余，驭众有法度，约所部不犯民间一粒。军门下檄，辄亲视居亭民诉。部属夺酒脯者，立捕杀之，食尚在咽下。”[④]

其次，壮族是个勤劳、勇敢、尚武的民族。据《明史》所载，嘉靖二十五年（1546年）部议，“广西一省，狼人居其半，其二瑶人，其三居民”。明代广西100多万人口中，壮族不仅人口众多，而且能吃苦耐劳，所产粮食运往广州，西江上舳舻络绎不绝。壮族既勤劳更勇敢，富于斗争精神，有悠久的全民皆兵传统。《岭外代答》卷3云：“邕州溪峒之民，无不习战，刀弩枪牌，用之颇精。峒民事仇杀，是以人习于战斗，谓之田子甲，舍其耕田而为之甲士也……一夕逆旅劫盗，人有惧色。唯峒人整暇以待，盗不敢前。”进入土司时代，各溪峒酋领武装衍变为土司兵，朝廷加以编组、训练和调用，“缓急追集备御，制如官军，其酋皆世袭”。[⑤]在宋熙宁年间，已“团集左右江峒丁十余万众，自广以西赖以防守”。瓦氏生于将门，嫁入将府，兵家儿女早识刀枪。壮剧中的十个武术套路：锏对枪、鞭对枪、双锏对刀、双刀对鞭、钢鞭一击、双刀夺棍、枪对枪、刀对刀、空拳夺刀、拳对拳，[⑥]应该可以视为土司兵训练的某些内容的反映。瓦氏双刀武艺精绝，其他

① 见广西民族研究所编印《广西土官岑氏莫氏族谱》。

② 黄明标《瓦氏夫人抗倭史迹考察》称：瓦氏三十岁守寡有无男妾，除昆山张元赓《张氏卮言》卷21称瓦氏“近幸男子八人，号男妾”外，别无所闻。张称“男子八人”即“定律三虎，秣马五豹”，系瓦氏手下八名猛将。定律即今田阳县田州镇定律村，秣马即今田州镇凤马村秣马屯。

③ 《倭变事略》卷3。

④ 董斯张《吹景集》，见《粤西丛载》卷24《土官瓦氏》。

⑤ 《桂海虞衡志》。

⑥ 梁庭望《生长在壮族文化沃土上的英雄花》，见《瓦氏夫人论集》。

兵器亦娴熟。万历广西布政史谢肇淛《五杂组》卷8《人部四》载："国朝土官妻瓦氏者，勇鸷善战……戎装跨介驷，舞戟如飞，倭奴畏之。"其部将及兵丁亦皆骁勇，一人能连杀数贼，部众掩击，使敌望风披靡。亲历御倭战阵的胡宗宪称："狼兵能以少击众，十出而九胜。"不是尚武之民族，没有缓急可用的常备武装，不是长期艰苦的训练和养成，瓦氏夫人就不可能一听召即出兵数千甚或上万，而且出即能战，并取得骄人的战绩。

最后，瓦氏夫人的家乡具有保家卫国抵御侵略的优良传统。据《田州岑氏源流谱·叙》云，早在明永乐年间田州府都指挥使岑永通就曾奉命率狼兵万人出征，抗击入侵的交趾兵。洪熙、正德、嘉靖、万历各朝，田州的知府知州岑祥、岑绍、岑懋仁等，亦多次领兵抵御安南。瓦氏夫家有为国戍边的历史，其娘家归顺州更是处于边防前线，其父兄和乡亲不时要同入侵劫掠的外敌作斗争。在这样环境中成长和生活的瓦氏夫人及其部属，具有"势不与贼俱生"的爱国忠君观念、为吴越百姓解除痛苦的思想是很自然的。长期习武、击技精绝的瓦氏夫人年近六旬还挂帅亲征，"及战，狼兵踊跃争先"完全是合乎逻辑的事情。

对于瓦氏出征御倭，也有另外的看法：一是说田州土官岑大寿年幼"不能任兵事"，实际主持州政的瓦氏夫人不得已只好身往。二是说瓦氏出征是要邀功受禄，重振家声。严清《殊域周咨录》称瓦氏"远来报效，冀立殊勋，以复同知之职与其孙"——嘉靖十六年（1537年）岑芝袭任田州土官判官，海南战死后岑大寿继位亦为判官，均低于岑猛同知之职位。三是认为狼兵是为发洋财而出征。《嘉靖东南平倭录》云："狼兵轻剽嗜利，闻倭富有财货，亟欲取之。"张鼐《吴松甲乙倭变志》亦云："狼兵故贪利，睆贼赀钜，可攫而有，摩拳思当一战。"第一、第二种所说，应该承认它是瓦氏出征理由和动机的成分之一，也是合乎情理、无可非议的理由和动机。但如果认为瓦氏夫人仅仅是责不可卸——其实也可由岑大寿名义挂帅，派一部将指挥——和仅仅是为邀功受禄才出征，显然抹杀了瓦氏夫人忠君报国思想及其对饱受倭患之苦的吴越百姓的同情心，无法解释其在战场上那种奋不顾身、有我无敌的表现。第三种说法属于成见。狼兵即土司兵，是有以卤为赏的惯例的，朝廷加以认可。丘睿《两广事宜疏》称："广西左右两江土官衙门自来皆服调遣……自抵贼巢，所得贼财尽以予之，官军人等不许抽分科夺，及所俘获贼属，许得变卖，则人自为战，勇气百倍矣。"岑猛出征江西归来，得"诸盗金帛万计，自是富甲两江"。其实岑猛兵戈所向，哪分盗资民财，无所不抢。朝廷将他讨平后，搜获金九百零七两、银五千七百七十一两、玉带和翠凤盏各一、净身男子四名，其品服日用，尽干非分之嫌。[①] 瓦氏夫人将丈夫所为视为不义，陈谏不听以致流泪。瓦氏领兵御倭，见诸史载的诏赏银币不过数十两。其丈夫被派赴闽御倭嫌千户官小利微而不为，她御倭不因利小而为之，相比之下，瓦氏夫人难道不是值得肯定和赞扬的吗？当然，狼兵的一些部将和士卒也会有劫财的动机和行为，但不应该以偏概全。

瓦氏夫人东征期间的缺点有二：一是对张经待其所调客兵到齐，合力并势再进攻的

---

① 刘颖《题报捷音疏》。

部署缺乏理解，或者说贯彻执行不力，受赵文华鼓动，孤旅进击枳林，招致不应有的损失。《世宗嘉靖实录》卷422载："嘉靖三十四年……狼兵至，气锐，（张）经禁久不进。瓦氏愤曰：'我自备军粮（而来），不效尺寸，何以归见乡党？'"《倭变事略》亦云："瓦氏来海上，锐欲建功，数请出战。"瓦氏夫人急躁冒进情绪应该是有的，否则不会没有上峰的命令便孤旅出击——赵文华虽是钦命督军，但总督张经有"便宜行事"之权力，部队如何行动赵文华无权直接指挥——瓦氏背离了张经的指示采取行动，是要负失败的责任的。某些战斗，官军可援而不援不对，但漕泾遭伏之败，是救援不了的。不应该将前期狼兵的失利都归结为官军不配合。瓦氏不能完全贯彻张经意图是客观存在，但瓦氏对禁不出兵的"愤曰"，有的学者认为可能是赵文华、严嵩所编造，在嘉靖皇帝面前借瓦氏之口来攻击张经"阻军畏敌"；瓦氏也可能说过类似牢骚话，但并非埋怨张经。因为瓦氏夫人统率狼兵出征，一路上经过一十八郡，府给米五斤、鱼盐各五斤、柴十斤、准牛肉银二分、准酒银二厘。头目每人加猪一口、银七钱。[①]既然张经安排有这些供应，何言自备军粮？[②]张经高度肯定瓦氏才干，一调用即荐其为参将确属破格之举——戚继光从山东登州卫调到浙江都司任佥事，第二年才升参将；但亦深知狼兵的短处，曾说"此兵勇进而易溃"，所指即漕泾之败。与张经为另一派系的胡宗宪亦高度评价狼兵、土兵，同时也指出其不足。其《筹海图编》卷11《客兵附录》云："客兵各负所长，其或败者，不娴吴越地利；又多堂堂之阵，罕用饵伏。"张、胡所说缺点，都与狼兵是异域作战又是新来乍到相关，设若瓦氏夫人能像戚继光、俞大猷在御倭战场上征战数年，其战绩当更大。

瓦氏夫人后期对部属管理不严，亦是个缺点。《世宗嘉靖实录》卷427载"狼土兵肆焚掠""骚扰地方"。《筹海图编》引王文录言："狼兵搂妇女，贪财货。"这些负面的反映主要出现于后期，而且事出有因。《明通鉴》卷61载："嘉靖三十四年五月己丑……比大败倭寇于王江泾，文华欲攘其功，谓己与宗宪督师所致。上问以严嵩，嵩对如文华指，且言：'狼兵初至，经不许战，苏（州）松（江）人咸怨经。'上怨，即下诏逮经，并及汤克宽……然狼兵素服经威名，经去，而狼、土兵复为民害，东南事愈不可为矣。"明人谈迁《国榷》亦云："狼土兵服经威名，经被逮，解体，由是倭患日炽，狼土兵释骚不堪矣。"《明史》卷205《周琉传》载："代经者，应城周琉，衡水杨宜，节制不行，狼土兵肆焚掠，东南民既苦倭，复苦兵矣。"显然，朝政黑暗，是非颠倒，所以狼兵才士无斗志，纪律废弛，瓦氏夫人及其部将亦郁郁思归，对下属管束不力了。尽管事出有因，但还是有损瓦氏将兵秋毫无犯的美名。

瓦氏夫人所率田州兵是张经所调狼兵中最先到达战场者，南丹、那地、东兰狼兵继至，归顺州狼兵大体亦应在同时到达，因为此五州狼兵都是同时在梧州办交接，相继开

---

① 《江南经略》卷8。

② 谯枢铭《明代御倭战争与狼兵统帅瓦氏夫人》，载覃彩銮、黄明标主编《瓦氏夫人论集》，广西人民出版社，1992年。

拔的。此外与归顺兵一道屯扎于乍浦的，还有“募至思恩兵”。[①] 此“思恩兵”乃广西思恩土府籍贯的狼兵，所谓“募至”者，非统一征调来者也。《筹海图编》卷 11 云：“广西狼兵，于今海内为尤悍，然不易得真狼也。真狼兵必土官亲行部署才出。其余盖不过柳州所谓水东岩之游民与广州新会打手之属而已。”在张经所调五州狼兵之前，已有广西狼兵在江浙御倭。《嘉靖东南平倭通录》载：嘉靖三十二年（1553 年）三月，王豫督兵破倭寇于普陀山。以卢镗为副将，“募沿海壮民及征狼土兵分帅之，日犒抚激励，欲得其死力……”，焚倭所结庐舍，倭寇仓皇逃走，狼、土兵追击，大破之，斩首五百余级，生擒一百四十三。

明人郑茂《靖海纪略》载：“嘉靖甲寅（三十三年，1554 年）夏四月辛巳……三百余贼自松江突入嘉善县治，火民居漕舸，直奔郡城，又火六里街。值新募狼兵四百人至，遂合战，败之，斩首二十有奇。”《倭变事略》对此的记载是：“嘉靖三十三年（1554 年）四月十一日，松江流贼数百自唐行掠舟，犯嘉善县，毁民居，劫库藏，进犯嘉兴，爇发双溪桥。适狼兵至郡，郡侯令赍饷犒兵，狼兵即击贼。一兵甫弱冠，独奋身冲锋，连杀七贼，众兵乘胜追击，斩获数十，贼皆披靡，弃舟走……”光绪《昆新两县续修合志》载：昆山被围期间，“嘉靖三十三年（1554 年）五月庚戌，巡按复委梁凤率处州兵，郡卒张子焰率广西狼兵来援……郡卒率狼兵先至，凤后至，殊无御倭意……甲寅出战，狼兵踊跃争先，处兵退却。凤遥见二贼持刃而前，遂勒马避之。处兵举白旗一麾，遂皆溃败。狼兵追贼，斩首数级，伤贼二十余，以无他兵策应，亦被杀数人”。《江南经略》卷 3 载：“嘉靖三十三年（1554 年）元月，先是贼众五百余人……为飓风复飘至海上。六月初一日，由嘉定县趋苏州府城，大事焚劫。又南（下）由吴江县抵松江府，复归上海。因巡逻击，不敢出袭。时调来狼兵不满百人，每与贼遇，贼辄披靡；偶以二十人当贼二百人，为贼所围，力战得出，杀贼五十余人，狼兵死六人；其间二人尤骁勇，贼至刘家行，单骑追之。”《倭变事略》卷 2 载：“嘉靖三十三年四月十三日……郡侯悬数百金购狼兵，追（倭寇）至松江泖桥，不及而还……”

上述各郡所募、所购狼兵亦颇能战，受到犒抚激励，便会拼死力杀倭。他们是一些无土官、土目带领和管理的临时聚合之众，一旦无粮可吃，或有什么不满，骚扰地方便是难免之事。民间反映狼兵纪律差，并不都是瓦氏所部的问题。

① 《世宗嘉靖实录》卷 424 之三十四年七月张经上疏自理。

附：御倭战争概况

元代中日断交，日本一些武士和商人便到中国沿海从事走私和抢劫活动，是称倭寇。明洪武时遣使赴日交涉无果，实行海禁，沿海共置卫 64 个、守御千户所 95 个，卫所驻军达 46 万人，加上 733 个巡检司之弓手，整个海防线上兵力在 50 万人上下。永乐时允许日政府和商人来华贸易，同时加强海防。永乐十七年（1419 年）六月，辽东总兵刘荣在金州卫金线岛望海埚歼灭来犯倭寇，“斩首千余级，生擒百三十人，一时倭寇敛迹”。

15 世纪中叶，日本进入战国时代，各地封建主为补充军费，利用武士、商人、浪人到中国沿海进行抢劫。嘉靖二年（1523 年）发生“宁波事件”，朝廷禁止海外贸易，而“海商大贾”“浙闽大姓”为谋厚利，则勾结倭寇进行走私。嘉靖二十五年（1546 年）朱纨出任浙江巡抚，提督浙闽军务，捕杀了通倭的海盗头目九十六人，被浙闽强豪指使在朝官员弹劾，含冤自尽。嘉靖三十一年（1552 年）王忬提督浙闽军务，筑城 30 余处，并任用将领俞大猷、汤克宽等御倭，但江、浙、山东兵屡败，倭患日炽。兵部尚书张经奏请调广西狼兵和湖广土兵御倭，于嘉靖三十三年（1554 年）十二月受命总督江南、江北、浙江、山东、福建、湖广诸军，便宜行事。次年四、五月间，张经组织瓦氏夫人等五州狼兵、湖广土兵及浙兵、乡兵围歼进犯嘉兴的倭寇，史称“王江泾大捷”。张经任总督半年间，依靠狼、土兵共歼灭倭寇四千八百有奇，一举扭转了御倭战争的劣势，但被宰相严嵩义子侍郎赵文华诬告受诛杀，以狼、土兵御倭亦被罢止。

嘉靖三十四年（1555 年）秋，籍属军户袭父职为登州卫指挥佥事的戚继光，由山东调至浙江都司任佥事，翌年受巡抚胡宗宪推荐升参将，并奏准得于三十八年（1559 年）九月亲到俗称“剽悍”的义乌招募农民、矿夫四千余人，组训新军。翌年，调任分守台（州）金（华）严（州）地方参将。嘉靖四十年（1561 年）四、五月间对进犯台州地区之倭寇作战，先是“五战五胜，共斩首三百八级，生擒巨酋二，俘其漂溺无算”，继而“三战三捷，计斩首三百四十四级，生擒五酋。”戚因功升都指挥使。与此同时，总兵官卢镗、参将牛天赐等亦在宁波、温州一带大败倭寇。倭寇在浙受重创，遂窜往福建沿海。

嘉靖四十一年（1562 年）七月，戚继光奉命率所部六千人入闽剿倭，“阵列鸳鸯，负草填泥，匍匐横进”，越过泥泞海滩，强攻宁德东北的倭寇巢穴横屿，取得“生擒二十九人，斩首三百四十八级”的胜利。接着，扫荡了牛田（今福清东南）、林墩（今莆田县南）的倭寇，十月初回师休整。戚家军回浙后，倭寇反扑，袭破兴化府城（今莆田），并占据了平海卫（莆田东南，岑猛拒不赴任之处），八闽震动。朝廷命谭纶为福建巡抚兼提督军务、俞大猷为总兵官，又调戚继光援闽。嘉靖四十二年（1563 年）春，戚继光再次到义乌募兵，得壮士万余人，边行军边训练，驰援福建。三月，戚家军与俞大猷、刘显（广东总兵官）所部三路并进，攻下平海，捣毁了倭巢。不久，两万七千余倭寇又涌到福建沿海登陆。谭纶奏准命戚继光为总兵官，镇守福建全省及浙江金华、温州二府。十一月，两万倭寇围攻仙游。戚继光在增防仙游的同时，从浙江调回轮休的六千官兵，于十二月底挥师进剿，连破四垒，重创倭寇，为仙游解了围。翌年初，戚家军南下，在同安、漳浦等地大败倭寇，余倭“掠渔舟出海去”，闽患告平。

浙、闽倭寇被剿灭后，尚有两万倭寇在广东潮州一带骚扰。嘉靖四十三年（1564 年），朝廷命俞大猷为广东总兵官，俞率其由招募农民组成的俞家军，与其他部队配合，先后在海丰等地剿除倭寇。翌年俞大猷率水兵，戚继光率陆兵，于南澳岛捣毁倭寇最后一个巢穴，中国御倭战争宣告胜利结束。

第七章　壮族土司兵①

壮族土司兵是封建领主武装。宋朝平侬智高后，对广南西路的西部地区开始加强统治，封各地酋领为知州、知县、知峒（峒，亦称洞）；各酋领所属武装由朝廷加以编组，进行训练，最高封建统治者予以承认，要求其服从朝廷调用，但仍由各土官直接管理支配，保有高度的自主权。据《宋史》所载，英宗治平二年（1065 年）所掌握的左右江峒丁为四万四千五百人，迄神宗熙宁年间（1068—1077 年），则已“团集左右江峒丁十余万众，自广以西赖以防守”。到徽宗大观二年（1108 年）“又二十万众来归”。土司兵在各时期、各地域、各场合称谓不同，有峒丁、撞丁、田子甲、土兵、目兵、狼兵、耕兵等名称，数量多寡盈缩不一，它历经宋元明清四个朝代（1065—1911 年），延续了约八百五十年，是壮族历史上存在时间最长、稳定性甚强、影响历史巨大的一支武装。它伴随土官的委任、土司制度的建立而产生、成形，随着改土归流的进程而衰落、逐渐消亡。

编制实力

《宋史》卷 191《兵五・乡兵二》载：治平二年（1065 年）左右江四十五溪峒峒丁“以三十人为一甲，置节级，五甲置都头，十甲置指挥使，五十甲置都指挥使，总四万四千五百人，以为定额”。范成大《桂海虞衡志・志蛮》云：宋代峒丁“旧一州不过五六百人，今（指乾道末年，1172—1173 年）有以千计者。元丰中（1078—1085 年）尝籍其数十余万”。《文献通考》卷 156 载，建炎初（1127 年）左右两江设有二百八十一个指挥，训练峒丁计有十九万人之多。据此推算，平均每个指挥辖七百人左右。淳祐九年

① 土司制度，学界多认为始于元，亦有人指出元代只有土官而无土司，明永乐以后才出现“土司”一词。主张始于元者亦称：明代在边地土属州县实行了与汉族地区相同的赋税制度，才使土司制度与以前的羁縻政策区别开来。诸说见云南民族出版社 1992 年出版的龚荫《中国土司制度》书中马曜《序》和王叔武《跋》。本文所称壮族土司兵，乃就广义而言，包括土司制度确立之前的土官兵在内。作为壮族封建领主武装，其兵力最强盛、制度最完备是在明代的土司兵时期，而其建立，无疑是在北宋后期开始的。

（1249年），李曾伯知静江府广西经略安抚使时查阅宜州、融州档籍和左、右江所报各帐统计，广西共有峒丁51562人。其中左江22600人，右江10962人，宜州9000人，融州9000人。宋代土兵数量之变化，应属官府“籍其数”时，土官出于种种缘故上报之数字不同而已。土官及其兵田相对稳定，土兵亦保持其常量不会有大的增减。

元代土司兵总数缺载，只《元史・哈利哈孙传》反映，至元末年（1293—1294年）湖广行省批准广西募南丹五千户屯田，“内实空地，外制交趾”。《乌古孙泽传》称，鉴于邕徼外蛮数为寇，两江道宣慰副使又募民伉健者四千六百余户，置雷留、那扶十屯，列营垒以守之。《元史・兵志三》载“撞兵屯田”：大德二年（1298年）上浪、忠州、那扶、雷留、水口诸处共有屯田545顷7亩，屯户5582户，系募至的“牧（疑为东之误）兰等处及融庆溪洞徭撞民丁”；十年（1306年）又在藤州置屯田208顷19亩，屯户不明。上述元代增置的一万五千余户屯田“撞兵”，其管理者亦为土官，但与各土府州县峒之土司兵，情况有所不同。

明代是土司兵活跃时期，亦是由盛转衰时期。丘睿在《广西众建土官议》中说，广西“两江地方二三千里，其所辖狼兵（土司兵）无虑十数万”。[①] 万历三十年（1602年）巡抚杨芳主编的《殿粤要纂》载，广西38家土司之狼兵，有72550名听调出征、10600名和5620名各分三班轮戍督府和省府、1900名守边境关隘（见《明代广西土司听调兵马及戍梧戍省守隘兵额表》）。这90670名额只是土司承认戍调的基本数额，远低于其可出动兵力。成化元年（1465年）泗城土司兼并邻郡，曾举众四万出战；正德六年（1511年）田州和镇安土司曾分别派兵两万和一万赴江西“讨贼”，此三家土司先前实际出兵，皆高出其万历末年所承认的听调名额一至数倍。据此，明代广西土司兵额高峰值当在二十万上下。明末广西土司已较明初削减了约三成。[②] 自然，狼兵总量也会相应减少。清代加快了改土归流，土司兵大批裁汰，但十余个非土属县，以及广东的罗旁等地，仍用土司兵（狼兵）驻防。桂越边境，亦主要用土兵戍守。嘉庆《广西通志》卷173记载，据乾隆二十二年（1757年）档册统计，广西十府及一直隶州共有土兵13842人，占全省总兵力的34.95%（见《清中叶广西土兵分布及兵田数量表》）。

制度和管理

一、世袭的兵农制度

土司兵是封建领主的专业农奴，亦兵亦农，耕种兵田，不缴税赋，专服兵役。土官

① 《粤西文载》卷56。

② 韦宣仁《广西通志・行政区划志》。

将其田地划为各种份地让农奴耕种，以获取贡赋和各种服役。土民从土官处领取份地，自称或他称均为“楞那”（lwgnaz）。宋代文人著述中称之为“田子”，称土官兵为“田子甲”，“言耕其田而为之甲士也”。[①] 土司辖区的份地中，兵田乃为一大板块，故而其兵源皆较为充足。据民国三十二年黄文观《凤山县志》记载，当地原设统领、参将各一员，各授田四百把（每把秧产谷二十斤，四百把秧之田约为二十亩）；设土兵若干、皇兵（听候朝廷调遣赴外地值勤之土兵）百名，各给田约百余把；哨总给田约三百把（一个土州县辖近十个哨至十余个哨不等）；哨以下为石，设总石、总管，各给田约二百把；石以下为村，设头人苏老、保正，给田各百六七十把；夫役站有夫三十至五十名，各给田约百余把；至若衙役、马草、擂鼓、放更炮等，每名给田约百把。自宋末至清咸丰年间，相沿无异。[②] 此说明，土兵待遇较优，是上等农奴。军户子弟从事戍守，轮番连续值勤；参加作战，或五丁抽一，或三丁抽一，唯听土官需要。不愿出征者虽可交款赎身，但赎款颇重，会使人倾家荡产；而且免征人还得去服劳役。流传于今平果、田东、马山一带的《贼歌》（《兵戈怨》）形象生动地描述了明代土司兵征发和作战活动的具体情况（见附录）。土司地区实行世兵制，父为军籍，子孙承袭，不许改业。《清朝文献通考》卷72载，乾隆三十三年（1768年）所定规章：佃种土官之田，向听其使役、充兵之土民不准应科举考试，以免一经上进不服差役。嘉庆十年（1805年）仁宗皇帝对两广总督所奏批示：番哨隶置等项土民，身充贱役，照例仍不准应试。[③] 清代忻城县城军户子弟韦景新欲参加乡试而土司不允许，因为怕其中试而脱离军籍。[④] 有些土汉官员也派军户服其他徭役，军户则加以抵制。清嘉庆十五年（1810年）太平土州右哨所立《五哨军民不供夫役碑》反映了这种情况。碑文称，本州自宋以来，四朝相沿分为五哨九甲，哨民应兵，甲民应夫，不容紊乱，并刻有碑模立于州衙之内。但上宪官差、本州师爷、太老、书办、差役等下乡，“多鬻权借势，吓压沿村抬送”。右哨盆那村村民受累不浅，州官只好答应该村复制一碑立于村内，以凭抵制。[⑤] 土司兵亦兵亦农，属不脱产的民兵体制，作战在很大程度上受农时限制。明弘治十二年四月兵部集议曾说道：“征剿瑶壮全藉土兵，彼待秋收方来，贼已先清野，藏于万山……迨春耕，土兵皆散归，不可禁治。自前至今，皆袭此弊。”[⑥]

二、军政合一的指挥体制

宋代授土官、编训土兵（峒丁），均按各酋领之领地来实施，土官一身二任，兼管军民。土官、土目即为本地土兵的指挥，反之，土兵的指挥即当地的大小土官。宋熙宁六

---

① 《岭外代答》卷3。

② 转引自黄现璠《广西壮族简史（初稿）》第27页。

③ 《清仁宗实录》卷144。

④ 《忻城土司志》第217页，广西人民出版社，2005年。

⑤ 《广西少数民族地区石刻碑文集》，广西人民出版社，1982年。

⑥ 《明孝宗实录》卷149。

年（1073年）“诸路行保甲”，即是以正副指挥兼充都副保正，以都头、将、虞候、头首、都甲头兼充保长，以左右节级、甲头充小保长。宋代开创的土兵管理体制既符合朝廷的保甲制度，亦契合其前身酋领武装由各地雄长领兵的传统。元代在广西设田州路、来安路、镇安路、太平路、思明路五个土军民总管府，庆远、南丹、溪洞等处军民安抚司，军政合一体制有所强化。南丹莫国麟于至元二十八年（1291年）入觐，获授安抚使、三珠虎符，说明他领兵七千人以上。次年（1292年）镇安路总管岑斗荣袭职，佩虎符。泰定元年（1324年）受抚的岑世兴被遥授沿边溪洞军民安抚使，佩虎符，仍任来安路总管；同时受抚的黄胜许亦被授安抚使，佩虎符，但致仕，由其子袭为上思知州。元代已知佩虎符土官仅上述四人，其中三人虎符级别不明，即使为二珠或一珠，亦表明元政府认定其领兵为五千人以上或三千人以上。明代土官分文、武职，武职土官设有宣慰使（从三品）、宣抚使（从四品）、安抚使（从五品）、招讨使（从五品）、长官（正六品）、蛮夷长官等职级。安抚使以上配有同知和副使，招讨使和长官配副职和吏目。据龚荫统计，明代广西土官最多时为347个，其中武职仅30个：土指挥1、土千户5、土百户11、土长官7、土副长官3、土千总1、土营长2。[①] 上述武职级别均较低，表明明朝廷对军权控制很严。思恩府岑瑛是个“有谋略善治兵”的土官，明英宗说：“岑瑛既历练老成，累有战功，不为例，改升都指挥同知（从二品），仍听总兵镇守官调用。”[②] 最后升都指挥。武职土官承袭由兵部武选司审理，在地方上归都指挥管辖。清代任命的土官大为减少，广西总共有土官69个，其中武职仅6个：土长官3、土副长官1、土千总1、土营长1。[③] 五品以上的武职再不授予了。

宋元土官兼管军民，明清两代土官分文、武职。授武职者或褒奖其战功，或反映其主要或专职掌管军事。田州土知州岑大禄在任22年，有15年领兵在外作战；土千户、土百户皆主管军事。但未授武职的土官并非不管军事，事实上文职土官领兵更多，兵权更大。

土司兵奉调出征时或重新实行战斗编组，临时委派具有资格者为统领，但土司兵从无跨越领地的大规模的编组和任命高级的统帅，参加大战亦是以土府、土州、土县为单位配属给朝廷军官调遣。明嘉靖年间朝廷调广西土司兵——时称狼兵赴松嘉前线抵御倭寇，田州出兵四千一百余人，其领队瓦氏夫人题授女官参将，而与其同期奉调的东兰、那地、南丹、归顺等州各数百名狼兵皆由各自的土目带领，既不同行亦不同驻。御倭总督张经知道各州狼兵素不和睦，相聚则斗，特派两名游击将军对其分别管理。[④]

三、重奖重罚的带兵用兵办法

土司兵作战纪律严酷，令出山倒。魏濬《峤南琐记》载：土司兵中“将千人者得以军令临百人之将，将百人者得以军令临十人之将”“凡一人赴敌，则左右大呼夹击，一伍

① 龚荫《中国土司制度》第998页。
② 《土官底簿》，《文渊阁四库全书》史部三五七，台湾商务印书馆版，第390页。
③ 同注1之第113页、第114页。
④ 《平倭通录》，《明大政纂要》卷5下。

争救之。若一人战没，左右不夹击者即斩，一伍之众皆论罪及截耳。一伍赴敌，则左右伍呼而夹击，一队争救之。若一伍战没，左右伍不夹击者即斩，一队之众皆论罪及截耳。不如令者斩，退缩者斩，走者斩，言恐众者斩，敌人冲而乱者斩，敌佯以金帛遗地或争取不追蹑者斩”“其论功行赏之法，战死者临阵跃马前斗，因而摧破敌阵，虽不获级而能杀敌之气者，俱受上赏。斩级者论首虏，斩级而能冠同伍者，辄以其人领之”。平时较优的待遇、战时严酷的惩罚和具有刺激性的奖励，加上掳获归己的诱惑，使土司兵获得了顽强的战斗力。明人的著述中对此多有反映，有的甚至说广西狼兵是“可死不可败”。

四、朝廷对土司兵的管理

朝廷对土司兵的管理经历粗放到严格的过程。宋朝在土属地区“籍其民为壮丁，以藩篱内郡，障防外蛮，缓急追集备御，制如官军”。广西土属地区共设4寨（永平、太平、横山东、横山西），委派提举都巡检使、知寨、主簿，负责军政管理。“平居则与之平仇杀，禁掠卖；有寇则调兵于诸峒，协力以合战。”寨官为汉官，掌诸峒财赋供养官兵，官兵则护卫寨官，控制诸峒。峒丁有争，讼诸土官；若不能决，或土官自争时，则讼诸寨或提举；又不能决，讼诸邕管，以至帅司。法理如此，实际上“官名提举，实不得管一丁，而生杀予夺，尽出其酋”。宋人周去非《岭外代答》卷三《峒丁戍边》称：峒丁之于其首领，“日各以职供水陆之产，为之力作，终岁不得一饱；为之效死战争，而复加苛敛，一有微过，遣所亲军斩之上流，而自于下流阅其尸也。日曛，酋醉酣，仗剑散步，峒丁避不及者，手刃焉”。土官酋领开始尚尊重寨官，以后则不放眼里，甚至构陷、排挤。

朝廷管理土司兵的办法有六：**（一）掌控酋领，依据其领地情况，确定出兵名额，随时调用**。宋景德年间（1004—1007年）曹克明知邕州，于承天节召左右江三十六洞酋长集会，谕以恩信，并赠衣物。独洪洞恃险不至，克明派兵攻之，斩其首领枭于市。克明恩威并用，控制了溪洞酋领，才能籍其民为丁壮。景德四年（1007年）发生宜州军校陈进造反，曹克明得以募溪洞兵三千参加征剿。皇祐五年（1053年）余靖为防止溪洞兵为侬智高所用，并用溪洞兵对侬作战，临时派人入洞抚谕诸酋长，皆縻以职，并付出了比侬智高所付更多的财物。熙宁七年（1074年）赵卨出征交趾，宋神宗谕以用峒丁之法：“当先诱以实利，然后可以使人；甘言虚辞，岂能责其效命？……王师之南，卿宜选募劲兵数千，择枭将领之，以胁诸峒：谕以大兵将至，从我者有赏，其不从者按族诛之。兵威既振，先胁右江，右江既附，复胁左江，两江附则诸蛮无不附者。然后以攻交人刘纪巢穴，甚非难也。”宋代用溪洞兵首开先例，“必先尽得其首领之心，然后可赖其丁壮之力”。[①]到明代官府征用土司兵则已制度化。万历三十年（1602年）杨芳《殿粤要纂》记载，广西各土属府州县峒司在明代皆分配有战时应征以及平时赴总督府和省府戍守，以及到边境关隘戍守的兵额，少者数十，多者数千上万，总数为90670名。

① 李曾伯《守边之宜五事疏》。

（二）对率部出征的土司论功行赏。范成大《桂海虞衡志·志蛮》记载："安抚经略初开幕府，颁盐、彩遍犒首领，以公文下教，谓之委曲，大略使固守边界，存恤壮丁云。"朝廷征调土司兵，事前派员对土官赏敕奖谕，战后则论功行赏。元成宗时（1295—1307年），太平土知州李兴隆从征上思有功升太平路总管。明天顺六年（1462年），泗城土知州岑瑄妻卢氏，因率部镇压贵州苗民获封二品贞寿夫人。继而其女于正德年间出征贵州战死，追赠二品忠贞夫人。正德七年（1512年），田州土官岑猛率土兵参加对江西华林、桃源的征剿有功，升为指挥同知。万历七年（1579年）忻城土知县莫镇威参加围剿八寨（十寨），记二等功，加四品服色，赏金帛黄伞，得黄金十两。九年（1581年），他又领兵协剿马平起义壮民，总督刘尧诲为之报功，神宗准赐金帛，并将同其、功德、窑灰、凉荫划入其县境由其管辖治理。《殿粤要纂》载：该县自荡平十寨，割马平、迁江之同其、姨娘、西里、皂岭、石牛以益之，以同其、姨娘等处田粮充各堡兵之饷。明代思恩土知州岑瑛因屡立战功，历升知府、参政、都指挥使，其辖区不断得到扩展，由州变为军民府。清代泗城土官岑继禄因引满汉大军入滇击败南明，继而又协助清兵征讨吴三桂之子吴送立功，其领地由州升级为府，本人由知州升知府。朝廷对土司官兵训练有成绩者，亦予奖励。对于作战不力、贻误战机者，朝廷予以处罚。但罚之从轻，允许戴罪立功。

忻城莫土司衙署大门

忻城土知县莫镇威画像

忻城莫土司衙署大堂旁，画面右方为兵房，左为牢房

莫镇威参剿八寨获万历帝赏赐后移县治，在翠屏山下修建新衙署

（三）对戍守和参战土兵给予部分补贴。杨芳《殿粤要纂》记载，戍省狼兵1800人，岁饷5400两，人均3两。约为官兵标准（10两）的三分之一。土司兵参战朝廷按日补贴，但多中饱土官私囊。汪森《粤西丛载》卷24《土兵》记载："土官喜于见调，兵人日米一升，计价日可一钱，俱为土官所得。"

（四）以战利品奖赏其掳获者。丘睿《两广事宜疏》称："广西左右两江土官衙门自来皆服调遣……自抵贼巢，所得贼财尽以与之，官军人等不许抽分科夺，及所俘获贼属，许得变卖，则人自为战，勇气百倍矣。"王守仁围剿八寨时其总兵为防土兵中途苟且偷安，曾将土兵所获财物女色搜出交老军曹统一保管，待功成班师之日再予发还。明朝统治者认为，此乃"帅师行军之道，不如此不足以取胜而成功也"。姚镆剿田州土官岑猛，嘉靖皇帝令其出榜：有擒猛或斩猛来献者，不仅赏银三千或两千，量授官职，还可分给岑猛之财产。

（五）对应征作战伤亡官兵予以抚恤褒扬。清朝抚恤金额原按绿营标准减半发放。乾隆三十七年（1772 年）兵部议定为阵亡土官三品给银 250 两、四品给 200 两、五品 150 两、六品 100 两、七八品 50 两，均加衔一次，其子承袭一次。两年后又议准土司兵作战受伤头等给银 15 两，以下递减，五等为 5 两。据《清高宗实录》卷 134 载：田州土知州岑宜栋于乾隆五十三年（1788 年）率土兵二千入安南平叛，阵亡后乾隆帝命"从优议叙"，吏部议为入祀昭忠祠，给云骑尉世袭，袭次完时给恩骑尉世袭罔替。

（六）对相互仇杀彼此火并者予以惩罚。土司兴兵仇杀和火并，时有所闻，宋代少予干涉。元代开始禁止。《元史》卷 103《刑法二》记载，凡土司"兴兵相仇杀者，坐以叛逆之罪"，但仍取姑息政策："土官有罪，罚而不废"。来安土官岑从毅纵兵杀掠逼死镇安州主李显祖，被召入觐，却未受惩罚。尔后还让其子孙世袭为镇安路总管。明代对土司争权夺利兼并扩张加强了防范，对作乱土官，多派员抚谕，对怙恶不悛者则重兵讨伐，镇压岑浚、岑猛动用兵力皆多达十万人，但事平后还尽量保留土官之承袭地位。明朝遭遇土司一官独大，难以驾驭的情况，采取"众建"政策，用析其地、降其级的办法以减杀其势。对保留无益之土司则择机实行改土归流。

兵法与训练

《天下郡国利病书》等载，土司兵分有马上枪兵、步下弓兵、步下枪兵、腰牌兵、弩手、鸟铳手、火兵、旗手等。兵器有桶子甲、长枪、手标、扁刀、剑、镰、牌盾、弓箭、鸟铳等，尤以药箭和标枪最精良。明弘治年间（1488—1505 年）岑浚主政思恩府时，还拥有战船三百余艘。

土司之兵法史载甚少。明代《峤南琐记》称：田州土司兵作战，"七人为伍，每伍自相为命，四人专主击刺，三人专主割首，所获首级，七人共之。割首之人，虽有照护主击刺者之责，但能奋杀向前，不必武艺之精绝也。"从前述土司兵之战场纪律来看，要求一人赴敌，左右夹击，全伍掩护；一伍赴敌，则左右伍必须协同行动，不如令者斩。乃是强调一伍一队同生共死，步调一致，发挥群体的威力。早在宋代就开始培养土司兵的群体意识。熙宁十年（1077 年）宋廷机秘院对广西峒丁的训练提出："令五人附近者结一保，五保附近者结一队。每校阅，保队各相依附。至于战斗，互相救助。”当今壮乡流传的板鞋舞，据称乃是来自古代土司兵养成协同动作的一种训练方法。《文献通考》卷330《四裔七》载：土司兵“其相仇杀，彼此布阵，各张两翼，以相包裹，人多翼长者胜”。正面攻击与侧翼包抄相结合，乃是人类古今沿用的有效战术，土司兵当年已在运用了。

土司兵的训练，最初的记载是宋嘉祐七年（1062年），广南西路土丁凡三万九千八百人，分队伍行阵，习枪、镖排，冬初集州按阅，后递岁州县迭教，察视兵械。以妨收刈，改用十一月教，一月罢。熙宁六年（1073年），广西经略沈起言上奏：“邕州五十一郡峒丁，凡四万五千二百，请行保甲，给戎械，教阵队。”周去非《岭外代答》卷3亦载，熙宁八年（1075年）“广西诸司乞以土丁教阅，今保丁亦教阅也。每岁农隙，会土保丁越州若县，教以坐作、进退、号令、旗鼓之法，一季而罢”。经过训练的土兵保丁，“刀弩枪牌，用之颇精”。熙宁十年（1077年）机秘院称：峒丁“颇骁勇，但训练不至，激劝无术。欲委经略司举才武兼干之人为都司巡检等，提举训练，每季分往按阅逐峒。岁终县武艺精强人数，首领等第给俸……常日不妨农作，习学武艺；遇提举官按阅，即聚一村按试，毋得预集边境”。元丰五年（1082年）宋神宗诏：广南保甲自置裹头、无刃枪、竹标排、木弓刀、篙矢等习武技，遇捕盗则官给器械。清乾隆年间，朝廷亦责令土司“于农隙实力操练。地方汉土各官会同营弁每岁训练一次。如无营弁地方，即专责该土司自行训练。该管道府，岁底通报查核”。忻城土司衙署西侧至今存有一个占地约十亩的阅兵场，为土司检阅土兵的场所和出征的誓师地点。在县城东三里许的木万山下还有一个数十亩宽的操场，每年冬各里堡的土兵都集聚到此，受训一个月。土兵的训练除了军事战术技术之外，还进行思想灌输，内容为忠君报国、效忠主人、光宗耀祖之类。忻城土司莫敬诚之子莫凤替父出征大藤峡病死归途中，临终对左右说：“吾以频年征战，尽瘁驰驱，只欲代父报国，无负君恩。”要求左右转告其子：“伊父未了之怀，先人可缵之业，须早夜尽职，无坠莫氏家声，吾亦可瞑目于九泉矣。”从此遗嘱，可以窥见土司兵思想灌输的基本内容。土官将自家出征获朝廷赏赐情况载入族谱，将阵亡人员祭于家庙，朝廷让战死土官入祀昭忠祠，这些举措亦对土司官兵起到教化的作用。

主要活动

土司兵一经成立，就既是土官的私家武装，又成了为封建朝廷政治服务的工具。宋元明清四朝九百余年间，土司兵的主要活动是：

一、听调从征

土司兵为朝廷出征作战，北宋已有记载。天圣六年（1028年）交趾李公蕴派其子弟

岑瑛率思恩府狼兵听调从征屡有军功，官至参政、都指挥使，年且八十，尚在军中

及甲承贵等率部入寇，宋仁宗诏广南西路发溪洞丁壮讨捕之。[①]元丰二年（1079年）五月“顺州蛮叛，峒兵讨平之”。南宋建炎年间（1127—1130年）安化州的凌、罗两土官率其峒丁勤王，以毒箭袭击曹成兵，曹成惊惧远遁。[②]元代使用土司兵情况罕有记载，有关明代土司兵从征的记载甚多。吏部刑部官员南来勘察回京后奏称，广西官军明初有十二万人，到弘治五年（1492年）只存一万八千人。总督邓廷瓒云，广西“各卫所军士十亡八九，凡有征调，全倚土兵”。《殿粤要纂》载，桂西土属各府州县额定随时听调从征的目兵共达72550名，还有10600名和5620名各分三班轮戍督府和省府。常驻督府和省府的目兵，除了守卫府城，亦用于附近的一些应急作战。史载表明，**明代广西大藤峡、八寨、古田、府江、马平、怀远等各主要地区的农军斗争，都是官府以土司兵为主力镇压下去的。**（见《明代两广对农军重大征剿所用兵力构成表》）**广西土司兵还应朝廷调遣到贵州、江西、湖南、广东、海南等地参加征剿作战。**弘治十四年（1501年）海南岛发生黎民暴动，伏羌将军毛锐“率汉达狼土兵十万出儋州，大破之”。田州土官岑芝率部参加作战阵亡。[③]同年底，朝廷兵部还请敕泗城土兵二万自带二月粮饷，增援贵州官军对米鲁作战。万历四年（1576年），总督凌云翼镇压广东罗旁地区瑶壮造反出兵20万人，狼兵占了16万人。凡打胜一仗即赏黄金一两，因而狼兵“搜山索峒，用死疾战”，使造反农民“几无遗类”，受到惨重摧残。[④]正德七年（1512年），总制五省军务的陈金奏调田州和镇安目兵共三万人赴江西进剿累年不能克之“贼”，“半年间，剿贼几尽”。“然所用目兵贪残嗜杀，剽掠甚于贼，有巨族数百口阖门罹难者。所获妇女率指为贼属，载数十艘去。民间谣曰：‘土贼犹可，土兵杀我。’金亦知民患之，方倚其力，不为禁。”[⑤]众多事件说明，土司兵是封建统治者“以夷治夷”的得力工具。然而土司出兵除图取卤获及官位虚衔外，更要金银之赏，与官方讨价还价。“（江西）东乡之役，鎏兵（镇安岑鎏土兵）纵弩射，蹻捷若飞，贼大窘。鎏兵要赏千金，（陈）金靳不予，乃纵贼使逸。”

土司兵之应征，还用于镇压土司叛乱。洪武二十八年（1395年）闰九月，龙州土官赵宗寿及奉议、南丹土官抗命，朝廷派杨文领兵二万前来讨伐，并调田州、泗城等土兵三万八千九百名从征。嘉靖四年（1525年）十一月，总督和巡抚策划讨伐田州土官岑猛，除奏调永顺、保靖土兵和奏取荆州、枝江等卫所歇班官军外，主要使用受岑猛之害的泗城、东兰、镇安、龙州等土司的兵力作战，同时令曾依附岑猛的归顺、那地、向武、奉议等七州土官反戈，出兵参战。次年，继任的主官基本按此方案实施，灭了岑猛。万历二十七年（1599年）东兰土官内乱，总督调泗城等土司之兵协同官军讨平。

土司兵在嘉靖中后期曾有多起被调东征御倭。嘉靖三十四年（1555年）瓦氏夫人所率的田州四千一百人，归顺、东兰、那地、南丹四州的二千七百五十人，到松嘉前线对

① 《宋史·交趾传》。
② 《桂海虞衡志·志蛮》。
③ 《万历武功录》广东部、广西部及《田州岑氏源流谱》。
④ 《万历武功录》广东部。
⑤ 《明史·陈金传》。

倭作战。虽然时间仅为三个半月，作用颇大，史载甚详。此外，据《世宗实录》卷 462 载，向武州亦有四千名土兵东调御倭，嘉靖三十七年（1558 年）七月才拟让其交防回乡。万历四年（1576 年）倭寇入侵今合浦县山口地区，海北兵备道组织抵抗，狼目韦真率领狼兵参战。

明末，土司兵曾多批被调北上抗清。崇祯十七年（1644 年）九月，广西派擅火器药弩的狼兵一千人入卫南京。[①] 南明隆武元年（1645 年），副将覃裕春（罗城壮目）率交铳手狼兵五千人随南明督师何腾蛟部到湘北潼溪一带驻防。次年六月，伏击来偷袭之清军，击毙其人、马各千余，覃升为总兵官。[②] 九月，广西派八千狼兵出援赣州，未至已陷。十月，浔梧守将李明忠统浔州狼兵六千人出守南雄、韶关。[③] 南明永历元年（1647 年）七月，副将王凤升自柳州募狼兵交铳手三千名出守湘南永州。永历帝在桂林曾遣使谕左、右江土司和云南土司发兵勤王，其到南宁后，田州、果化等土官来朝，俱各升一级。南明军在桂西活动得到过土司和土兵的广泛支持、配合。归顺州土目张常曾率众攻破上林三里城，杀清军参将，占据武缘县西部山区抗清达十八年。[④] 但土司对明、清无固定立场。如泗城土知州岑继禄曾带队并亲做向导，帮助受阻于南盘江的清军入滇，击灭南明。后又率兵千人协助清军镇压隆纳山（今隆林县境）反清苗民。康熙十二年（1673 年）吴三桂于云南举旗反清，岑继禄又出兵参与，十八年才“投诚”。[⑤]

清顺治三年(1646年)，桂王朱由榔在广东称帝，遂称永历朝。朱由榔为了获得地方大小政权的拥护，到处封官许愿，颁发印鉴，图为永历二年(1648年)南明流亡政权颁发给迁隆土峒的“迁隆州印”。

永历帝给迁隆土司颁发的州印

土司兵还受朝廷调遣出境作战或执行后勤任务。乾隆五十三年（1788 年）清廷派两广和云南官军一万五千人入安南讨伐篡位的阮惠，田州土兵两千人应调随征，于富良江南岸战亡。（详见《岑氏土官土司兵事录》）

① 《明季南略》卷 2。

② 《明永历实录》卷 7、《三湘从事录》。

③ 《所知录》卷上、《明史》卷 278、《明永历实录》卷 1《行在阳秋》上。

④ 民国《上林县志》卷 9。

⑤ 《小腆纪年》卷 19、20，《行在阳秋》下，《明季南略》卷 16，《清圣祖实录》卷 11、66、85，《清史稿》卷 252《傅弘烈传》。

二、屯守和轮戍

宋代，朝廷平侬智高后，在广西留驻戍兵二万四千余人，两年一换。皇祐五年（1053年），广西戍兵服役期满而未获接替者，“以土兵岁一代之”。是为土司兵担任戍守之先声。元丰六年（1083年），提点广西路刑狱彭次云称：“邕苦瘴疠，请量留兵更戍，余用峒丁，以季月番上，给禁军钱粮。”群臣议论认为，若尽代正兵，恐妨农。请计戍兵三分之一代以峒丁，季轮二千赴邕州肄习武事。上从之。宋天圣六年（1028年），交趾入寇，仁宗诏广西发溪峒丁壮讨捕之。英宗时（1064—1067年），陆诜至邕州，集左、右江四十五峒首诣麾下，阅简土丁五万，补置将吏，更铸印给之，军声益张，交人滋益恭，遣使入贡。宋末，马塈曾知钦州、邕州，抚诸蛮，治关隘，大理不敢越善阐，安南不敢入永平，边陲晏然。功上闻，以左武卫将征入朝，至桂林时遇元军进逼，遂总屯戍诸军、护经略司印守城。至元十四年（1277年）元军攻广西，马塈“发所部及诸峒兵守静江”，与元军作战。[①] 据此可以推断，土司兵之前身土兵、峒丁，在宋代已是地方防卫的一支重要力量了。

元代，至元二十四年（1287年）朝廷出兵讨伐安南之后第四年，在广西南丹募五千户屯田，“内实空地，外控交趾”。至元二十九年（1292年），刘国杰奉旨讨平勾结交趾寇边的上思州土官黄胜许后，尽取其地为屯田，募庆远诸“撞人”耕守。《元史·兵志三》载，黄胜许叛逃交趾遗弃水田545顷7亩，上浪、忠州、那扶、雷留、水口等地“撞兵”屯田共达5582户。大德十年（1306年），广西官府又将被平的“大任洞贼”所遗田土280顷19亩，置为藤州屯田。

明代，洪武八年（1375年）刚来藤县西北古赠村一带垦荒才数年的南丹壮人覃福，率众860余人充编为桂林右卫之中左千户所，就地屯守。成化初（1465年）韩雍清剿大藤峡后，召集该所离散兵丁整顿补充，建为五屯屯田千户所，与洪武二十五年（1392年）所建的迁江屯田千户所，同为广西都司直辖的两个屯田戍守单位。官府在征剿各地农军后，皆留驻部分随征土目土兵，并迁来其家口，利用“遗田”且耕且守，“镇抚余孽”。据八寨、古田、府江、武靖、柳庆、桂东南等处的统计，明代土兵屯戍人数高峰时期约为3万人，到明末则大为减少。苏濬《广西通志》载，万历二十五年（1597年）广西耕兵为15933名，屯田281225亩。万历三十年（1602年）付梓的《殿粤要纂》所载，广西耕兵则只有10965人了。广东的四会、高要、恩平、茂名一线以西十余个州县，亦有狼兵戍守。《广东新语·人语》称：“罗定、东安（今云浮）、西宁（今郁南）有狼人，盖从粤西调至征戍罗旁者，族凡数万。”

明代广西土兵屯戍，府江地区人数最多，设参将统辖两岸四大营众屯堡，高峰期达7000人，万历年间为4682人——府江连接桂林梧州，乃省府与督府之驿道，须重点保

① 《宋史·马塈传》。

金秀瑶族自治县七建乡那安村龙屯外景

龙屯村内的古巷道

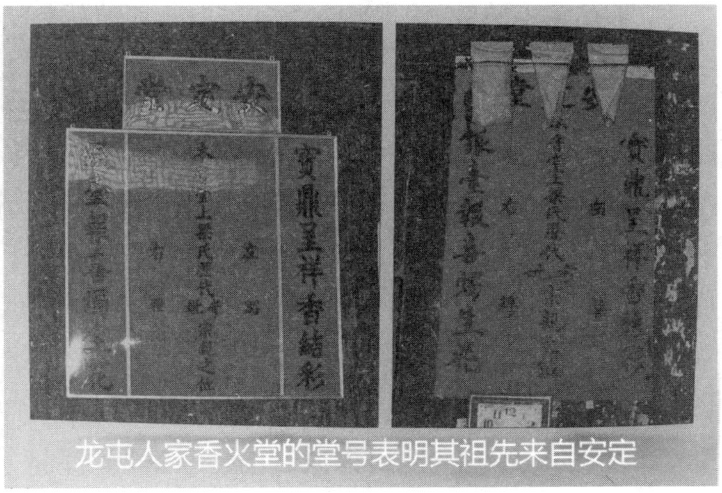

龙屯人家香火堂的堂号表明其祖先来自安定

龙屯 160 余户，全姓梁，皆操桂西口音壮语。明清民国时期在外为官者约 60 人，原籍思恩府安定司，其祖先被调屯守而东迁。

障。其次为八寨，洪武末就开设了迁江千户所，嘉靖七年（1528 年）尚存屯兵 4000 人，万历八年（1580 年）该地区设三镇、一卫、一所，总其兵力当在 6000 人上下——官府称八寨是广西农军活动的轴心，乍伏乍起，故屯重兵以镇之。古田（永宁）位于省府之侧，据《明穆宗实录》卷 24 隆庆四年二月辛亥条载，曾有调狼兵数万屯戍之议，但后来所设三镇，每镇屯田一万亩有奇，土兵每人给地 20 亩，土目加倍，土巡检则为 320 亩。据此推算，一镇之兵不过 500 人左右。三镇加上周边各县之屯兵，在 3000 人左右。屯戍兵力不多，原因是韦银豹父子两代的起义都被镇压之后，壮民的斗争已趋衰落而向外转移了。控制大藤峡的武靖州有土兵 2000 人，加上原先招来贵县、桂平、平南屯守的“三县狼家”，估计共达 4000 余人。柳庆各县屯兵 3000 余人。桂东岑溪至怀集一带屯兵五大营，共 3000 人。广西、广东各地屯兵，记载有来源地者共为 11 处，皆桂西各土州土县，称来自南丹、东兰、那地 3 处为最多。原因是该地区人多地少，须外迁，而且其“狼兵素勇，为贼所畏”。再者，归德亦为外派兵众耕守甚多的一个土州。

钟山县的韦氏族谱记载其先祖来自庆远府东兰州，为桂西壮人明代东迁屯戍留下历史存照

明初广西官军较多。成化五年（1469年）副总兵夏正奏称：“洪武永乐间，兵戍广西至十五万，近逃亡物故，已十去其九。”[①]此前两年的韩雍奏疏中反映，“今广西二十八卫所，实存官军二万余员名，湖广轮班官军五千员名”。而据弘治五年（1492年）吏部刑部前来勘察的官员回京报告：“国初广西官军十二万，今万八千人。”按编制，卫、所名额分别是五千余人和一千一百余人，实际上各卫各所只有数百人、百余人不等。由于官军锐减，朝廷大量征调桂西土管州府的狼兵狼人到桂东、桂中屯田耕守。屯戍点有的纯为狼兵狼人，有的是个复合体，其中的主体和骨干仍是狼兵。贵县五山营堡就有狼兵、募兵、所兵、戍兵四种。在八寨地区屯戍的亦是包括土司兵（调入的三镇狼兵）、卫所兵（南丹卫及迁江所）、参将直辖营兵，以及洋渡水以北全被编充入伍的壮族居民——“南丹卫耕兵”。狼兵屯戍地由土舍、土百户、土千户，或名色把总、土巡检、土长官，甚至土知州管领，其机构性质为世袭的土官武职衙门。分布在桂中桂东和粤西部各处的狼兵营堡，就是流官管辖区域中的特区——土管区，引入土官对付当地不时造反的壮、瑶等少数民族。这些迁入的土官袭用其故地桂西封建领主对农奴的残酷统治法，对待桂中桂东和粤西原属流官管辖其实不受约束的壮、瑶农民，遭到了前所未遇的反抗。土官被杀、被驱逐，屯堡被捣毁，每有发生。广西巡抚有时也不得不对土官过分之行径加以约束，“械治其罪”。但用屯守之土目土兵就地对付其本民族人，确实起了作用。例如，八寨樊公尚、古田韦狼要、洛容韦朝义聚众谋反，皆被及时发现、镇压。屯戍营堡除就地镇抚壮、瑶之外，还要计亩纳粮、听调出兵参战或守卫其他地方，武靖、富禄、常安、迁江、五屯等屯兵参加征剿皆有史载。屯戍之耕兵生活艰苦，万历十二年（1584年）平乐府曾爆发戍卒兵变，二十九年（1601年）五屯所亦出现兵变。但长期以来不堪奴役的耕兵只以逃亡办法消极反抗，举族东迁耕守的屯堡多数还较为稳定。管理屯戍的土官问题颇多，八寨三镇之土官就曾彼此残杀，并回原籍火并争权夺利。永宁土官则肆意扩大领地，抢占民田，被兵巡道查处没收。武靖土官更恣肆妄为，官府趁其绝嗣，派浔州府流官接管了该土州，并将三县狼兵编为民户。尽管许多屯堡有种种问题，但因其对维护封建朝廷统治有作用，明代一些屯堡还一直保留沿用到清代中期。

① 《宪宗实录》卷74。

土司兵的守卫任务，除了在农民造反活跃地区屯田世守这一大项，另一项是轮戍省府、督府。据明末之《殿粤要纂》记载统计，每年，土属各府、州、县、寨、峒、司，共轮番派出目兵5620名、马100匹戍守省城桂林，轮番派出目兵10600名戍守督府梧州。使桂林保持常驻目兵1800人，梧州保持常驻目兵3000人。戍省和戍梧的目兵只领取相当于官军三分之一的饷银，而与官军一样充当省府和督府的直属部队，卫戍省城和督城，并听命执行某些临时的外出战守任务。

再一项任务是在边境戍守关隘。《殿粤要纂》载：龙州、凭祥和迁隆峒轮派1900名目兵把守边境三关数十隘。思陵州“三面交南”，“有隘口，目兵自行防守，粮食皆自备”。桂越边境上不少的土官土兵有保境守土意识，《镇安府志》称，交趾莫夷连岁寇下雷、湖润、归顺等州，万历三十四年（1606年）上命向武土知州黄绍纶、田州土知州岑茂仁各带土兵堵御，击败交贼。叙功授绍纶、茂仁俱参将职衔，寻加总兵服色。下雷土官许宗荫胞弟宗祐抗敌阵亡，边民为其立庙祭祀。清代土司兵大量裁汰，迄乾隆二十二年（1757年）广西仍保留有屯田耕守的土兵、狼兵、堡卒、隘卒共13842人。[①]桂越边境三关百余隘2731名守军中，1891人为土兵。（见《狼兵听调和屯戍兵力分布图》《明清广西各地土兵数量及其屯戍情况表》《清中叶广西土兵分布及兵田数量表》）

三、兼并仇杀

土司兵的前身越人酋领武装，就各为其主争权夺利而世相仇杀。《汉书·高帝纪》有“越人之俗，好相攻击”的记载，说南越王赵佗和缉百越，居南方长治之，此俗益止。李翱《徐申行状》云：黄氏、周氏、韦氏、侬氏皆群盗，黄氏之族最强，盘亘十余州。周氏、韦氏不附，群黄之兵攻之，逐诸海，而邕管经略使徐申招降黄洞首领，致使十三部二十九州之蛮始宁息无寇害。[②]宋代酋领武装经官府编组训练，称为土官兵后，其酋领私家武装的性质不变，为酋领的利益而战的活动不止。宋代在横山寨（今田东县祥周镇）设马市，购买云南大理马输往中原。土官岑汝弼和黄璨竟各驻兵五千人于马市外围，为争商利而火

田州为右江盆地富饶之区，历代是土酋、土官、土司争夺之地，岑氏取代黄氏成为霸主后，岑氏各土司之间又相互争斗不已

① 《高宗实录》卷532。
② 《全唐文》卷639。

并。还在唐兴（今塘兴）、路城（今潞城）等地截掠商人，致使马市一度中断。[1]元代桂西的战争史几乎可以说是岑氏土官的发迹史。据《招捕总录》等称，岑雄和岑世兴父子于元代数十年间先后占夺了侬氏的上林、罗佐州和黄氏的路城、唐兴、兼州，并进攻田州。岑从毅则纵兵杀掠，逼死镇安州主李显祖，让其子孙取而代之。

明代土司之间远交近攻，暴寡凌弱，残杀敛略，甚至一家之内，争袭争利，兄弟相残，子弑其父，史志所载，连篇累牍，仅举其大端者如下：正统年间（1436—1449年），泗城州土官岑豹攻占利州，杀官夺印，并逼走程县流官，害死摄印典史，占领县治。明英宗派员赍敕晓谕，不听命，朝廷无可奈何。成化元年（1465年），岑豹又聚众四万攻劫上林长官司，杀土官岑志威，灭其族，夺其印，占其境土。朝廷从兵部议，"调兵擒捕，明正典刑"。二十三年（1487年），恩城州土官岑钦、泗城州土官岑应联合攻打田州，逐走知府岑溥（岑钦之侄），杀其亲信五十余家，掳人口二万六千多人，分其地而据之。事后恩城州被裁革，泗城岑接（岑应弟）退地后仍许承袭。鉴于泗城岑应父子先后杀占广西所属十二州及贵州镇宁等地方，夺取印信八颗，朝廷遂拔选头目，量授衔职，分辖泗城以杀其势。弘治十二年（1499年），岑接又与思恩土官岑浚、东兰土官韦祖鋐联兵四万攻田州，岑接杀掠男女一万零四百人，城郭为墟。岑浚亦杀掠男女五千三百余人，驻兵占据旧田州，并南攻龙州，夺其印，掠知州之妻为妾。岑浚乃右江一霸，早在弘治六年（1493年）承袭管辖八寨，即以其所筑周安堡为据点，派部属屡寇宾州、上林、迁江、武缘诸州县民村。在夷江造战舰三百余艘，其祖父所出报效甲兵三千，俱不奉调。他还在田州丹良筑石城屯兵千余，截江道以刮商利，并遏公使，勿令入田州。官命毁之，不听。官军奉令拆其城，被杀二十余人。岑浚还屡掠田州所属恩城、果化等州县，并侵犯庆远府永定、永顺二长官司，夺其地筑都阳等石城十八处。十七年（1504年），他又劫掠上林、武缘等县，死者不可胜计，并再度攻破田州，土官岑猛（时年十岁）仅以身免，家属皆被掠。次年，总督潘蕃调集两广和湖广官军、土兵十万八千余人将岑浚剿灭，斩捕四千七百九十级，将思恩府改土归流，析其地为九个土巡检司。正德七年

岑浚袭任思恩土知府十二年间兼并扩张称霸一方，被朝廷十万八千兵围剿，死于寨城山

[1] 嘉庆《广西通志》卷87。

（1512 年），田州岑猛领兵出征江西，得“诸盗金帛万计，自是富甲两江，兵势益锐。猛遂屠龙州，杀土官赵相之二子，又攻泗城州，杀知州岑接，屠戮甚惨，又杀归德知州王通，强立泗城州官族岑选，毒死参将、指挥、通判，上思州、思恩州土目之叛，猛皆阴主之，而阳出兵征讨。军门省谕，猛若不闻，遇调遣，偃蹇不听节制。凡土兵之进止、多寡、迟速，皆听命于猛而不知有军门之号令者六七年矣”。[①] 明王朝对土官拥兵自大早有防备，对岑猛如此飞扬跋扈更不能容忍，遂于嘉靖五年（1526 年）六月调兵十万二千余人将其剿灭，继而将田州从府降为州，并析其地设十九个土巡检司，改变一官独大局面。据刘颖《题报捷音疏》称，搜获岑猛金九百零七两、银五千七百七十一两、玉带和翠凤盔各一、净身男子四名。岑猛品服日用，尽干非分之嫌，曾明告有众，直欲犯南宁以践两广。

朝廷将土官扩地自广的火并定为“叛逆”罪，而土官此行为并非要反朝廷。他们在掠地的同时皆夺印，企图让朝廷承认其新领地。土官公然反朝廷见诸史载者，明代是洪武二十八年（1395 年）龙州土官赵宗寿及奉议、南丹、向武等土官率众“抗命”，被总兵官杨文领官军二万人并调用田州、泗城土兵三万八千人讨平。清代是康熙十二年（1673 年）吴三桂反清时，泗城土知府岑继禄参与。吴三桂部将曾到泗城和广南、富州、思州等土司领地内募兵五千人。十八年（1679 年）岑继禄才向清廷“投诚”。再是光绪元年（1875 年）阳万土州判兼管土田州事岑润青等，不满其田州被改土归流纠众起兵反清，一个月间被剿灭。

综上所述，壮族土司兵历史上虽有过抵御外敌，守卫和稳定边疆的积极作用，但其本质是为封建朝廷维持统治服务和为封建领主争权夺利效力的工具。宋元及明初，壮族土司兵已越来越多地为官府征用，但其主要活动是为土司争权扩地而厮杀；明中叶朝廷采取“众建”政策加强了对土司的管控以后，土司兵便大量、连续地被官府用于清剿造反的农民，一贯充当清剿作战的主力。土司兵是上等农奴，尤其内甲，备受土司优待。就所在地区进行编组，军政一体，世袭的控制、酷刑峻法的管理，使土司兵具有牢固的组织性和甚为顽强的战斗力。因饷于耕、以掳为赏，土司从不支军费，朝廷亦只耗不多开支，即获大量兵力之用，是封建朝廷和封建领主治军和用兵的基本做法。就地编伍，亦兵亦农，战时配属官军（正规军）行动，受官军调度——说明土司兵在国家军事体制中处于地方军范畴，为民兵性质。由于官军之数量较少和腐败无能，土司兵反而在作战中起重要作用，这也是导致土司目无军门的原因之一。土司兵重视基本单位（伍和队）的战斗作用，强调协同配合，发挥小群体威力，战术上颇有价值。

① 雷礼《大事记》。

狼兵听调和屯戍兵力分布图

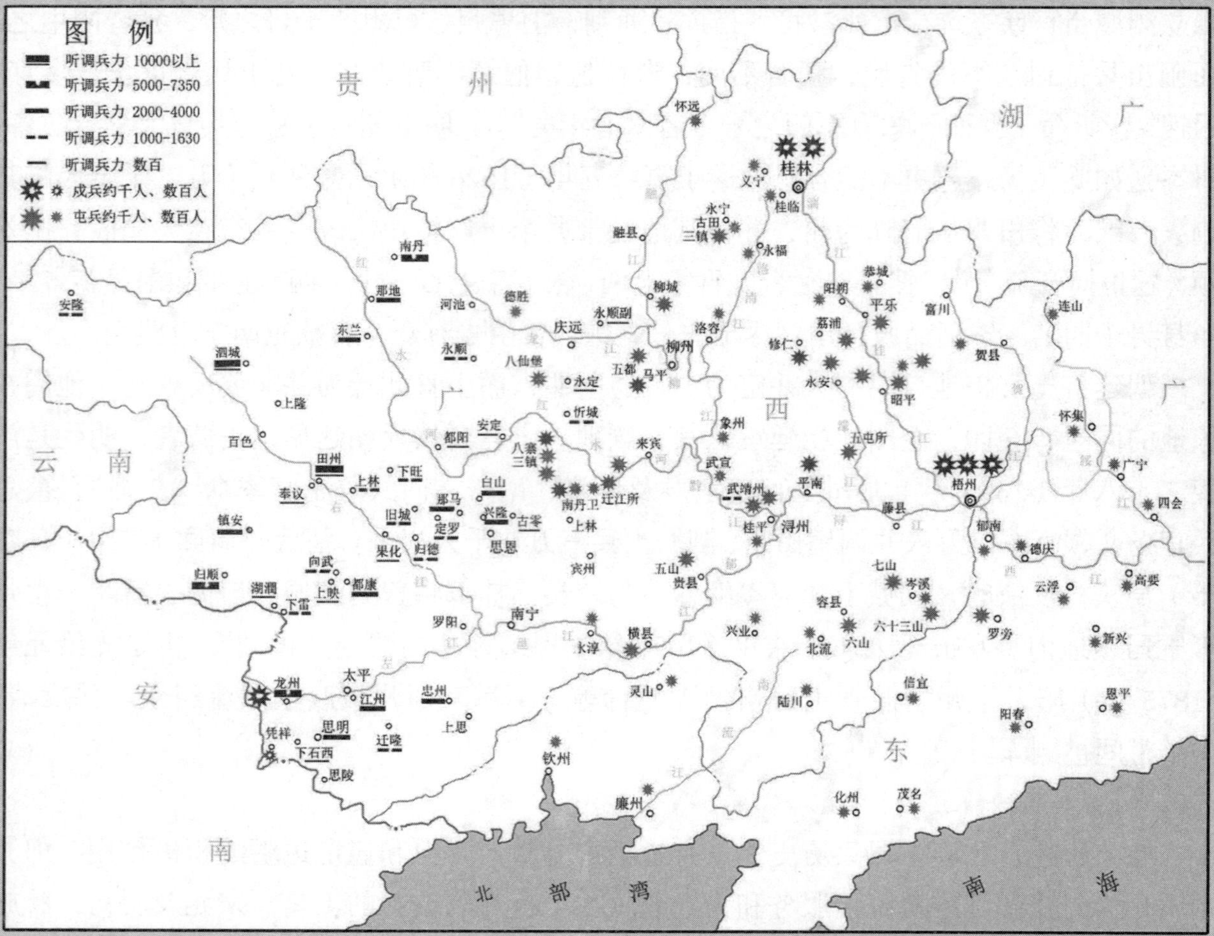

狼兵——明代对壮族土司兵常用称谓之一，土司所辖农奴称狼人、狼家。万历三十年（1602 年）巡抚杨芳主编的《殿粤要纂》所载广西 38 家土司之狼兵有 72550 名听调出征，10600 名和 5620 名各分三班轮戍督府和省府，1900 名守边境关隘。这 90670 名只是土司答应戍调的基本数额，远低于其可出兵力。成化元年（1465 年）泗城土司兼并邻郡曾聚众四万出战，正德六年（1511 年）田州和镇安曾分别派兵两万人和一万人赴江西剿贼，分别高出其听调额一倍至数倍。土司兵力之大小，与其兵田多寡相关联。泗城州地广兵众，故其听调名额“视诸土司独多”。亦有例外，如归顺故为峒，以战功升州，地固窄陋，戍调甚多，“盖勇于敌忾者”。狼兵出征除清剿广西农军和讨伐叛乱土司外，还到过广东、海南、苏、浙、赣、湘、黔、滇及安南，其作战性质各异。

明代的屯戍有三种形成方式：一是招募狼人垦荒，编伍军训，对付附近农军，如迁江所和浔州三县；一是留驻清剿狼兵，耕农军根据地“绝田”“镇抚余孽”，如古田、八寨以及广东罗旁等州县；一是起用戴罪土官领其狼兵狼族易地建置，如武靖州。屯戍点即为一个土司武职衙门，土官依仗狼兵对农民实施军事统治，对及时扑灭造反活动起作用，但其残酷的压迫剥削，不断遭到农民强烈反抗，也因耕兵不堪税赋及差役，以及土官的问题，屯堡大多走向衰落。明中叶，桂中、桂东屯守之耕兵曾达三万人左右，至万历三十年只存 10965 名。其中，屯戍最多的府江两岸已由原 7000 余人减为 4682 人，八寨地区之屯兵亦由原 6000 余人降至 1820 人。

周永光撰文、制图

明代广西土司听调兵马及戍梧戍省守隘兵额表

据万历三十年（1602年）杨芳《殿粤要纂》资料编制

土司	听调兵马	戍梧兵额	戍省兵额	土司	听调兵马	戍梧兵额	戍省兵额
泗城州	10000名 以上	3000名		田州	10000名 700匹		1800名 100匹
归顺州	5000名	2350名		镇安府	4000名		
都康州	2000名 50匹	750名		向武州	500名	1125名	
上林县	1000名	375名		安隆 长官司	1000名		
奉议州		750名		上映峒	300名		420名
龙州	7000名		守隘 1320名	湖润寨			240名
思明府	2000名	1500名		江州	1500名		700名
迁隆峒		750名	守隘 500名	下石西州	300名		
凭祥州			守隘 80名	兴隆司	2000名		306名
白山司	1700名		287名	那马司	2000名		306名
定罗司	1200名		230名	下旺司	800名		211名
旧城司	1000名		211名	都阳司	400名		96名
安定司	400名		115名	古零司	400名		38名
忠州	2000名 100匹			归德州	1500名		90名
下雷州	1000名		480名	果化州	400名		90名
南丹州	5000名			东兰州	2000名 300余匹		
那地州	2000余名			忻城县	1000名		
永顺 长官司	1000名			永顺 副长官司	500名		
武靖州	1500名 80匹			永定 长官司	150名		

总计：听调兵额72550余名、马1230余匹，随时应征参战；守隘1900名就近轮值；戍梧10600名、戍省5620名，各分三班轮戍，使督府、省府各保持狼兵3000名和1800名。此外，在平乐县屯戍者亦岁拨戍省狼兵400名。苏濬《土司志》载：迁江千户所递年出征狼兵1200名。再是，思恩军民府各司轮派狼兵300名守府城，太平府各州县轮派土兵60名守府城。这些均不计入本表兵额之内。

明代两广对农军重大征剿所用兵力构成表

征剿名称	所用兵力构成
成化元年（1465年）剿荔浦、修仁、立山、大藤峡	钱溥《运筹亭平蛮碑》云:（天子）命赵辅为征夷将军，曰：维两京、南直隶、江西、湖广、广西官军土兵之在行者，汝皆将之。兵部尚书认为总理非韩雍不可。天子然之。雍既受命，会诸公于南京，众议欲分江西军二千、达官五百，由庾岭入广东，大军则由湖广入广西。雍曰不然。(《明史・韩雍传》载：编修丘濬上书云，贼之在广东者宜驱，在广西者宜困。诏录示诸将。诸将请令游击将军和勇率蕃骑驱广东，而大军直驱广西，分兵扑灭。雍曰，贼已蔓延数千里，所至与战，是自敝也。当全师直捣大藤峡。）师及广西界，雍即放委两都指挥策应，副总兵范信在新会之西截击；委参将孙震等守浔、梧、南宁，阻断藤峡；委都指挥彭伦守兴安、灵川，以截阳峒；乃命湖广总兵李震提备分营以进。至兴安，发偏师击阳峒（苗）贼。至桂林，斩失机指挥振军威。而后分左（和勇率领）、右、南、中四哨剿修仁、荔浦，雍亲与太监总兵及广西总兵欧信领中哨进剿，夹攻弥月而修荔平。(《韩雍传》载：至桂林以后，雍乃督兵十六万，分五道先破修仁贼，穷追至立山。）雍移师浔州，督欧信、孙麟及湖广参将高端、都指挥夏正、王瑛五哨由峡后进；雍与太监总兵、都督指挥夏鉴等，领八哨从峡南水陆并进；复令孙震等二哨援于后。 《蛮司合志》载：雍进浔州，以六万八千人为右军，令总兵欧信，参将孙麒、高瑞，都指挥夏正等将之，自象州、武宣分为五道攻其北；以九万二千人为左军，令都指挥向全等将之，由桂平、平南分为八道攻其南；复令参将孙震、指挥陈文章守左江及龙山、五屯，防其奔轶；而（雍）自与赵辅、和勇营高振岭以督军。 《粤西丛载》卷28采《通志》云：成化元年，韩雍“以永顺及两江土兵十六万人”，先剪修仁、荔浦，穷追至立山，擒一千二百余人，斩七千三百余级，继后分左右军攻藤峡，生擒瑶酋侯大狗等，斩首三千二百余级。 从上述大同小异的记载可以认定：一、剿大藤峡的兵力是13哨共16万人，加上2哨后卫部队；北至兴安，南至南宁，东至梧州，以至新会的原驻兵只是奉命配合防堵。二、外来参剿兵力：江西述及者仅两千人；达官即和勇蕃骑兵为五百人；两京和南直隶兵亦不会有多少；境外兵力主要来自湖广，土司兵为主体，其官军原已有1万人在广西守备，难以再调太多。三、天子把“广西官军土兵”放在末位，其实本地土兵才最重要。据韩雍剿后上疏，广西28卫所实存官军2万余人。充其量能调出一半参战，故而左、右两江土司兵，才是征剿大藤峡的最主要的力量。其次为湖广永顺等土司兵。
弘治十四年（1501年）剿海南岛	海南岛发生黎民暴动，“伏羌将军毛锐率汉达狼土兵十万出儋州，大破之”。田州土官岑芝于此役战死。事载《万历武功录》之广东部、广西部，《田州岑氏源流谱》。弘治五年（1492年）京官来勘察后报奏广西官军仅一万八千人。而广东官军少于广西。故征剿海南之主力，八成以上当为广西狼土兵。
隆庆四年（1570年）剿古田	《明史・殷正茂传》称：“正茂与提督李迁调土汉兵十四万。”吕调阳《勘定古田序》云：“是举也，用兵十有四万。”“檄两江土司……率相诫如约。”《粤西丛载》卷28引《通志》云：正茂会督府李迁，征土汉兵凡十四万人。 张翀《平古田大功碑》云：“征各（土）司兵凡十万人，总兵官俞君大猷总其事。”《明史・土司传》载：“正茂至，奏请剿贼，合土汉兵十万。”落款万历三年（1575年）冬十一月今转户部尚书臣殷正茂谨记的桂林叠彩山石刻云：“移檄远近，征兵募士共十余万。” 张益桂、徐硕如《明代广西农民起义史稿》称：殷正茂除征调广西各地土兵、官军外，还征调湖南永顺、保靖等土兵4万人，以及浙江、福建鸟铳手，总计官军土兵共14万人。《史稿》所述，总兵俞大猷部署分进合击的8哨兵力之合，为97700人，在古田四周隘口和邻县还布兵把守。其资料出自俞大猷《正气堂集》卷又十六、《古今图书集成》卷1403之《桂林府部》第171册。 综上所述，此次剿古田，左、右江土司出兵10万人上下，约占总兵力七成。

续表

征剿名称	所用兵力构成
万历元年（1573年）至次年剿怀远	《明史·李锡传》：万历元年正月，锡进次长安镇，会大雨雪，乃退师。益征浙东鸟铳手、湖广永顺钩刀手及狼兵十万……《万历武功录》：制置使（殷正茂）诇知诸瑶独畏楚永顺钩刀手及狼兵，乃以羽檄三道移所在巡抚，于楚则赵贤、于浙则方宏静、于贵则蔡文，征钩刀手三千、鸟铳手五千，狼兵十万……自十二月至次年二月，斩首捕掳凡三千三百四十四级。事闻。上赐总督殷正茂金三十两、纻丝二表里，迁巡抚郭应聘秩一级，赐应聘、总兵李锡，楚之巡抚赵贤金二十两、纻丝一表里，浙巡抚方宏静、贵巡抚蔡文金十五两，泗城岑绍勋等土吏金二十两，南丹莫之厚等土吏金十五两，下雷许宗荫等土吏金十两。所录受赐土吏凡32名，隶属23家，即思明（府）、东兰、南丹、那地、泗城、归顺、思明（州）、英州、龙州、忠州、武靖、上林、下石西、上映、下雷、湖润、镇安、思恩（8名受赐）、迁隆、安隆、永顺（邓承印、彭大武、彭永年3名受赐）、保靖、镇溪。 所录思明出现两次，其土吏分别为黄承祖、黄恩隆，应属一府、一州之别；永顺、保靖、镇溪应属湖广土司（判各领钩刀手一千参剿）；土吏获赐金额，除3名外均未录。但泗城等土吏之赏金等同于广西巡抚、总兵，南丹等土吏之赏金等同于出兵的外省巡抚，足见征剿中狼兵起到的作用之大。剿怀远之兵力共10.8万人，狼兵10万人，占92.6%。
万历四年（1576年）剿罗旁	广东罗旁发生瑶壮暴动，总督凌云翼调兵20万人前往镇压，其中狼兵——广西土司兵——为16万人。事载《万历武功录》广东部。但万历十五年王世贞《吴中丞平岭西前后功志》云："凌公以十万众荡平罗旁诸巢穴。" 按前一则资料，狼兵占征剿总兵力之八成。
万历七年（1579年）剿八寨	汪道昆《督府刘公平蛮碑》称："粤西发各部土兵六万，号十万，简操募兵二万分布中坚，益以东粤、浙兵三营，兵足矣。"《粤西丛载》卷29引《万历武功录》载：参加剿八寨土司共36家，记上等功10家、二等功14家、三等功3家、四等功2家；因过受罚7家。剿后皇帝赐金，有10名土司所获金额仅在总督、巡抚和总兵3人之下，而在官军诸将领之上。 据上两则资料，土司兵占征剿八寨总兵力8.1万余人的七成四左右，土司出兵6万却被"号十万"，表明官府是要借重其声威。从土司获奖情况来看，土司兵确实起了主要作用。
正德二年（1507年）剿府江	《粤西丛载》卷26载：是年陈金会同郭勋，"调两广汉达官军及土兵六万余"，剿府江两岸，"分道并进，俘、斩七千五百余，其地悉平"。鉴于两广官军数量较少，土司兵应占征剿兵力八成上下。
正德十二年（1517年）剿府江	《明史·陈金传》及《明经世文编》卷163林希元《应诏陈主边患疏》载：陈金又同郭勋集兵剿府江，斩王公珣等六千余级，俘五千余。从其斩俘数量来判，出动之兵力当多于正德二年之6万人，亦以土司兵为主。
隆庆六年（1572年）剿府江	张翀《平府江大功碑》称：当年冬至次年正月，巡抚郭应聘"发左右两江卒凡六万人"由李锡总兵剿府江，斩首近五千级。《万历武功录》载，此役参战土司有田州、泗城、南丹等21家。官军参战甚少，故《碑》中全未提及。
万历二十六年（1598年）剿府江	《谢志》引《金志》称：七月巡抚戴耀调汉土官兵六万，剿北陀、严头、站面等，斩二千余级。据《殿粤要纂》资料统计，此时期的广西官军包括湖广、广东来协防的官军及募兵才15700名，其能调出参战不会超过一万名，因此，土兵当占八成以上。
正德二年（1507年）剿马平	王臣《平马平蛮碑》称，总督陈金调"两广之汉达官军及两江之夷酋目兵亡虑十万之众"，用兵十有一旬，斩首几七千级。张岳《报柳州捷音疏》亦称正德二年"征兵大举"，斩获首级多。陈金用兵10万名，八九成是目兵，因为当时两广官军能抽出参战约1万名。

续表

征剿名称	所用兵力构成
嘉靖二十四年（1545年）剿马平五都	总督张岳《报柳州捷音疏》称，奉钦差分投赍执令旗令牌，督调南丹、东兰、那地各目兵，并左右两江各卫所、府州县马步官军、打手、壮款人等，九月初七抵齐，分三大哨，按图扑剿。后各领哨官反映兵力不敷，乞再调别处土兵一二万增援，围困贼寨方收全效。张岳随从剿封川班师目兵中，抽镇安府三千、田州五千、向武州三千，以及东莞铳手五十名、汉达官军打手等，于十一月中旬赴柳补入各哨，为久困计。至次年四月初八发起攻击，农军据险抵抗，坚持半年之久，副总兵购募敢死目兵七十名摸上鱼窝、马鞍二寨，偷袭成功，各寨相继被破，擒斩4084名，马平农军根据地丧失。《明代广西农民起义史稿》称此役调汉土官军七万，未注明出处。据张岳《平鱼窝刻石》及《捷音疏》所述，南丹、那地、东兰目兵是主力，而且目兵被购敢死战，起到扭转战局作用。《捷音疏》还述及令泗城等州摘发目兵于剿后立营防守数月。
嘉靖二十七年（1548年）剿连山、贺县	总督张岳《报连山、贺县捷音疏》称：正月十四日至二十一日，将调到的广西镇安、思明、田州、南丹、东兰、那地、向武、都康、泗城、归顺、上林等土官目兵并两广汉达官军、民壮、打手人等，共80369员名，分两大哨剿贺县和连山，斩3019级。土司兵为参剿主力可以肯定，因为两广官军、民壮、打手数量不多，能调出参战的更有限。

明清广西各地土兵数量及其屯戍情况表

（兼录各地卫所军营兵民款等简况供比照；屯戍录及广东西部地区）

地名	屯戍概况	备注
桂林府	万历三十年（1602年）《殿粤要纂》桂林府图说称，**“兵之在郡者七千八百有奇”，按“置校”之合计为7867员名，其中：**军门标下、总兵标下、东南2营及哨江官军，中卫、右卫、护卫及王府侍卫、仪卫之旗军，共5080名；中右卫之达官舍目191名；湖广戍省旗军580名；打手及教师216名；**戍省狼兵1800名。** 狼兵岁支布政司饷银5400两，人均岁饷3两，而官军为10两至12两不等，新兵亦有6两；卫所旗军支米和银。	府图说还称：**兵之“在诸属者六千八百有奇”。但据其9州县“置校”累计，**只有卫所军1924员名，民款、打手735名，堡兵、狼兵及募兵等3185名，**共才5844员名，**少于图说约千人。
古田及永宁州	嘉靖九年（1530年）总兵张经在古田农军根据地外围的都狼等隘立13堡，募土舍莫琦领兵守之。不久张经调走，莫琦病死，土兵日耗。 隆庆五年（1571年）巡抚殷正茂剿平韦银豹农军后，在古田南部六里设富禄、常安、桐木三镇，改原流官巡检为土官巡检，命参剿的南丹莫罗、东兰韦显忠、那地罗永山等土官分别出任该三镇土巡检，领兵屯戍。万历《广西通志》卷13载：常安镇，今有族目散兵143名；富禄镇，官兵451员名；桐木缺载。万历元年（1573年）八月，常安土巡检韦显忠镇压壮酋韦狼要，提兵参与追剿韦朝义农军。四年（1576年）富禄、常安之土兵参加清剿昭平五指山农军。 光绪《永宁州志》卷6云：迨后壮僚渐皆向化，桐木距州治尚近，遂于万历二十一年（1593年）汰革，官、兵、田归民户。而富禄、常安二镇土巡检，亦于康熙五年（1666年）裁之。 万历三十年（1602年）《殿粤要纂》载，永宁州“置校”：**古田所旗军267名；**牛河、都狼、凤凰等**12营堡官兵及本州听用募兵共1212员名。**“岁饷”：旗军支折色银551两8钱和本色米1576石8斗；各堡兵和募兵岁雇租口粮鱼盐火药银9477两4钱。皆布政司支。 乾隆二十二年（1757年）息，永宁州之两镇，有狼长2名、狼兵153名、兵田3700亩。	《粤西丛载》卷28。 《永宁州志·古田升州记》载，**隆庆年间**清理“绝田”，请**镇兵屯戍，每镇一万亩有奇。**光绪《永宁州志》卷6称，**土巡检各田320亩，**以为禄饷；**土兵一人给田一围——计20亩；头目给田二围。据此，当初每镇约500人。**三镇土司不满足，复侵占周围民地，影响朝廷税收。据《粤西丛载》卷7载：万历间（1573—1620年）冯时可署桂林兵巡道时，查出永宁等处土司占没田土300顷，当即没收。 《谢志》卷173《土兵额数》。

续表

地名	屯戍概况	备注
义宁 永福 临桂 阳朔 龙胜	万历三十年（1602年）息，**义宁县湖广军154名**，支县粮；守县库**民款和巡司弓兵共63名**，岁支县银334两；鹅桥堡、透江堡、塘头堡共有**耕兵113名**屯守，岁支布政司银211两7钱。 万历初大剿怀远又移兵剿永宁、永福、柳城、洛容之后议兵防：欲于永福加海湾屯兵200人、古钵堡屯兵300人；于临桂加伞山堡屯兵200人；于阳朔及大水田、金宝顶为一堡，屯兵500人，而里定、羊骨、遇龙、翠屏诸堡皆加兵为垒，且耕且守。 万历三十年（1602年）息，**永福驻**桂林中右二**卫军236名**，支县粮。防守风山、龙门及巡哨江道海湾、古钵等**16堡官兵共845名**，岁支布政司银3373两；**临桂**县两江哨驻湖广九溪**卫军248名**，支县粮，**13堡兵共347名**，岁雇租鱼盐银1350两，布政司支；**阳朔驻**桂林中右二**卫军77名**，支县粮。金宝顶、遇龙、翠屏等**11堡打手共408名**，岁雇租银2241两，布政司支。 乾隆二十二年（1757年）息，义宁5堡，有堡目5名、堡卒60名、堡田7顷3亩4分；永福11堡，堡目11名、堡卒100名、堡田1106亩；临桂13堡，堡目13名、堡卒292名、堡田2063亩；龙胜厅2堡，堡目2名、堡卒83名、堡田882亩。	《殿粤要纂》。 《万历武功录》。 《殿粤要纂》。 《谢志》卷173《土兵额数》。
灌阳 兴安 全州 灵川	万历三十年（1602年）息，**灌阳**县驻本**所军181名**，支县粮。**各营堡打手94名**，支县银及口粮。**巡司弓兵20名**，岁支县银100两。狮子、三峰**二堡狼兵40名**，岁雇租银192两。 **兴安县驻**湖广横永、德安，桂林、全州、灌阳各卫**所军389员名**，支司饷和县粮。白竹、山塘二堡之**狼兵**弓兵，以及二巡司、二隘之**弓兵打手民款等共220名**，岁雇租银1200两，县支。县后**汉兵20名**，岁租银120两，布政司饷支。 **全州**有守城本**所军281名**，岁支州米及折色银；**民款打手243名**，岁支本州雇租银1410两。 **灵川县有旗军90名**，支县米，**百户1员**岁支银18两；**打手265名**，岁支县雇租银1590两；**弓兵共30名**，岁180两。 乾隆二十二年（1757年）息，灌阳有狼兵24名，无兵田；全州有隘长6名、隘丁234名、隘田1476亩8分；灵川5堡1隘，有堡目5名、隘长1名，堡卒、隘卒共161名，堡田1931亩5分。	《殿粤要纂》。 《谢志》卷173《土兵额数》。
平乐府 平乐县	万历三十年（1602年）息，**平乐府**有本所军300员名、湖广戍军176员名、桂林哨军154名，俱支县米；府城等4营兵436员名，支府银；6班并足滩水哨千长兵380员名，支府银。以上**军兵共1446员名**。 **平乐县**有城东北及城南府江两岸官兵40营1352员名，岁支府饷每人5～7两不等；东岸、水浐、金井等13营有土族1员和游兵15名，岁支府饷36两和81两，其耕兵725名领田耕守不支饷；太平等11堡有耕兵320名领田耕守。以上**官兵共2413名**。另，县内**还有岁拔戍省狼兵400名**，支布政司鱼盐银。	据《殿粤要纂》。书中之**平乐县图说称，军兵总计4400有奇**，除哨军半年领食仓粮外，额兵一年计支银19300两有奇。兵不患其不足，独饷不取足于己，不容不深虑者。 按：据**“置校”统计，县境内军兵共4259员名**（少于图说141人），**其中所军**630名、营堡哨兵2168名、**耕兵1061员名、狼兵400名**。

续表

地名	屯戍概况	备注
昭平	《明史·广西土司传》载，弘治九年（1496年）总督邓廷瓒奏：乞令上林土知县黄琼、归德土知州黄通各选子弟一人，领兵各千人，往驻昭平堡。筑城垣，设长官司署领，拨仙回洞闲田予之耕种。其冠带千夫长龙彪改授昭平巡检，造哨船三十，使往来府江巡哨，流官停选。廷议：土官不必差遣，只令每岁各出土兵一千听调。嘉靖《广西通志》卷23称，昭平寨巡检司在昭平城内，旧置流官。弘治间（《土官底簿》卷下称系弘治九年十月），土人龙彪为千夫长，杀贼有功，奏准保升本司巡检，世袭。此说明，廷瓒之议，仅设长官司一项未获实施。乾隆《昭平县志》卷5云，昭平堡土巡检传至康熙十五年（1676年）废止。 万历三十年（1602年）《殿粤要纂》载：昭平参将部下官舍兵健58名，船兵12名，督备昭平哨千户1员；戍守城池桂林中右2卫军62名；西营兵150名，石仁等4堡兵68名，淮滩等5堡兵82名；五将等11堡兵198名，其百户1员；雷霹等6堡兵215名，其把总1员；北陀、镇夷2营系新募东省兵806名，岁支银7934两，其把总2员，岁支57.6两。此外，土龙营土司把总1员管五指等4营耕兵500名，松柏营土司把总1员管铁匠等4营耕兵376名，秧家营土司把总1员管水东等3营耕兵552名，韦峒营土司把总一员管虎头等3营耕兵414名，仙回营土司管东岸等3营耕兵540名；藤湾、归化2堡有耕兵84名。 民国《钟山县志·艺文》云，明末，东兰土官韦镜奉调屯守昭平韦峒营。 嘉庆《昭平县志》引旧志称：潘积让，二五都土舍，有雄略……万历十三年（1585年）大荒，出米十三万，赈其乡民及部下兵役，全活甚众。	万历三十年（1602年）**昭平耕兵共19营堡2466名及其把总5员均领田耕守**，不支饷；**官兵30营堡共1656员名（不含参将），其中所军62名**、广东募兵808员名，所支银皆布政司饷及平乐府饷，并南宁府、梧州府、苍梧县协济。
府江	正德十年（1515年）陈金复任两广总督巡抚，深以府江为患，奏调柳州、庆远、田州三府壮勇土兵三四千名，分耕沿江抛荒田土，暂于梧州府库给以行粮，荒田成熟罢给，五七年后量输租税。择有勇谋者立为总小甲，以管束之。数年后，或设长官司，或设巡检司，令其分番往来，哨守巡逻。 隆庆末万历初（1572—1573年）巡抚郭应聘发两江六万土兵大剿府江农军后，其《府江善后疏》提出：将荔浦之峰门、南源，修仁之壁丽，永安之古眉4流官巡检司改为土司。移东岸营于水浐，募兵2000名，分屯平岭、仙家冲诸田。移西岸营于仙回、高天、龙头矶，募兵2000名，分屯六内、六章、马尾、黄牛诸田。移上峒营于古西，募兵1600名分屯峰门、大喃诸田。移下峒营于东线，募兵1000名分屯大宅、东瓦诸田。恢复广运、足滩二堡，进行巡缉。在昭平设参将，统辖两岸三峒屯田世守诸土司。 《万历武功录》云：于东岸水浐复壁丽司，而与广运、足滩为一军，军2000人，备平西岭、铁匠坡、仙家冲；于西岸仙回复古眉，而与高天、冲口为一军，军1600人，备陆内、六章；于龙头矶为一军，军1000人，属汉官，备马尾、田冲、黄牛及三峒；于上峒古西复峰门为一军，军1600人，备羊厄、峰门、卢仙、大喃兼视中峒；于下峒、东练（线）、南源为一军，军1000人，备大宅、东瓦。皆屯田，月食饷人三钱。以浔梧参将一人统辖逻司（土巡检）及桂平诸武吏，募兵1000人巡徼昭平荔浦间，殷殷不绝。	兵部议上，诏令镇巡官施行。见《明史·陈金传》。 郭应聘《府江善后疏》云：**三峒两岸营堡屯卒几七千人**，每人月给盐米钱三钱，屯种建筑诸费不与焉。由梧镇司府供给一年，次年由垦田所出自养。各土司屯种者，人给田十亩，兵领加给有差。授田之初，养以月粮，资以牛种。三年之后，计亩科粮三升，蠲其徭差。著为例。 据《殿粤要纂》载，万历三十年（1602年）**府江两岸的昭平、平乐、永安、修仁4州县耕兵累计共为4682员名。**

续表

地名	屯戍概况	备注
府江	《粤西丛载》引《通志》云：上中峒属名色把总齐凯，领田13880亩；下峒属土舍覃文举，领田8660亩；东岸属土族岑仁，领田15200亩；西岸龙头矶诸兵，领田5190亩；仙回诸兵，领田8260亩；永安、高天、古带诸兵，领田2200亩。各划地分界，设堡戍守。 民国《荔浦县志》卷3云：中峒土司城在县治东南十五里，城置门楼四座，周围一百八十五丈，高一丈六，立土巡检一员：齐凯。兼辖上峒地方。设兵98名，给田13280亩，耕守分辖17堡。齐凯系浙江山阴人，以兄齐祝寿官南宁，立功于此，遂世守焉。后因不职（万历十二年，即1584年）参与平乐营戍卒张凤带头的反对月饷由八钱降为六钱的造反，被俘自缢死），遂废。下峒土司在延宾江，去县东三十五里。城置门楼一座，周围一百三十七丈。立土司一员：覃文举。设兵572名，给田8660亩，耕守分辖14堡。覃文举系宜山县人，以父宦荔（浦）教谕立功于此，遂世袭焉。 民国《昭平县志》卷5引《乾隆县志》云：黄仲拙原系向武知州，嘉（靖）隆（庆）间府江贼猖獗，让其世袭与庶兄，随军征剿，威震瑶蛮，万历十四年（1586年）题授古眉寨土巡检，准予世袭。古眉寨土巡检设于万历元年（1573年），十四年系实授。至清康熙三十三年（1694年）裁废。	
荔浦	万历三十年（1602年）息，守城旗军139名，岁支县粮1112石并领西南等处贼田禾把充数，其督备官1员岁支纸札银36两；华盖、凹峰2营哨队兵300名，人均岁支府饷9.8两，3哨官各岁支18两；守城、镇夷2堡兵56名，岁人支府饷7.2两；鸡冠、羊岩2堡目兵43名，岁支府银73两2钱，并领县粮594石。 乾隆二十二年（1757年）息，荔浦有堡目2名、堡兵65名、兵田510丘。	据《殿粤要纂》，**县境所军140员名、营堡兵359员名、目兵43名。** 《谢志》卷173《土兵额数》。
永安州 平峒、榕峒	万历三十年（1602年）息，守州城为五屯所军100名和桂林卫军21名，岁支本州粮653石4斗；平峒、安峒等13堡目兵共357名，其12堡目兵每名岁支府饷5.4两，仅乃门堡之20名为5两，26名为1.8两。安峒设把总1员，岁银14两4钱。平峒设土舍1员，岁银12两；21堡耕兵共614名，其中高天、古带、古苏、喇崖、陆章5堡耕兵222名，每名岁有鱼盐银2两，榕峒耕兵50名，每名岁有鱼盐银1.2两。其余15堡耕兵不支银。本州目兵、耕兵共用银2360两，其中除82两8钱于本州折粮银支付外，均系府饷开支。 乾隆二十二年（1757年）息，永安有土舍2名、土兵310名、兵田27顷。 永安州成化十三年（1477年）知州闭鲁详题立平峒土舍李时蕃世袭，管平峒哨木匠堡、六章堡共耕兵180名，高天堡、古带堡、古苏堡、喇崖堡共耕兵137名，平坦堡、乃门堡、横劳堡、伏峒堡共耕兵75名。嘉靖年间（1522—1566年）立榕峒土舍覃满世袭，管榕峒、古东、乃昙、吴村、大山湾、乃要、上樟、下樟、小山、乃得、龙岭、以喇、峡口13堡，耕兵75名。 据光绪《永安州志》卷4，平峒李氏和榕峒覃氏，均南丹籍人，带土兵到此征剿后就地封为土舍，至光绪年间犹未替。	据《殿粤要纂》，**州境所军121名、目兵357名、耕兵614名，把总1名、土舍1名。** 《谢志》卷173《土兵额数》。 嘉庆《平乐府志》卷26引雍正《平乐府志》。

续表

地名	屯戍概况	备注
修仁	修仁县万历八年（1580年）立莫廖堡，原设土舍，后改耕兵96名。同年立桐木堡，原设土舍防守，后改耕兵50名。德威镇、附养镇，向俱设土舍，今废。 万历三十年（1602年）息，修仁有守城旗军58名，支县粮和府饷；守库及城北等3营兵100名，支府饷；石墙隘驻东募兵199名，岁支府饷1951两，其把总、哨官各1名，岁支29两和18两；蚕村等3营共有募兵150名，岁支府饷900两；莫廖等5堡耕兵433名耕食，土舍1名岁支纸札钱2.4两；桐木、晏村2堡耕兵100名，自府饷岁支鱼盐银60两，又岁补田粮米230石，于县仓支付。 乾隆二十二年（1757年）息，修仁有堡目5名、土兵137名、兵田1318丘。	嘉庆《平乐府志》卷26。 据《殿粤要纂》，修仁县共驻所军58名、营兵451名（含募广东兵201员名）、**耕兵534名**。 《谢志》卷173《土兵额数》。
贺县及其里松营	万历十年（1582年）戊戌，兵部复广西督、抚题：贺县里松八峒瑶壮盘踞万山丛中，时肆流劫，顷年就抚，愿输粮为编户。其地延袤百里，界连三省，迄于适中处所建立土司，即以名色把总黎伯邦移家驻守，管束壮民。三年之后，果地方安靖，准以副土巡检职衔世守其土；若失策误事，据法处治。上然其言。 万历三十年（1602年）息，**贺县有本所军134名**，岁支县粮1631石，折银571两；**14营3铺兵共378员名**，均岁支府饷。其中，里松营把总21两6钱、营兵27名人均7.38两；县城外3营兵85名人均6.2两；3铺兵15名人均6两；勒塘营兵8名人均5.4两；大宁寨土司把总所辖4营40名兵人均5.4两；委托于千户及2名军伴管理的石牛等5营198名兵人均4.92两，千户及2名军伴各岁支行粮10石8斗，千户加纸札银3.6两。另，东立、西立、大湾**3营耕兵142名**，领种贼遗田土不支饷。 乾隆二十二年（1757年）息，贺县有田总一名、哨长3名、队长14名，领耕兵123名，兵田961亩。 洪武二十一年（1388年）里松峒文林乡"瑶贼作乱屡行劫虏"，庆远府思恩县陈世勋、廖养、韦万通应招带兵500余前来清剿，于次年正月初四擒六贼首赴桂林问典。陈、廖、韦三人奉旨永镇松里峒文林乡，理办屯军事务，砍伐山场竹木，开荒田土，报税完粮。	《明神宗实录》卷123。 据《殿粤要纂》。其贺县图说还称，大宁、里松、沙田三巡司不用流官而用名色把总乃为失宜，盖流官用于平时；率兵御侮，非土官不可。 《谢志》卷173《土兵额数》。 里松乡《颍川堂陈氏族谱宗源》，见《南乡春色》第9页，广西人民出版社，1999年版。
恭城及其势江源	万历十年（1582年），郭应聘奏请立贺县里松土司，理由之一是"以恭城（势）江源近立土司有成效故也"。 万历三十年（1602年）息，**戍守恭城为湖广岳州卫军62员名**，其官岁支府银18两，军岁支县米329石4斗；城东关厢等**12堡兵共232名**，岁支府银957两6钱。其中"**势江源土舍一名**（岁支府银21两6钱）、弓兵13名，东科、山旗、老军三堡哨官一名，领**昭德营兵60名**，分布防御站面。**善后设堡于凤凰山，哨官一名，领（耕）兵一百余名**"。"凤凰堡兵领田耕食。" 乾隆二十二年（1757年）息，恭城凤凰堡，有队长6名，分管堡卒66名、堡田216亩。 嘉庆《平乐府志》卷26载，恭城县曾于势江源添设土舍一名，嘉庆间（1796—1820年）已不存在。	《殿粤要纂》。 《谢志》卷173《土兵额数》。
富川	万历三十年（1602年）息，富川有**本所军263名**，岁支县粮3236石9斗；**演练堡兵教师3名**，岁支粮82石2斗8升；**16堡屯兵214名**。 其中，8堡屯兵109名岁支县粮1700石4斗；龟石堡屯兵18名支县银，岁人5.77两；城头堡屯兵10名支县银，岁人5.4两；狮子等3堡屯兵57名支府饷，岁人5.4两；土巷堡屯兵20名领种富川所荒余田515亩，仍支给府饷96两。另2堡系抽调各堡屯兵组成，在原堡支饷。	《殿粤要纂》。

续表

地名	屯戍概况	备注
柳州府	万历三十年（1602 年）《殿粤要纂》载，柳州府守城民款 64 名，岁雇租银人均 4.8 两；本卫军 667 名，岁由各州县额解折粮银 1400 两、米 4002 石供给；振柳营 2 哨官兵 390 员名，岁饷人均 7.4 两，由镇抚司及折粮银支付；湖广永州、宝庆、宁远 3 哨旗军 654 名，岁支折粮银 615 两、行粮米 1757 石 7 斗。其中 3 名提调指挥岁支行粮银 54 两。**总计府直辖卫所军 1321 员名，民款、营兵 454 名。**	《广右战功录》载，嘉靖十六年（1537 年）柳州府驻有狼兵 2000 名，参将沈希仪赖以擒杀岑金。 据万历三十年**统计，府属 12 州县共驻有所军 7 名，民款、营兵 1543 名，目兵 3274 名，耕兵 4286 名。**
马平	永乐五年（1407 年）韩观大剿马平县，民之存者三不得一，耕民日少，募壮人耕种。 嘉靖二十四、二十五年（1545—1546 年）总督张岳大剿马平之后，派土舍韦志隆提兵到马平建堡屯田世守。当地农民“视堡兵为仇雠”，群起“要挟营堡”。万历十年（1582 年）秋，柳州官府派一名千总去抚谕，被杀死。 万历三十年（1602 年）息，马平县有 16 个“饷堡”，目兵共 358 名，每名岁银 4.3 两，于梧饷支付；7 个堡耕兵共 177 名，“岁收壮耕禄禾 17000 斤折充粮食”；2 个堡耕兵共 271 名，领田 295 顷 84 亩耕食。	《明代广西农民起义史》载，马平上等田为强豪所占，中等田拨作屯田，边远山区旱地称余田，付与瑶壮耕种。 《明史 · 广西土司传》《万历武功录》。 《殿粤要纂》载，**马平县目兵 358 名，耕兵 448 名。**
迁江千户所及迁江县	巡抚张任《十寨善后疏》称，八寨原系迁江县永安乡地方，梗化有年。洪武二十五年（1392 年）开设迁江屯田千户所，八寨改拨给该所韦镛等八个百户管束，册载屯田子粒 364 石。**苏濬《土司志 · 附直隶都司千户所二》载：该所**乃迁江县附郭，直隶广西都司。始设土官衙门时，辖土夷头目凌文彬等 17 人，后征剿有功升百户 14 名，颁印建置百户所，分掌土兵，为四屯。官兵俱不支俸，惟领剿过“夷贼”田土耕种、当差。**递年出征甲兵 1200 名、守城甲兵 300 名。**又设流官千户一员宋真以掌所事。剿古田时迁江千户黄禄有功升授指挥。万历四年（1576 年）迁江土兵参加对昭平五指山的清剿。 王守仁《处置八寨断藤峡以图永安疏》反映，**嘉靖七年（1528 年）该千户所**又称迁江八所、迁江八屯，王守仁视察时**尚有 4000 余众**，内设土官指挥、千百户等职。该所本用以就近分制八寨农军，农军势炽，不敢复入八寨，反与之交通结契，分其所获。 嘉靖《广西通志》卷 29 及万历《宾州志》卷 10 称，千户所屯田分布迁江县东部，甲兵佃种 31 顷 44 亩，族丁佃种 231 亩 9 分，民户佃种 6 顷 80 亩。 光绪《迁江县志》卷 1 云：万历八年（1580 年）迁江千户所迁至上林三里，协同南丹卫驻防，清初废。	万历三十年（1602 年）《殿粤要纂》载：**迁江县**守城门军 7 名，岁支本县银 26 两 3 钱；南营兵 100 名，岁支银 418 两 8 钱，由议留起运粮银及上林县协饷支付；**守城土兵 130 名及 7 堡土兵 132 名俱由迁江所派拨，不支官饷，耕食。** **以万历《宾州志》所载，迁江所**甲兵佃种仅 3144 亩，若每名仅种 5 亩，全所**甲兵只有 600 名上下，**与嘉靖时 4000 余名相较已大为减少。
八寨（十寨）及南丹卫、宾州	隆庆三年（1569 年）十寨被招抚，寨老应允那马土巡检黄旸为长官，领兵 600 进驻八寨屯守；兴隆土巡检韦观、安定土目黄昌为土舍，各领兵 200 分别屯守喃咳、龙哈。十寨 128 村每年向土官交纳赋税一千零七十两。 万历二年（1574 年）龙哈寨樊公尚率众造反，抚臣密令该三土官选劲卒击之，斩樊。	万历初（元年 1573 年）黄昌父子进村征粮，倍其赋，且淫及妇女，壮民恚甚，杀其子，巡抚还不得不械治黄昌之罪。“由是土司浸弱不振。”八寨“长官司被壮所迫，常退予所辖之地”，三五年间，各土官陆续被驱逐。

续表

地名	屯戍概况	备注
八寨（十寨）及南丹卫、宾州	**万历七年（1579年）**官军大剿十寨之后，巡抚将周安、古卯为一镇，思吉、古钵、罗墨为一镇，都者、古蓬、剥丁为一镇，各建一城，调东兰土官韦应鲲、韦显能及田州总目黄冯出任该**三镇土巡检，各带土兵1000人，携家来居，屯田世守**。喃咳、龙哈（抚安里、循业里）各驻官军300人。古城里（三里本部）驻参将营600人、南丹卫官兵300人。三里之地，不拘军产民产，**洋渡水以北尽作南丹卫屯田，居民充为耕兵**。 **万历三十年（1602年）**《殿粤要纂》之“宾州图说”称：周安、思吉、古蓬**3镇土兵各300名，耕贼遗田**不支官饷；三里参将亲兵40人，岁支梧饷336两；标营官兵124名，湖营官兵125名，喃咳、前右、龙哈、左后4营官兵各120名，以上共6营官兵729名岁支梧饷银4610两；**协守南丹卫目兵150名**，岁支梧饷315两、米1125石；（宾州）州后营等4个营目兵321名，岁支本州银1275两；守3门2堡哨官哨兵14员名、目兵60名，岁支本州银369两；8堡目兵152名岁支梧饷365两、米1302石3斗5升。 **万历三十年分计**：八寨之**周安等三镇土兵共900名；三里参将及南丹卫官兵770员名、目兵150名；宾州营堡目兵533名**、哨兵14员名。	万历《宾州志》卷11载，万历十年（1582年）冬，周安巡检黄冯将古蓬巡检韦显威（能）杀死。苏濬《土司志》载，万历二十一年（1593年）周安巡检黄关白昼以数十人闯入田州，斩其仇人州目卢佑。又率千人袭击武峒，掳男妇数百，声言攻城夺印，田州大恐。后官府出兵追斩黄关。 《神宗实录》卷373载，万历三十年（1602年）六月，思吉镇土舍韦文灿杀死东兰土官韦文弟，夺其印。次年四月，文灿被擒。
洛容 柳城 融县 罗城	**万历三十年**（1602年）息，**洛容县**除有2营堡兵235名、守城民款32名，均支梧饷及县银（岁人6两）外，尚**有6堡耕兵603名**，领田4245亩耕食。其3堡选委柳州卫千百户管领（岁支行粮银10两8钱），另3堡由一名土舍管领。 **柳城县**除有守城民款128名（岁饷人3.7两）、**7堡目兵165名**（岁饷人3.2两）外，尚有**12堡耕兵947名**，分别由把总、千长、土舍、头目等管领，共领田粮962石8斗耕食。 **融县**有守城民款62名（岁饷人4.5两），**7堡目兵262名**（岁饷人4.8两），**1堡土兵31名**，各给田14亩6分耕食。 **罗城县**守城民款64名（岁饷人4.4两）、**目兵40名**及军伴10名（岁**支**粮米270石）；**4堡目兵103名，支梧饷**，人岁4.2两；**6堡耕兵132名**领田耕食，尚可支米198石以补不足。	均据《殿粤要纂》。
	乾隆二十二年（1757年）息，雒容有土舍1名、堡目3名、堡兵265名、堡田897亩；柳城21堡，有堡目21名、堡兵212名、堡田5197亩；融县2堡，有堡目2名、堡卒14名、堡田178亩；罗城15堡，有堡目15名、堡兵210名、堡田2987亩。	《谢志》卷173《土兵额数》。
怀远	**万历初**（1573年、1574年）大剿之后，郭应聘《怀远善后疏》称：板江犹怀远门户，宜即其地屯兵五百，以把总王鸾领之。 《明史·广西土司传·柳州》载，**怀远剿后**，改万石、宜良、丹阳**三镇为土巡检司，屯土兵五百，且耕且守**。	万历三十年（1602年）《殿粤要纂》称，怀远县5营2堡哨官队兵共586名，岁饷人均6.2两，于司饷及府饷支付。
来宾 上林	**万历三十年**（1602年）息，**来宾县**守城民款58名及**12营堡目兵307名**，支梧饷银及部分县银共1452两；**耕兵20名**，支县行粮米130石。 **上林县**守城兵款106名及高埠营哨队官兵54名支县银，岁人均4.7两；另3营队兵80名亦支县银，岁人3.6两。此外，**“县设通真、渌西等堡，督兵耕守”**。	均据《殿粤要纂》。
	乾隆二十二年（1757年）息，思恩府**上林县**有土舍、头目、总练共38名，**土堡兵575名**，兵田18250亩，又7450亩。	《谢志》卷173《土兵额数》。

续表

地名	屯戍概况	备注
象州	**象州**守城民款 39 名岁支县雇租银 181 两，古鏖、陆贵 **2 堡目兵 94 名支梧饷**，岁人 4.8 两；大仁、都了 **2 堡目兵 40 名岁支州米** 480 石；都了堡及其他 **6 堡耕兵共 422 名**给田粮 192 石 1 斗耕食。	
武宣	**武宣县**守城民款 36 名，岁人支县银 3.6 两；龙华堡 **42 名守城目兵及另 2 堡目兵 87 名**支梧饷 461 两；**5 营耕兵共 181 名**，给田粮 22 石耕食。	均据《殿粤要纂》。
	乾隆二十二年（1757 年）息，浔州府武宣县有头人 1 名、乡勇 30 名、总目 1 名、乡兵 40 名，兵田 13 顷 16 亩。	《谢志》卷 173《土兵额数》。
庆远府	万历三十年（1602 年）息，庆远卫五所军 316 名，岁支米 5331 石，由宜山、罗城、忻城 3 县，永顺、永定 2 土司，庆远卫起运，广盈仓支；驻河池所军 289 名（内拨守天河县 13 员名）岁支米 2828 石 1 斗，于宜山县河池所（位于德胜）起运，思恩仓支；河池州军 70 名、荔波县军 31 员名、思恩县军 20 名于各州县支行粮。**庆远府境内卫所军共 726 名。**	据《殿粤要纂》。该书“庆远府图说”称，郭以外，民一而瑶壮九。虽堡舍星列，而兵非汉种。旧时将剿没田土即属伊布种，因令随地戍守，迹若不费而兵足，然非我族类，心与面殊，一城孤悬，四面皆敌，不可谓无虞也。
宜山县	**宜山县 47 堡兵共 820 名。**其中石鳖、德胜等 6 堡兵 170 名及龙女堡兵 10 名支府饷，岁人 3.63 两；北山等 16 堡兵及壮老共 272 名亦支府饷，岁人 2.76 两；三桥等 24 堡兵 358 名及龙女堡兵 10 名支折粮银，岁人 2.34 两。 《谢志》卷 173《土兵额数》载：乾隆二十二年（1757 年）宜山有堡目 1 名、乡勇 40 名、堡田 8 顷 55 亩 9 分 6 厘。	据万历三十年（1602 年）统计，**庆远府** 12 州县司中属**流官管治的宜山等 5 个州县共有**卫所军 726 员名、**支饷堡兵 1309 名、耕兵 235 名。**
八仙屯堡	苏濬《土司志·右江土司志》载：元代，土官莫保为八仙屯千户。洪武初（1368 年）罢管兵官籍，以其屯兵为民，莫氏遂徙居忻城境。 《元史·哈利哈孙传》称：元至元二十四年（1287 年）发兵讨安南后，二十八年（1291 年）有旨发湖湘富民万家，屯田广西，以图交趾。哈利哈孙遣使密奏不妥。使还报罢，民皆感悦。及**广西帅府请募南丹五千户屯田**，事上行省，哈利哈孙曰：此土著之民，诚为便之。内足以实空地，外足以制交趾之寇，可不烦士卒，而馈饷有余。即命度地，立为五屯，统以屯长，给牛、种、农具。莫保为屯长的宜山**八仙屯，判即此次所立五屯之一。**当时宜山属庆远、南丹、溪洞等处军民安抚司管辖，该安抚司亦姓莫。	明嘉靖《广西通志》载，忻城土官莫氏祖先居宜山端简里；该里属永顺长官司辖区。《宜州市志》第 29 页载，清代端简里属永定长官司所辖五里之一。民国《宜山县志·永定土司舆图》上，永定司署（位今石别镇南境）西北有端简里，图说：距司署十五里。据 2003 年《广西壮族自治区地图集》，今宜州市北山镇怀道村有大八仙、小八仙两屯，位置恰在端简里范围。
	天顺五年（1461 年），鉴于庆远府同知被歼后农军日炽，府县复议，将**述昆地方仍交岑瑛统治，立八仙堡，以土兵千人戍守。弘治五年**（1492 年）督府差官招抚，奏准立永顺、永定二长官司管治述昆地方，**罢**戍守八仙堡土兵。	《粤西丛载》卷 26 引《学海》《通志》。
德胜堡（厅）	明**弘治年间**（1488—1505 年）**德胜立有屯堡，由南丹、那地、东兰土兵 300 名分两番戍守。**清雍正七年（1729 年）庆远府拟复“以土治土”前例，清查昔时屯田，在三处各姓名下有 463 亩。	民国《宜山县志》第二卷《兵防》《时政》。
	万历三十年（1602 年）**德胜堡兵为 60 名**，支府饷，岁人 3.63 两。	《殿粤要纂》。
	乾隆二十二年（1757 年）息，**德胜厅拨有南丹、那地**二土州巡防**土兵各 50 名**，于仓贮屯田租谷内支给口粮。	《谢志》卷 173《土兵额数》。

续表

地名	屯戍概况	备注
河池 思恩 天河 荔波	万历三十年（1602 年）息，河池州守城所军 20 名、目兵 20 名，岁支州米 360 石；东营哨官 1 员，支州米 12 石，兵 20 名岁支府银 96 两；西营民兵 20 名，由各里团堡按月轮派，不给粮；驻三旺武官 1 员岁支行粮及硝磺米 18 石，所军 50 名岁支米 120 石；九门、雷山 2 堡兵 50 名岁支府饷 240 两并支州米 120 石；另 3 堡兵 50 名支府饷 60 两；大插堡兵 10 名岁支州米 48 石；7 个堡耕兵 150 名领种荒田，额粮不等，其中 3 个堡还岁给牛种银 10 余两至 20 两不等。 思恩县守城军 20 名（由河池所拨，岁支县米 72 石）、土著民兵 30 名及 9 堡兵 120 名共岁支县米 984 石；另有 1 堡兵 30 名给田 160 亩耕食。 天河县守城所军 13 员名（由庆远卫河池所拨）及 9 隘守兵 74 名，共岁支县仓米 342 石；四把堡及 3 隘守兵共 55 名“领耕荒田米 92 石 5 斗 3 升 9 合”。 荔波县无城池，县旁堡有兵 11 名、夷隘有民款 6 名，共岁支县银 61 两 2 钱；董界堡由河池所军 20 名及新拨宜山石鳖等 4 堡兵 40 名守卫，甲站堡由河池所军 10 名及石鳖等 5 堡兵 35 名守卫，董界、甲站两堡所军共 30 名及其武官 1 员，岁支本府折粮银 57 两 6 钱、县粮 115 石 2 斗。 **乾隆二十二年**（1757 年）息，**河池州有堡目、堡丁共 39 名**，堡田秧种 13 石 6 斗；**思恩堡目堡卒共 32 名**，堡田 120 亩；**天河堡目堡卒共 81 名**，堡田 304 亩。	均据《殿粤要纂》。其中**属目兵、堡兵、耕兵、隘兵者，河池 322 员名**（含哨官、武官各 1 员），**思恩 180 名，天河 129 名，荔波 92 名。** 《谢志》卷 173《土兵额数》。
南丹 东兰 那地 永定 永顺 永顺副 忻城	**万历三十年**（1602 年）《殿粤要纂》载：**庆远府土属 7 个州县司，额定 11650 名目兵、300 匹马听调从征。**其中南丹州 5000 名，东兰州 2000 名及马 300 匹，那地州 2000 名，永定司 150 名，永顺司 1000 名，永顺副司为 500 名，忻城土县 1000 名。 **乾隆二十二年**（1757 年）息，**南丹**土州有**土兵 510 名**，兵田 480 亩；东兰州乡勇 50 名，支口粮；**东兰土州同有土目土兵共 99 名**，兵田 25 韦（韦字有土旁）；**那地土州土兵 280 名**，兵田 280 韦；**忻城土县土兵 300 名**，各给秧本计谷 6 千斤；**永定土司土兵 100 名**，兵田 600 亩；**永顺正土司土兵 60 名**，兵田 30 韦；**永顺副土司土兵 50 名**，兵田 25 韦。	《殿粤要纂》载：庆属诸土酋，皆桀骜，南丹为最，荔波之民日被涂毒；东兰侵轶河池之三旺、六里，后虽悔还，近土舍韦文灿戕官掠印，且议征讨。 《谢志》卷 173《土兵额数》。
永顺司 永定司	**弘治五年**（1492 年），因**述昆地方**土民不服岑瑛统治，邓廷瓒奏取前地置**永顺、永定二司，各设长官一**、副长官一，**以壮民邓文茂、彭访、韦槐、韦朝和等授之**，亦皆宜山洛目、洛东诸里人也。自是宜山东南弃 184 村，西南弃 124 村。旧通志云，邓文茂世为洛目里人，先以壮民保授怀远镇土巡检，弘治五年授永顺正长官，六年给印，十二年死。子缨袭，嘉靖三年被巨贼韦召假所杀，夺其印。子文毓未袭先死，以孙帏袭。彭访，宜山下里民籍，庆远卫都指挥彭英侄孙。英抚述昆，恩信孚其地，故而访亦为瑶壮所信服，弘治五年授永顺副长官。承袭之孙彭锜，正德七年以军功冠带，十一、十四年屡率所部从官军剿贼。韦槐，其先洛东里人，以壮民举授永定正长官。正德初死，子宝袭。韦朝和，其先洛西人，以壮民举授永定副长官。正德初死，子陈保袭，未授官死，以韦建保袭。 **永顺**司额定**土兵 110 名**、兵田 55 亩（嗣后其副长官分走土兵 50 名、兵田 25 亩），管辖 124 村；**永定**司额定**土兵** 100 名、兵田 60 亩，管辖 184 村。	苏濬《右江土司志》。 《宜州市志》第 28—30 页。

续表

地名	屯戍概况	备注
浔州府 桂平县	**万历三十年**（1602 年）息，浔州卫旗军 240 员名，支府仓米；耀武等 3 营千长及队兵 220 名，碧滩等 5 堡队兵 156 名，岁支银 2126 两，由桂平、平南、贵县 3 县解到贴狼折粮并本府商税银支付，人均 5.65 两。 **桂平县**水陆各营堡打手 199 名，支府银、府粮；石梯营旗军 6 名，支府银不支粮；**弓兵、狼兵 77 名**，岁**支县银** 378 两，人均 4.9 两；**狼兵 200 名，不支行粮。** **乾隆二十二年**（1757 年）息，**桂平县有狼兵 195 名**、狼田 160 顷 54 亩。	据《殿粤要纂》，**浔州府直辖军兵 616 员名；所属 3 县 1 州军兵民款及在役狼兵共 2112 员名。遇警，耕守的"三县狼家"还额定派兵 1500 名应征。** 《谢志》卷 173《土兵额数》。
武靖州	正统二年（1437 年）总兵山云上言：浔州与大藤峡诸山相错，瑶贼出没，占耕旁近田。左右两江土官，所属人多田少，其狼兵素勇，为贼所畏。若量拨田州土兵于近山屯种，分界耕守，断贼出入，不过数年，贼必坐困。报可。 **成化元年**（1465 年）韩雍调 16 万土汉官军镇压了大藤峡侯大狗瑶族农军后，拟于藤峡要害处设州治，"镇抚余孽"。当时**上隆土州**（属田州府，今百色龙川一带）**知州岑铎**犯大辟在禁五载（祖母奏其奸嫂杀兄），韩雍以其骁勇冠军，奏宥其罪，**将其部兵 2000 人，男妇尽数发遣，移置藤峡中之碧滩，开设衙门，改称武靖州**，以岑铎知州事，世袭，并设流官吏目一员佐之。将附近瑶人所占，并绝户田土拨与耕种，五年后依上隆州例纳粮。**后又**将州衙**移往蓼水北**岸（今桂平市金田镇武靖村），乃紫荆竹、踏梅岭、大冲诸山要路，地广土沃，袤连大同、鹏化，足以控制诸蛮。岑**铎死，子玘无嗣，部兵渐散。正德十六年**（1521 年）议**以田州府岑猛次子岑邦佐继之**，时仅有部兵 50 人。嘉靖五年（1526 年），邦佐因岑猛叛乱被调置漳州。两年后，获王守仁奏复其职，遂益无忌惮，不仅**暴虐其众**，积威钤制，朘剥万端，**还占管先前应募来耕守之狼家为其部落**，怂嗾诸瑶攻堕营堡，使目兵死 200 余人。左副使翁万达、参议田汝成言于督府惩治之，将武靖州改为千户所，另推贤能掌管，以桂平、平南、贵县"三县狼家"属之，提调为保甲。督府未从。**邦佐死后传两代嗣绝**，浔州通判权武靖州知事，**狼兵归之三县**，一如翁、田所言。 **万历三十年**（1602 年）《殿粤要纂》载：**武靖州之江宁堡有狼兵 30 名**，由本府**支行粮** 162 石；**紫荆营目兵 40 名，由蒙化、罗零、吉大目兵轮派**，自备兵食。凡**遇地方有警，调耕守桂平、平南、贵县 3 县狼兵 1500 名、战马 80 匹。**	《明史·山云传》。 韩雍《平断藤峡疏》，见嘉庆《广西通志》卷 191；苏濬《土司志·左江土司志·武靖州》，见《粤西文载》卷 12；田汝成《炎徼纪闻》卷 2。 同治《浔州府志》卷 50 载，成化三年设武靖州于碧滩，成化二十年迁至武靖村。 道光《廉州府志·舆地四》载，武靖州还负责指挥后来调入的思恩、归德等狼兵。 《殿粤要纂》称，武靖有壮而与编氓同，效贡赋，其田膏㬼，力耕无越志。 《广西大百科全书》历史卷（上）第 386 页载：武靖州初置时辖人口 6.4 万，其中瑶族 3.15 万，壮族 2 万，汉族 1.05 万。
贵县	**万历二十三年**（1595 年）清剿后，巡抚陈大科在**五山**中心谢村筑参将土城，令浔梧参将按季巡历。平时由督备指挥一员镇守。将奉议卫贵县所和向武卫千户所官兵共 45 名从贵县城内和近郊迁入谢村，携家驻守。在原**有 6 个营堡狼兵 220 名**、募兵 170 名基础上，再增募兵 150 名，调入梧镇戍兵 200 名，增建营堡 5 个。	陈大科《五山善后疏》，见《粤西文载》卷 9。

续表

地名	屯戍概况	备注
贵县	**万历三十年**（1602年）《殿粤要纂》载，驻**贵县**奉议卫旗军134名、贵县所旗军151名、向武所旗军54名，支县仓米；各镇、堡、巡司官兵、打手、弓兵、民款、家兵、狼兵共960名。其中，官兵岁支县银2836两及县粮1154石4斗，**"右江兵"（狼兵）岁支县银2303两，若按桂平狼兵人均4.9两计，狼兵当为450人。**打手、弓兵、民款、家兵岁饷未载。 《殿粤要纂》所载，贵县"戎器4388件，系各军兵自置"。**据此，该县驻军兵力较上述总计的1299名还要多。** **乾隆二十二年**（1757年）息，**贵县有狼兵314名**、狼田118顷26亩。	《殿粤要纂》之贵县图上，西北有谢村镇向武所、定藏、六象、寨思、玄村、佛子、窿笠、黄粱、北角、马鞍、金箱、大器12堡；东北有奇石、大冲、鸦口、石弄、秋千5堡及北山寨巡司；县城有奉议卫、城东有撇竹堡；郁江南岸有尾塘、木格、石墙、石龙、冷硬、龟头、横眉7堡；郁江北岸有新杰、猪母、高头、大冲、西山、平岭、白沙7堡及横州营。 《谢志》卷173《土兵额数》。
平南	万历三十年（1602年）息，平南县哨堡官军、兵款共261名，岁支县银722.4两、县粮1983石2斗。 **乾隆二十二年**（1757年）息，**平南县有狼兵38名**、狼田48顷98亩。——《谢志》卷173《土兵额数》	据《殿粤要纂》，其平南县图上，西北有永宁镇、大峡营、水滴、黄泥、高塘5堡及3巡司；西南有得胜、官塘、鹧鸪3堡及1巡司；东北有高遥、西村、龙门上、龙门下4堡；东南有樟村堡及2巡司。
梧州府 苍梧县	万历三十年（1602年）息，梧州府"置校"：坐营官1员，统领广东上班戍梧旗军2300员名、达舍20名、兽医1名、戍守大教场各土州峒县目兵3000名、守城官兵458员名，上述岁共支银12155两，于本府库广东折粮桥税及本府盘盐厂税银开支；梧州本所军98员名，岁支府库折粮银479两。 苍梧县哨守江道13船（哨），3哨戍军60名，支府行粮；10哨官兵203员名，岁支府银1543两；4巡司弓兵共20名，岁支本县条鞭银72两。	据《殿粤要纂》载，**梧州府属官兵5878员名，其中目兵3000名**、卫所军2399员名、达舍兽医21名、守城兵458员名；**驻10州县官兵共7428员名，其中**所军1305员名、营兵哨江兵等5718名、**目兵115名、耕兵据不完全统计290名。** 梧州府图说称，梧州西枕藤峡、八寨，诸酋出没无时，东接信宜、封川，鼠窃狼吞，窟穴其间。曩屡勤师征，旋服旋叛，迄今百有余载。山防江哨，棋布星列，总一郡十属所戍守军兵，凡一万有余，盖屹然一重镇矣。
藤县及五屯所	**万历三十年（1602年）息**，县境内罗袄等4营兵58名及哨守江道22船官兵232名，支府饷；安靖营兵18名，支县银；七山镇管下颜花、禾仓等8营兵202名，北科镇管下灯盏、野芋等5营兵101名，由岑溪县发给行粮；窦家、赤水2巡司弓兵10名，支县银；守永寿堡上班戍军20名，支府行粮；广东班军180名、白石寨永充弓兵30名，供给关系不明。 **五屯所旗军共651员名**，其中拨守县城90名、南闸10名、永安州100名、跟参将坐营29名、守本所125名，守白马、花莲等十堡297名。皆由藤县存留粮银岁支2740两供给。	据《殿粤要纂》统计，藤县驻有上班戍军20名、哨江兵232员名、营兵弓兵等419名、广东班军180名，广西都司直属五屯所军651名（其中129名外派）。 《殿粤要纂》。

续表

地名	屯戍概况	备注
五屯所由来	五屯位于藤县西北百里间，濛江之滨，原名古赠，系大藤峡左臂，有壮人且三千。洪武八年（1375年）壮酋覃福召集864人，编为桂林右卫中左所军屯守。覃福授千户职事管领，其病故后无人管束，所军逃散死绝。成化初(1465年）韩雍剿藤峡后，访悉覃福孙覃仲英，素为壮人信服，正千户李庆有才识，知夷情，合于古赠村开设五屯屯田千户所，以李庆掌印管事，覃仲英为本所世袭土官佐之。将现有壮民尽数编作土兵，与清理出之逃亡军丁560名，相兼操备，无事把守本处，附近有警听调杀贼。壮人所种田土，税粮优免五年。 嘉靖七年（1528年）王守仁上疏称，五屯正当风门、佛子诸巢，西通府江，北接荔浦，乃最要紧之区，宜设一镇以控远迩。旧有千户所官兵几及一千之数，困于差徭，日渐躲避于附近土目村寨，官司失于清理，只有五百。其后又分调守他所，所余遂不满二百。贼乱四起，则调潮州兵数百来协守，事甚纷乱。继而林富亦称，调来轮戍的潮州卫旗军脆怯，且水土不服，平居多怀土之思，仓促无敌忾之勇，宜尽数发还原卫，而取回他调土兵，并应补足原额一千数量，增调人兵款数十百人以示强而备敌。 《殿粤要纂》载，万历三十年（1602年）五屯所共651员名，含外派永安州及与参将坐营129名。	韩雍《议处广西地方事宜疏》，见嘉庆《广西通志》卷191。 王守仁《处置八寨断藤峡以图永安疏》，见嘉庆《广西通志》卷195；林富《议土思田等处事宜疏》，见嘉庆《广西通志》卷196。 苏濬《土司志》载：五屯屯田千户所与迁江所，皆直隶广西都司；覃福原为南丹人，洪武四年率所部狼壮迁居藤州宁风乡，辟荒田以自给，遂为五屯夷民。 高言弘《明代广西农民起义史》载，世袭千户覃福的祖父覃普伟是元末南丹大总目的校尉，带土兵到五屯镇压黄德宁起义，强迫三百多户壮人迁来耕种所占瑶人土地，成为覃家农奴。洪武四年覃福招兵买马为明朝效力，成为桂林右卫军世袭千户。洪武二十年韩观剿罗渌山时覃福领土兵参剿，被农军射死。瑶人对他恨之入骨，碎剁其尸。其家人去收尸只获一指甲，所筑“指甲墓”遗址尚存。覃福十三斤重的大刀被瑶民剁为十三段，分给参战各村作纪念。金秀县大瑶山六段村瑶胞中传说，该村分得第六段，故称六段村。

续表

地名	屯戍概况	备注
岑溪	景泰间（1450—1457年）招土狼屯岑溪县连、永二乡，耕守其土。 **万历初**（1573年）凌云翼剿平罗旁，声言移兵岑溪，六十三山壮酋潘积善乞降。于是官府在大峒设参将府，戍兵千人，**核北山镇田**3600余亩，**招壮酋韦月统兵300名，耕守其地。** 《紫溪集》还称：岑溪募兵，先用粤东劲卒，颇骄恣。入县治掠帑金，复越左江肆屠戮，军门戳其首恶九人。由是议罢客兵，用土著。岑人故脆弱，不习击刺，应募者多田家子，所守营垒近家，官按籍稽之，人人在伍，马首稍远，即宿私家。垒则星列，兵则鸟散，与无兵等耳。壮目韦月所招耕兵，初犹精悍，后渐耗散，不满三百，而老弱半之。时参将往来大峒，练诸材官，贼尚稍戢。万历二十一年（1593年）后，参将吴显忠足不入岑溪，而时朘削诸镇官，镇官削诸偏裨，偏裨则削诸部伍，兵制益荡然矣。贼瞰我无备，日出剽夺。万历二十三年（1595年）冬，粤东亡命浪贼数百潜入七山，诱诸瑶作乱，屠乾厢壮村等，督抚二臣发梧戍卒二百夜入岑溪，讹传要剿北科，正就韦月听招的北科瑶认为官家诳我，与七山、孔亮山人合谋攻杀韦月，毁大峒参将府，势甚猖獗。督抚遂调两粤兵八千、广西土兵可万人剿之，斩级一千一百，俘四百余，抚其余众八百。 **万历三十年**（1602年）息，**岑溪置校**：**参将**1员、旗牌官3员、亲兵27名，岁银442两；大峒中军官1员、司令兵30名，岁银253两；**左营**官兵530员名，岁银3879两；**北科镇**官兵714员名，岁银5187两；**神塘营**官兵216员名，岁银1583两；**七山镇**官兵594员名，岁银4391两；**奇兵营**官兵460员名，岁银4511两，上述皆于府饷支付。平河巡司弓兵5名，岁支县银18两。 **乾隆二十二年**（1757年）息，**岑溪狼总、狼目、狼兵共320名**，峒田35顷70亩。	光绪《广西通志辑要》卷10。 沈希仪《紫溪集》。 《殿粤要纂》载，**岑溪（大峒）参将府及所辖5营官兵2581员名。** 《谢志》卷173《土兵额数》。
七山 六山 北科 怀集	《明史·广西土司传》载：岑溪潘积善号称平天王，与六十三山、七山、六山诸瑶壮，“踞山为寇，居民请剿”。会大兵征罗旁不暇及，总制凌云翼檄以祸福，积善愿归降输赋。议者谓**七山**为苍、藤信地，**六山**为容县、北流中冲，**北科**为六十三山咽喉，**怀集**为贺县诸村出入之所。因**立5大营，每营600人，合得3000人，设参将及屯堡30治焉。** 《蛮司合志》载：七山、六山、北科、怀集诸处五营，人月食饷一钱二分，五将军季得银三两，皆仰食梧州兵饷中。治大峒城170余丈，外城240余丈，设参将馆舍及屯堡30，墩堠22，开赤黎至马岭、北科、平河诸路70余里，垦连城乡田7顷有5亩，北科峒田14顷17亩，瑶人归降者4271人，杂募耕兵韦月等800人，给牛、种月4钱，自四月至九月，三年始计亩输赋。 乾隆二十二年（1757年）息，怀集耕总、哨长、耕兵共384名，兵田32顷33亩9分。	《紫溪集》载：七山位岑溪西北，六十三山位岑溪东南。 《谢志》卷173《土兵额数》。

续表

地名	屯戍概况	备注
怀集	万历三十年（1602 年）息，怀集本所军 250 员名，夏秋支县仓米 1500 石，冬春支县折粮银 525 两；五里镇官 1 员、辖中军及 12 营兵共 447 名。金鹅营官 1 员、兵 178 名。五里、金鹅共岁支府饷及县河利银 6029 两。武城、慈乐、兰峒 3 巡司弓兵 60 名，岁支县银 351 两；金鹅营耕兵 70 名，每名给田 8 亩 4 分耕食；长平、安靖 2 营耕兵共 80 名，每名给田 11 亩 3 分 5 厘耕食；松柏、水细 2 营耕兵共 80 名，每名给田 5 分 6 厘耕食；洴峒耕兵 60 名，每名给田 6 亩 3 分 5 厘耕食。	据《殿粤要纂》。**怀集**共有所军 250 员名、营兵 627 员名、巡司弓兵 60 名、**耕兵 290 名**。
容县	万历三十年（1602 年）息，容县本所军 134 员名，岁支县粮 79 石 5 斗、县银 255 两；六云镇官兵 179 员名，番风、坐塘、三州 3 堡队兵共 68 名，哨江 4 船兵 54 名，共岁支府饷 2206 两，人均 7.3 两；波罗、份壁巡司弓兵 10 名，岁支县银共 72 两。	《殿粤要纂》载，容县共驻所军兵 134 员名，堡兵、哨江兵、弓兵等 311 员名。
玉林	万历三十年（1602 年）息，玉林本所军 139 员名，其中 91 名岁支本州银 372 两，其余 48 名领屯田耕食；莲塘营兵 49 名，岁支府银 353 两；相见、横岭、明净 3 营兵 122 名，岁支本州银 878 两；管领营兵共设 3 哨长，岁银各 12 两；设千户、教师各 1 员，岁银各 14.4 两；守城兵壮 82 名，岁支州银 594 两。	《殿粤要纂》载，玉林州所军 139 员名、营兵民壮 258 名。并称，**玉林州境无瑶壮**，所恃数营足以控。
博白	万历三十年（1602 年）息，博白县有苏立、圆珠等 6 营兵共 302 名，2 巡司弓兵共 10 名。各营各司兵无论支府银、县银，每人均岁支 7.2 两。	《殿粤要纂》并称，**博白无壮，独错狼瑶二种，近已向化**。而西南近海，两省亡命之徒相互勾结，剽劫为害。
北流	万历三十年（1602 年）息，北流县陆静、大车 2 营官兵共 197 员名，岁支府银 1480 两；守县城 3 营兵壮 101 名，岁支县银 732 两；巡司弓兵 5 名，岁支县银 27 两。 《谢志》卷 173《土兵额数》载：**乾隆二十二年**（1757 年）息，**北流有狼兵 24 名**，无兵田。	《殿粤要纂》载，北流共驻兵壮 303 员名。并称，罗下、扶来（位于县南境）又各自设营，俾之且耕且守。
陆川	万历三十年（1602 年）《殿粤要纂》载，左、右 2 营兵 190 名，岁支县银 1397 两；守城民壮 23 名、狼兵 70 名，民壮岁支县银 166 两，狼兵给田米 513 石 1 斗耕食；陆潭营兵 14 名，岁支县银 100 两；两处弓兵 20 名，岁支县银 144 两；左营、右营及守城兵壮各设 1 员哨官管领，每名哨官岁银 12 两，于各营兵旷役月小银支付。 《谢志》卷 173《土兵额数》载：乾隆二十二年（1757 年）陆川有狼目、狼兵 57 名，狼米 93 石。	万历三十年**陆川县**营兵、弓兵、民壮共 250 名，**狼兵 70 名**。 雍正《广西通志》卷 93 载，陆川县狼人，明初来自宾州（判指迁江屯），使充戍卒，以逋民遗田使耕守。
兴业	万历三十年（1602 年）息，兴平、西营、桥圩 3 营兵共 112 名，岁支县银 626 两；守城民壮、土狼 75 名（据《谢志》土狼按 45 名计，民壮则为 30 名），岁支县银 540 两。 《谢志》卷 173《土兵额数》载：**乾隆二十二年**（1757 年）**兴业有狼兵 45 名**、狼田 1219 亩。	《殿粤要纂》载，兴业境内民狼杂处，西北黄桑峡、东北番车岭各置兵耕守。

续表

地名	屯戍概况	备注
南宁府 宣化县	万历三十年（1602年）息，**南宁卫旗军**除拨49名守永淳县，**在卫396名**岁支府粮5823石6斗。道前、府前、小教场、建武、东关、西关**6营把总各1员、目兵各40名，共246员名**。把总岁支府盐税银每员14.4两；目兵每名3.4两。 **宣化县**沿江8哨，**哨长8名**，各岁支县银6两；**打手144名**，各3两。三官、关山2堡及八尺等**5巡司弓兵共53名**，每人岁支雇租银5.4两，俱系人户亲当。 《谢志》卷173《土兵额数》载：乾隆二十二年（1757年）宣化县乡勇30名，无兵田。	据《殿粤要纂》。南宁府属10州县，**流官管治的宣化等5州县共驻所军771名，营兵、打手等701员名，目兵、耕兵1908名**；归德等5州为土官管治。
隆安	万历三十年（1602年）息，隆安县守城目兵86名、教师2名，岁共支县银648两，人均7.36两；叫立、梅龟等8哨土舍、弓兵、哨长、打手及那楼巡司弓兵共79名，岁支县银人均5.4两；梅龟堡土舍1名、民兵30名，领田3顷2亩耕食，纳粮免差。 《谢志》卷173《土兵额数》载：乾隆二十二年（1757年）隆安县隘兵54名，无兵田。	据《殿粤要纂》，**县内目兵88名，弓兵、打手等79名，耕兵31名**。
横州	万历三十年（1602年）息，横州驻驯象卫及拨守各堡旗军共326名，支州粮；北门等4营兵共50名，岁支州银270两；乐山乡屯狼兵300名，给田米232石耕食；端峰里屯狼兵200名，给田米139石耕食；从化乡屯狼兵300名，给田米240石耕食；高登乡屯狼兵192名，给田米196石耕食；上述4乡狼兵抽58名守西关、22名守东关、10名守山心、10名守镇横，此100名狼兵岁支州仓米360石；4乡又抽狼兵50名协守甲塘、30名协守青桐、30名守定祥堡，此110名狼兵不支饷；委千户1员，统领甲塘等3堡卫所旗军和狼兵。云表公馆、南乡巡司弓兵各7名，共岁支州银75两6钱；沿江设陆村、飞龙、米埠等12哨，每哨哨长1名、打手9名、船1只，委武职3员分领；总巡哨船3只，军共18名。12哨打手岁支银655两2钱，于本州及宣化县协饷支付；哨船军18人支本等月粮，估属驯象卫人数内。	据《殿粤要纂》。其横州图说还称，自调归德狼兵分守乐山等4乡，又设2堡于山心、镇横，八寨和五山诸贼渐以远迹。 统计：**横州4乡耕守狼兵共992名，驯象卫所军326名，营兵、弓兵、打手等共187员名**。 《谢志》卷173《土兵额数》载：乾隆二十二年（1757年）横州有狼兵70名、狼田167顷26亩9分。
永淳	万历三十年（1602年）息，永淳县守城兵款、弓兵126名，支县银，守城南宁卫拨来旗军49名，支县仓及横州米；渌境等4堡哨长、打手共40名，支县银；南里、武罗巡司弓兵共13名，支县银；修德乡土兵268名、武罗乡土兵120名、南里乡土兵40名，皆不支饷，给田耕食，纳粮免差。每年冬，修德、武罗派耕兵20名守黄榖岭，春夏秋留8名，余放归农。	据《殿粤要纂》。**永淳县耕食土兵共428名，所军49名，兵款、弓兵、打手共179名**。 《谢志》卷173载：乾隆二十二年（1757年）永淳有狼兵、耕兵共107名，狼田51顷87亩1分1厘。
新宁	万历三十年息，州内石人等3哨由1镇抚统领，各有哨长1名、打手10名。镇抚岁支银18两、打手岁共支180两，俱府饷；七村等4堡各有捕盗、弓兵各1名，轮派的乡兵8名；穠罗等3堡共有兵99名，其中土民轮当90名，捕盗、弓兵4名，永充弓兵5名。此7堡之捕盗、弓兵共12名，岁支县银57两6钱，永充弓兵和乡兵不支饷。	据《殿粤要纂》。该州图说称，南境之隆化诸都，本四峒地，已改土作流；上下江百余里则流土比错。 **境内打手、捕盗、弓兵等及镇抚哨长共51名，轮守在营堡的乡兵122名**，在农乡兵数量不明。

续表

地名	屯戍概况	备注
归德	《明史·地理志六》载：**正统四年**（1439年），**檄归德州拨狼兵于容县、兴业、北流、陆川4县，承食狼田**，俱有狼总统领。天顺六年（1462年）归德州官族黄平等，又率一批狼兵迁往。 《明史·广西土司传》载，**弘治九年**（1496年）总督邓廷瓒奏请令**归德**土州、**上林**土县**各**选子弟1名、**领兵1000往昭平驻守**。 **《殿粤要纂》称**，归德州故属田州，以岑猛之乱（嘉靖五年，即1526年）改隶南宁。地土夷旷，民俗相安。**横州4乡的耕守狼兵系自归德调往**。	《殿粤要纂》载，南宁府土官管治的**归德**、**果化**、**忠州**、上思、**下雷**5州，除上思外，**4个州共额定660名目兵戍省，4900名目兵及100匹马听调从征**。
太平府崇善县	万历三十年（1602年）息，太平府治（崇善县城）驻后千户**所军400余名**，岁支米523石7斗，由崇善县、罗阳县、恩城州仓支付；**守城土兵60名**，各州县轮派，例不支粮。	《殿粤要纂》太平府图说称，绕郡皆土酋，虽多逆命倔强，然既改土为流，虎符朝至即夕赴，与中国无异。
左州 养利 永康 太平	万历三十年（1602年）息，**左州**佥（全部）民为兵，无饷。**州前兵19名**，淰扁、叫巷**2隘兵各11名**。**各以头目1人**领之，俱无饷。 **养利州有守城兵夫30名**，岁雇租银人均6两。议者称彼无所事事，欲半减其银而倍增其役。 永康州轮派乡兵守城，不支粮。 太平州百姓各自为守。	据《殿粤要纂》。该书还载，**太平府**除崇善、左州等5个流官州县，还辖**土司管治的**龙英、罗阳、陀陵等**15个州县，均无兵，民自为守**。
太平府属厅州县、土州县土巡检	**乾隆二十二年（1757年）息**，龙州厅带管**下龙土司有土兵90名**，给以峒田，**又2关3卡14隘共土勇176名**，在附近村庄按户轮守；明江厅带管**上石西州有土勇31名**，无兵田；**崇善县有土兵174名**，兵田2088亩；**宁明州乡勇76名**，无兵田；**太平土州，土兵1022名，军田1022户，奉调额应土兵300名，余留运粮更替；安平土州，土勇500名**，按粮派拨；**万承土州，9甲，土兵150名，奉调额应土兵100名，余50名运粮。又六坊土兵240名**，每名给田150韦；**茗盈、全茗**两土州，**各有土兵42名**，无兵田，按粮派拨；**龙英**土州，**土兵330名**，兵田1980韦；**佶伦**土州，**土兵48名**，按村选充；**镇远**土州，**土兵50名**，无兵田；**都结**土州，**头目3名，乡勇16名**，按村选充；**思陵**土州，**土兵304名**，按粮派拨（下同）；土**江州，土兵250名**；土思州，**土兵760名；下石西土州，土兵50名；上下冻土州，土兵190名；凭祥土州，土兵170名；罗阳土州，土兵50名；上龙土巡检，隘兵160名**。	《谢志》卷173《土兵额数》载：乾隆二十二年（1757年）**太平府共有土兵4924名，奉调额应土兵400名**；上述土兵中，仅下龙、崇善、六坊、龙英4家土兵有兵田，其余各家土兵皆按粮派拨，或按村、按户轮派。
思恩军民府	万历三十年（1602年）息，府城外东西2哨**募兵100名**，由2长管领，岁雇租银420两，于9司起运庆远府折粮支付；**守城目兵300名，由9司依其城头多寡派出**，每城头守4日，官目亲领到府防守。目兵自裸粮食不支饷，唯给花红犒赏。	《殿粤要纂》载，**思恩**府治迁至荒田驿，居重之势成矣。而三面环夷，独东南联武缘、南宁，盖职方绝徼也。**所辖9司皆兵**，缓急足恃。
武缘	万历三十年（1602年）息，**武缘本所军233名**，岁支县银944两；守城及9堡**民款103名**，除2堡10名岁雇租银人均为5.7两外，余均为7.2两，俱给票自收；桥我新立**堡兵15名**，岁饷人均1.76两，给票自收。5巡司永充**弓兵336名**，分班轮流防守，免编丁米不支饷；2堡**狼兵、土兵共120名**，给田粮59石耕守。 乾隆二十二年（1757年）息，武缘有堡兵50名、堡田1132亩8分8厘。	《殿粤要纂》。 《谢志》卷173《土兵额数》。

续表

地名	屯戍概况	备注
兴隆 那马 白山 定罗 旧城 下旺 安定 都阳 古零	万历三十年（1602年）息，该9司所辖城头有十五六个、十一二个、四五六个不等，俱由世袭土官管治。境内无营堡，兵民纳粮听调，每田一围出兵一名，自备粮糗、自置兵器。	据《殿粤要纂》统计，该**9司额调征兵9900名、戍省目兵1800名、轮守思恩府城300名。** （各司额数参见第137页分列表）
思明府 龙州 江州 迁隆峒 下石 西州 凭祥州	万历三十年（1602年）《殿粤要纂》载：思明土府及龙州、江州、迁隆峒、下石西州、凭祥州**5个土州峒共有1900名目兵把守边境关隘，700名目兵戍省，2250名目兵戍梧，还额定10800名目兵听调从征。**（参见第137页分列表） 《谢志》卷173《土兵额数》载：南宁府迁隆土峒有土兵300名，无兵田。	《殿粤要纂》还称，思陵土州三面交南，目兵自行防守。上石西州已改流，置校、戎器俱无。
镇安府 田州 泗城 归顺 都康 向武 奉议 上林 安隆 湖润 上映	万历三十年（1602年）息，镇安府及田州、泗城州、归顺州、都康州、向武州、奉议州、上林县、安隆司、湖润寨、上映峒**10个土属辖区，共有2460名目兵及100匹马戍省，8350名目兵戍梧，还额定33800名目兵及750匹马听调从征。**（其中田州10000名，而泗城"视诸土司独多"，因其人数未载，仅按10000名计入。参见第137页分列表。） **乾隆二十二年**（1757年）息，**土田州有土兵400名，**兵田400围；**阳万土州判**（乾隆七年析土田州198村置）有**土兵300名，**年各给八色冻银4两；**土上林县土兵30名，**兵田60亩；泗城府二县一州俱无土兵。	《殿粤要纂》。 《谢志》卷173《土兵额数》。
镇安府 小镇安厅 天保 归顺 湖润 向武 都康 上映 下雷	**乾隆二十二年（1757年）息，**镇安府府额土兵120名；小镇安厅土勇214名，按村选充：天保土兵30名，每名食田1坵；归顺州隘丁180名，每年各支工食银6两，又湖润寨额设隘目、隘兵44名，向无役田，口粮以归顺隘丁12名工食银72两充给；向武土州土目、土兵220名，在额设1200红名粮内选充；都康土州土勇40名，给役田1信；上映土州土兵46名，按粮派拨；下雷土州土勇250名，按粮轮充。	《谢志》卷173《土兵额数》载，**镇安府、厅、州、寨之土兵、土勇、隘丁共1144名。**
合浦	成化间（1465—1487年），总督韩雍调狼兵前来，令且耕且守。 乾隆十九年（1754年）二月总督班第奏称：合浦县永平司巡检地方，明成化年间为防出没之瑶壮而设分守要隘之狼兵、瑶兵，至清朝初尚存狼、瑶田14418亩，存兵242名。后稽察有疏，田多被诱骗典当，兵数亦减。 乾隆四十七年（1782年）九月二十九日，广东巡抚奏称：合浦县所属归德图设有狼兵分守隘口，所用鸟枪请免查缴。	道光《廉州府志·舆地四》。 《清高宗实录》卷457。 《清高宗实录》卷1165。
钦州	钦、灵二县俱有狼兵，因年远籍亡。	道光《廉州府志》卷13。
灵山	灵山部分壮人，"本广西狼人"。	《皇清职贡图》。

续表

地名	屯戍概况	备注
罗定 东安 西宁	粤东唯罗定、东安（今云浮）、西宁（今郁南）有狼人，盖从粤西调至征戍罗旁者，族凡数万。	《广东新语·人语》。
德庆 高要 高明 四会 广宁 新兴 恩平 泷水	明代设堡屯哨于德庆上下江道，与高要、高明、四会、广宁、新兴、恩平、泷水（指泷水千户所，在罗定境）诸州县间，调归顺、下雷、东兰、那地狼兵戍之……给田任种，且耕且戍。	《西河合集》卷12。
阳春 茂名 信宜 化州	明代此四州县皆有狼兵立营屯守。	嘉庆《广东通志》。
连山	从广东连山壮族大姓覃、韦、莫氏族谱考察，其祖先均来自广西南丹、庆远、柳州一带。例如，永丰覃氏族谱载“洪武初来程山古县（宋置，治宜善，今连山县永丰镇）落籍”。广东壮族35000余人，主要分布于广东连山壮族瑶族自治县南部的上帅、加田、小三江、福堂、永丰等地，此外怀集县有2300余人。	广东省民族研究所《广东少数民族》，广东人民出版社，1982年出版。

清中叶广西土兵分布及兵田数量表

（据乾隆二十二年档册所载《土兵数额》编制，见《谢志》卷173，档册称：全省土兵共13842人，但各地合计仅13732人）

地点		土兵数量（含头目）	兵田数量
桂林府	龙胜厅，临桂、灵川、永福、义宁、全州5县	36堡7隘堡卒隘丁963人	8162.7亩
	永宁州	2镇狼兵155人	3700亩
	灌阳县	狼兵24人	无
柳州府	雒容、罗城、柳城、融县	42堡堡兵743人	9259亩
庆远府	德胜厅（拨南丹、那地土兵）	土兵100人	支口粮
	东兰州	乡勇50人	支口粮
	宜山、天河、思恩3县，河池州	乡勇堡卒193人	1279亩又14石6斗秧种田
	东兰土州同，南丹、那地土州，忻城土县，永定、永顺、永顺副土司	土兵1399人	8280亩又6000斤秧本田

续表

地点		土兵数量（含头目）	兵田数量
思恩府	武缘县	堡兵50人	1132亩6分8厘
	上林县	土舍头目总练38人 土堡兵575人	25700亩
	土上林县	土兵30人	60亩
	土田州	土兵400人	8000亩
	阳万土州判（析土田州置）	土兵300人	人岁八色银4两
泗城府	雍正初改流，辖凌云、西林县，西隆州	俱无土兵	俱无兵田
平乐	永安、贺县、恭城凤凰堡	土兵堡卒525人	3887亩
	修仁、荔浦	土兵209人	1829丘
梧州	岑溪县	狼兵320人	3570亩
	怀集县	耕兵、抚兵384人	3233亩9分
浔州	贵县、桂平、平南县	狼兵547人	32778亩
	武宣县	乡勇、乡兵72人	1316亩
南宁	横州、永淳县	狼兵177人	21914亩
	宣化、隆安县，迁隆土峒	土兵、隘兵384人	无兵田
太平府	崇善县、龙英土州	土兵504人	41688亩
	万承土州九甲	土兵150人：额应100人，运粮50人	
	万承土州六坊	土兵240人	人给田3000亩
	太平土州	土兵1022人：额应300人，余运粮更替	军田1022户
	宁明州、上石西州，茗盈、全茗、镇远3土州	土兵241人	无兵田
	龙州厅带管下龙土司	土兵90人	给以峒田
	龙州厅带管2关3卡14隘	土勇176人	就近村按户轮派
	佶伦、都结土州	土兵、乡勇67人	按村选充
	安平、思陵、江州、思州、下石西、上下冻、凭祥7土州，罗阳土县	土兵2274人	按粮拨派
	上龙土巡检	隘兵160人	按粮拨派
镇安府	归顺州、湖润寨	隘丁224人	人岁饷6两，但其中湖润44人按12人计
	府额、小镇安厅	土兵、土勇334人	按村选充
	向武土州	土兵220人	额设1200红名粮内选充
	上映、下雷土州	土兵、土勇296人	按粮拨派
	天保	土兵30人	田600亩
	都康土州	土勇40人	给役田一信
郁林州	陆川县	狼兵57人	支米93石
	兴业县	狼兵45人	1219亩
	北流县	狼兵24人	无兵田

黄氏土官土司兵事录

唐代	邕州西南、郁江之源，韦氏、黄氏、周氏、侬氏为首领，互相劫掠。唐邕管经略使徐申厚抚之，黄氏纳贡，而十三部二十九州之蛮皆定。(《宋史·广源州蛮传》) 垂拱年间，岭南税赋半输改全输，黄洞蛮酋领率众造反，斗争延绵80年。
咸平六年(1003年)	三月辛卯，钦州言：交州八州史黄庆集等来归。(《宋真宗本纪》)
景德三年(1006年)	曹克明知邕州，召左、右江三十六洞酋长，谕以恩信。是岁承天节，相率来集，独钦州洪峒恃险不至，知邕州曹克明谕两江防遏使黄众盈引兵攻之，斩其首领陆木前，枭于市。(《宋史·曹克明传》)
景德四年(1007年)	七月甲戌，宜州澄海军校陈进起事，杀知州刘永规及监军国均等，诏巡抚曹利用讨之。刘永规驭下严酷，课澄海卒伐木茸州廨，数不中即杖之，至有率妻孥趣山林以采者，虽甚风雨，不停其役。陈进因众怒反，拥判官卢成均为帅，据其地，率众攻克柳城，柳州知州弃城遁，围攻象州两月不下，卢成均降，陈进被斩，十月甲午朔，事平。其间，邕州知州曹克明曾募溪洞兵三千，而田州土官黄众盈亦济兵一千五，将趣象州，至贵州遇贼，大败之，斩首四百。(《宋史》之《真宗纪》《曹克明传》《张继能传》)
元丰二年(1079年)	宫阙峒侬智春叛投交趾，冻州土官黄案高斩智春，平息叛乱。(《神宗本纪》卷15等)
嘉定年间(1208—1217年)	土官黄灿陈兵五千于马市左右及唐兴、路城一带，与土官岑汝弼争“招马之利”，并准备火并。被官府谕止。(《粤西文载》卷63《范克信》)
至元二十九年至大德二年(1292—1298年)	闰六月，左江总管黄坚奏：管内黄胜许（上思州土官）聚众二万，据忠州。乞调军万人、土兵三千，命刘国杰讨之。臣愿调军民万人以从。诏许之。(《元世祖本纪》) 《明史·刘国杰传》载：上思州黄胜许恃其险远，与交趾为表里，寇边。至元二十九年，诏湖广等处行枢密院副使刘国杰讨之。贼众劲悍，出入岩洞篁竹中若飞鸟。发毒矢中人无愈者。国杰身率士奋战，贼不能敌，走象山，山近交趾，皆深林，不可入。乃度其出入，列栅围之。徐伐山通道，且战且进。元贞二年，拔其寨，胜许挺身走交趾，擒其妻子杀之。国杰三以书责交趾索胜许，交趾匿不与。夏，师还，尽取贼巢地为屯田，募庆远诸壮人耕之，以为两江屏障。后蛮人谓屯为省地，莫敢犯者。 《元史·兵志三》载：大德二年（1298年）黄胜许叛逃交趾，遗弃水田五百四十五顷七亩。部民有吕瑛者，言募牧兰等处及融庆溪洞瑶壮民丁，于上浪、忠州诸处开屯耕种。大德十年（1306年），平大任洞贼黄德宁等，以其地所遗田土二百八顷一十九亩，续置藤州屯田。是年，上浪屯一千二百八十二户，忠州屯六百一十四户，那扶屯一千九户，雷留屯一百八十七户，水口屯一千五百九十九户。 《元史·乌古孙泽传》载：至元二十九年七月，泽出任广西两江道宣慰副使、佥都元帅府事。邕管徼外，蛮数为寇，泽循行并徼，得厄塞处，布画远迩，募民伉健者四千六百余户，置雷留、那扶十屯，列营堡以守之。陂水垦田，筑八堤以节潴洩，得稻田若干亩，岁收谷为军储，边民赖之。
元贞二年至大德九年(1296—1305年)	正月，上思州叛贼黄胜许攻剽水口思光寨，湖广行省调兵击破之，获其党黄法安等，贼遁入上牙六罗。三月癸巳，湖广行省以黄胜许党鲁万丑、王（似缺字）献于京师。五月，安南国遣人招诱黄胜许。六月丙午，胜许遁入交趾。大德元年（1297年）五月，黄胜许遣其子志宝来降。九年（1305年）又遣其属献方物，请复其子官。帝云：如其悔罪自至，则官可得。赐衣服遣之。(《元成宗本纪》)

续表

延祐七年、至治三年（1320、1323年）	延祐七年十二月，上思州瑶（指黄胜许所部）结交趾，寇忠州。至治三年七月乙巳，招谕左、右两江黄胜许、岑世兴。(《元英宗本纪》)
泰定元年（1324年）	六月，黄胜许乞遣其子弟朝贡，许之。十二月癸丑朔，以黄胜许为怀远大将军遥授沿边溪洞军民安抚使，佩虎符，致仕。其子志熟袭为上思州知州。降诏宣谕，仍各赐币帛。(《元泰定帝本纪》)
天历二年（1329年）	二月，思明路军民总管黄克顺贡方物。九月，思明州土官黄宗永遣其子贡虎、豹及方物。(《元文宗本纪》)
洪武元年（1368年）	元年，明军下广西，左江太平土官黄英衍遣使赍印诣平章杨璟降。二年，又遣使贡马，乃改太平路为府，以黄英衍为知府，世袭。 洪武元年，思同州土官黄克嗣归附，授世袭知州，隶太平府。 同年，江州土官黄威庆归附，授世袭知州，直隶布政司。 同年，左州土官黄胜爵归附，授世袭知州，再传，子孙争袭，相仇杀，成化十三年（1477年）改流官。 同年，罗阳县土官黄宣、黄富归附，并授世袭知县。 同年，思明路改为府。次年，土官黄忽都遣使贡马及方物，诏以黄忽都为思明知府，世袭。洪武二十三年（1390年）忽都子黄广平遣思州知州黄志铭率部属偕十五州土官朝谨。翌年，广平遣知州黄忠贡方物，诏广平袭职。 (《明史·广西土司传》之《太平》《思同》《江州》《左州》《罗阳县》《思明》)
洪武二年、二十八年（1369、1395年）	二年，归德州土官黄隍城归附，授知州。弘治间为田州岑氏侵剥。 同年，上林县土官黄嵩归附，授世袭知县。流官典史佐之。 同年七月，土官黄世铁遣使贡马及方物，诏以世铁为向武州知州，许世袭。 二十八年，布政司言奉议等处叛蛮梗化，都督杨文讨奉议、龙州时，遣副将韩观分兵进剿向武、富劳、上林等州县，斩黄世铁，置向武千户所。(《明史·广西土司传》之《归德州》《上林》《向武州》) 据《太祖实录》载：二十八年（1395年）斩贼首黄世铁并其党18360余人、贼属8287人，焚死男女434人，招降蛮民复业648户，徙置象州武仙，蛮寇遂平。此征目标尚有拒不应诏的龙州，其土官见兵至已降。
洪武初至二十八年（1368—1395年）	洪武初原田州府总管黄志威归附明朝，二年朝廷授其子黄世铁官。三年，黄志威入朝贡。六年，招抚奉议等州一百一十七处人民款服。帝嘉其功，命以安州、侯州、阳县属之。七年，命以志威为奉议州知州兼守御，直隶行省。二十六年，奉议知州黄嗣隆遣人进贡。二十八年，布政司言奉议等处蛮人梗化，都督杨文发官军二万，调田州、泗城土兵三万八千从征，兵至奉议，蛮寇皆焚庐舍，走山谷，凭险阻立栅自固。杨文督将士屡攻破之，贼众溃散。事后，于奉议置卫，于向武、武仙等五处置千户所，以官军镇守。(《明史·广西土司传》之《奉议州》)
洪武二十五年（1392年）	凭祥峒巡检高祥奏：思明州知州门三贵谋杀思明府知府黄广平，广平觉而杀之，乃以病死闻于朝。诏逮广平鞫之，帝朱元璋谓刑部曰："蛮寇相杀，性习故然，独不以实言，故绳以法。今姑宥之，使其改过。"命给道里费遣还。 (《明史·广西土司传·思明》)
洪武二十九年（1396年）	思明土官黄广成遣使入贡，因奏言：本府所辖，南至铜柱。元兵征交趾，去铜柱百里设永平寨军民万户府，置兵戍守，命交人供其军饷。元季扰乱，交人以兵攻破永平寨，遂越铜柱二百余里，侵夺思明属地丘温、如鳌、庆远、渊、脱五县，逼民附之。是以五县岁赋，皆土官代输。乞敕安南，令还思明地。帝遣行人陈诚于次年往谕安南王陈日焜，安南辩论不已，出黄金二锭、白金四锭及沉檀等香以贿，诚却之。安南复咨户部，无还地意。帝曰："蛮人怙恶不悛，终必取祸，姑待之。"(同上)

续表

永乐年间（1403—1424年）	《明史·广西土司传·镇安》载:“永乐中，向武知州黄世铁侵夺镇安、高寨等地，朝廷遣兵讨平之，以其地属镇安。”按：黄世铁已于洪武二十八年被处斩，此记有误。永乐二年，向武土知州为黄彧。宣德四年，其知州黄谦昌已故，其子黄宗荫未承袭。孰领兵侵夺高寨待证。另一种可能是指，朝廷于永乐中将高寨划回镇安。而黄世铁之侵夺在此之前。
宣德二年（1427年）	奉议署州事土官黄宗荫遣头目贡马。正统五年（1440年）宗荫科敛劫杀，甚者欲戕其母。母避之，杀母侍者以泄怒。母告，帝敕总兵官柳溥及三司按验以闻。(《明史·广西土司传·奉议州》)
嘉靖二年（1523年）	奉议土官出兵助岑猛攻破泗城州。四年，提督盛应期议征岑猛，令奉议派兵从征，立功赎罪。(同上)
景泰三年（1452年）	思明州土知府黄𤨏致仕，其子黄钧代为知府。𤨏庶兄，浔州守备都指挥黄𤥭欲以己子袭知府，托言回思明征兵，令其子黄震纠众于府外三十五里处结寨，夜驰至府，袭杀黄𤨏一家，肢解𤨏和钧，瓮葬后圃，仍归原寨。明日乃入城，诈发哀，遣人报𤥭捕贼。杀𤨏时，其仆逃脱，走宪司诉其事，且以征兵檄为证。郡人亦言杀人者，𤥭父子也。副总兵武毅以闻，将逮治之。𤥭乃谋迎合朝廷意，遣千户袁洪奏永固国本事，请易储。奏至，帝令多官会议以闻。𤥭此举，众皆愕，谓必有受其贿而教之者，疑为侍郎江渊。事竟成，𤥭得释罪，且进秩。英宗复辟，𤥭闻自杀。帝命发棺戮其尸，其子黄震亦被捕杀。(《明英宗实录》《明史·广西土司传·思明》) 黄𤥭罪当死，会宪宗在东宫，景皇帝有子曰见济，𤥭遣人入京，先贿用事者，乃具奏请立见济为太子。景皇帝大悦，命礼部会廷臣议。大学士陈循力主之，将复疏署名，吏部尚书王翱有难色，循持笔长跪强翱，翱署名上，上如议，于是出宪宗就沂邸。行赏，翱叹曰：此何等事，乃出自蛮囚！𤥭蒙大赦，原免复职，并进都督，赐诰命，极其褒奖，势焰熏灼，人多趣其门。执黄𤥭父子入狱的广西巡抚李棠致仕去。未几，见济薨，英宗复辟，宪宗亦复位东宫，而黄𤥭已死，命发棺，鞭其尸。(《蛮司合志》)
成化四年（1468年）	正月庚辰，两广提督韩雍奏：上思州土官黄瑛、宣化县壮民班刘纪等，互相仇杀，各执一词以告，宜遣官勘实。上从之。(《明宪宗实录》)
成化十八年（1482年）	七月乙亥，思明土知府黄道等奏：所辖思明州土官之孙黄义家，为其族人黄绍所杀，乞发兵剿捕。帝命两广守臣区处以闻。(《明宪宗实录》)
正德六年（1511年）	洪武初上思州土官黄中荣内附，授知州。其子孙叛服不常，弘治十八年(1505年)改流官，属南宁府。正德六年，土目黄镏聚众攻城，被擒下狱。越狱复叛，官军御之，诈降，复率众攻破州城。后终捕杀之。嘉靖元年(1522年)，都御史张嵿言：上思改流，遂致土人称乱，宜仍其旧。议以为然，仍以土官袭。(《明史·广西土司传·上思州》)
嘉靖二年至四十二年（1523—1563年）	二年，向武土官黄氏出兵助岑猛攻打泗城州。四年，提督盛应期议征岑猛，檄向武出兵从征，以功赎罪。十四年，向武土官黄仲金出兵，应援田州卢苏，并与归顺州岑瓛等攻破镇安。事闻，被革冠带。二十七年，黄仲金以听调有功，复原职。四十二年，又以剿平瑶寇功，加四品服色。(《明史·广西土司传·向武州》) 两广总督张岳《报柳州捷音疏》载：嘉靖二十四年十一月，广西土司兵征讨广东封川苏公乐壮族农军返回，从中抽调向武州土官男黄仲金精兵三千，参加清剿鱼窝马鞍等壮民据点的作战，迄次年五月结束。 张岳《报连山、贺县捷音疏》载：嘉靖二十七年调思明、向武和田州、泗城等土兵，并汉达官军共七万人，征讨贺县倪仲亮和连山李金，正月十四开剿，迄二十一日共擒斩三千零十九名。 《明史·广西土司传》载：嘉靖四十一年，思明土知州男黄承祖以平瑶壮功，暂袭本州职。

续表

嘉靖四十二年（1563年）	以江州土兵参与平瑶、壮功，准江州土官子黄恩暂署本职。江州属县罗白土知县梁复昌，永乐间从征交趾，被陷。其子袭职。（《明史·广西土司传·江州》）
隆庆三年（1569年）	南宁、思明、忠州之间有四峒，后二者屡加侵夺。副使翁达议改其名为四都，隶之南宁。隆庆三年冬，思明府土官黄承祖奏取四都地，而忠州土官黄相贤争之，擅立总管诸名目，分兵数千戍守，纵令剽掠，为祸甚烈。官府计擒黄相贤，毙之于狱，将忠州直隶于南宁，仍以其子黄有瀚袭职。明初，土官黄威庆归附，授江州知州，授其子黄中谨为忠州知州，皆世袭。（《明史·广西土司传·忠州》）
隆庆四年（1570年）	巡抚殷正茂利用商人萧绅招抚八寨，派那马土巡检黄旸为长官司，领土兵六百人进驻八寨，安定土目黄昌和兴隆土巡检韦观（一说韦富）各领土兵二百进驻龙哈寨和咘咳寨，实行屯守并征收赋税。至万历初，皆被农民逐走。（《万历武功录》）
隆庆六年（1572年）	十月十五日至次年正月二十日，总兵官李锡统两江土司兵六万征讨府江沿岸壮族农军，斩首四千六百六十七名，俘四百四十八人。应调从征的有向武黄瑚部、江州黄思部、忠州黄有瀚部、上林黄允章部、安隆黄镇部、迁隆黄一贯部等。（同上）
万历元年（1573年）	十二月初四至次年正月十七日，总督殷正茂利用讨府江的两江土兵加上新调来的五千浙江鸟铳手和三千永顺钩刀手等，共十万人，清剿怀远瑶壮伶侗，斩首三千三百四十四级。接着移师洛容、永宁、永福、柳城，镇压造反农民，二月底起两旬间，斩首级四千五百有奇。剿怀远有思明黄承祖、黄恩隆，忠州黄有瀚，上林黄允章，思恩黄正、黄承祖，迁隆黄一理，安隆黄荣获皇帝赐金；剿洛容等县有忠州黄有朝（疑瀚之误）、思明黄恩隆、上林黄允章、安隆黄荣捷凡一百四十四级，赐金十两。（同上）
万历七年（1579年）	左右江36家土司兵（共六万人，占整个作战兵力六成多）应调参加征讨八寨，继而移师剿北五。十二月二十日开剿，次年三月三日结束，斩首捕虏凡一万六千九百有奇。论土吏功分四等行赏：江州黄河汉、迁隆黄兆翁列入上等，各赐金二十两；思明黄承祖、上林黄允章、那马黄如金、忠州黄有瀚、思明黄恩隆列入二等，各赐金十两；向武黄瑚、罗阳黄献（欠玉旁）为四等。而旧城黄正、归德黄朝、都阳黄受山等人则"法当论如律，下台御史逮问"。（《万历武功录》）
万历十二年（1584年）	总兵官呼良朋调那马黄如金、旧城黄正，领兵参加征讨昭平高江瑶壮，斩首一千一百一十一级，俘七百余人。（同上）
万历十四年（1586年）	民国《昭平县志》引《乾隆县志》：黄仲掘原系向武知州，让位与庶兄，于嘉靖、隆庆间率部从征府江，万历元年（1573年）任古眉土巡检，十四年实授。
万历十六年（1588年）	思明州土官黄拱圣谋夺袭，杀其母、兄拱极等五人，而思明知府黄承祖乘乱掠村寨，为之援。按臣请以拱圣等凶正法；革承祖冠带，立功自赎，追其所掠；令族人黄恩护拱极妻抚遗孤黄世延，待其长，官之。（《明史·广西土司传·思明》）
万历三十三年（1605年）	十一月壬申，兵部复两广督府等题：思明叛目成擒，地方无人管理，土官黄应雷纵仆启衅，弃印而逃，断无复官之理；黄应宿争地，屠戮六哨成仇，且系义子，岂应袭爵；黄应聘系黄承祖幼子，且民具结，阖府归心，似应准袭。尚有六款事宜，上请定夺：一、降府为州，事属未可，以免该府目民反侧。二、应雷既废，不宜同城，应降为土舍，给田养赡，制其出入；应宿仍管故业，俱受府节制。三、应聘年甫七岁，暂令流官同知署府事，待至十五岁交印接管。四、流土不应同城，但应聘年幼，流官远在六哨，恐有他虞，暂同城，俟应聘长成仍移六哨。五、思明府赋税取办于六哨，若割五哨属流，恐起争端。应仍属土官，严禁暴虐。六、以夏变夷，宜建学校。该府应设教授一员，量设廪生六名。其寄宿太平府者，悉归本学。悉诏从之。（《明神宗实录》）

续表

万历三十四年（1606年）	向武土知州黄绍纶带土兵，堵御交趾连年对下雷、湖润、归顺等州的侵犯，叙功授参将职衔，寻加总兵服色。（《镇安府志》）
万历四十八年（1620年）	七月辛丑，巡抚陈邦瞻奏：上林土知县黄德勋之弟德隆、其子祚胤，投靠田州土官岑懋仁，纠众袭破县城，杀死德勋，夺印信，掳其妻妾子女玉帛以去。（《明光宗实录》）
崇祯十一年（1638年）	总督张境心疏：思明府土官杀职官思明州黄日章、黄德志等，鼓众叛逆。帝命逮首恶以儆地方。论者以黄玹神奸，世济其恶，传及四世，犹并思明州而有之。思明州，土官黄姓，与思明府同族。洪武初黄君寿归附，授世袭知州，属思明府。后被黄玹所并。万历十六年发生黄拱圣之乱，改属太平府。（《明史・广西土司传・思明》）
崇祯十五年（1642年）	向武土知州黄天祥派兵剿捕据险作乱的都结州贼卢棍，叙功授总兵职衔。（《镇安府志》）
清・康熙六十年（1721年）	五月十五日息，思明土知州黄而芸贪残不法，已参革论绞。令该州改土归流，原设流官吏目保留，管理捕务。（《清圣祖实录》卷292）
雍正十二年（1734年）	十二月二十日息，迁隆峒土官黄震中、土目王元光、土练廖广等，越界到安南国万宁州立渠那隘防守。现查明，令以十万山下小河为中安边界，渠那地方归还安南。将浛梯隘移置于剥马村，板蒙隘移置于柏心村。黄等分别治罪，并令加强巡逻，防居民越境出国。（《清世宗实录》卷150、嘉庆《广西通志》卷124）
咸丰十一年（1861年）	思州土官黄政业率土兵，与团练由宁明代知州黎书缙指挥对延陵军作战，收复思州、海渊、思陵。（刘长佑《刘武慎公遗书》卷3）

黄氏土官分布及所部应调出征地域图

黄氏土官反抗朝廷及扩张内斗纪略

左、右两江黄氏世居其间，唐代有黄氏西原蛮造反，宋元黄氏与岑氏争夺火并，其路城、唐兴、兼州、田州陆续被岑氏土官占领。元初，上思土官黄胜许结交交趾寇邕州，攻掠水口地方。至元二十八年（1291 年）遭讨伐后外逃。广西两江道宣慰使司招东兰融庆“撞丁”屯戍其上浪、那扶、雷留、忠州、水口等处遗田 545 顷。泰定元年（1324 年）黄胜许归降，授大将军安抚使致仕，以其子袭知州。明代沿袭，但其子孙叛服无常，弘治十八年（1505 年）上思州改流。正德六年（1511 年）土目聚众叛乱，攻破州城。嘉靖元年（1522 年）上思复土。

思明州府内斗剧烈，洪武二十九年（1396 年）土知府黄广平杀土知州门三贵，以病故闻于朝，朱元璋宥之。景泰三年（1452 年）土知府庶兄浔州守备黄玹杀其已致仕之弟及代署之侄，碎尸瘗于园，谎称病亡，以其子报袭。事发又买通权臣，拥景帝立太子，出英宗，因而得释罪且进秩。后英宗复辟，黄玹自杀，被发棺鞭尸，其子被处死。万历十六年（1588 年）思明土知府黄承祖插手思明土州内斗被革职。万历三十三年（1605 年）黄承祖之子、义子争袭、争地，杀戮六哨。崇祯十一年（1638 年）思明土知府杀思明土州职官，欲吞并土州。清康熙六十年（1721 年）土知州黄而芸贪残不法，被参革论绞，思明土州改土归流。

元朝田州总管黄志威，附明后授为奉议土知州，其子黄世铁授向武土知州。洪武二十八年（1395 年）奉议、向武伙同龙州、南丹、都康、上林等土官同时反明。朝廷调兵讨伐，黄志威率部散入山林，黄世铁及其部众 18360 人被斩杀。嘉靖二年（1523 年）奉议、向武土官皆助岑猛攻泗城，两年后官府部署讨伐岑猛，令该两州派兵参战立功赎罪。嘉靖十四年（1535 年）向武土官黄仲金插手田州内讧，出兵配合归顺土兵攻破镇安府，被降罚。后以平瑶壮有功复职。

隆庆三年（1569 年）忠州土官黄相贤出兵四千剽掠，争夺四峒，祸甚烈。被官府擒拿治罪，毙于狱。

清雍正十二年（1734 年）迁隆峒土官黄震中越界占领那渠地方，被治罪，那渠退还安南。

周永光撰文、制图

岑氏土官土司兵事录

熙宁九年（1076年）	宋征交趾李朝，门州（治所今越南同登）守将岑庆宾向宋军投诚。（《续资治通鉴长编》卷277）
元丰二年（1079年）	十月，宋弃顺、思琅、苏茂、门、谅五州，将二万户迁入内地。（《宋史·孙固传》） 岑庆宾及其部众有遭李朝报复之忧，估在内迁之列。有学者推论：庆宾部众落户今凌云一带，又称此地为七源——岑氏原住门州七源（今七溪）一带，以故名新，以纪源流。（白耀天《辩〈泗城土府世系考〉之伪而论桂西岑氏源流》，载《瓦氏夫人论集》） 宋人周去非《岭外代答》载，七源州在往殿州（今汪甸）与泗城州之间，距泗城一程。今七溪与同登间有乡村名"那岑"，说明岑庆宾为土著俚人。
嘉定年间（1208—1224年）	羁縻州岑汝弼与别种黄灿各陈兵五千于"买马左右"，"争招马之利"，在唐兴（今塘兴）、路城（今潞城）一带为寇，蛮人卖马得银锦而归，率被所掠。岑、黄方哄，经官府晓谕乃各罢兵，马至必时。（《粤西文载》卷63《范克信》）
宝祐五年至景定初（1257—1260年）	广南制置大使兼知静江府李曾伯，命羁縻七源州土官岑邈公、岑从进派员入滇，刺探蒙古军动态。（李曾伯《可斋杂稿续稿后》卷9之《回奏庚递宣谕》《奏边事及催调军马》）
景定三年（1262年）	岑从毅趁宋末时局动乱，率众夺取原属侬氏的归化州（今那坡及靖西一带），并于当年十月向朝廷进贡，表示愿"纳土输赋，献丁壮，为王臣"。宋理宗"诏改归化州为来安州，从毅进秩修武郎，知州事，令世袭"。（《宋史·理宗纪》）
至元十二年（1275年）	十一月丙子，自谓"宋权融宜钦三州总管"岑从毅诣云南行中书省降元。 十四年四月甲子，来安州知州岑从毅以所属县洞户口"来附"。 （均《元史·世祖本纪》）
至元十八年（1281年）	十月庚子，溪峒新附官岑从毅纵兵杀掠，迫死镇安州主李显祖。岑从毅为此被召入觐，然未见受惩。学者推测，可能镇安从此归属了岑氏家族。（《元史·世祖本纪》、粟冠昌《广西土官制度研究》第48页）
大德十年（1306年）	六月壬戌，来安路总管岑雄叛，行省招谕之，雄令其子世坚赴阙降，朝廷赐衣物遣之。（《元史·成宗本纪》）
延祐六年（1319年）	七月，来安路总管岑世兴叛，占据唐兴州。赐玺书诏谕之。（《元史·仁宗本纪》）
至治二年（1322年）	十二月甲戌，来安路总管岑世兴作乱，遣兵讨之。（《元史·英宗本纪》）
至治三年（1323年）	七月乙巳，朝廷招谕岑世兴。十二月癸未，来安路总管岑世兴遣其弟世元入贡。
泰定元年（1324年）	九月，岑世兴又遣世元朝贡。十二月癸丑朔，朝廷以岑世兴为怀远大将军，遥授沿边溪洞军民安抚使，佩虎符，仍来安路总管。（《元史·泰定帝本纪》）
泰定二年（1325年）	九月己未，岑世兴上言，自明不反，请置蒙古、汉人监二官，诏优从之。言犹在耳，次月即与其子铁木儿率众夺占上林州（今西林县境）等地。十一月又与八番班光金合兵攻石头等寨。"敕调兵御之。"（同上）

续表

泰定三年 （1326年）	四月，镇安路总管岑修广受到其弟岑修仁进攻，向朝廷控告。（同上） 五月丁卯，岑世兴及镇安路岑修文“合山僚、角蛮六万余人为寇”，上命湖广、云南行省招谕之。（同上）
致和元年 （1328年）	三月，云南安隆寨土官岑世忠与其兄岑世兴相攻，籍其来安路之民三万二千户来附，愿岁输布三千匹，请立宣抚司以总之。朝廷未予同意，并要求他们和睦相处。（同上） 据《招捕总录》载，元代岑雄、岑世兴父子先后夺取了原属侬氏的上林州、罗佐佐州，占领了原属黄氏的路城、唐兴、兼州，并进攻田州。 黄家信《壮族地区土司制度与改土归流研究》第105页载，岑世兴在延祐至至正年间（1314—1368年），据唐兴州，烧田州上林县那齐村，杀怀德知州溪顺武，攻那带县，杀兼州知州黄克仁，在右江河谷吞并了不少州县。
洪武元年 （1368年）	明大兵下广西，是年，田州土官岑伯颜遣使斋印诣平章杨璟降。二年，诏以伯颜为田州知府，世袭。（《明史·广西土司传·田州》） 岑伯颜为岑世兴之孙，当于元末已领兵占据原为黄氏领地的田州。 《土官底簿·思恩军民府知府》载，伯颜次子岑永泰诣杨璟降，授思恩州知州。 《苍梧总督军门志·镇安府》载，岑从毅后代岑天（添）宝东扩，占据冻州（今德保县）。《明史·广西土司传·镇安》载，洪武元年镇安归附，以旧治偏远，移建废冻州，改为府，授土官岑添宝为知府。 《苍梧总督军门志·归顺州》载，岑从毅后代占领归顺（今靖西县）。《明史·广西土司传·归顺州》载，归顺峒原属镇安府。永乐间，镇安知府岑志纲分其次子岑永福领峒事，传子岑瑛。弘治九年（1496年），总督邓廷瓒奏：峒主岑瑛每效劳于官，乞设州治，授以土官知州。凡出兵令备土兵五千，仍岁领土兵二千赴梧州听调。诏从之。瑛死，子岑璋袭。璋死，次子岑瓛袭。 《明史·广西土司传·安隆长官司》载：是年，泗城州土官岑善忠以次子子得领安隆峒。三十年（1397年），子得赴京贡马，安隆设治所。永乐元年（1403年）设安隆长官司，以子得为长官。十二年（1414年）子得又贡马，予世袭。
洪武五年 （1372年）	征南副将军周德兴克泗城州，土官岑善忠归附，授世袭知州。（《明史·广西土司传·泗城》） 《土官底簿·泗城州知州》载：岑振，系本州土官知州岑善忠长男，洪武初款附，授来安府知府。五年，被宗叔岑坚捏词排陷，遭大军收捕，总兵官将来安府予田州知府岑坚兼守御事。七年，岑振复附，授泗城州知州。（有学者云：岑伯颜归附明朝后，即改名岑坚。《明史·广西土司传·田州》载：洪武十六年伯颜死，子坚袭。二者是非待证。）
洪武六年 （1373年）	田州溪峒蛮贼窃发，岑伯颜讨平之，并请赈安州、顺龙州、侯州、阳县、罗博州、威隆寨人民，诏有司各给牛米，蠲其税二年。（《明史·广西土司传·田州》）
洪武十三年 （1380年）	二月丙子，泗城知州岑善忠之子岑振寇利州，广西都司发兵讨平之。（《明太祖实录》）
洪武十七年 （1384年）	都指挥耿良奏：田州知府岑坚、泗城知州岑善忠率其土兵，讨捕瑶贼，多树功绩。臣欲令选取壮丁各五千人，立二卫，以善忠子岑振、坚子岑永通为千户，统众守御，且耕且战。诏行其言。事载《明史·广西土司传·田州》。另据《田州岑氏源流谱·叙》云，永乐间田州都指挥使岑永通曾率狼兵万人从征抗交趾。

续表

洪武二十八年至成化十四年（1395—1478年）	闰九月癸酉，杨文发广西都司并护卫官军二万人，并调田州、泗城等州土兵三万八千九百人，从征奉议等处。（同上之《田州》） 九月庚申，归德州土官黄碧告发：思恩知州岑永昌匿五县民不贡赋役，仍用故元印章。上令方讨奉议的左都督杨文相机讨之。（同上） 既以荒远不问，永乐间思恩居民仅八百户。永昌死，岑瑛袭。岑瑛有谋略，善治兵，从征蛮寇屡有功，正统三年（1438 年）晋职为知府，仍掌州事。因与知府岑绍交恶，总兵官柳溥奏请升思恩为府，俾瑛、绍各守疆土，以杜侵争。六年，瑛以府治偏隘，桥利堡正当瑶寇出没之所，且有城垣公廨，乞徙置。上许之，以思恩府为思恩军民府。十二年设儒学，亦从瑛之请。 景泰四年（1453 年）总兵官陈旺奏：思恩土兵赴桂林哨守，离本府辽远，不便耕种，税粮宜暂免。上从之。六月，岑瑛亲率本部狼兵韦陈威等赴城操练，协助军威，敕授奉议大夫，赐彩缎，韦陈威等俱给冠带。五年，从瑛请建庙学，造祭祀乐器。又以瑛征剿瑶寇功，免土军当年应输田粮之半，进瑛从二品散官。瑛屡领兵随征，以子岑镔代为知府。镔招集无赖，肆为不法。瑛举发其事，请于总兵，回府治之。镔闻，自缢死。事闻，降敕慰谕。又以柳溥奏，免思恩调用土军千五百人，秋粮二千三百余石。 天顺元年（1457 年）户部奏：思恩存留广西操练军一千五百人，有误种田纳粮，乞分为三班，留五百人操练，免其粮七百七十余石。放回千人耕种，征其粮千五百四十余石，俟宁靖日放回全征。从之。三年，帝以岑瑛历练老成，累有军功，改授都指挥同知，仍听总兵官镇守调用，以其子岑鐩为知府。 成化元年（1465 年），遣兵科给事中王秉彝赍敕奖谕岑瑛父子，并赐银币。二年，给岑瑛父母妻诰命。十四年（1478 年），岑瑛卒。鐩以诰请，帝特赐之。瑛自袭父职，频年领兵于外，多所斩获，历升知府、参政、都指挥使，年且八十，尚在军中。（《明史·广西土司传·思恩》）
宣德二年（1427年）	思恩土知州岑瑛遣其弟进京贡马，朝廷“又以上林渌溪峒 800 余户益之”。此前朝廷曾因知州次子岑瑛“强勇有谋略”将武缘县白山峒地方及其 700 户划给思恩州管辖。正统年间，朝廷又将宜山县八仙诸峒地方及其 660 户拨给思恩府。
宣德七年（1432年）	二月乙未，贵州总兵官萧授奏：初，安隆长官司孙岑俊及头目郎瑛，聚众攻围慕吡寨。奉敕同广西总兵官山云各委官抚谕，今皆顺服，各守疆界，不敢为非。上曰：“蛮夷当宽抚之但得其安则已，不足深究也。”（《明宣宗实录》） 九月丁巳，贵州都匀卫陈蒙烂土长官司副长官张勉奏：本司离卫遥远，地连古州八万生苗，广西苗僚洞寨，与所属化从等寨长相诱为恶，叛服不常，累逋赋税，或出侵掠。乞如永乐故事，调广西泗城州土兵一千，立堡镇守，有缓急即行剿捕，庶使蛮夷知畏，善良安业。上命兵部悉从其言。（同上）
宣德八年（1433年）	泗城州致仕女土官卢氏奏：袭职土官岑豹率土兵遣五百人谋害于己，又弃毁故土官岑瑄塑像，所为不孝，难俾袭职。岑豹叔利州土知州岑颜亦奏：岑豹兴兵谋杀卢氏，州民被害。都督山云奏：岑豹实属故土官岑瑄侄，人所信服，应袭职。卢氏，岑瑄妻，豹伯母，初借袭，今致仕，宜量拨田土以赡终身。仍请敕岑豹无肆侵扰。（《明史·广西土司传·泗城州》）
正统二年（1437年）	正月庚戌，山云等奏：泗城土知州岑豹攻夺利州地方，并掠其知州岑颜妻子财物。虽屡遣官抚谕而不服，并增兵拒守。乞调官军剿之。上曰：兴师不易，更遣人谕之。（《明英宗实录》）
正统五年（1440年）	八月甲午，利州土知州岑颜奏：本州原额地方二十五甲，被房侄泗城知州岑豹兴兵攻占，母被囚，妻财被掠。府目黄祖亦奏豹杀其弟，籍其家。故土知州岑瑄女岑定亦奏豹占夺土地人民，囚其母卢氏。帝遣行人赍敕晓谕，并敕广西、贵州总兵官及三司、巡按史亲临其地，谕以利害，令悉还所侵掳。如其不服，相机擒捕。（同上）

续表

正统六年（1441年）	广西总兵官柳溥奏：行人黄恕等抚谕，岑豹面从，及各官回，复占如故。今岑颜欲以利州利甲等庄，易泗城古那等甲，开设利州衙门，宜如其请。上从之。（同上）
正统七年（1442年）	八月庚寅，湖广贵州副总兵吴亮奏：广西土官岑豹与岑颜仇杀。上敕亮及广西总兵、三司：令各罢兵，否则会兵剿之。（同上） 《明史·广西土司传·利州》载：岑豹终杀岑颜及其子岑得，夺州印而去，遂以流官判州事。数十年间屡经诸司勘奏，移檄督追，历岑应、岑接二世如故。 该传之《程县》载：泗城州东北的程县原设有流官，正统间被岑豹逼走，典史摄印，旋亦罹害，豹遂夺其印，据县治。事闻，屡遣官谕之，历岑应、岑接凡七十年不服。嘉靖二年，岑接被诸土官攻杀，督府遣官按问，得县印，贮于官，仅存荒土。泗城、南丹、那地俱欲得之，时治兵相攻。
正统九年（1444年）	四月丁亥，宜山县奏：本县大安定地方因瑶壮作耗，拨于思恩府土官岑瑛管辖，至今不敢为恶。今小安定等处弗靖，亦宜拨岑瑛代管，其税粮仍属本县为便。奏下户部，行总兵、巡按等官复实，从之。（《明英宗实录》） 天顺三年（1459年）宜山述昆乡贼复炽，府县申议仍拨岑瑛治之，立八仙屯，以土兵千人戍守，贼稍敛。（《粤西丛载》）
天顺二年（1458年）	十二月壬午，左少监朱详、总兵官朱瑛奏：调左右两江土兵往全州、兴安等处剿贼，奈其生拗，不听约束，沿途骚扰，而泗城州土兵为甚。（《明英宗实录》）
天顺元年（1457年）	十一月甲戌，朱瑛等奏：田州府头目吕赵伪称敌国大将军，张旗帜，鸣钲鼓，率众劫掠南丹州并占据向武州地方。（同上）
天顺三年（1459年）	八月庚申，吕赵杀田州知府岑鉴，占据地方，伪称太平王，图谋岑氏宗族，冒袭知府职事。（同上） 据《粤西丛载》引《学海》云：是年田州知府岑绍告老致仕，以嫡子岑镛袭职。州目吕赵挟岑绍庶子岑鉴拒绍，逐岑镛于外。官府督令岑镛寄住省城，令岑鉴袭职。吕赵遂纵兵攻破镇安、奉议、南丹等州，上隆、恩城并受其害。吕赵擅为铁钩吊挂之刑，兴贩私盐，伪称名号，私通交趾。
天顺四年（1460年）	三月壬午，协赞广西军务吴祯奏：臣奉敕剿捕田州反贼吕赵，水陆分进，攻破工尧、婪凤二阙，直捣府城。吕赵携妻子，挟知州岑铎等宵遁。官军追至云南富川，斩四十九级，夺回岑铎等，贼众悉降。吕以数骑走镇安府，追斩之，获其旗、印。复委知府岑镛掌府事。（同上）
成化元年（1465年）	正月辛酉，巡抚两广都御史吴祯奏：泗城州土官岑豹聚众四万，攻劫上林长官司，既而又杀土官岑志威，灭其族，劫其印，据其境土。（《明宪宗实录》） 兵部言：岑豹强犷如此，宜调兵擒捕，明正典刑。未几，豹死。兵部移文议豹罪，仍以地与印给上林。（《明史·广西土司传》之《泗城州》《上林长官司》） 是年冬，左右两江土兵和湖广两司土兵及官军共十六万人，由总督韩雍指挥进剿大藤峡。年底讨平后，于峡江中段的碧滩筑营堡，设武靖州，以岑铎率土兵两千来任州事。其后岑铎死，子玘无嗣，其兵渐散。（田汝成《断藤峡事宜》） 《明史·广西土司传·田州》载：成化元年，帝遣兵科给事中王秉彝赍敕谕岑镛，并赐银币。以其所部狼兵屡调剿有功，且有事于大藤峡也。二年，总兵官赵辅奏：岑镛从征有功，请给诰命，旌其父母并妻。上从之。五年，复予岑镛官诰。

续表

成化八年（1472年）	镇安土知府岑永寿之侄岑宗绍，纠集土兵攻破府治，杀伤兄侄、嫡母，流劫乡村。巡抚等官抚谕不服，拒敌官兵。都指挥岑瑛擒之，坐斩。（《明宪宗实录》）
成化十六年（1480年）	正月戊戌，总督两广军务兼理巡抚朱英奏：思恩土知府岑鐩状申，田州土目黄明聚众，欲杀其知府岑溥，溥避于思恩，黄明大肆屠掠，境内扰乱。后黄明被恩城知州岑钦所执，并其族悉诛之。（同上）
成化十九年（1483年）	八月丁亥，恩城土知州岑钦攻入其叔父田州知府岑溥的府城，焚府治，大肆劫掠。岑溥败走，愬于总督。（同上）
成化二十三年（1487年）	秦纮《议泗城州土官岑应罪状疏》：泗城土知州岑应父子前后杀占广西所属十二州，（夺）印信八颗，委官抚讲，前后百员，俱被抗拒。贵州地方亦多处被其侵占。是年，岑应又与岑钦连兵攻夺田州府治，广西三司官前往抚讲，被其围困。理办兵粮乃土官之事，岑应所管之州，税粮连年不纳，攘为己有。卢辉、黄杰俱系庆远等卫军丁，避役投入泗城，家资巨万。乞下兵部先将岑钦、岑应削除官职，行贵州有关地方并湖广镇巡官员，调官军径往泗城，臣等调集两广汉达官军并土兵，克期会进，剿捕岑应、岑钦并其恶党卢辉、黄杰。
弘治三年（1490年）	五月庚辰息，初，恩城土知州岑钦又攻夺田州，逐其土知府岑溥，杀五十余家。泗城土知州岑应夺据上林长官司及贵州镇宁等处十八城，复党钦，杀掳人民二万六千三百有奇，与岑钦分割田州。去岁，兵部廉得等领兵入田州，逐走岑钦，送岑溥回府，留兵二千于田州防守。今年三月（廉得）回梧州。（《明孝宗实录》）
弘治五年（1492年）	二月甲辰息，先是岑钦匿泗城岑应处，总镇官檄岑应捕之。岑钦因而提出借兵，回去攻取田州，岑应不许。钦从应饮，杀岑应父子于坐。已而，岑应弟岑接佯以兵送岑钦回田州，至州界亦杀其父子以报。（同上） 弘治十年（1497年）总督邓廷瓒奏：岑接往年随征都匀、府江有功，乞略其祖父罪，令承袭世职，以图报效。但廷臣议：劫印侵地，虽系祖父罪，但再四抚谕，岑接不肯还之于官。遽使袭职，则志益骄，非驭土官法。
弘治六年（1493年）	三府奏以迁江千户所旧辖八寨贼峒界思恩治之，岑浚乃筑周安堡，以头目黎瑞率兵屯守，屡遣其屯兵寇宾州、上林、迁江、武缘等州县民村。岑浚本思恩土官（承袭其父岑鐩之职），颇涉诗书，知吟咏，但狡黠凶狠。左右稍有过失，动遭杀戮。积威所劫，部下惮之。是以其兵力雄于右江，益骄蹇无忌。 九月，田州府发生凶杀事件：知府岑溥有三子，以季子猛似己，且有母宠，遂属意于猛，长子岑猇竟失爱。是月督府遣官至田州调兵出征，岑溥以望日率诸目登战舰操练于江中，夜宿江上，凡百艘舰围护。猇遣其仆引党数人，乘舟伪为巡逻，上舰弑岑溥于帐中。及旦，溥母岑氏拷诸婢获其情，令府目黄骥领兵缚猇及其仆，并杀之，尽诛其党。既而，黄骥遂与府目李蛮争权，构兵仇杀。 十月，黄骥侍岑氏及岑猛（方四岁）赴三府愬，寻以猛袭溥职。返还中黄骥又诱猛奔梧，向督府愬李蛮谋叛，以兵拒猛。督府遣官送猛至宾州，兵备副使汪溥檄思恩岑浚派兵卫猛。岑浚用黄骥诡谋，逆猛入思恩，胁与黄骥立卷分地，以酬其劳。然后发兵送猛归府，欲袭杀李蛮。蛮知之，以兵拒之于工尧。黄骥以猛复入思恩。岑氏虑猛为岑浚所图，愬于总督邓廷瓒。（《通志》，见《粤西丛载》卷27）

续表

弘治十一年（1498年）	督府遣官取猛，岑濬不放。逾月，再遣副总兵欧磐等往征之，濬方送猛出，暂寓省城。六月，岑濬于田州丹良筑城屯兵，榷客商鹾货，遏公使勿令入田州。七月，岑濬与黄骥纠泗城土官等，统兵五万破田州，李蛮走，岑濬杀戮无算。八月，督府遣官至，兵始散。（同上） 《明孝宗实录》载：岑猛得袭知府，岑濬、黄骥获悉大怒，遂邀泗城土舍岑接、东兰土知州韦祖鋐各起兵攻李蛮。"岑接兵二万先入田州府，杀掠男女一万四百余人，劫烧仓库民庐，劫府学及横山驿印记，遂据归仁；祖鋐兵五千，据兼州，杀掠男女八百余人，驱之溺水死者无算。括府库，放兵大掠，城廓为墟；岑濬兵二万攻旧田州，遂据之，杀掠男女五千余人。劫龙州印，纳故知州赵源妻岑氏，李蛮逃去。"副总兵欧磐、参政武清诣田州勘治，遣兵送岑猛还府。先是岑濬屯兵千余人于丹良石城，截江道以刮商利，官命毁之而濬不从。欧磐自田州还，督所带官军毁其城，濬兵来拒，杀官军二十余人。总镇等官及巡按御史合奏请治岑濬等人之罪，参政武清执两端。武清受岑濬金宝以万计，曲祐之，诬李蛮据府治，阻兵弄权，互相仇杀，事竟不直。
弘治十二年（1499年）	岑濬于夷江造战舰三百余艘，其祖父所出报效甲兵三千，俱不奉调。自是其兵屡寇田州恩城、果化、上林等州县。（《通志》，见《粤西丛载》卷27） 田州土目黄骥作乱，邀泗城岑接为声援，杀掠男妇，劫烧仓库民庐，又劫府学及横山驿印记，遂据归仁。（《明史·广西土司传·泗城》）
弘治十四年（1501年）	十二月己丑，贵州镇巡等官因贼妇米鲁及福佑于阿马坡击败官军，乞调泗城土舍岑接自带土兵二万增援，扎营砦布河。兵部请敕岑接自备粮饷两月，刻期往赴，听王轼节制。（《明孝宗实录》）
弘治十五年（1502年）	十月，岑濬率八寨、述昆乡兵二万余人，破工尧，陷田州，杀掳无算，岑猛走免。（《通志》，见《粤西丛载》卷27）
弘治十六年（1503年）	岑濬寇庆远府永定、永顺二长官司，夺其地，复筑都阳等寨石城十有八所。是年七月，又破工尧，九月破田州，岑猛以数骑奔归顺。岑濬擅废猛官署，以土族岑洪为知府，俘猛祖母及妻子妇女凡百二十九人，送思恩府幽于别室，杀戮府境兵民男妇无算。传檄左江养利诸州，暴猛罪恶，令勿纳，且令为犄角。（同上）
弘治十七年（1504年）	四月辛丑息，岑濬掠上林、武缘等县，死者不可胜计。近又攻破田州，掠岑猛家属百五十余人，猛仅以身免。（《明孝宗实录》）
弘治十八年（1505年）	总督潘蕃、太监韦经、总兵毛锐，调两广、湖广官军、土兵（知有泗城州岑接所带土兵）共十万八千余人，从庆远、柳州、武缘、上林、丹良、工尧向思恩分进合击，岑濬分兵阻险抗拒，不敌，遁入旧城又遭围攻，势蹙，自经死，城中人献其首。自进兵及班师仅逾月，共斩捕四千七百九十级，俘男女八百人。（《明史·广西土司传·思恩》） 《明史·广西土司传·泗城州》载：是年，泗城土官族人岑九仙奏：自始祖岑彭以来，世袭土官。至豹子应罹钦之祸，子孙灭亡殆尽。其弟接，众推护印，累著劳勋，乞令袭职，俾掌辖蛮众。兵部尚书刘大夏等议：豹乃叛臣余孽，子应复自取灭亡。今接者，人皆传称为梁接，非应亲枝。不知岑九仙是何逋逃，冒为奏扰，妄援汉岑彭世次，尘渎圣听，请治其罪。 该传之《果化州》载：弘治间，果化（土知州赵氏）与归德（土知州黄氏）皆为田州（土官岑氏）侵削，因改隶于南宁。
正德初年（1506年）	上年廷议：思恩、田州既平，宜设流官。岑猛世济凶恶，致陷府治，宜降授千户，而选才望者守田州。帝然之。是年，岑猛被降为福建平海卫千户而迁延不行，重贿太监刘瑾，得以同知摄府事。猛抚辑遗民，兵复振，稍复侵旁郡自广。尝言督抚有调发愿立功，冀复旧职。（《明史·广西土司传·田州》）
正德六年（1511年）	六月壬寅，总制江西都御使陈金奏：调广西田州土兵二万人、镇安土兵一万人，及浔梧参将，击江西华林山贼。（《明武宗实录》）

续表

正德七年（1512年）	《明史·陈金传》载：二月，陈金令副总兵张勇，土官岑璋、岑猛，各统官军、目兵，先进击东乡贼，斩首一万一千六百余级，俘七百五十余人。五月，移师桃源，目兵毒弩射杀贼诸头目，俘斩五千余人。七月，平华林贼，又进击大帽山贼，俘斩一千七百余人。陈金累破巨贼，然所用目兵贪残嗜杀，剽掠甚于贼，有巨族数百口阖门罹难者。所获妇女，率指为贼属，以船载数十艘去。民间谣曰：土贼犹可，土兵杀我。陈金亦知民患之，方以其力，不为禁。 东乡之役，岑璋兵纵弩射，趫捷若飞，贼大窘。璋兵要赏千金，陈金不肯给，乃纵贼使逸，桀黠者多不死，尚数千人。击桃源贼时，陈金谓功在旦夕，与将吏置酒高会。贼悉其所有赂目兵，趁暮遁去，其酋王浩八等率众转掠衢、徽间。陈金因不能尽贼遭劾，朝廷乃召金还，以俞谏代。 《明史记事本末》卷48载：六月，南昌知府李承勋令土酋岑猛选精兵五百，夜至华林山下，衔枚登山，历重险上，与内应贼之降者合势夹击，斩贼首三千余级。候晓搜诸山，又斩获千余人，华林贼遂平。翌年正月，桃源贼王浩八等复作乱，俞谏率狼兵大败其于裴源。 《雷礼》载：是年，岑猛以兵灭东乡之盗，纳桃源之贿，阴使贼逸去，杀平民以报功。猛受奖还田州，桃源之贼复起，杀副使李清、执参政吴廷举，莫不归罪于猛。 岑猛既车载华林、东乡、桃源诸盗之金帛以亿万计还乡，自是富甲两江，兵势益锐，遂屠龙州，杀土知州赵相之二子。又攻泗城州，杀知州岑接，屠戮甚惨。又杀归德知州王通。又强立泗城官族岑诜。始毒死参将甘霖，又毒死指挥方震，又毒死通判龙进。岑猛先是结交太监刘瑾，继而结交宸濠（宁王朱权玄孙，正德四年反，拟夺南京，被王守仁击败伏诛），包藏祸心，自雄一方。上思州土目王料之叛、思恩府土目刘召之叛，猛皆阴主之，而阳出兵征讨。军门省谕，猛若不闻。遇有调遣，偃蹇不听节制。凡诸土兵之进止多寡迟速，皆听命于猛，而不知有军门之号令者，六七年矣。巡按史张钺明其罪状，既而御史汪渊、谢汝仪相继奏之，都御史张嵿、盛应期，太监郑润，总兵官朱麟亦奏之。猛于上隆州、武龙州、安德州、旧田州，皆杀其守令，毁其印为铳，而刻牙代之。凡庆贺贡献之类，则以印章署旧守令名以行。此其罪不可胜数。
正德八年（1513年）	七月癸未息，李通宝以妖术诱众，聚数千人于六青山广中。都御史林廷选以镇安土官岑璋等讨之，通宝败死。余党还据山险，副总兵金堂进剿，斩俘及降者凡五千余。（《明武宗实录》）
正德九年（1514年）	正月，思恩岑浚余党覃恩等复叛，上命总督会总镇等官剿抚。（同上）
正德十五年（1520年）	岑猛奏：田州土兵每次征调，户留一二丁耕种供常税。其久劳于外者，乞量账给，免其输税。上从之。（《明史·广西土司传·田州》）
正德十六年（1521年）	军门议以岑猛次子岑邦佐出任武靖州，止让带部兵五十人。其居此土后，暴虐其民，以纵其欲。旋因其父作乱，削职徙闽，民以为快。（田汝成《断藤峡事宜》）
嘉靖二年（1523年）	四月甲午息，初，田州土官岑猛率兵攻泗城州土舍岑接，拔其六寨，进而占据其州城。接告急于军门，猛言接非岑氏后，据其祖业，故要取回被侵地。当时正因上思州之役征调岑猛之兵，皆不至。总督张嵿以状闻，兵部言：夷情叵测，再勘奏后拟议。上然之。（《明世宗实录》） 是年岑猛及归顺岑璋、那地罗武杰、富州沈贵攻泗城，杀死1230余人，掠金11233两、银89643两。（《田东县志·大事记》）
嘉靖三年（1524年）	九月甲申息，思恩土目刘召叛，令其党夺定罗堡，掠良民。兵备副使檄岑猛剿捕之，猛佯许而按兵境上不进。都指挥佥事孙震往抚，被贼所执。守巡数遣人省谕，刘召诡言掣回田州兵乃出震，守巡不得已从之。又欲尽掣思恩守城兵，未允，竟不出震。而是时，诸州土官皆党逆观望，莫肯用命。总督张嵿请发兵剿之。兵部言：宜再遣官抚谕，令亟出震，否则会兵剿之。又言：岑猛党逆多诈，孙镇寡谋被执，兵备守巡等官亦有责，法宜究治，第用兵之际，姑责以后图。（《明世宗实录》）

续表

嘉靖四年 （1525年）	十一月辛酉息，先是，田州岑猛叛。两广提督盛应期、巡按御史谢汝期，条陈大征岑猛事宜：一、请调湖广永顺、保靖宣慰司土兵。二、请留广东解京粮银十万两以备军饷。三、泗城州官孙岑施应许承袭，请先给印信，以安其心，令其整搠土兵听调。四、云南富川土官沈贵素与岑猛结好，宜加戒谕，不许助兵党恶。五、归顺、那地、向武、奉议等七州，各先助岑猛攻泗城，乞许自新，令其出兵从征，以功赎罪。六、东兰、镇安、龙州等处，曾被岑猛占夺戕害，宜调其兵夹攻，有功重赏。 兵部复议，以得旨允行。后盛应期奉别旨去任，继任姚镆复条奏用兵。上令如前议，命出榜地方：只诛首恶数人，胁从不问，悬赏擒猛。（同上）
嘉靖五年 （1526年）	八月戊寅息，兵部言：姚镆刻期会兵进剿，岑猛具本奏辩，乞速下提督等官，再行审度。得旨：岑猛果能束身归命，自从宽处。（同上） 《明史·广西土司传》载：姚镆知猛无反心，亦欲缓师，而谢汝仪与镆有隙，乃诬镆之子姚涞纳猛万金，搛得涞书献之。镆惶恐，乃再疏请征。于是兵部趣镆刻期进，镆协总兵官朱麒发兵八万，以都指挥沈希仪、张经等统之，分道并入。猛令其下勿交兵，裂帛书冤，乞怜察。镆不听，督兵益进。沈希仪斩猛次子邦彦于工尧隘。猛惧，谋出奔。猛妇翁归顺州知州岑璋，以其女失爱，甘言诱猛走归顺，鸩杀之，斩首以献。 《广右战功录》黄南津魏菲校注本载：进剿岑猛之五哨兵力为：汉达马步官军、土兵、打手、杀手等共十万二千三百七十多名。
嘉靖六年 （1527年）	三月乙未息，岑猛既诛，田州改流，留张经统兵万人以镇其地。会兵渐分散、防守稍懈，岑猛余党卢苏、王受等诳言岑猛尚在，且借交趾兵二十万，以图复兴。夷民信之，聚众薄府城。张经开门出击，兵少不敌，欲引还。而城中人阴为内应，呼噪四出，官军腹背受敌，力战不支，突围渡江走，贼逼其后，争舟溺死者甚众。贼沿江置拦索、伏药弩，夹岸并起。官军且战且走，抵向武，亡失军士三四百人。贼据府城，烧军饷仓粮以万计。 御史石经上其事，颇诿罪前督抚盛应期生事启衅。而给事中郑自璧因请檄湖广，调永顺、保靖兵并力剿贼。 五月丁亥，以岑猛余党复炽，诏起原任南京兵部尚书王守仁，总制两广及江西、湖广邻近地方军务，督同巡抚姚镆讨之。仍令巡按史石经纪功。 八月乙丑息，田州贼党王受、卢苏、邢相等为乱，王受（纠众万余人——见《明史·广西土司传·田州》）入思恩，执知府吴期英、千户魏琼等，封其府库，而后率部攻武缘。千夫长韦贵、徐伍等遣壮士间道入思恩城为内应，夜引兵夺门而人，获府印、库物，护吴期英往宾州，因招抚城中未下者。参将张经守武缘，王受攻之甚急，镇守头目许用与之力战，斩其巨帅一人，贼众披靡。贼见官军援兵大集，乃遁去。姚镆以捷闻，上曰：贼锋虽挫，首恶未擒，令王守仁会同守臣亟督兵剿抚。（均《明世宗实录》）
嘉靖七年 （1528年）	八月辛亥，王守仁奏：思恩、田州既平，而八寨、断藤峡瑶贼犹猖獗。今湖广永顺、保靖二司土兵班回，其归途所经，去贼巢不远；又新归附土目卢苏、王受感激生全，愿杀贼自效。乞乘此兵威，令（湖广）二土司兵分剿藤峡贼，思、田土兵剿八寨贼。兵部复议，诏可。 九月甲戌息，布政使林富率卢苏、王受（六千余众于四月下旬）等由别道抵八寨，破石门后分道搜剿，古蓬、周安、古钵等寨相继殄平。（均同上） 《明史·广西土司传·田州》载王守仁疏云：去年十二月，臣至广西平南县与巡按御史石经及藩臬诸将领会议，思、田祸结两省，已逾二年，今日之局，抚之为是。臣抵南宁，下令尽撤调集之兵，数日内解归者数万。惟湖广兵数千路远，乃使留南宁，解甲休养，待间而动。而卢苏、王受遣其头目黄富来诉，愿得归境投生。臣令其赍飞牌归巢晓谕，期以速降无死。苏、受寻率众至南宁城下，分屯四营，自缚与头目赴军门请命。臣曰朝廷既赦尔罪，若不示罚，何以雪愤。各杖一百，乃解其缚。众皆叩首悦服，愿杀贼立功。臣随至其营，抚定其众七万余人。复委布政使林富等安插，于二月二十六日悉命归业。

续表

嘉靖七年 （1528年）	王守仁还有疏云：田州外捍交趾，内屏各郡，今岑氏世效边功，猛独诖误触法，闻已病死，而治田州非岑氏不可。请降田州府为州，而官其子。猛长子邦佐，自幼出继为武靖州知州，宜仍旧职。岑猛幼子邦相，请授吏目，署州事，俟后递升为知州。设土巡检诸司，即以卢苏、王受等九人为之，以杀其势。帝从之，惟所报猛子与抚按所报异，令再复。于是守仁云：该府土目及耆老俱言岑猛本有四子：长邦佐，妻张氏出；次邦彦，妾林氏出；三邦辅，外婢所生：四邦相，妾韦氏出。岑猛嬖溺林氏而张氏失爱，故邦佐自幼出继武靖。邦彦既死，邦辅婢生名实不正，故直言猛子存者二人，亦所以正名慎始，杜日后之争也。 《明史·广西土官志·田州》载：邦彦有子名芝，依大母林氏、瓦氏居，官给养田。邦相恶卢苏专权，密与头目卢（罗）玉谋诛苏及芝。苏知之，会邦相又侵削林、瓦二氏原食田庄，二氏遂与苏合谋，以芝奔梧州赴军门告袭，卢苏又为芝疏请。寻令人刺杀邦相，邦相觉，杀行刺者。而卢苏遂伏兵杀卢（罗）玉等，以兵围邦相宅，诱之出，趁夜与瓦氏缢杀之。继而归顺、镇安、泗城、向武诸土官群起构难，互相讦奏，帝命亟为勘处。当事者谓田州无主，致令邻邦觊觎，当给札付令岑芝管事。卢苏又请给芝冠带，以抚田州。而自悔罪，愿裹粮立功，及追补累年所逋粮赋。部议以土蛮自相仇杀，当从末减。皆令立功，方准赎罪复官。 《蛮司合志》载：广西提督林富奏以岑邦相为田州判官，以张祐为副总兵镇守其地，敕曰满三年乃代。时邦相方十六岁，张祐以儿子畜之。而卢苏恃复兴岑氏之功，专制生杀，威行部中，号曰“布伯”，邦相拥虚位不平，遂与卢苏有隙。张祐将代，望邦相厚赂己，未遂，大怒，乃以他事挞邦相，而阴与卢苏比购。邦彦子岑芝育于别室，邦相欲杀之，会张祐从征西山之役，遂置岑芝于衣箧中以行。邦相乃治供具毒死张祐，而岑芝奔梧州，都御史陶谐亦儿子畜之。卢苏遣人刺邦相，不得手，邦相召土目罗玉、戴庆，谋取代卢苏。卢苏察觉，称病不出，会其妻生日诸土目率妻前往庆贺之机，伏甲士执罗玉、戴庆而斩之，同时闭诸土目妻为质，当即以甲士千人攻邦相，杀之，焚尸。又赂都御史陶谐言邦相病死无后，遂立岑芝归田州。于是，岑邦佐回来争袭，而镇安府土舍岑真宝、泗城州土舍岑施、东兰州土舍韦起云、那地州土舍罗廷凤等，合兵助邦佐，攻入田州，杀掠万人。卢苏求救于其婿归顺州土舍岑瓛，乘虚攻破镇安，大败岑真宝，两江震动。陶谐遣人谕真宝：邦相实属病死，尔等为何与卢苏自相鱼肉？廷议下核实，继任都御史蔡经言：邦相不孝，夺其母赡田，虐部下，卢苏因众怨杀之。 田汝成《断藤峡事宜》云：是年，王守仁平田州，欲完岑姓之后以安反侧，疏宥邦佐，还知武靖州。岑邦佐复任以来，益肆凶残，毒于虎狼，部民无罪而赤族者，无虑数百。殊求无所，又占管狼家以为其部落。平南、桂平、贵县三县狼家，乃官府从归德、思恩等地招至护民耕守，本与武靖州无关。邦佐夤缘提调之名，积威钤制，侵剥万端，甚至夺其田而卖之，如彼私产。且图江南之吉大里良村可猎利窝奸，恣意驰荡，遂远离信地而居，致城郭空虚，兵防不备，弛津渡贼，纳贿分赃。如近日，以睚眦之怒，怂嗾诸瑶，攻堕营垒，目兵死者二百余人。数其罪状，擢发难纪。先年设州之意，因山险贼多，寥阔难守，故界其地而资其兵，以为民卫。今岑氏部落，病不勘命，尽已逃亡，兵不足资矣，徒拥我地，譬之赘疣，已为不可。
嘉靖十四年 （1535年）	田州卢苏作乱，纠归顺州土官岑瓛及向武州黄仲金，攻毁镇安府，目兵遇害者以万计（《国朝典汇》载：死者八千人）。当时田州无主，镇安府土官男岑真宝以兵纳岑邦佐于田州，卢苏遂纠与真宝有隙的岑瓛、黄仲金，趁岑真宝入田州之机袭破镇安，真宝闻讯还，被围攻于武陵寨。岑瓛还发真宝父母墓，焚其骸，分兵占据诸峒寨。真宝诉诸军门，于是，卢苏、岑瓛、仲金各降罚有差，真宝亦革冠带。（《明史·广西土司传·镇安》）

续表

嘉靖十六年（1537年）	思恩土官岑浚被诛后，改设流官，韦贵、徐五二酋出任土巡检，分掌思恩兵各万余，而夷民不乐汉法，凡数叛。镇安以前应征思恩时虏获之生口中，有一男子长大而姣，因托言岑浚子，名金。镇安土官潜召其旧部酋领曰，汝小主人也，聚众五千，将攻城郭，复旧地，要之曰：金立，与我某地几百里。其时，岑浚旧部杨留率党千余人在宾州应募为打手，对柳庆参将沈希仪说欲回去见小主人。希仪大骇，谓留曰：是岑浚第九子耶？我固闻之。因自语：岑氏其复乎？后又召杨留于密室言：予我重贿，即为金复官。并嘱称：韦贵、徐五必仇金，须善防之。杨留深信希仪，遂引岑金带其五千众来见。希仪厚结之，又引以诣兵备副使，用计渐次散离其五千人，最后将岑金擒缚。杨留惶恐，忧病而死，思恩复平。（《明史·沈希仪传》、唐顺之《广右战功录》） 又，《明史·广西土司传·思恩》载：思恩改流后，其九个巡检司头目日恣，蛮民不堪，知府陈璜曲加绥戢。目把刘观、卢回以复土为名，鼓众作乱，副使翁万达计擒卢回而杀之，招回从乱者三十余人。嗣后，东兰岑瑄诈称岑浚子起云，谋复土官，被九司头目擒缚。
嘉靖二十四年（1545年）	是年九月至次年五月，两广总督张岳清剿柳州鱼窝等壮民据点，除用南丹、东兰、那地土兵轮番围困外，又从征讨广东封川返回的土司兵中，抽出田州土官男岑芝精兵五千、镇安府土官男岑真宝精兵三千、向武州土官男黄仲金精兵三千，于是年十一月参战。次年四月，拿下鱼窝、马鞍要寨，乃是靠购募敢死目兵，以绳梯钩搭绝壁，用投掷火球夜袭突破的。（张岳《报柳州捷音疏》）
嘉靖二十七年（1548年）	两广总督张岳调镇安、田州、泗城、归顺（皆岑姓土官）和南丹、东兰、那地、向武、都康、思明、上林等土兵，并两广汉达官军、民壮、打手等，共七万零三百余人，征讨贻患三十余年的贺县倪仲亮和连山县李金等，正月十四日开剿，迄二十一日共擒斩三千零十九名。（张岳《报连山、贺县捷音疏》）
嘉靖三十二年（1553年）	岑芝死，其子大寿方四岁，土人莫苇冒岑姓，及土官岑施相煽为乱。提督郎槚奏令思恩守备张启元暂驻田州镇之。报可。（《明史·广西土司传·田州》）
嘉靖三十四年（1555年）	田州土官妇瓦氏引狼兵应调至苏州，总督张经以之配属总兵俞大猷杀贼。四月戊辰奏闻，诏赏瓦氏及其孙男岑大寿、大禄，各银二十两、纻丝二表里。 七月丁巳息，张经被逮系至京议罪，上疏称：三月末侍郎赵文华至松江，火赉诸将趣令进讨，然远调之兵，新至之将，贼情地利皆所未谙，游击白泫以田州兵千余往探陆哨，遇贼伏卒，杀其头目钟富，损兵大半，狼兵不宜骤用明矣。 十二月乙巳息，（四月底）湖广土兵至，张经（遂组织狼兵、土兵和官军、乡兵）出战，取得王江泾大捷，然而竟以文华前谗被逮。代之者为周琉、杨宜，皆庸驽无远略，由是各兵漫涣，贼势益炽，文华乃大沮，乞还京，上许之。（均《明世宗实录》） 史载瓦氏所率田州狼兵，共四千一百余人，是年三月十二日进驻御倭前线江苏金山卫，先后进行漕泾、王江泾等作战数起，七月三日撤离战场返乡。
嘉靖四十二年（1563年）	以平广西瑶蛮功，准岑大禄实授田州知州职。（《明史·广西土司传·田州》） 大禄在位22年，有15年领兵在外作战。
隆庆六年（1572年）	新升任的巡抚郭应聘调左右两江土司兵六万，交总兵官李锡统率征讨阳朔至昭平府江沿岸农军，十月十五日各土司兵多道并出，分头进剿，至次年正月二十日结束，斩壮酋杨钱甫、杨公满、莫扶金以下四千六百六十七人，俘四百四十八人。参战单位有泗城岑绍勋部、归顺岑瑾部、田州岑太禄部、武靖岑清宝部、湖润岑寿松部、镇安韦龙部、思恩吴黄正部等。剿后，在昭平筑城建县，复设参将，募兵七千余名在两岸六处设堡戍守，各堡领田数千亩至万余亩不等，其中已知东岸有土族岑仁领田为一万五千二百亩有奇。（《万历武功录》）
万历元年（1573年）	上年十月，怀远瑶壮伶侗造反，攻入县城，诸瑶痛恨的县令马希武被击伤，失印。诏移府江之师平怀远，是年二月兵至板江会大雨雪，连旬不开，遂按兵不动。总督殷正茂又增调浙江鸟铳手五千、永顺钩刀手三千参战，会同原狼兵等共十万，于十二月初四重抵板江分路开剿，迄次年正月十七结束，擒斩三千三百四十四名。时值洛容、永宁、永福、柳城民众造反，李锡又移兵讨之，甫二旬，斩首四千五百有奇。其中，泗城岑绍勋、归顺岑瑾、镇安韦农（判与韦龙同一人），捷凡二百以上，赐金二十两。武靖岑靖（清）宝、湖润岑寿松亦受赏。（同上、《明史·李锡传》）

续表

万历七年（1579年）	左右两江36家土司兵（共六万人，占整个作战兵力七成四）应调参加征剿八寨，继而移师剿北五。十二月二十日开剿，次年三月三日结束，斩首捕虏凡一万六千九百有奇。论土吏功分四等行赏，田州岑大禄、归顺岑瑾、泗城州岑绍勋等10家列入上等，各赐金二十两；镇安岑奇凤等14家列入二等，各赐金十两；湖润岑寿松等3家为三等；两家4等。而安隆岑洪、武靖岑清宝等7家，则“法当论如律，下台御史逮问”。事后，以田州土目黄冯为土巡检，领兵一千屯守八寨新立三镇之一。（《万历武功录》）
万历十二年（1584年）	总兵官呼良朋调泗城岑绍勋、归顺岑瑾、镇安岑奇凤，领兵参加征讨昭平高江瑶壮，斩首一千一百一十一级，俘七百余人。（同上）
万历十三年（1585年）	二月，总督吴善檄戚继光、呼良朋调广东标兵，泗城、归顺、罗定、肇庆等地土司兵，到怀集、贺县镇压严秀珠领导的壮族农民军，“犁其庭，扫其穴”。（《明史·广西土司传·梧州》）
万历十六年（1588年）	十一月庚申广西巡抚刘继文题：业发总兵张澡调营兵数千，及泗城、思恩土兵分三哨，进剿东兰叛目。先是，东兰土官韦应龙残害族属，生六子而杀其三，并杀其弟应虬妻子家属无噍类。应虬纠南丹、那地二州之土兵相仇杀，臣禁止之。而东兰土目陈星、陈蒙趁机以应龙幼子文略袭位，幽禁应龙于武篆，匿州印，尽取应龙子女宝玉献田州土司岑大禄为之援。（《明神宗实录》）
万历十七年（1589年）	二月息，陈星等集党据寨，将应龙妾女及珍宝土地献田州岑大禄，岑大禄发兵助之，劫田州四峒。调泗城等土司及各标兵进剿，东兰平。（同上）
万历三十四年（1606年）	因交趾连年侵犯下雷、湖润、归顺等州，是年朝廷命田州土知州岑懋仁和向武土知州黄绍纶，各带兵抵御，击败交趾。叙功岑懋仁、黄绍纶授参将职衔，寻加总兵服色。（羊复礼《镇安府志》）
万历四十一年（1613年）	泗城土官岑云汉贡方物。云汉乃土官岑绍勋嫡嗣。初，绍勋宠庶孽雷汉，头目黄玛煽祸，以致焚劫称兵。云汉给母出印，扶弟以奔，抚按以闻。廷议请释绍勋罪以存大伦，杖雷汉、黄玛等以息嚣孽。云汉从宽削衔，戴罪管事。诏可。（《明史·广西土司传·泗城州》）
万历四十八年（1620年）	七月辛丑巡抚陈邦瞻奏：田州土官岑懋仁肆虐属邑，纳上林县土官黄德勋叛弟德隆、叛子祚胤，纠众袭破县城，推刃德勋，夺印信，掳其妻妾子女玉帛以去。抚道府闻状，岑懋仁党庇二逆，称德勋为病死，祚胤当继。（《明光宗实录》）
泰昌元年（1620年）	九月甲午两广总督许弘纲奏：岑懋仁窥占上林土县，乞正其罪。得旨：岑懋仁著速献印信，报送各犯，听按臣分别正法。如再违抗，便随时进剿。（《明熹宗实录》）
天启二年（1622年）	巡抚何士晋请复岑云汉泗城知州职，量加都司职衔，令率土兵援黔。上从之。（《明史·广西土司传·泗城州》）
天启三年（1623年）	三月丙申巡抚何士晋疏：援黔之役，广西调泗城、南丹狼兵共一万。请遣原议用狼兵之兵部主事林翔凤恭赍宣谕两江土司，比照秦良玉加恩事例明载敕中，到此开读，则凡垂涎爵赏者即桀骜必且向风。已奉旨允，臣于是告之两江。 十月甲戌何士晋疏：百计鼓舞，幸泗城州出兵一万二千，去冬即入黔境。监军林梦琦救安南庄，有报。破软口寨以解新城围，有报。此足为泗兵入黔之证。田州出兵六千，亦于去冬入滇境，滇之叛目李保听安酋嗾使，拒阻田兵。监军葛中选以事关邻封，不敢纵田兵擅杀，故调安隆司兵救安笼所，安笼即黔地也。剿狼羊斩获多功，亦有报，足为田兵改调入黔之证。（《明熹宗实录》）
天启五年（1625年）	六月乙丑，兵部复广西巡抚王心一疏：有功土官加文臣服色，不可予武臣职衔，益其骄纵。田酋擅灭土县，或可功罪相准，即为明结前局，仍责令献出上林之印，再立族目，并行土官之考察、将领之参罚。上依此议。（同上）
顺治七年（1650年）	是年，土田州代理知州岑汉贵降清。（光绪《百色厅志》卷8）

续表

顺治十五年（1658年）	十二月，清征南将军赵布泰、广西提督钱国安领兵入贵州，至南盘江罗颜渡为南明军所阻。泗城土知州岑继禄乃为之向导，由间道入贵州安隆（龙），败南明军于炎遮河，继而由普安入云南。明永历帝闻讯，当月十五日自滇都出走，在清军节节进攻下，次年二月二十九日进入缅甸。顺治十八年缅人执之献于吴三桂。康熙元年四月十五日，吴三桂以弓弦绞杀永历帝及其太子于昆明，南明亡。（徐鼒《小腆纪年附考》卷19—20，《行在阳秋》下） 是年，泗城由土州升土府，岑继禄升任知府。
康熙二年（1663年）	十二月初四息，黔桂边境陇纳山（在今隆林县境）苗民阿仲称王，封官建年号，联络土司，起兵反清。当日，平西王吴三桂派总兵王会等，率官军六百人及泗城土府岑继禄土兵一千余人，分三路围攻。次日，岑继禄即将所获阿仲解交王会。次年三月初十吴三桂疏报：事平，杀苗民1386名。（计六奇《明纪南略》卷16、《清圣祖实录》）
康熙十二年（1673年）	十二月二十二日，吴三桂于云南起事反清。次年二月十八日，广西将军孙延铃聚兵阳朔响应，相继攻下平乐、梧州、浔州、平南，至象州，以覃鸣龙、贵县韦金麟，统领壮兵合攻柳州。康熙七年曾密奏吴三桂有逆谋获诬告罪而戍梧州的傅弘烈，此时亦假附吴，受封为信胜将军，被派到泗城、广南、富州、思州等土司地方募兵5000人。康熙十六年春，傅到江西宣布讨吴，五月优升广西巡抚，七月又被命为抚蛮灭寇将军。上令平南王尚之信遣官兵与傅同定广西，著吏部给广西、云南各土司印信、两广总督拨银10万两予傅。后又令户部亦拨银10万两。康熙十八年广西提督奏称，泗城土知府岑继禄投诚。（《清圣祖实录》卷66、68、85，《清史稿》卷252《傅弘烈传》）
康熙四十二年（1703年）	新袭田州土知州岑应祺年幼，首目辛琦及其甥黄天祐与官族岑子强擅权，老土目陆师、杨秉陞不满，请东兰州和云南广南府派兵攻之。天祐负伤走。辛琦逃往向武土州途中被截杀，连家属死40余人。子强逃到云南土富州求兵无果，控于省，杨秉陞独承其罪。黄天祐设计诱阳万土州判派兵攻田州城，陆师请其兄陆康从里定率防兵回援，击败之。（光绪《百色厅志》卷8、民国《奉议县志》稿）
雍正五年（1727年）	八月癸卯，皇帝从云贵总督鄂尔泰疏：泗城土知府岑映宸诸多不法，著革去世职，连同家口解至浙江"原籍安插"，泗城改土归流，设流官知府。给岑映宸之弟映翰八品顶戴，给田产以奉祀，唯不得干预地方政事。（《清世宗实录》卷60）
雍正六年（1728年）	田州土官岑应祺奉调率部征缴西隆州"八达"造反者。（《田东县志·大事记》）
雍正十年（1732年）	归顺土知州岑佐祚因伪称"盘王"被革职，承袭无人。二月初二上令改土归流，设知州、吏目各一驻原土州城，把总移驻邦龙村，并于频峒等隘各设土兵把守。（《清世宗实录》卷115、光绪《归顺州志》卷5）
乾隆三年（1738年）	岑应祺率部赴黔"剿苗"，五年，再度赴黔。（《田东县志·大事记》）
乾隆二十八年（1763年）	田州土知州岑宜栋奉调率部赴东兰镇压瑶民。（《田东县志·大事记》）
乾隆三十年（1765年）	闰二月二十日，乾隆令广西巡抚冯钤彻查于百色封盐案中被革职的右江镇总兵李星垣曾代田州土知州岑宜栋奏请入觐等事，认为必有受贿或讹诈。经审实李曾向岑索借银2000两，又指使家人两次向岑勒索600余两，并有勒索马匹、人参、蟒袍、三七及令买婢女不给钱等事。五月初八，乾隆令将李星垣徐州家产查封。后又传旨申饬保举李为总兵，事发后还予回护的两广总督李侍尧。（《清高宗实录》卷731、736、737）
乾隆三十八年（1773年）	八月间，上林县唐米村人陆李能蛊惑土壮，嚣聚称王。田州土知州岑宜栋率土兵购线于陇窦山拿获陆李能。广西提督解逊捏报为地方文武协拿冒功，被查出交部议处。清廷赏岑宜栋白银100两，加四品顶戴。（《清高宗实录》卷941—943、947、951，光绪《百色厅志》卷8）

续表

乾隆四十八年 （1783年）	九月初一乡试发榜，岑宜栋长子岑照中举。次日查对试卷见与本人以前笔迹、文理悬殊，经提审，系岑照以1000两银贿赂在闱承办的永安知州叶道和，让举人曹文藻进场代试。十二月，岑、叶、曹皆被处斩，叶江西家产被查抄。岑宜栋不知情仍留本任，自请罚银10万两。乾隆批：免其一半。（《清高宗实录》卷1189、1191、1193—1195，嘉庆《广西通志》卷78，唐瑞裕《清代吏治探微》第71—85页）
乾隆五十三年 （1788年）	安南国王病死，其孙黎维祁继立。阮惠起兵攻破黎城，维祁母子等六十二口逃至龙州。六月十七日，乾隆令两广总督孙士毅赶赴龙州处理。十月二十八日，又命两广出兵一万人，云南出兵五千，入安南平叛。土田州知州岑宜栋带土兵两千随征。 孙士毅占领黎城后，中阮惠诈降计，次年元旦晚酣饮之际遭袭击，初三清军大营被象阵攻破，孙士毅夺渡富良江，毁桥断后。广西提督许世亨、左江镇总兵官尚维升、田州岑宜栋及各所部，均被阻于南岸，战死和被俘二千余人。嗣后，许世亨谥昭毅，尚维升谥直烈，岑宜栋等官十八员、马步兵四千六百一十九名，俱入祀昭忠祠。特准岑宜栋第四子庶出岑煜袭土知州，并赏四品顶戴。宜栋给云骑尉世职。 阮惠因南向暹罗开战，转而请清廷加封，并送回所俘清兵，又为许世亨建庙。乾隆五十四年六月二十二日，帝曰：阮光平（阮惠）悔罪投诚，乞降多次，而黎维祁优柔废弛，国祚告终，有废有兴，顺天而行。册封阮光平为安南国王。 （《清高宗实录》、《中国历史大事编年》卷5）
道光二十二年 （1842年）	阳万土民黄卜能、李德光等101人愤恨客民重利盘剥，殴毙客民黄德亨等59人。阳万土州判岑铭先无察觉，案发又不能全数捕获凶犯被革职。后岑铭积极缉拿凶犯，得以开复。李德光被监毙，黄卜能逃逸。（《清宣宗实录》卷378）
咸丰元年 （1851年）	天地会谢江甸率众攻占马平，田州土兵协助右江镇、百色厅官军击败之。田州土知州岑乃青还追至作登擒获逃匿的天地会头目黄卜。（《田东县志·大事记》）
咸丰三年 （1853年）	天地会陈兴晚率部攻入上林土县，被岑乃青率部击败。（同上）
咸丰五年 （1855年）	岑乃青病死，其妻鲁氏与族族目公举岑裕基协理州事而自护州印。次年裕基因奉调参剿游勇逗留不进被撤职，鲁氏举岑熙为协理。裕基怒，与岑熙仇杀，江州、仑圩一带"杀人盈野"。思恩知府委裕基之子岑铉代理田州事。（同上）
咸丰十年 （1860年）	二月，岑裕基迎太平军石镇吉部入田州，并与其合兵攻百色，后被人所杀。八月病死。（同上）
同治五年至十三年 （1866年—1874年）	百色厅委岑森代理田州事，次年夏思恩知府又以抗调撤森，复委岑铉代理田州。秋，信任知府又撤岑铉而委岑森，二岑争袭不已。十二年百色同知分篆里给岑铉管辖，争执暂息，而岑森又设计捕岑铉，双方仇怨更深。十三年，督办道员免岑森职，委阳万土州判兼理田州事。同年，岑铉子乃秀招众反清，朝廷督饬剿办。
光绪元年 （1875年）	十一月戊申息，土田州自咸丰五年（1855年）知州岑乃青病故，因无子各支争袭，形成岑森、岑铉两大派系，互相攻杀。官府曾派赵沃、徐延旭领兵镇压，未能停息。本年四月二十五日，广西巡抚刘长佑奏请将田州改土归流。八月吏部议准。十一月十五日，刘长佑再奏：裁田州土知州，革其世职，于燕峒置恩隆县，设知县、县丞（驻平马墟）、典史各一员，巡检三员。（《清德宗实录》卷9，朱寿朋《光绪东华录》第一册总第96页、第189—190页，《清朝续文献通考》卷132，《钦定大清会典事例》卷67，光绪《百色厅志》卷2） 十一月十三日，阳万土州判兼管土田州事岑润青，不满田州被改土归流，邀岑耀青、瀚青、子安、子美会于万阳，商议反清。二十六日该等在平马、旧州、百育、站圩、二塘、那坡同时起兵。左江镇派三个营及团练攻之，十二月初三于万阳擒岑润青等，初六破百育，下旬，总兵陆纯刚攻破楞庄，擒岑瀚青等，田州事平。（《清德宗实录》、光绪《镇安府志》卷20、《百色厅志》卷8、朱寿朋《光绪朝东华录》第一册总第198页、第219—220页）

岑氏土司兵扩地攻掠态势图

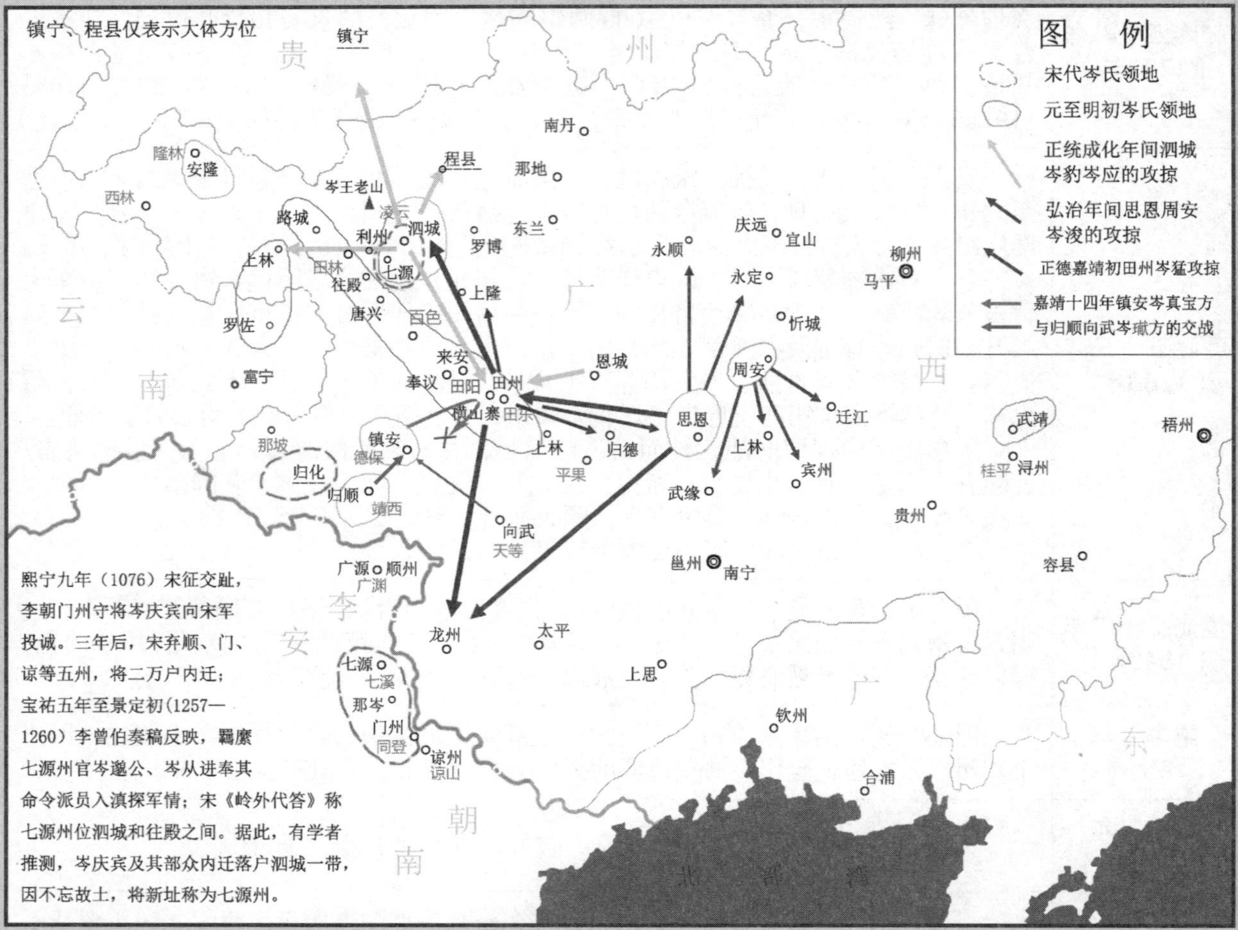

岑氏土司兵历代活动纪略

狼兵二十万，半数属岑家。岑氏土官之历史始于宋，嘉定年间（1208 年—1224 年）羁縻州官岑汝弼陈兵五千于路城、唐兴与黄氏争夺招马利。景定三年（1262 年）岑从毅以归化州附宋得世袭来安知州。元至元十八年（1281 年）新附元的岑从毅纵兵杀掠，逼死镇安李知州。元代数十年间，来安路总管岑雄、岑世兴父子，陆续占夺了依氏的上林、罗佐州和黄氏的唐兴、路城、兼州和田州。明初，岑氏官族先后获授田州、泗城、镇安、归顺、思恩、安隆等官职。正统年间（1436—1449 年）泗城岑豹占夺利州、程县，成化初（1465 年）又举众四万进攻上林司。成化年间（1465—1487 年）泗城岑应父子连续杀占广西十二州及贵州镇宁等地方，夺印八颗，并与恩城岑钦联兵攻打田州。思恩府在岑瑛父子执政时一心为朝廷效劳，袭职之孙岑浚则不然，弘治年间（1493—1505 年）领管八寨，屯兵周安即寇掠南邻各县，还趁乱纠兵五万掠田州，并劫龙州和庆远两司，被官府调十万军讨平。正德六年（1511 年）田州岑猛应调赴江西剿贼，掳获归来富甲两江，兵势日锐，遂扩地自广：屠龙州、攻泗城；杀归德知州及上隆、武龙、安德等守令，毁其铜印代以牙章；阴主思恩、上思等地吏目叛主而佯作讨伐，对军门号令阳奉阴违。嘉靖五年（1526 年）被剿灭。十四年（1535 年）田州内讧，镇安岑真宝领兵护在武靖州的岑邦佐回乡夺权，归顺岑瓛及向武土官则另支一派，出兵捣毁镇安府，一场混战，死伤万计。

明中叶，泗城、思恩、田州被析置降级，岑氏强豪兵分势减，大的兼并战争止息，岑氏土司兵转而大量被官府调用，相继参加清剿封川、马平、贺县、连山、府江、怀远、古田、八寨、大藤峡、怀集等地农军，以及赴黔、赴滇作战。田州的瓦氏夫人和岑懋仁抗倭和抗交趾获授参将，岑大禄在位二十二年有十五年领兵在外作战，“平猺有功”屡获赏赐，升授知州，后因受贿发兵干涉东兰内战，被官府调泗城兵讨平。岑懋仁亦曾插手上林土县内争，欲据而有之。清代，泗城岑继禄助清军入滇击南明，其州升府，但吴三桂反清亦参与。田州岑宜栋一直忠于清廷，出兵讨平上林之乱，又率部两千随清军征安南战死异域，入祀昭忠祠。咸丰五年（1855 年）田州知州病故无子，各支争袭，攻杀不止。光绪元年（1875 年）田州被改土归流，官族岑润青等不服，纠众起兵反清，迅即被消灭。

周永光撰文、制图

莫氏土官土司兵事录

开宝七年（974年）	七月丙辰，南丹州溪洞酋帅莫洪曹内附。（《宋太祖本纪》） 九年，复来贡，求赐牌印。诏刻印以给之。（《宋史·南丹州蛮传》）
雍熙四年（987年）	洪曹族人宝隆镇土官莫淮闻一头牛走失，镇守于河池县的宜州牙将周承鉴用以耕作，淮闻三索不还，十日乃放。淮闻怒，领乡兵六十人劫取周承鉴家财，掳县民牛六头而去，并诱群蛮为寇，颇害及民庶。宋太宗赵炅公布周承鉴占牛情状，将其弃市；将失于备御的宜州知州侯汀免官削秩；诏发诸州兵进讨群蛮，申言“或尚恣于陆梁，当尽剿其族类”。据称，兵未至，群蛮畏威窜伏，自是不复为寇。（《宋史·南丹州蛮传》）
淳化元年（990年）	洪曹卒，其弟洪皓袭称刺史，遣其子贡银碗二十、铜鼓三面等，上赐彩百匹。自洪燕领州十余年，岁贡白金百两，而洪皓袭位，专其地利，不修常贡。其弟洪沅忿之，携妻子奔宜州。洪皓怒其背己，数次引兵攻之。洪沅诣阙诉，请发兵致讨。上不欲兴师，洪沅先自称南丹州副使，上以其为邵州团练使，给田十顷；下诏戒敕洪皓。（同上）
景德二年（1005年）	洪皓死，长子淮勍袭位，俄被其弟淮迪攻打州治，淮勍率属奔，诏宜州赐闲田资给之。淮迪自称南丹州刺史。（同上）
大中祥符五年（1012年）	宜州言淮迪颇集诸蛮，阻富仁监道路。上知淮迪无侵扰状，遣使犒劳之。九年，抚水（今环江毛南族自治县境及宜州北境）蛮叛，诏淮迪约勒溪洞勿从诱胁。次年抚水事平，淮迪以劳进秩。（同上）
景祐三年（1036年）	有淮戢者举族归附，被命为湖南州团练副使，敕州县拊存。（同上）
至和二年至嘉祐末（1055—1063年）	至和二年，以淮迪为怀远大将军，致仕。其子世渐袭南丹州刺史，检校工部尚书，赐袍带，钱十万，绢百匹。又补其亲党数十人为检校官。嘉祐末，世渐死，其子公帐袭职。（同上）
治平初（1064年）	原已内附的莫世忍（亦淮迪子）逃归，攻杀公帐，夺其地后自首，请朝廷授给刺史职，补其亲党如故事，愿岁输银百两。治平三年，皆得如其请。熙宁二年（1069年），瑶贼杀人，莫世忍执之以献，授检礼部尚书。（同上）
元丰三年（1080年）	莫世忍入贡时，其印以“西南诸道武盛军德政官家明天国主”为文，诏以南丹州印赐之，令毁其旧印。六年，大军讨安化，莫世忍献弓矢，自言世世为外臣，修贡不懈。迁检校户部尚书，给铜牌旗号，官其子侄九人。世忍死，其子公佞袭职。（《宋史·南丹州蛮传》）
大观元年（1107年）	十一月戊寅，南丹州刺史莫公佞降。（《宋徽宗本纪》） 广西经略使王祖道言：莫公佞就擒（后处死），以其弟莫公晟袭刺史。（《宋史·南丹州蛮传》）
大观四年（1110年）	南丹州首领莫公晟内附。（《宋徽宗本纪》） 是年，广南东西路宣谕明橐奏：大观间，边臣启衅，奏请深入不毛，置州拓境。帅臣王祖道欲招纳文、兰二州，而都巡检刘惟忠谓不如取南丹州有利，因诬南丹莫公佞阻文、兰二州纳土，擒杀公佞。帅司奏其功，改南丹为观州，命惟忠守之。公佞之死，人以为冤，其弟莫公晟结溪洞，连岁攻围观州，刘惟忠中伤死，继以黄璘代守，璘度不能支，称疾告罢，又另派人代守，并筑高峰寨于富仁监侧，为观州之应援。后朝廷悟边臣启衅拓境之非，有罢新边之举，但依下臣之请仍保留观州，改以高峰寨为观州，设知州、兵职等官和厢禁军、土丁等千余人，岁费钱一万二千九百余贯，米八千八百一十七石。州无税租户籍，开支皆仰给邻郡，而飞挽险阻，或遇设伏，阴发毒矢，中人即死；率委弃道路，纵然达州，靡费亦不可胜计。议者以为，拓境置州纯属某些边吏图以为利。守臣到任，即奏请推恩其子，州、县、寨、堡例得迁官酬赏，而税场互市之利，为守臣边吏所私。观州初为富仁监时，有银冶二，官取其利有常额，熙宁元降条例具在，宜先下经略司，责公晟等依熙宁条例施行。公晟实属公佞弟，理宜掌州事，近虽逃归，未为蛮族信服，不得不倚重中国，若乘时授之，彼必感悦。枢密院亦上言：观州困弊已甚，有害无益，请复祖宗旧制为便。诏从其言。（《宋史·抚水州蛮传》）

续表

宣和四年（1122年）	莫公晟乞以州事付其侄延丰，愿以其子归朝。诏从之，仍乘驿给券。（《宋史·南丹州蛮传》）
绍兴三年（1133年）	十月辛丑，莫公晟围观州，焚宝积监，杀知监陈烈。先是，政和间南丹州刺史莫公晟献地于朝，以其为广西兵马钤辖。继而逃归，会武节郎黄昉知观州，兵略其部族，莫公晟怒，聚众数百人夜围观州。广西经略使刘彦适调融州兵往救，公晟已去。黄昉因而被免官。朝廷根据刘彦适意见，让莫公晟知南丹州兼溪洞巡检使，提举盗贼事，将南丹州刺史旧印交给他，但公晟未接受。（《宋高宗本纪》《宋史·南丹州蛮传》）
绍兴二十四年（1154年）	七月乙亥，莫公晟及宜州界外诸蛮纳土内附。广西经略安抚使吕愿中言：公晟献马三十匹，且遣其部落七百余人至静江府与经略司属官歃血而盟，诸蛮愿以二十七州一百三十五县为本部羁縻。帝喜，诏莫公晟以南丹防御使致仕，以其子莫延沈为银青光禄大夫、检校太子宾客使、持节南丹州诸军事、南丹州刺史、知南丹州公事、武骑尉，其余首领并推恩，铸羁縻州县印一百六十二颗予之。（《宋高宗本纪》《续通鉴》）
绍兴二十五年（1155年）	莫延沈进补团练、防御二使。三十一年，延沈因恣行惨酷，为诸蛮所逐，归死省地，众推莫延廪袭职。（《宋史·南丹州蛮传》）
隆兴二年（1164年）	八月戊午，南丹州莫延廪为诸蛮所逐，来归。诏补修武郎。（《宋孝宗本纪》） 《岭外代答》称：经略司奏以延葚袭职，乃延葚逐其兄而自立，淫酷不能服其类，邻与仇相攻，官反为和解。延葚恃此益骄，不奉法，私刻经略安抚司及宜州溪峒司印与帅守花书，行移以吓诸番，边将常恭怀纳橐与交通，代为作奏章，冒天下之不阙白。经略司范石湖作帅捕劾以闻，削籍窜之，其后稍詟。
淳熙元年（1174年）	南丹州被永乐州进攻，诉诸广西帅司，帅臣遣官谕和之。（《宋史·南丹州蛮传》）
至元十四年（1277年）	元将阿里海牙取静州，分遣万户脱温木花攻下庆远，南丹牧莫秀太纳款内附。（明饶伸《学海》、苏浚《通志》，见《粤西丛载》卷 25）
至元二十八年（1291年）	三月任戌，南丹州莫国麟入觐，授安抚使，三珠虎符。（《元史》卷 16）
至元三十年（1293年）	正月，南丹州洞蛮来朝，立安抚司于其地，给铺马圣旨二道。（《元世祖本纪》） 《元史·哈剌哈孙传》载：是年刘国杰将兵征交趾，俄有旨：发湖湘富民万家，屯田广西，以图交趾。湖广行省平章政事哈剌哈孙奏曰：往年远征无功，疮痍未复，今又徙民瘴乡，必将怨叛。罢止，民皆感悦。及广西元帅府请募南丹五千户屯田，事上行省，哈剌哈孙曰：此土著之民，诚为便之，内足以实空地，外足以制交趾之寇，可不烦士卒而馈饷有余。即命度地，立为五屯，统以屯长，给牛、种、农具与之。 《明史·广西土司传》载：元以土官莫保为宜州八仙屯千户。明洪武初罢管兵官，籍其屯兵为民，莫氏遂迁居忻城界。宣（德）正（统）后，瑶壮狂悖，忻城知县苏宽不任职，瑶老韦公泰等举莫保之孙莫诚敬为土官，苏宽请于上司，具奏，得世袭知县。由是邑有二令，流官握空印僦居府城而已。弘治九年，总督邓廷瓒奏革流官，忻城县废流为土。
至正二年（1342年）	七月己亥，庆远路莫八聚众反，攻陷南丹、左右两江等处，上命脱脱赤颜讨平之。（《元顺帝本纪》）

续表

洪武二年至七年（1369—1374年）	洪武二年，安抚使莫天护归附，以为庆远南丹军民安抚司同知。三年（1370年），行省臣言：庆远之地皆深山旷野，其民皆安抚莫天护之族。天护素庸弱，宗族强者动肆跋扈，至杀河池县丞，与诸蛮相煽为乱。乞罢安抚司，仍设府置卫。报可，乃命莫天护赴京。七年（1374年），南丹置州，授莫金知州，世袭，佐以流官吏目。原安抚司废除。（《明史·广西土司传·庆远》）
洪武二十八年（1395年）	四月甲申，布政使司言：奉议、南丹等处蛮人梗化。是年闰九月征南将军杨文率官军及田州、泗城土兵共近六万人讨奉议，十月平奉议，后遣参将刘真分兵进攻南丹。十一月乙亥攻破其州治，执南丹土知州莫金并俘其众。诏置南丹、奉议、庆远三卫，以官军守之。次年，布政司言：新设南丹等三卫及富川千户所，岁用军饷二十余万石，有司所征不足以给。帝命俱置屯田，给耕种。遂遣中使至桂林等府市牛给诸卫军士。南丹废州置卫之后，因其地多瘴，迁往宾州。既而蛮民作乱，复置土官知州，以莫金子莫禄为之。（《明太祖实录》《明史·广西土司传》） 杨文大军复攻南丹州，土官莫金奔遁，杀其子莫万和，擒莫应台等，械之军中。诸军追至永州，斩获莫金。（《粤西丛载》卷26《明朝驭蛮》）
宣德十年（1435年）	南丹土官莫祯赴朝贡马，获赐彩、币。（《明史·广西土司传》）
正统四年（1439年）	莫祯奏：本府所辖东兰等三州，土官所治，历来地方宁静。宜山等六县，流官所治，溪洞诸蛮不时出没。皆因流官能抚附近良民，而溪洞恃险为恶者则不能钤制。每调军剿捕，各县居民与诸蛮结纳者，又先漏军情，致贼逃遁。及闻招抚，诈为向顺，仍肆劫掠，是以兵连祸结无宁岁。臣不忍良民受害，愿授臣本州土官知府，流官专理府事，而臣专备蛮贼，务擒捕殄绝积年为害者。其余则编伍造册，使听调用。据岩险者，拘集平地，使无所恃。择有名望者立为头目，加意抚恤，督励生理。各村寨皆立社学，使渐风化。三五十里设一堡，使土兵守备，凡有寇乱，即率众剿杀。如贼不除，地方不靖，乞究臣诳罔之罪。 帝览其奏，即敕广西总兵官柳溥曰：以蛮攻蛮，古有成说。今莫祯所奏，意甚可嘉。彼果能效力，省我边费，朝廷岂惜一官。尔其酌之。（同上）
正统七年（1442年）	《明史·广西土司传》载，大藤峡瑶贼蓝受二等，纠大信山数百人，递年杀掠。千户满智等诱杀十人，帝命枭之。《谢志》引《金志》云：正统初，拨狼兵协剿，诱擒酋蓝受二等，枭以徇。乾隆《莫氏宗谱》云：正统年间，忻城荫官莫凤代父应征八寨，率兵直入贼穴，救出武缘县被掳良民百余名，人称髫年名将。旋与南丹土官莫继祯各率部从征大藤峡，两队土兵排闼而入，直擒蛮酋蓝受二枭首于军，斩获覃公虫等三十余人。功上闻，赐冠带。天顺七年（1463年）莫凤袭任土知县，时值藤峡乱复起，遂又应调从征，所向披靡。罹病于军，撤至龙城而卒。1994年《南丹县志》载：正统年间土官莫祯随征大藤峡有功，封庆远府同知。
成化十年（1474年）	十一月庚午，镇守广西太监黄沁等奏：去年七月以来，南丹州土官莫必胜率众攻劫荔波县，杀民人二千七百有奇，虏男妇三千六百有奇。（《明宪宗实录》） 荔波县系洪武十七年（1384年）从思恩县析置，隶庆远府。正统十二年（1447年）荔波县划归南丹土州管辖。
成化十三年（1477年）	雍正《平乐府志》、光绪《永安州志》载：成化十三年（1477年）永安州所立的平峒土舍李时蕃，嘉靖年间（1522—1566年）所立的榕峒土舍覃满，皆南丹籍人（应属莫土司之土目），带兵到永安清剿后留守，就地封为土舍，世袭至光绪年间未替。
弘治末至正德间（1505—1521年）	南丹州土官莫扬欲吞并思恩县与南丹犬牙交错地方，于茅滩界筑一堡，继而于普义、六傅、川山、三疃又筑四堡。民诉之，院司委官促退，莫扬桀骜不理。嘉靖元年（1522年）诏御史张顶委知府王显高、都指挥戚纲诣堡，谕以威令。莫扬始惧，尽撤目兵，毁其堡。（1994年《南丹县志》）

续表

嘉靖七年（1528年）	南丹官族莫振亨领目兵三千从王守仁征八寨有功奏请袭职（莫扬无子），纵目兵莫人蛮等复越思恩县界筑堡，被官兵剿退。（同上）
嘉靖二十四年（1545年）	九月至次年五月，总督张岳剿平柳州鱼窝等壮民据点。南丹土官男莫惟武所带土兵和东兰、那地土兵，因地近兵精，一开始就担负起更番围困任务，继而又调田州、镇安、向武土兵共一万一千人增援，使贼势日蹙，终于偶值机会遂克之。（张岳《报柳州捷音疏》《与夏桂州书》）。此役出动汉达土兵共七万。（《粤西丛载》引《紫溪集》《报柳州捷音疏》）除去一万一千之增援部分，可知南丹、东兰、那地土兵为主力。 1994 年《南丹县志》载：莫维武自为官男，嘉靖间历征古田凤凰、浔州断藤峡、南海罗活峒、马平鱼窝雷岩北岸、贺县里松清水半路、富川之擎田等处，从擎田旋州四日而卒。郡人广州右布政使张烜为作墓志铭，赖建“粤西屏藩”坊于州治十字街。
嘉靖二十七年（1548年）	张岳《报连山、贺县捷音疏》载：是年正月十四日起开剿贻患三十余年的贺县倪仲亮和连山李金农军，迄二十一日共擒斩三千零十九名。参战的有南丹等十一个府州司县的土兵及汉达官军共七万零三百余人。
嘉靖三十四年（1555年）	南丹州土目莫昆、莫从舜率狼兵五百五十人，由游击邹继芳带领赴松江前线御倭，于三、四月间进驻闵行，曾参加王江泾歼倭作战，当年秋返乡。（《江南经略·调狼兵记》《平倭通录》） 当时任浙江巡抚的胡宗宪所著《筹海图编》卷 11 记载：“东兰、那地、南丹三州狼兵能以少击众，十出而九胜。”重赏峻罚，略如昔之秦人，“故其兵可死而不可败”。清初陆次云《峒溪纤志》亦云：“狼人多在南丹三州，鸷悍称最，用兵能以少击多，军令最严，故能胜战。”
隆庆四年（1570年）	南丹土官莫罗领其土兵，参加巡抚殷正茂组织的十四万官军土兵对古田韦银豹农军的征剿，十二月初一到次年二月二十八日结束。事后，督抚二臣奏定，以莫罗领富禄镇土巡检职事，世守其地。（《粤西丛载》引《通志》）
隆庆六年（1572年）	广西总兵官李锡统两江土司兵六万，于十月十五日至次年正月二十日清剿府江沿岸壮族农军，斩壮酋杨钱甫、杨公满、莫扶金以下四千六百六十余人。莫之厚率南丹土兵参战。（《万历武功录》）
万历元年（1573年）	十二月初四至次年正月十七日，总督殷正茂利用征府江的土司兵加上新调来浙江鸟铳手和永顺钩刀手，清剿怀远的瑶壮伶侗，斩首三千三百四十四级。接着移师洛容、永宁、永福、柳城，镇压造反农民，二月底起两旬间，斩首四千五百余级。其中，南丹莫之厚捷凡一百以上，赐金十五两。（同上） 1994 年《南丹县志》载：莫之厚颇桀黠，时出剽劫。万历四年（1576 年）荔波土豪陈廷广等以地私与子厚，随以兵侵掠。总督刘尧诲、巡抚张任以闻，议令其还地。八年（1580 年），之厚毁董界官堡，立喇立、喇歌、董界、翁陆、吉利、喇离、上下七村，督抚委指挥戚秉忠往勘，立碑定界，始帖然。
万历四年（1576年）	南丹土官莫之厚率部从征广东罗旁，擒农军首领龙旺，功上闻，加四品服色，赐黄伞、金帛有差。（《万历武功录》） 而乾隆《莫氏宗谱》称，是年率部征罗旁者为忻城土官莫镇威。
万历七年（1579年）	南丹土官莫之厚、忻城土官莫镇威各领土兵参加征讨八寨及北五，十二月二十日开剿，次年三月三日结束，斩首捕虏凡一万六千九百有奇。论功该两土官列为二等，各赐金十两。（《万历武功录》）
万历十年（1582年）	忻城土官莫镇威和下雷土官许宗荫各率其土兵，参加对马平县五都韦王朋农军的征剿，杀害反抗屯堡土官和抗税的农军及群众六百六十余人。（《万历武功录》） 因同其、功德、窑灰、凉阴农民曾响应韦王朋而造反，总督刘尧诲为嘉莫镇威之功且赖其力，奏准将以上地方划归忻城管辖。（1997 年版《忻城县志·大事记》）

续表

万历十七年（1589年）	东兰土官韦应龙、应虬相仇杀，土目陈星倚田州土官出兵支持作乱。总督调泗城等土司兵及标兵进剿，乱平。(《神宗实录》) 乾隆《莫氏宗谱》云：万历十四年（1586 年）参政陈性学调忻城土官莫志明领兵赴东兰戡乱，同年莫志明还应调带兵赴武缘剿寇。
万历二十六年（1598年）	《莫氏宗谱》云：莫志明领忻城土兵从征府江农军。《谢志》引《金志》称：该年剿府江调用汉土官兵共六万。
万历二十七年（1599年）	南丹土官莫伋率部应调从刘廷讨伐播州（今遵义地域）杨应龙，因功加参将衔复游击俸。崇祯元年（1628 年）赐建"勋著西南"石坊于州治前。(1994 年《南丹县志》)
万历三十二年（1604年）	莫志明奉调领兵"征思明北襟诸巢，是地崇山围绕，官兵难入，令忻城土兵为先驱"，"大捷功上闻，赐金帛。当时军威甚振，咸称有乃父（莫镇威）之风焉"。(乾隆《莫氏宗谱》)
万历三十三年（1605年）	三月，忻城官族莫付稳、付才纠外堡及马平三都同族围攻县署，土官莫恩辉夜奔永定司（长官韦世兴系恩辉姐或妹之夫）。九月，付稳等又纠数百人再度攻焚县署，杀死恩辉及其儿子。庆远府得韦世兴报告，调南丹、永顺兵戡乱，擒斩莫付才等。事平，忻城先后由南丹戡乱领兵官，及莫志明弟志德次子恩胜代理县政。万历四十二年（1614 年）莫志明死，因其曾有意安排其继室所生之子恩达承袭县官，其死后恩辉妻麦氏与恩胜以恩达为庶出上控，后经归宁的恩辉姐(妹)笼络众头目出结，次年恩达得以承袭。在位 23 年后传位于长子莫猛。 万历间之内讧，缘于莫恩辉未经其父、祖父同意便娶民女麦氏为妻，协理县政的堂叔莫志仁和头目杨双说麦氏出身寒微不合当主母，并传二人拟状让恩耀承袭，麦氏遂派人将志仁、杨双、恩耀一一刺杀，因而志仁等人之子联合起来攻杀恩辉。(同上)
顺治九年（1652年）	莫猛献图纳土归附清廷，清廷照予其世袭忻城土官。当年十二月，莫恩胜纠族目攻入县署，杀莫猛及其两子，幼子宗昭仅三岁，被乳母藏于草窝而幸免。次年，庆远府派戚指挥领官兵会同南丹、永定土兵共千余人赴忻城讨伐，乱党奔散。南丹官弟莫自（士）英代理县政，土目李德贞和戚指挥之子戚杨烈带兵留守县境，县印交府保存。宗昭在永定长大到十三岁，由族人、乡老及永定司长官具保，获承袭回县莅事。(乾隆《莫氏宗谱》)
康熙二年至十五年（1663—1676年）	二年，杨烈招徒纠众占领同其、三寨两外堡，宗昭派其叔父莫谨及恩泽、恩润领兵击退之。四年，守同其的恩泽擅杀人，宗昭请其岳父南丹莫自（士）英带兵来镇压，恩泽败走三都。六年，自（士）英死，宗昭泣曰：余得安枕忻城袭先人之业，非若人之力不至此。因将新村、木罗、古尚三村予其子莫与煌为食。九年，恩泽、恩润从三都纠众前来，欲霸占外八堡（同其、三寨、思练、思里、板梨、板罗、石牛、古平），守三寨的莫谨抵御不住，宗昭率众前往解救，并将敌包围，杨烈等屈服，退出三寨。 十一年，莫贵忠、莫宗威父子藏匿反清人士雷春轩，宗昭奉檄亲带兵缉拿，跟踪至三都，威逼其住处人家诱其别行，宗昭伏兵于道将其擒获领赏。十二年，莫贵忠又掩护吴三桂总兵李象新积粮招兵，宗昭复带数十人将李及其数侍卫剿杀领赏。十三年，土目黄奉祥与莫贵忠合谋进攻县城，宗昭到南丹借兵百余回县加强防卫，并诱杀黄奉祥。十五年，莫宗威聚党欲攻县城，在毛峒宰牛起事时，见蛇以为不详而散。(同上)
康熙二十四年至乾隆五年（1685—1740年）	南丹土州莫大经年幼袭职，奸目卢岐、卢纳擅权，作威作福，土人嗷嗷。康熙二十四年土目莫包、郁冒等，胁官叔莫与齐占据州治。庆远知府白启明奉檄率师往谕，散其党。三十年，莫与齐及其子莫大志谋官夺印，相继为乱，大志及其儿子我谟、我善被知府王锡献提往宜山安置，乱始平。三十四年，莫与峨袭职后，南丹又有官族莫大忠叛乱。五十四年，莫我谦袭职，抚恤州民，兴建义学，贡成累累。雍正八年（1730 年），莫我谦奉调征讨古州造反苗民。乾隆五年（1740 年）又出征白土蓝明返、义宁苗民石金元。以功加衔一等、又加三级，记录八次。(1994 年《南丹县志》)

续表

康熙五十九年至雍正九年（1720—1731年）	康熙五十九年，忻城土官莫振国应调领兵出征上林县东抚。雍正元年，连续应调赴宜山县剿龙门司白牙、马栏和喇粪村的造反壮民。次年去世，其长子景隆方十一岁，由叔父莫振邦代理县政。雍正九年（1731年），古州苗造反，忻城奉檄戡乱，莫振邦替刚接任的侄儿率部出征。功上闻，以其子尚隆为太学生，赏给部照。（乾隆《莫氏宗谱》）
乾隆五年、六年（1740、1741年）	忻城土官莫景隆于乾隆五年奉调出兵到白土剿贼，继而赴义宁征讨造反苗民。次年，迁江李彩等造反，莫景隆领三百土兵参加堵截，擒获首领梁文臣等。（乾隆《莫氏宗谱》）
道光二年（1822年）	南丹土州八墟一带出现天地会活动，知州领兵捕获四十余人，杀韦艳袍、高翔霄等。（1994年《南丹县志》）
道光二十九、三十年（1849、1850年）	道光二十九年十二月，会党到忻城思里、思练、大塘劫当铺后，又劫里苗分县的袄峒墟，烧当铺。忻城土官莫昌荣带土兵追捕，擒杀四十余人。次年二月，会党二千人劫古万、思练和袄峒，攻入忻城县署，杀一土差祭旗。劫了县城几家商铺后，又劫范团墟当铺。莫昌荣因率兵协剿会党有功，获钦加知州衔。（《忻城土司志》）
同治初至同治十三年（1862—1874年）	同治初，南丹拉教村土官远族莫七（又名莫云义，剿反清黄鼎凤有功已获授游击衔）奉命赴贵州协防，与南丹土官莫树榕商量，拟在当地招募数百兵随往。树榕明为赞许而暗令各哨目抵制。莫七怒，回村招集其族人并同带来的清兵共约百余人，攻占了衙署及城厢。树榕则聚集13哨土兵反扑，莫七退往六寨。此后十年间，双方相互攻打，民众屡受其害。同治十三年（1874年）树榕死，其子莫让业袭职，莫七有妥协之意。让业之母彭氏亲赴桂林献金银与巡抚，搬来官军与其土兵一道进攻莫七，莫七兵寡，欲散众自遁。彭氏派人，又叫莫让业诱莫七到抚衙调解，发誓赌咒：绝无加害之意。莫七竟只身随彭氏赴桂，即被擒杀。（1994年《南丹县志》）
光绪十四年（1888年）	忻城民众不堪重赋，群起抗粮，在黄道殷、樊道交带领下两度包围县衙，土知县莫绳武搬兵解围。事后黄被杀害，县文案师爷官族莫国经被视为谋主，被缉拿押解庆远府，用跪火链、穿红鞋（烧红的犁头）酷刑处死。此事引起官族不满，受株连的县城人士杨玉成等人更是喊冤叫屈，督抚为平民愤，于次年将莫绳武免职。（《忻城土司志》）
光绪三十年（1904年）	忻城土知县莫绳武派陈福及差丁到喇营墟收税，抢卖鸡老妇的鸡激起众怒，陈被夺刀后捆绑装入猪笼溺毙。次日莫绳武带土兵洗劫喇营，烧屋620余间，粮食5万余斤，客栈、酒店、粉摊32家，共损失银元7万多块。民众告到巡抚衙门，巡抚黄怀森派员现场勘查核实，具文上报两广总督岑春煊。（同上）
光绪三十二年（1906年）	四月二十六日，旨准革忻城县土知县莫绳武职。上年九月，两广总督岑春煊奏：查降职留任忻城土知县莫绳武屡犯重案，经前抚臣参奏，部议革职。察莫绳武平日威虐自恣，民怨已深，难以复任。其长子增荪因作案逃匿，以其次子增瑞代理（县政），讵增瑞年少贪劣，一切听父主持，罔利庇匪，叠被告发，两经撤职查办。其三子增华年幼昏庸，万难胜任。藩臬两司复议，莫绳武父子纵匪殃民，世济其恶，致民为害，应于该土族内另举贤能接袭，莫绳武一支永不准再袭，以示惩儆。岑春煊建言，如更无堪袭之人，即改土归流，以重地方而免酿乱。光绪三十二年（1906年）旨准革职。三十四年（1908年）巡抚委叶佩蘅为忻城土县弹压委员。民国十七年（1928年）二月二十二日，省政府批准忻城土县改置为忻城县。（同上）

莫氏土司兵出征地域图

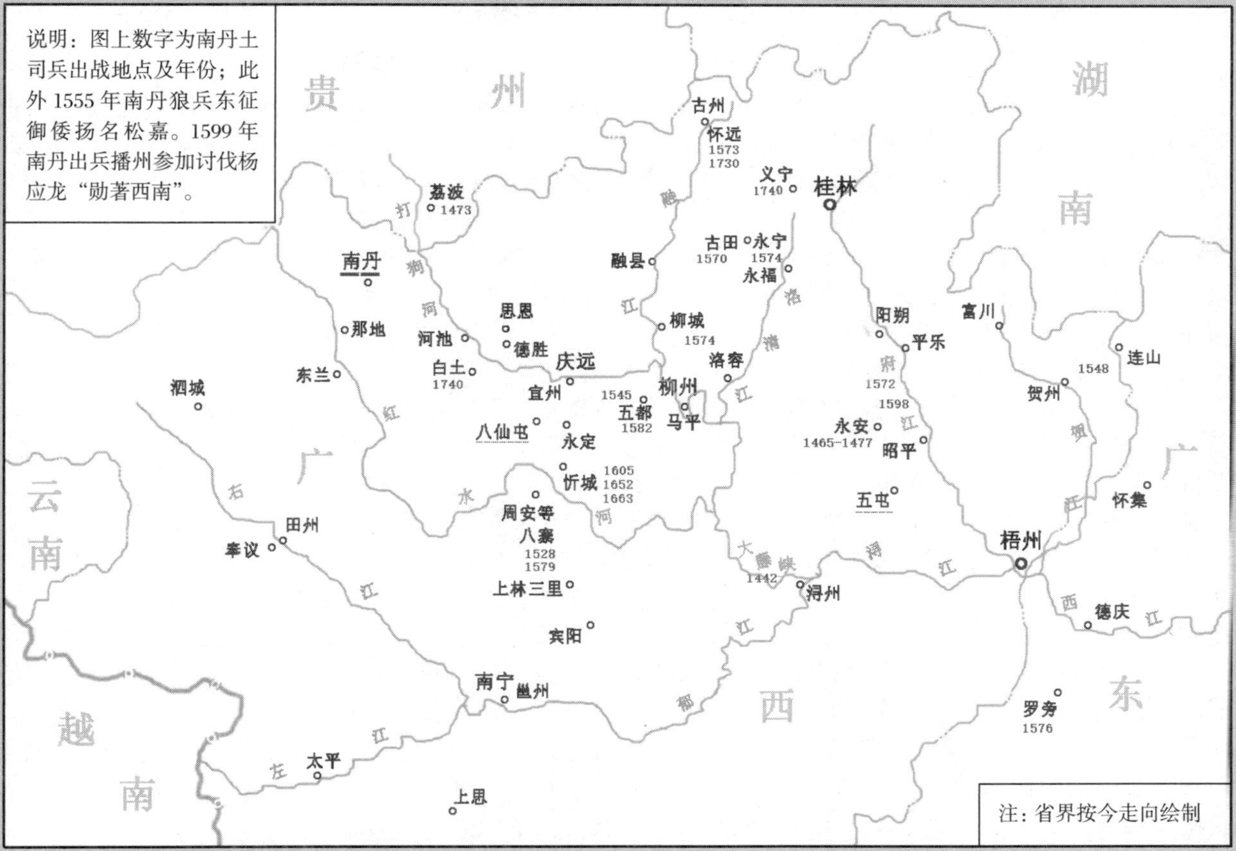

莫氏土司始末

唐代桂西百余洞于 759 年起义时有莫氏酋领参加。宋开宝七年（974 年）南丹州溪洞酋帅莫洪皛内附，岁贡银百两。1080 年莫世忍进贡时诏令毁其“西南诸道武盛军德政官家明天国主”旧印，以南丹州印赐之。1107 年边臣启衅拓边立观州，诬杀南丹州官莫公佞，遭其部族反抗数十年。1154 年莫公晟始内附，遣部落 700 人到静江与经略司盟誓，愿为羁縻。诏公晟以南丹防御使致仕，以其子延沈持节南丹州诸军事、州刺史，铸羁縻州印 27 颗、县印 135 颗颁发诸酋领。延沈等诸子淫酷，陆续被部落驱逐，经范石湖处置稍讋。

1291 年莫国麟入觐，获元世祖授安抚使、三珠虎符，认可其领兵 7000 人以上。1293 年募南丹五千户屯田，“内实空地，外制交趾之寇”。莫保曾任八仙屯千户，明初屯废举家迁入忻城县境。其后代参与剿抚造反农民，莫敬诚被荐为土知县，一县二令。1496 年只僦居府城的流官被裁撤，忻城改为土县。

1395 年南丹“梗化”，朝廷调官军及泗城、田州土兵征讨，擒杀莫金，废州置卫，因地多瘴，南丹卫迁往宾州，既而乱起，复置土州，以莫金子莫禄任州官。1439 年莫禎自荐任本州土官知府“专备蛮贼”，并奏报方略。1442 年随征大藤峡后获封庆远府同知。明朝额定南丹听调兵员 5000 名，忻城 1000 名，清剿大藤峡、古田、八寨、马平五都、贺县、连山、府江、怀远、洛容附近四县、广东罗旁，皆有莫氏土司兵参加。1555 年莫昆、莫从舜率领 550 人东征，转战松江嘉兴打击倭寇。史载，“南丹三州狼兵能以少击众，十出而九胜”，重赏峻罚略如昔之秦人，“故其兵可死而不可败”。1599 年莫伋率部参加讨伐播州杨应龙，在 24 万大军中表现突出，获参将衔，赐建“勋著西南”坊。万历年间莫镇威参剿八寨、五都，朝廷给忻城增加领地。万历及清顺治、康熙年间忻城土司官族内讧，南丹三次出兵戡乱维稳。南丹土司曾向荔波、思恩扩张，1473 年莫之厚在荔波屠杀 2700 余人，掳 3600 余口。

清代莫氏土司兵被调赴古州、义宁镇压造反苗民，到白土清剿蓝明返，并镇压境内的会党。1905 年南丹末任土司莫泌早亡，无子无亲兄弟，其曾祖母另物色人选承袭之际适遇推行弹压制，南丹土司遂告终。忻城末任土司莫绳武因任内发生抗粮事件和喇营圩事件被民众控告，经巡抚总督核奏，1906 年旨准革职。

莫氏土司以武功显赫于世，文治记录有：南丹 1715 年袭职的莫我谦“抚恤州民，建立义学，择土民子弟教之，自后成入胶庠，贡成者均累累”。忻城于 1714 年袭职的莫振国捐建义学三间收官族子弟等就读。万历年间，莫镇威修桥梁、拓道路，建劝农所、盖三清观、迁建衙署，颇有建树。

周永光撰文、制图

沙氏土司兵事录

在云南东南部的壮族中，有数十万群众自称“布沙”，他称“沙人”。有关沙氏部族的记载，最早见于《元史》卷125《赛典赤赡思丁传附忽辛传》：大德九年（1305年）“广南酋沙奴素强悍，宋时尝赐以金印，云南诸部悉平，独此梗化。忽辛遣使诱致，待之以礼，留数月不遣，酋请还”。据清康熙《罗平州志》载：“世传此辈（沙人）原籍粤之西东，元初入罗（平）充实地方，年远相沿，遂化为彝。”这反映元代继续有沙氏部族迁入滇境。《明神宗实录》卷372载：万历三十年（1602年）“云南沙侬攻杀土司，逼近临安郡县”。此说明明代沙氏部族在滇东南颇有势力。清代《开化府志》《阿迷州志》《师宗州志》等史籍都有有关“沙人”的记载。《清高宗实录》卷762载：乾隆二十八年（1763年）勐龙沙头目叭护猛呈称，其所管地方二千余里，沙人和仆高（哈尼族直系）七十余寨计一千余户，概请内附。载称叭护猛原籍广南，流落外隶，沙人向系一方雄长，今来效顺，请赏给四品衔。同卷还载：勐勇（在今缅甸景栋东）头目召斋、召汉喃投诚内附并贡驯象二头，云南官方认为沙人武勇，边方得此，尤资防范。请赏二人土千总职衔，归普洱镇、府管辖。乾隆三十三年（1768年）云贵总督奏折中称：“土目倾心、相继输诚……勐龙沙人叭获给指挥同知衔，归临元镇元江府管辖。”

明末清初沙氏部族最有影响的人物是沙源、沙定洲父子。沙源家住王弄山，明初该地置有长官司，治所在今文山西回龙。据《道光云南志钞·土司志》载：万历四十八年（1620年）建水土酋刀春琪勾交趾兵入侵，攻破五邦（在今元阳县东，该土寨寨长为刀氏世袭）等地。王弄山土目沙源率众堵截，斩其伪侯伯三人，巡抚委之以王弄副长官事。沙源骁勇，有将才，数从征调有功，复以安南长官司废地界之（司治所在蒙自东老寨）。后征东川（治所在会泽）、水西、马龙山等处，全云南会城称首功，累加至宣抚使，“沙兵”名噪一时。《新纂云南通志》卷174《土司考二》称：“蒙自土目何起龙据新现，多不法，源以计灭之，并其地。诸土司尽败之，唯沙氏独强。”沙源戎马一生，由土目变身宣抚使，拥有一块不小的地盘及一支强悍的队伍，为其后人掌控滇东南奠定了基础。

沙定洲系沙源次子，长子定海袭父职不久即死，由他继位。应是兵家子弟早识刀枪，少年定洲就习兵能战，有“兴邦立业”之奇志。他与阿迷州（治所在今开远市）土知州普名声遗孀万氏结为夫妻，既非明媒正娶，又属寡妇再婚、老妇少夫，颇受谤毁。《明史·云南土司志》称：“名声妻万氏本江西寄籍女，淫而狡。”《道光云南志钞·土司志》云：“普名声死，万氏据其余众侵夺邻境诸司，赘沙源仲子定洲为婿。定洲年弱冠，美姿质，与万氏子服远同岁月生。服远耻万氏所为，尝醉后言必杀定洲，万氏以身庇之得免，乃与分寨而居。定洲窃杀服远而并其地。”此联姻使沙定洲“兼有安南、阿迷之众，复吞诸夷”，壮大了力量，扩大了地盘，其境“西自元江，南连交趾，东抵广南，北至广西（按：指云南之广西直隶州，治所在今泸西县城，辖地包括今丘北、弥勒、师宗三县），绵亘数千里，称兵二十万”。万氏颇贤能，重视发展生产，丘北一带至今仍流传着她修筑“桥背水”工程的故事，尊其为“万氏祖母”。

在明代，沐氏家族一直掌控着云南的军政大权。据《新纂云南通志·土司考一～五》《道光云南志钞·土司志》及冯苏《滇考》（下）载：从沐英到沐天波，沿袭十余世，沐氏“在滇久威权盛，尊重拟亲王”。强占民地70多万亩，“置田园三百六十区，资财充牣，善事朝贵”。其役吏则“杀人抢劫，凶如豺狼”。到明末，沐昌祚、沐启元父子相继袭位，更是“乖戾暴虐”“狂悖无道”。崇祯末年，在内地农民起义的影响下，云南各族人民，包括一些上层人士，开展了反抗沐氏统治的斗争，沐氏的末世首领黔国公云南总兵官沐天波则极力维持其摇摇欲坠的统治。清顺治二年（1645年），驻会川参将李天赞“贪婪，数扰诸夷”，元谋傣族土知县吾必奎“不能堪，遂结县民王清、刘开等据元谋叛”。沐天波令沙定洲北上参加征剿，定洲率部迁延在后，吾必奎已兵败身死才到昆明，屯兵城外，在内应都司阮韵嘉、张国用、袁世宏等人配合下，借辞行之机，一举拿下黔府，随即攻夺全城。沐天波在慌乱中“由小窦出遁”，部属周鼎要求他留下指挥作战，他怀疑周鼎是为沙定洲诱其上套，杀了周鼎而西走楚雄；其母陈氏、妻焦氏逃到城北普吉村金井庵后自焚；征剿元谋返昆的宁州（今华宁）土司禄永命及龙在田等领兵凭据街巷与沙军争夺，几经激战无进展，“俱引所部去”。沙定洲驻扎黔府，控制全城，让巡抚吴兆元为其题请“代沐氏镇云南”，执居家大学士王锡兖置贡院，为其传檄州县，宣告沐氏统治结束，全滇震动。

次年（1646年），沙定洲坐稳省城后率部西征，迫使沐天波又从楚雄逃往永昌（今保山）。嗣后，定洲派部将王朔、李日芳攻取大理、蒙化（今巍山、南涧一带）；并派一部攻打宁州，击毙禄永命。正当沙定洲在西、南两面都取得进展时，国家局势发生了变化，清军入关后，活动在川黔一带的张献忠大西军余部在孙可望、李定国的率领下，打出了“抗清复明”的旗帜。趁此，身为明朝命官的沐天波回窜到楚雄，进驻金沧道副使杨畏知处。顺治四年（1647 年），沙定洲已集结“七十二个营围攻楚雄，环城掘壕为久困计”。楚雄杨军守城八十余日“几不能支”时，孙可望部由遵义进入云南，连续在交水（沾益）、曲靖、陆良、宜良等地向沙定洲部进行攻击，“诈称黔国焦夫人之弟来复仇”。沙定洲后方受到威胁，不得已放弃原计划，将攻打楚雄的部队调往草泥关（其方位判在宜良西）对付孙可望，交战不利，撤往阿迷。接着，李定国部进军滇南，临安（今建水）沙定洲部将李阿楚组织军民守城，与李军激战，双方皆损失惨重。最后李定国用“穴地置炮”法破城，俘沙军将士和临安百姓七万八千余人，屠杀于城外白场。顺治六年（1649 年）李定国部休整补充恢复元气后，再次发起进攻。沙定洲自从退回阿迷后屯兵佴革竜，与万氏分险固守，其部将汤嘉宾、陈长寿等各据一山头立营，相距数十里，为掎角之势。且联络交趾，以为其援。沙定洲夫妇到汤嘉宾营地晏饮，李定国部侦悉随即出兵围攻，沙军困守山头三月，后因水源被断，相继出降。沙定洲及其妻子万氏被押往昆明，剥皮于市中，其部下数百人同时被杀害，孙可望据有云南。

清军入滇，沐天波“走死缅甸”。尚聚集沙军余部于王弄山、安南地区的王朔投诚，仍授原职。康熙四年（1665 年），王朔随同禄昌贤反清，率部众进攻临安。阿迷州土目李阿则（彝族）遣子思敬与官军夹击，王朔战败自焚死。事后李思敬获授阿迷土知州，为李氏出掌阿迷之始。雍正四年（1726 年）第五任土知州李纯因“滥派横征，为夷众所控”而被籍产，徙江西。

沙氏土司领地及其主要作战地域图

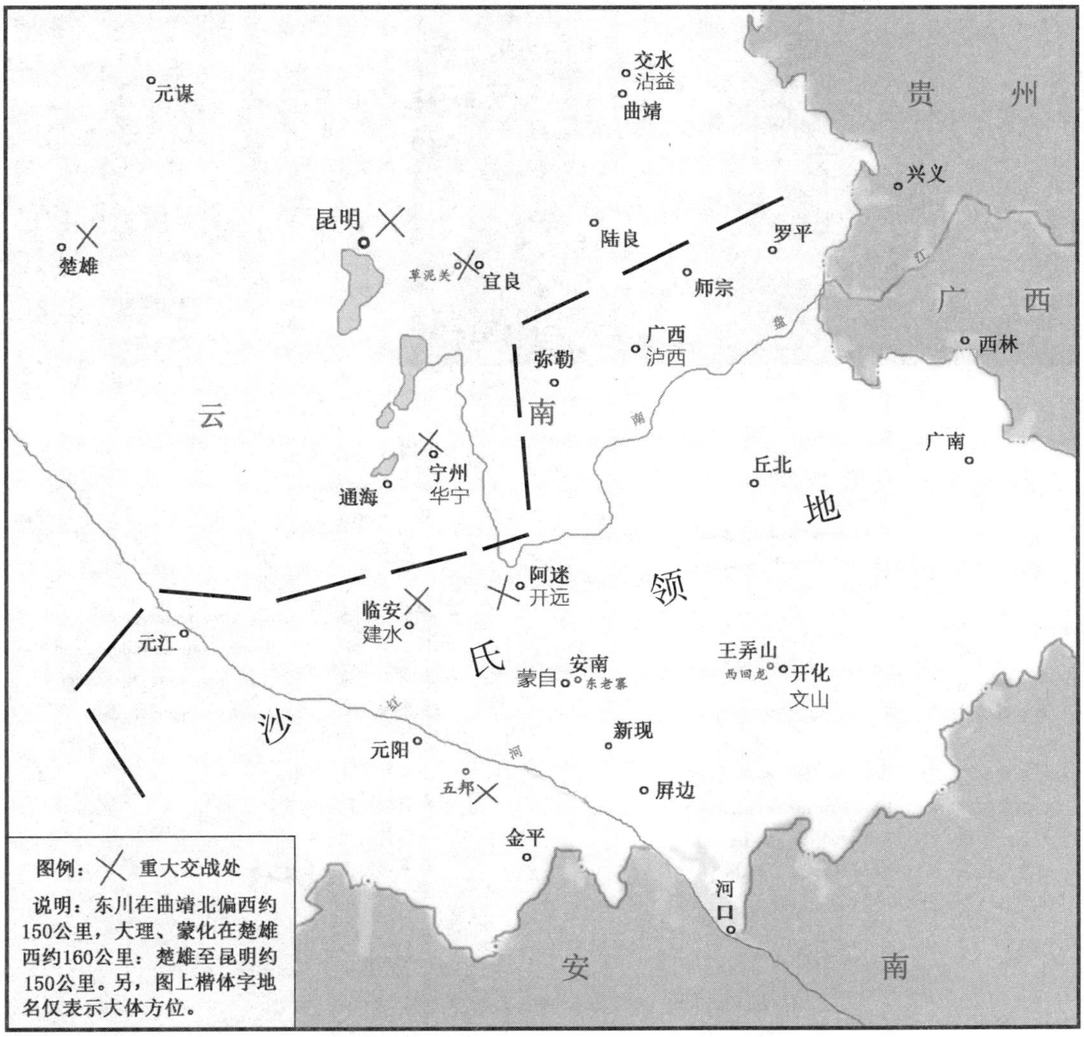

《贼歌》(《兵戈怨》) 简介

广西民族出版社于 1993 年出版的《壮族民族古籍集成 · 贼歌》——上海文艺出版社于 1980 年出版的《中国民间长歌选》(第二集)名为《唱离乱》，是桂西土司统治区壮民反对出征、向往安定生活的历史记载。“贼”是壮语“武士”“兵勇”之音译，《贼歌》意译即《兵歌》，名之曰《兵戈怨》则既可概括长歌的内容且能点明长歌的主题思想。壮学专家认为:《贼歌》是壮族民间文学中，最具时代特征、最富于人民性的一首长歌。长歌以一对恋人对唱的形式，描述了土司兵征剿八寨等作战场面:(男唱)“三千兵爬山，六千兵搭船，爬山替官抬大轿，过水替官撑大船。”“八天打八寨，石墙有八排；人马炒绿豆，围墙变尘埃。”“扫寨又搜山，掳掠天地翻；传令要决战，妹呀！生死看这关。”(女唱)“上阵莫争先，走在队中间；留命回家转，哥呀！妹等你团圆。”(男唱)战场上，“满天剑砍剑，遍地镰钩镰”“刀闪人头落，砍头报土官”“血流猛过大洪水，人头摆像石砂洲”。在战区，“走过山寨十二村，十二村寨无人声；走过山村十二寨，十二村寨都锁门”“村寨空溜溜，牛栏没见牛；抢劫空手回，夜睡青砖头”。长歌中男主人公还

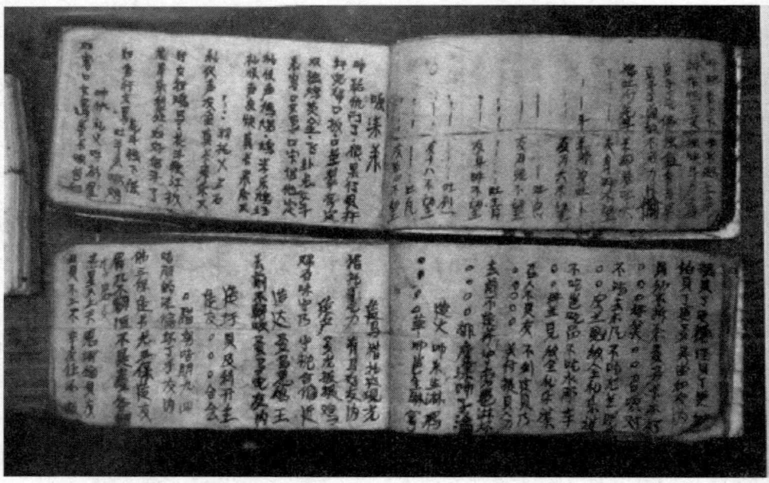

◀ 民间用古壮字抄写的嘹歌便携式袖珍手抄本，手抄本的页面宽约 10 厘米，高约 5 厘米，用牛皮纸做封面，封面涂上绿色的油漆以防水防污。（覃彩銮　摄）

)) 壮族嘹歌研究

女:擂恩闸第八	Hoenx aen cab daihbet
八面墙陇平	Bet mienh ciengz roengz bingz
双𠂤兵托揹	Song mbiengj bing doxsauz
殆妹毦无数	Dai moedmauh(moed) fouzsoq

女:八天打八寨，
石墙变尘埃；
人马炒绿豆，
蚂蚁难跑开。(汉译)

男:八恩闸氿合	Bet aen cab ndaej haeuj
立撢寥贼椐	Lij daem raeuz caeggeq
乐业殆乐姓	Roxndeq dai rox lix
眹倍尼托罗	Yiuq baezneix doxloiq

男:扫寨又搜山，
掳掠天地翻；
传令要决战，妹呀！
生死看这关。(汉译)

女:贼椐也应也	Caeggeq nyeengnye
挋欧爹茂哀	Hoenx aeu de mbouj ngaih
友乖勺定醒	Youxgvai yaek dinghsingj
舍条命托到	Ce diuzmingh doxdauq

女:上阵莫争先，
走在队中间；
留命转回家，哥呀！
妹等你团圆。(汉译)

嘹歌流传于平果、田东、马山一带，其中的《贼歌（兵戈怨）》
是壮族民间对土司兵役和剿八寨等战事沉痛的诉说

是村中头人的儿子，土官把他列入征兵名单以为示范，其恋人竭力筹钱把他赎，无奈家财不够，二人便出逃离开家园，但无法过境又回乡。最终他慑于父亲将被逼当田地和自己将被捉去服劳役的威胁，便不听恋人的劝阻而决然应了征。他围剿过造反的农军，参加过土司的火并，初上阵他进退维谷，在土官、将领的威逼下，他要保全自己只有搏命厮杀，成为“上传哥勇猛，下传哥凶狠”双手沾满血腥的“贼”。三年的种种征战使他认识到替土司卖命之不义和给自家带来的灾害，“恨死归德官，逼人离家园，逼人去做贼，逼人丢荒田”。“恨死归德官”连唱八首，控诉土官不管青黄不接，还逼人自带钱粮出征的种种恶行。其恋人安慰他：“做贼知罪回家乡，放心走进妹门墙；归德不只哥哥去，只怪土官似虎狼。”（明代归德土州治所位今平果县坡造镇归德村，《贼歌》流传于今平果、田东、马山等地。）

《贼歌》除反复提到八寨，还出现周安、古蓬等准确地名，说明它的主题是以土司兵应征剿八寨为背景的，同时歌中还出现“贼某”“贼乙”（岑猛兵、黄骥兵）的名称，还有“田州出妖精，泗城出妖怪，下方出妖王，抓百姓当差”“马头转向西，哥妹今天要别离”的唱词，似乎表明男主人公还到过田州，曾被卷入明代思恩、泗城与田州土官的那场长期的残酷混战。《贼歌》乃文学，不能要求它像史书那样提供事件的具体要素，但它能证史，使人对历史了解得更形象、更真切、更深沉。

第八章　明代壮族农军的活动

前　言

明代在广西建立布政使司、府、州县三级行政建制，同时推行卫所制度，由都指使司管领，先后建立11个卫、21个千户所，招募军丁实行屯守，明初广西戍兵15万，连年逃亡物故，迄成化三年（1467年）28个卫所只有2万余人，主要依赖在役和听调的9万土司兵维持政权。在壮族等少数民族聚居地区，则继续实行“以蛮制蛮”，强化了对宋元所设土官的管理。据兵部尚书郑晓《吾学编》记载，迄嘉靖六年（1527年）朝廷在广西共委任的大小土官达197人，其中土知府4人、土知州36人、土州同知1人、土州吏目1人、土知县8人、土县丞主簿典史共4人、土巡检41人、土副巡检102人[①]。还在桂林建靖江王府，“封建亲王，屏藩帝室”。明朝开国之初呈现短暂稳定繁荣，尔后政治日趋腐败，社会矛盾错综复杂，朝廷对造反人民的镇压和土司的火并，兵燹连年。苛重的赋税、徭役、兵役，以及水旱灾荒和疫情，使得民不聊生。少数民族经济和社会发展滞后和封建统治者对待少数民族的错误观念和错误政策及其“以蛮制蛮”“以蛮剿蛮”“分耕贼田”的措施，迫使壮族人民和其他民族反抗官府、反抗土司的斗争不断爆发。正统十年（1445年）监察御史周纪言：广西地瘠民贫，稍有科差，辄皆逃避。成化十三年（1477年）负责清军的监察御史丘山称：广西荒落残破尤甚，如例清解军丁，远卫补伍，率多逃入贼中。[②]此两御史之言，反映了当时的社会状况和人民造反的缘由。由于造反遍地，以致有“广西民三而贼七”[③]之说。明代277年间，广西见诸史志的农军活动达数百起，从洪武初年直至崇祯年间，几乎与明朝相始终。其中规模大和影响大，时间又长者有六处：以瑶族为主体的为大藤峡农军的活动；以壮族为主体的为八寨、古田、府江、马平、庆远农军的活动。另外，右江划马军、岑溪与罗旁、怀集与贺县及贺县与连山农军的活动，亦有较大影响。

① 《粤西丛载》卷24之《广西土官》。
② 《英宗实录》卷136、《宪宗实录》卷166。
③ 霍韬《地方疏》，载于《粤西文载》卷8。

明代壮族农军活动概况图

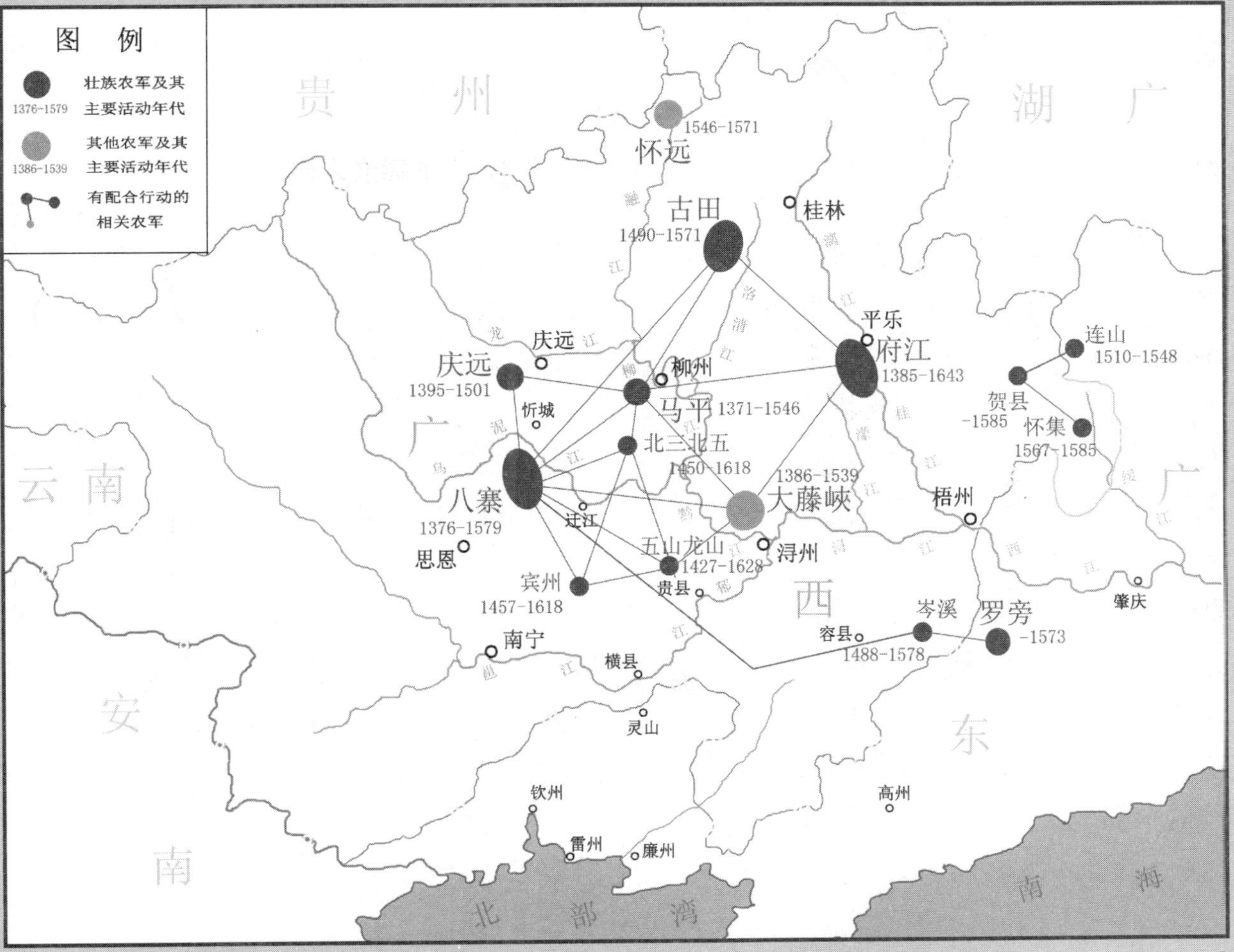

明代主要的壮族农军活动有五处:(一)八寨于洪武九年(1376年)发生古蓬暴动，至万历七年(1579年)遭十万官军围剿活动停息，斗争持续200余年。曾挫败迁江千户所围堵，与大藤峡瑶军相呼应，转战浔、梧两府，打到广东廉、雷、高、肇等地。天顺年间（1457年）和成化年间（1470年）先后协同马平农军和忻城农军南下上林、宾州、武缘等地活动。嘉靖年间（1528—1566年）先后游击灵山、钦州、宣化、南宁、廉州、苍梧、岑溪、容县，并派兵协助古田农军袭击桂林，劫司库。隆庆四年（1570年）受招抚后又爆发反土司斗争。官府称八寨为“柳庆诸贼之根”，“纠合古田，自昔播乱抗威，其罪浮于古田”。(二)古田农军的斗争主要发生在弘治三年（1490年）至隆庆五年（1571年），韦朝威反围剿击毙副总兵和参议，韦银豹一度控制桂北数县，数袭桂林城，劫库杀吏，对省府形成直接威胁。(三)府江壮瑶农军于洪武十八年(1385年)攻占立山县，崇祯末(1642年)尚围攻荔浦，战斗迁延258年，攻屯堡、堕州县、杀官吏、夺土地，江上钩船抽税，官府视之为藤峡羽翼、心腹大患。用兵6万以上的大剿多达5次以上，剿抚兼施，但农军乍伏乍起，战斗不止。(四)马平等农军于洪武初（1371年）攻融县，永乐初（1403年）五都、融县、柳城农军攻入柳州，韩观镇压，屠杀马平县之民，三仅存一。景泰元年(1450年)马平与庆远农军万众围攻柳州城，朝廷答应减赋方撤。当时马平、北五和藤峡农军各数千人，转战柳府各县。正德五年（1510年）五都农军击毙知府刘琏。嘉靖二十四年（1545年）官军七万围剿五都根据地八个月，马平农军主力被歼。(五)庆远府于洪武二十八年(1395年)即有宜山韦召称王造反。永乐十九年（1421年）至正统十年（1445年）韦万皇农军数千人转战各县及柳府、桂北，擒杀巡按御史诸璞、迭挫总兵顾兴祖和山云。继后有韦万秀发起的反思恩土司统治的复地斗争，以及黄公刚、韦七璇、韦万妙部的战斗。

此外，以北三北五为根据地的右江划马军，在景泰初(1450年)就十分活跃，万历六年(1578年)受突袭损失颇重，万历末（1618年）大饥大疫划马军又起，穷民必入其党，众达数万人，宾州、迁江、五山、龙山亦属其范畴。再者，岑溪潘积善部曾与广东罗旁农军配合行动；怀集严秀珠部与贺县农军，贺县农军与广东连山农军，亦联合进行过数十年的斗争。

周永光撰文、制图

八寨农军

八寨位于桂中红水河南岸，在今忻城县西南。林富《广西通志》中说："十寨，旧称八寨，曰思吉、曰周安、曰古卯、曰古蓬、曰古钵、曰都者、曰罗墨、曰剥丁，后益以龙哈、咘咳为十。"它北连柳、庆，南逼邕、宾，顺红水河而下，可通黔江大藤峡。八寨既是重峦叠嶂，又有溪河田畴，可耕可守。明兵部尚书王守仁分析当时广西的农民斗争时说："八寨之贼，实为柳、庆诸贼之根。""各处贼巢穴虽多，其小者仅百数十人，大者不过数百人及千人而止……唯八寨之贼，每寨有众千余，四山环合，同据一险。无事则分路出劫，有警则奔入其巢，数千之众，皆不纠而聚，不约而同，不谋而合，故虽名为八，实为一寨。此八寨之贼所以势重力大，而自来攻之有不能克者也。各巢之贼，皆倚恃八寨为逋逃主，每有缓急，一投八寨，即无所致其穷诘……故群贼之于八寨，犹车轮之有轴，树木之有本。"①汪道昆《督府刘公平蛮碑》称八寨"纠合古田，自昔播乱抗威，其罪浮于古田，贯盈久矣"。明末巡抚杨芳所修之《殿粤要纂》亦说明，八寨是明代广西壮族农民武装斗争的根据地。

（一）

八寨农军之见于史册，自元代开始："仁宗延祐元年（1314年）秋，八寨猺寇横州。"②有关明代八寨农军活动最早的记录是洪武九年（1376年），《明太祖实录》卷109载：该年闰九月，"宾州迁江县、象州武仙县，古蓬等洞（八寨），蛮獠作乱，诏发柳州、南宁、桂林等卫兵讨平之"。广西巡抚张任《十寨善后疏》称：八寨原系迁江县永安乡地方。洪武二十五年（1392年）总兵官韩观进剿后，在八寨开设千户所，派土官韦镛等八个土百户领兵屯守，"册载屯田子粒米三百六十四石"。苏濬《土司志》载：迁江屯田千户所乃迁江县附郭，直隶广西都司。开设土官衙门时辖土夷头目十七人，后征剿有功升为百户十四员，颁印置百户所，分掌土兵，为四屯（后增至八屯，称"迁江八所"），递年出征甲兵一千二百人，守城甲兵三百人，官兵俱不支俸粮，唯领剿过夷贼田土耕种，当差。朝廷推行这种派土兵"分耕贼田"，官不支俸，兵不支饷的所谓"善策"，成了人民的灾难。永乐三年（1405年）迁江壮民就起来"杀掳土官及军民家口"，千户所"旋因叛乱，控制不前"，八寨壮人和大藤峡、马平、永福等处的壮瑶农民同时起义，朝廷调湖广、广东、贵州兵会同广西兵，由韩观统率于永乐五年（1407年）十月起，接连对各地起义农

① 王守仁《处置八寨断藤峡以图永安疏》。

② 《粤西丛载》卷25。

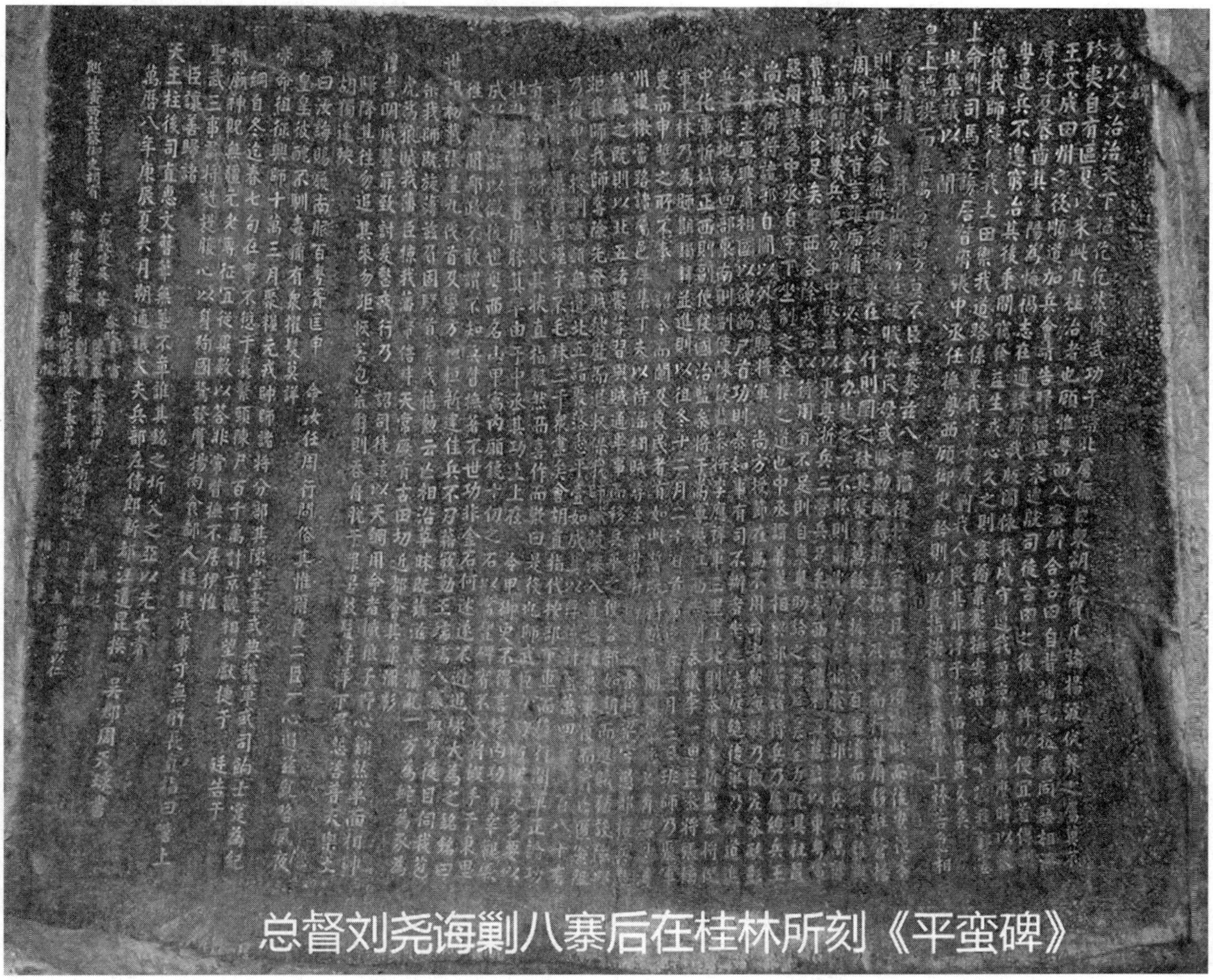

《平蛮碑》文称八寨“自昔播乱抗威，其罪浮于古田”说明八寨农军活动影响重大而久远

2003.8.29 摄于龙隐岩《桂海碑林》

迁江与五屯同为广西都司直辖屯田千户所

可见明代的八寨与大藤峡地位之重要

照片原载《土州土治：土司制度面面观》

军进行清剿，杀戮共达一万余人。因为八寨农军又袭击了南宁、横州城，[①]永乐九年（1411年）朝廷又发柳州、南宁、桂林等卫官兵对八寨征剿一次。

景泰五年（1454年）八寨农军配和南下的马平五都蓝茄、韦万山部农军及宾州黄公好部共数万众，出战上林、武缘等地。天顺元年（1457年）八寨农军破武缘县城、南宁府城，进攻柳城。四年（1460年）破灵山县城。[②]成化元年（1465年），参将马义率部去攻打八寨，“剿之无功，杀同行军士，谬以捷闻”。[③]成化六年（1470年），忻城及皂岭（属马平三都，曾一度划归忻城）一带的黄公刚部农军四千余人，入宾州的安城乡攻破上团渌旧寨，焚仓舍，劫财畜。两年后又与八寨农军一道，出击宾州、上林、永淳等地，朝野震动。[④]成化八年（1472年）五月，总督韩雍派右参将都指挥张寿领兵进攻八寨，并追击农军到忻城一带。[⑤]弘治四年（1491年），庆远、八寨等农军在韦七璇领导下，智取上林，攻打宾州，让官军应付不暇，左参将陈嗥等数名军官被逮捕治罪或直降三级。[⑥]传说韦七璇是上林石门壮人，自幼随父打猎，箭法甚好。他多次率队攻打县城不下，便想出一策智取：先派几名勇士化装潜入城内，便向城楼射三箭，官军惊愕之际，城内大喊：“韦七璇进城了！”官军开城门外逃，被埋伏的农军缴械。农军入城杀官放囚，破库取银，等别处的官军赶到，农军早已撤离。[⑦]

弘治六年（1493年），总兵吴山将八寨剿平，“拨附思恩土知府岑瑛世守，极称宁谧。再传至岑濬，以他罪伏诛，寨贼复乱。正德间（1506—1521年）又拨与归顺州土官岑璋，转附伊侄子岑梧代守，亦称治平。不数年梧以家难掣回本州，遂致乱复如初”。[⑧]

（二）

嘉靖六年（1527年），田州土目卢苏、思恩土目王受反叛，提督都御史姚镆调四省兵力进剿，久战不果。八寨、大藤峡等地农军“乘机出攻州县乡村，远近相煽，几为地方大变”。明世宗朱厚熜命在家养病的王守仁，以兵部尚书兼左都御史总制两广、江西、湖广军务，讨伐叛乱土官卢苏、王受，相机抚剿起义农军。

嘉靖七年（1528年）正月二十六日，王守仁到达南宁即撤除防守的官军，以示缓和，派人与叛军谈判，软硬兼施。凭借其朝廷大员身份和刚刚平定了江西局势的威势，迫使卢苏、王受投降。王守仁在招降卢、王期间，同时策划对大藤峡和八寨农军进行征剿。

---

① 张益桂、徐硕如《明代广西农民起义史稿》第227页，广西人民出版社，1988年出版。以下简称《起义史稿》。

② 《起义史稿》第229页、第230页。

③ 《粤西丛载》卷29之《十寨》。

④ 《宪宗实录》卷78、100。

⑤ 《宪宗实录》卷104。

⑥ 《孝宗实录》卷56。

⑦ 忻城周安民间传说，载高言弘、姚舜安《明代广西农民起义史》第87页，广西人民出版社，1984年出版。以下简称《起义史》。

⑧ 张任《十寨善后疏》。

但他不练兵、不调粮，还宣称要撤退湖广兵，表面上建书院、饰庙宇、表彰乡贤，大兴文教，暗地里已部署右布政使林富、旧任副总兵张祐督率官军和欲“戴罪立功”的卢苏、王受的土兵共六千人，于四月二十三日向八寨“乘夜衔枚速进”。要求卯时各抵预定地点，同时发起攻击。官军首先突破石门天险，二十四日攻入古蓬、二十八日攻占了周安，五月初一拿下古钵等寨（当含思吉、罗墨），初十进入都者。王守仁为防马平、忻城农军前来增援或八寨农军向东北撤退，命令参将沈希仪布兵封锁八寨通往柳州的道路；为防农军向南转移，行牌张祐令卢苏、王受各挑土兵千名，夹击渌茅、通亲、渌小、批头、罗煖，“若是各贼奔窜大明深山，各兵可就屯留其地，食其禾米六畜，分兵探贼向往追捕”。

八寨农军对于此次围剿事前未察觉，外出宾州渌里和贵县凉伞、叠纸作战的队伍未归，兵力薄弱。官军发起攻击后仓促应战，尽管逐寨逐山进行了顽强抵抗，拼死厮杀，毕竟寡不敌众，阵亡二千余人，北撤渡红水河时，人多船少，又值风雨，翻船溺水不少。寨民为躲避官军土兵烧杀掳掠，途中坠崖或饿毙者更多。王守仁在奏章中说：“远近岩洞之中，林木之下，堆叠死者男妇老少，大约四千有余。”他也供称官军土兵付出了沉重代价：“盖有仰攻险寨堕崖而碎首者”“亦有仰受贼弩挂树而裂肢者”“皆冒矢石炎瘴，备历险阻艰难，比之往来大征，合围守困，坐待成功，其为利害劳逸，相去倍蓰”。王守仁称“百六十年来未有敢征八寨者”，是他建了奇勋，在红水河边青盛墟东六里处树碑纪功。他手书的“灭猺关”三个大字刻在一块巨石上，字高一米，宽三米余，边款“大明嘉靖七年口月口日”。[①]他镇压起义的农军之后，向朝廷奏报了《处置八寨断藤峡以图永安疏》，主张将南丹卫（官兵五百，连家口共两千）从宾州城迁入八寨中心周安，筑城屯守。同时整顿迁江八所——该八所原有屯守狼兵（土兵）数千，用以分制八寨。然而其官兵慑于八寨农军威势，不但不敢进入农军地区活动，反而与农军交通结契，分其所获。王守仁督兵其地查知，土官哀求免死，遂许其“戴罪效力”。当时八所狼兵尚有四千名，挑其中力量较强的四所土兵到周安协助筑城，而后于城外别筑营堡，与卫所官军犄角而守。王守仁认为，布置共约四千之众于周安屯守，农军的脉络断、咽喉绝，“此真破车轮之轴而诸辐自解，伐树木之本而众干自枯。不过十年，柳庆之贼，不必征剿，皆将效顺而服化矣”。同时调整区划，加强八寨南沿的行政建置：将思恩府治从万山之中的乔利（在今马山县境）东南移六十里，迁至四野宽衍有水路之便的荒田（今府城，在武鸣县北）。将被八寨农军控制了二十年原属上林的三里之地（古城里、抚安里、循业里，后二里又称咘咳寨、龙哈寨）划归思恩府，移凤化县治到三里。“其北通南丹新卫五六十里，南丹在石门之内，凤化当石门之外，内外声气连合，而石门之险亡。”并将上林县亦划归思恩府，与凤化县为唇齿，构成一个防御共同体。王守仁不愧为封建王朝的能臣儒将，在矛

王守仁画像

① 《起义史》第91页。

盾错综复杂，广西已如“将倾之舟”的形势下，他看出继续竭两省之财、动四省之兵，去讨伐两个叛乱土酋是“当事者的过计”，断然定下对土酋用抚、对农军用剿的方针，推行“以蛮制蛮”政策，用降服了的土司兵去对付造反的农民，并采取制造假象，麻痹对方，攻其不备的战术，取得了以前动用众多的兵力也得不到的效果，暂时稳住了广西的危局。来广西的几个月使他“心力交瘁”，当年十一月病死在江西南安的归舟中。

（三）

八寨农军遭受王守仁此次突然袭击，损失重大，但并非如王守仁所说“幸已翦灭”，他一离开，农军又起。嘉靖七年（1528 年）和十年（1531 年），八寨农军先后袭击了灵山县城和钦州城，夺了县库和州库。二十三年（1544 年）破宣化城，夺县库。到了嘉靖三十三年（1554 年），八寨农军更是进到南宁府，于八月初七夜架梯潜入府衙，杀死巡风吏和守堂民欵四人，运走库银和财物。次日官军出城追赶，农军已过高峰隘，经武缘葛墟返回八寨。“事闻，抚按责官军赔补”，并奏报朝廷，“降调官军罚罪有差”。次年十二月三十日晚，八寨农军再次突入南宁城，因被官军察觉而主动撤离。与此同时，一部分八寨农军在吴宗显带领下外出游击，攻下苍梧县城后，联合七山、六十三山瑶壮农军攻岑溪、容县，控制了北流江沿岸，一部还沿南流江而下，到广东廉州，夺县库，杀官军。嘉靖三十九年（1560 年），在袭击容县县署“掠帑金去”时，被县官带兵追击，大部牺牲，吴宗显被俘。次年八月二十日夜，八寨农军攻入宣化县，杀死守城军欵二十一人，夺得库银而归。同年还破北流县城，焚其衙署、城楼、学宫，夺县库。[①]嘉靖后期是八寨农军重新活跃时期，作战样式为外出游击，作战目标是劫库夺帑。其每每得手，使得别处农军向其取经或与其联合行动。万历《宾州志·兵防》卷 10 载：“龙哈壮樊尚先曾与古田贼同劫司币，攻县治。”

（四）

在八寨农军重起之际，古田农军的斗争则达到了高潮，三度袭击桂林，直接危及省城安全。朝廷派右佥都御史殷正茂于隆庆四年（1570 年）调集十四万大军镇压古田农军之同时，对八寨采取招抚政策，与樊公悬等六名寨老议定：让那马土巡检黄旸为长官司，领兵六百进驻八寨屯田镇守，司署设于思吉。兴隆土巡检韦观（一说韦富）、安定土目黄昌为土舍，各领兵二百分别屯守咘咳、龙哈两寨。十寨每年向土官缴纳赋税一千零七十两。[②]大量土地被屯用，还要负担沉重赋税，加之土官土兵横征暴敛、奸淫掳掠，作恶多端，各寨壮民不堪忍受，又揭竿而起。首先是夺回被占耕地。据《万历武功录》之《十

① 《粤西丛载》卷 26 之《明朝驭蛮》,《起义史稿》第 185 页、第 235—237 页。

② 《古今图书集成·方舆汇编·职方典》卷 1408。

寨诸壮列传》载，“思吉长官司被壮所迫，常退予所辖之地”。万历二年（1574年），龙哈寨壮民二百余人在樊尚领导下准备起来暴动，黄旸察觉调兵袭击，杀害了樊尚等。但是此伏彼起，咘咳寨壮民又在蓝公潺领导下捣毁了土官署。巡抚吴文华檄守巡道陈俊征永顺、白山等地土兵前往镇压，农军暂时放弃了咘咳、横江（一说横塘），但斗争却日炽。“（被招抚后）居六七年，十寨复聚党万余人，据人田产，白昼大都之中剽人而夺之金，甚至攻城掠库，戕官殃民……乍降乍叛，非复曩时樊公悬等所约也。”万历初，八寨农民的斗争达到了新的高度。斗争的中心是土地清算，迫使土官退回霸占的土地，杀死或威胁逼走那些恶贯满盈的土官，摧毁土官政权。如龙哈寨土官黄昌父子领兵进村征粮，“倍其赋，且淫及妇女”，壮民将其子黄东周杀死，其本人仓皇逃命。迫于众怒难犯，巡抚还不得不械治其罪，“由是土司浸弱不振”。[①] 继龙哈寨土司垮台之后，咘咳寨壮民再度奋起推翻了本寨的土司，壮民们还扬言要捉拿其他土官。如三里、亡何、咘咳等寨老“欲执土吏黄如金（长官司黄旸之子），如金将其状告于思吉参将”，最后十寨的土司全部被“攻逐”走。据万历《宾州志》卷5记载：“万历六七年，恶壮樊琴等复杀逐土舍，烧毁衙宇，四出流劫上林、武缘、宣化、太平，肆无忌惮。”八寨壮民这段时期的斗争，显现了明确的政治目标和稳健的斗争策略。广西巡抚张任在其奏折中称：“八寨壮贼向与古田并著，而凶悍狡黠实倍之。”

万历七年（1579年），朝廷命两广总督刘尧诲、广西巡抚张任以广西盐利五万、广东军费万缗为后勤保障，征调田州、那地、归顺、泗城、东兰、忻城等36家广西土司兵六万人、募兵两万人，并使用广东、浙江三个营，共八万余号称十万，对“聚党万余”的八寨进行围剿。由总兵王尚文任总指挥，兵分四路作向心攻击：一路由副使陈俊监参将李应祥率领，自三里北上；一路由参议姜忻监参将倪中化率领，自忻城南下；一路由副使侯国治监参将于嵩率领，自夷江（今都安县城东南红水河北岸）东进；一路由参议李一迪监参将张榜率领，自上林北上，于十二月二十日统一行动。为防农军向思恩、浔州转移，督府通令当路诸邑厚集丁夫预做防范，随时配合督府所遣故参将梁守愚兵力，进行拦击。在近十倍于己的强大敌人的进攻面前，八寨农军避其锐气，不组织大规模正面抵抗，让四路官军在次年正月期间陆续会师周安。据有关碑文所记，倡议此次征剿，且作战最为积极的李应祥所率部队自三里北上，鼓旅先驱龙哈、古卯，按预先规定之期限赶到周安会师，歼敌也不过数百名。可能是迄会师之日各路战果都不大，总兵“乃复申令搜剿”，务达“噍类无遗”。李应祥部返回到乔贤的金鸡岭一带才找到农军大部队交战，“俘馘计二千五百，续前捷擒斩合三千有奇”，至此李部便收兵转入“善后”。面对官军土兵的反复搜剿，农军或凭借险隘进行阻击，或利用既设工事杀伤敌人。据点被攻破则匿入深阻，继续战斗。八寨农军虽然英勇顽强，节节抵抗，血战七旬，让敌人付出了不小的代价，但终是寡不敌众，最后失败。官军搜剿事毕，又以部分兵力——已知李应祥部未参与——进攻习与八寨联合的北五（位来宾县之北境）地区，讨平各村寨的农军，于

① 金鉷《广西通志》、万历《宾州志·兵防》卷10。

次年三月三日结束整个行动。官方宣称，此役“以俘馘计，盖万四千五百八十有奇。其余焚巢堕堑，殪于不毛，殊三千众尽矣”。此为兵部左侍郎汪道昆所撰《督府刘公平蛮碑》中数据，而《神宗实录》卷99则称:“擒斩首从九千一百余级，俘获男妇六千七百余名。”遭此灭绝性的屠杀，八寨农军从此不见大规模的活动，但斗争并未终止。崇祯十年（1637年）到三里考察的徐霞客惊呼：附近村庄“俱为八寨余孽所踞，而蓝海潮则其魁也”。

附：万历七年参剿八寨单位及其记功、获赐金额表

赐金四十两、表里四	两广总督刘尧诲
赐金三十两、表里二	广西巡抚张任、总兵官王尚文
赐金十五两	参议姜忻、副使侯国治等
赐金十两	参将李应祥、金丹等，王天爵等
土吏上等功 赐金二十两	田州岑大禄、那地罗瑞谦、下雷许崇荫、安定潘承纪、江州黄河汉、龙英赵邦定、归顺岑瑾、迁隆黄兆翕、泗州岑绍勋、东兰韦文韬10名
土吏二等功 赐金十两	镇安岑奇凤、思明黄承祖、万承许国琏、上林黄允章、上映许宗惠、都康冯纪、白山王观、那马黄如金，永顺邓得扬、彭大武，忠州黄有瀚、兴隆韦观、思明黄恩龙、南丹莫之厚、忻城莫镇威15名（14家）
土吏三等功	湖润岑寿松、下旺韦显威、古零覃文显3名
土吏四等功	向武黄瑚、罗阳黄瓛2名

说明：一、参战土司共36家。表内记功土司共29家，另有安隆岑洪、旧城黄正、武靖岑清宝、归德黄朝、果化赵祖铭、都阳黄受山、定罗徐权，共7家参战土司因过受罚。资料均采自《万历武功录》。

二、10名土司获赐的金额，仅在3名征剿策划和总兵者之下而在众官军将领之上，15名土司获赐金额等同于官军分统者，可见土司兵在作战中充当了主力，起到了最大的作用。

八寨位置和官军进剿态势图

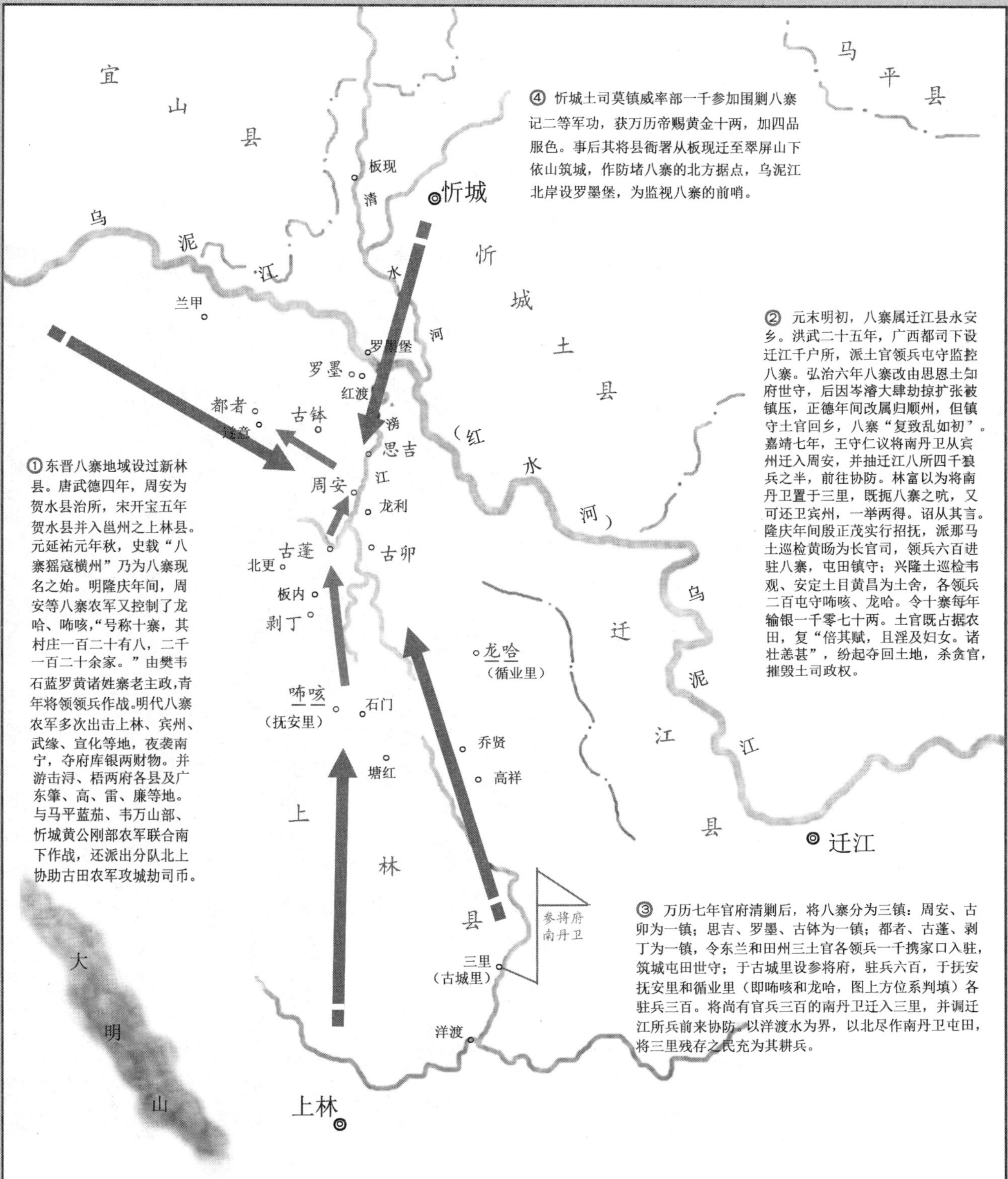

嘉靖官军进剿方向

嘉靖六年思恩、田州土目反叛，提督领兵进剿无果，八寨、大藤峡农军趁机出攻州县，几为地方大变。朝廷派兵部尚书王守仁前来镇压，王以蛮制蛮，用被招降的土目领其八千土兵，“自备粮资，力辞军饷，舍死破敌”。其中六千兵归右布政使林富统领突袭八寨。嘉靖七年四月二十三日夜出动，突破石门后于次日攻下古蓬，二十八日攻占周安，五月初一拿下古钵等寨（当含思吉、罗墨），初十进入都者。农军猝不及防，阵亡二千余名，罹难死之男妇老幼四千多。

万历官军进剿方向

万历七年总督刘尧诲巡抚张任调36家土司兵六万，募兵两万，加粤浙三个营号称十万，分四路进剿八寨。自夷江入之于嵩部剿平都者、周安、古蓬，营于剥丁；自三里北上的李应祥部先驱龙哈、古卯，后搜剿高祥的金鸡岭；自忻城南下的倪中化部仅知其中莫镇威土兵进抵龙哈，从方位判，罗墨、古钵、思吉当属倪部目标；自上林北上之张榜部缺载，周安之碑刻称张榜与其他三路会师平此，说明剥丁以南的咘咳属于张部攻打范围。围剿于十二月二十日开始，次年三月三日结束，擒斩首从九千一百余级，俘获男妇六千七百余名，包括后期部分兵力赴北五清剿的斩俘。

周永光撰文、制图

八寨地域、建置沿革和社会状况

一、地域和各寨方位

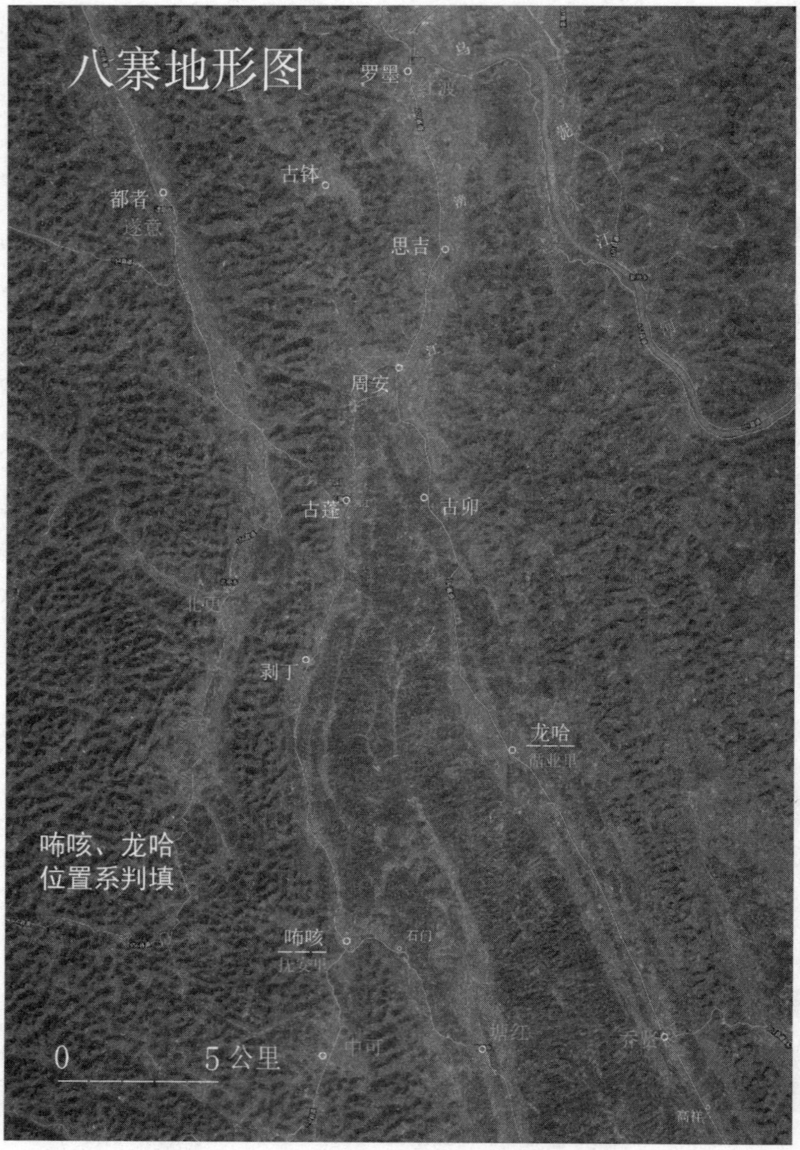

八寨之名称，最早出现于元代。《粤西 丛载》卷25之《历代驭蛮》载：“仁宗延祐元年（1314年）秋，八寨猺寇横州。”瞿九思《万历武功录》中说，八寨指思吉、周安、落红、古卯、罗墨、古钵、古凭、都者。顾祖禹《读史方舆纪要》中的八寨，无落红、古凭，而有古蓬、剥丁。督兵进剿过八寨的广西右布政使林富认定的八寨与顾祖禹同，二者之见可视为定论。瞿九思所说的古凭应为古蓬之异写，唯不明其“落红”之所在，以及为何没有剥丁。据《万历武功录》记载，隆庆间，两广制置使殷正茂对八寨进行招抚，在八寨设立长官司，并将八寨南面的循业里、抚安里、古城里一并划归此长官司镇守。循业里民间称为龙哈寨，抚安里为咘咳寨，官府虽设置有里一级的行政建制，其实早为八寨农军所控制和占领。接受招抚时，樊公悬、韦公良、石公庆、蓝公咯、罗公印、黄公遨等众寨老踵军门上谒，自言八寨与龙哈、咘咳号称十寨，其村庄一百二十有八，环村而居者，亡虑二千一百二十余家。招抚后六七年，十寨复聚党造反。林富《广西通志》记载：“（十寨）其地东连柳州三都、皂岭、北泗诸峒，西连东兰等州及彝江诸峒，南连思恩及宾州上林铜盘、渌毛诸峒，北连庆远忻城东欧、八仙诸峒，周环五百里。故迁江八所屯及上林三里民地，贼据日久，寨各千余人，扼据险要，鸷悍难制。”王守仁在其《征剿稔恶瑶贼疏》中说：“此贼（指八寨农军）有众数万，盘据山谷，凭恃险阻，南通交趾等夷，西接云贵诸蛮，东北与断藤、牛肠、仙台、花相、风门、佛子及柳庆、府江、古田诸处瑶贼，回旋联络，广袤周遭二千余里，东掠西窜，南剽北突。”如上所述，十寨一百二十八村应是农军的巩固的根据地；周环五百里诸峒（王守仁认为，八寨东面柳州贼峒有数十，北面庆远忻城贼峒亦有数十，西邻和南邻的贼峒各为十余个）为八寨农军经常与之联合作战的地区；所谓“广袤周遭二千余里”，则只是与东北方向的古田农军有部分联合行动，与东面的府江农军、大藤峡农军有所配合罢了。

2007年4月，笔者曾由忻城县政协的韦业猷同志陪同，考察了八寨故地。由县城驱车南行18公里抵红水河大桥，桥西即渡口，邕宾至庆远古驿道之要津。此处乘船，逆江（今之红水河古称乌泥江）而上，可抵都安、东兰、天峨，顺流而下，可达来宾、武宣、桂平，亦为水路之枢纽。崇祯十一年（1638年）二月十四日，徐霞客自上林三里赴宜州在此“渡江而北，饭于罗木（墨）堡”。此堡系明政府为对付八寨农军而设，在渡口北岸忻城土县境内，因紧靠南岸的罗墨寨而得名。从清乾隆十九年（1754年）《庆远府志》中的忻城土县图上看，渡口北岸尚设有罗墨塘。现在渡口北岸无古建筑遗存亦无居民聚落。《忻城县地名志》记载，渡口南岸元代已有村。当地老人称，旧时叫罗墨村。1911年起称渡口，1950年起改称红渡。1952年前红渡村属上林县第六区思吉乡。当年12月划归忻城县，设乡，并在此设过区和公社。1984年设镇，辖12村、2圩镇、161屯、6905户、36683人。其中壮族34631人、汉族1803人、瑶族227人。罗墨地处水陆交通要冲，是八寨根据地的北方重要据点。

从红渡（罗墨）沿公路南行6公里即为红渡镇西江村的思吉屯。此屯处于南北通道上，南来的滂江亦经此北注红水河，位置重要。《忻城县地名志》记载，元代南丹莫氏迁入此地。万历八年（1580年）设镇，辖思吉、古钵、罗墨三寨。至清雍正六年仍有千总驻防。该屯第三次人口普查时为97户、464人，皆为壮族。

思吉西北约4公里处，为红渡镇的古钵村，该村辖17屯、628户、3308人，皆为壮族。古钵四面环山，内则平坦，仅有一路出入，地形险要，向西有约5公里的小路通至都者。都者为八寨的西部腹地，因道路不便，笔者当时未到，现在忻城的行政建制中无都者之名。据忻城土司博物馆已故馆长蓝承恩踏勘，从遂意乡琼古村至堡流村，是一条十来里的细长的山谷，当地壮民称其 luengqcej，译音为都者、古者或公者，译义是狭窄山谷。《上林县志》（稿）称都者在周安西北二十余里，方位正好落在此山谷上。嘉靖七年，王守仁派的兵占领古钵十天后进入都者。

周安景观，右侧为滂江，左为上林至忻城公路

从思吉沿公路南行 4~5 公里即为古蓬镇凌头村周安屯，有 75 户、384 人，皆为壮族。屯西北有镇内屯，为周安镇原址，66 户、344 人，亦全为壮族。《读史方舆纪要》载，唐武德四年（621 年）析马平县置贺水县。雷坚《广西建置沿革考录》称，周安即为贺水县的治所。《忻城县地名志》载，宋代此地称三周，以后称周安寨，属迁江土司所辖。明成化六年（1470 年）设周安堡，弘治六年（1493 年）思恩府土官岑濬在周安筑堡屯守，万历十年（1582 年）设镇，辖周安、古卯。屯西北白虎山卧仙岩和回春岩有石刻 11 处，为嘉靖七年（1528 年）冬所刻广西副总兵张祐至周安督筑南丹卫城时与同僚游山的题咏（南丹卫后改置于三里），以及万历八年（1580 年）春所刻的“会师平此”之四路卫所军官和土知州、土巡检等姓名。周安同思吉一样有水陆交通之便，其位置处在八寨中心，故而更为重要。

在周安东南 3 公里多的地方是古蓬镇龙利村结桃屯，附近的巴卯山南侧有一个数百亩宽的废村，传即古卯。蓝承恩曾亲临其地，拣获不少后来被鉴定为明代的碗片和瓦片。结桃村民说，废村后半部变成畲地，前半部改为水田，壮语称 nazmoenzlaeuz，即门楼田，说明村前曾建有门楼。废村北一公里处的山腰有一平地，称 gwnzsaih，是军队扎寨的地方。万历七年（1579 年）参将李应祥率汉土兵两万自三里北上，“鼓旅先驱古卯、龙哈，二首巢不崇朝，蹂而磔焉，斩级三千，俘人畜过万”。[①] 遭此劫难后，人们相信巴卯山脚的大岩洞是个虎口，对着村寨不吉利，陆续外迁，古卯遂废。

从周安沿公路南下 5 公里到达古蓬镇，全镇有 12 个村、145 个屯、5993 户、30060 人，其中壮族 29107 人、瑶族 811 人、汉族 141 人、回族 1 人。古蓬村辖 5 个屯（街），共 679 户、3320 人，其中壮族 3181 人、汉族 124 人、瑶族 14 人、回族 1 人。镇治所在古蓬村的古蓬街，北面依山，东南西三面环水，有小路通向西面的山区北更、遂意，为农副产品集散地。韦宣仁《广西通志·行政区划志》载，东晋大兴元年（318 年）郁林郡新林县的治所设在古蓬。（莫凤欣《广西历史沿革及文献研究》和雷坚《广西建置沿革考录》称在今遂意乡的蓝甲。）万历年间在此设镇，管辖古蓬、剥丁、都者三寨。

① 见上林三里船山石刻、乔贤高祥石刻。

剥丁景观，路旁重峦叠障

从古蓬街沿公路南行5公里许，是古蓬镇板内村北丁屯，即古称剥丁寨。该屯51户、227人，皆为壮族。屯北之旗山东面有摩崖一面：“征蛮将军都督宝江王公、永宁参戎角泉于君督兵营此，时大明万历八年春正月上浣之旦也。领哨守备孙世宝督勒。”此山还有一“万人洞”，传说是嘉靖七年（1528年）屠杀农军和村民的地方。屯西南尚存长1公里半、宽300米的环形跑马场，系农军练武之场所。屯东一低平土岭，壮民至今仍称之ndoivingz，表明其为农军之营地。

如上所述，明代的八寨全在今忻城县红水河南岸的红渡、古蓬两镇和遂意、北更两乡境内。嘉靖之役，官军潜入农军辖区突袭石门；万历进剿，李应祥攻占高祥金鸡营，称之为“寨贼首穴”。石门和高祥，分别在今上林县的塘红乡和乔贤乡境内，属于当时的㖒咳寨和龙哈寨地域。八寨加上后增之两寨，北自红水河，南迄塘红、乔贤一带，纵长30余公里，横宽约10公里，面积不大，处于忻城、上林、迁江三县之间，《粤西丛载》卷29援引《通志》称：“迁江八所屯及上林二所民地，贼据日久。”农军掌控这十寨地区，就在桂中拥有了一处立足点，可据以四面出击，因而成为明王朝的心腹之患。

二、建置沿革和社会状况

八寨（十寨）这一地域的行政建置，最早出现于东晋大兴元年（318年）。据洪吉亮《东晋疆域志》载，该年郁林郡调整建制时新置新林县，治所在今遂意乡之蓝甲。蓝甲位于红水河南岸，罗墨、都者西北。一说新林县治所在古蓬。唐武德四年（621年）析马平县置贺水县，治所在周安，隶属澄州。宋开宝五年（972年）废澄州，贺水县并入上林县，隶邕州。淳化元年（990年）改隶宾州。元代建制不变。晋代和唐代先后在八寨境内设县，估计是汉壮不同，政令难行，建置相继而废，大体于宋代起，长期成为权力真空地带，境域虽上有所属，境内却是壮民自治的天下。这片地区一百多个村庄，依地域状况和族群关系自然地形成了八个群体，由寨老——年高德劭能孚众望的乡间自然领袖主政，过着耕牧渔猎的生活。有外地人进来做买卖，例如萧绅即为一“久贩贼寨”者，但寨里人交换出自己的农副产品只是为了取得盐铁瓦器等一些自身无法生产的物品。交易可能皆属临时行为，尚无定期的集市和固定的圩场，不然官方的“善后”就不会有辟圩场、通道路之议。八寨当时处于自然经济状态，生产力不高。风调雨顺时生活尚可，遇上水旱荒年，便是衣食不济。八寨分布于红水河南岸的滂江谷地，红水河流量很大，但河床深切，岩岸高耸，难以灌溉。滂江岸边的思吉、周安、古蓬有水田，徐霞客称周安“溪（指滂江）

东膏腴”，但多数寨子种畲地，收获望天，干旱时人畜饮水无着。八寨壮人尚武，例如剥丁寨不仅有练习骑射砍杀的大型跑马场，至今还保存有三块当年农军锻炼臂力用的不同重量的方石。寨民有时也会外出，掠库戕官或劫富济贫，改善自身的困顿。八寨尚无阶级分化，村寨内人皆平等，没有谁压迫剥削谁。明人桑悦《记壮俗》诗有云：“只将劫夺为生理，亦以均分示大公。”[①] 当时的八寨社会确实如此。八寨没有豪族大姓，更没有奴隶主，当地大事（例如受招）由各寨自然领袖——寨老听取寨民意见后再联合商议决定。青壮寨民外出征战归来，所获寨内平分，甚至分给监控他们的迁江所耕守的官兵（含有对其争取之成分），以及所劫夺地区的穷苦百姓。官府说农军四出剽劫，掳人口财畜，其实多是当地群众不愿为编民受压迫剥削，带上家产入伙农军。八寨农军在元代、明代多次“寇”横州，而横州壮人自元代起就有造反的记载。[②] 八寨人与横州人不是谁“寇”谁，而是联合起来反抗官府，即所谓的八寨“自昔播乱抗威”。另据《万历武功录》载，官府对北三、北五招抚时，是与峒老韦法真等和“原卤（掳）来宾、迁江民蒙演、蒙葛眉等”一同到官府签约的。此亦证明被“掳”去的民众在农军根据地与当地原住壮人是一种平等的关系，并非成为奴隶——这与土司以及先前的大土酋“劫生口”是大不相同的。万历年间的广西巡抚张任说:“（十寨）四面阻山，人迹不到，故得恣其出没，莫可谁何耳。”就某种意义来说，这就是历史情况的写照。普天之下莫非王土——封建王朝不愿意其疆土中出现政治空白，更不会容忍某地的人四处劫库戕官。《忻城县地名志》记载元代南丹莫氏迁入思吉，可惜未注明依据。如果此说属实，是元代开了外地人入寨（可能是南丹人多地少壮人自动迁徙，亦不排除是官府组织的屯田）先河的话，明代则是承袭此法，一意推行。据张任《十寨善后疏》和苏濬《土司志》所载，八寨在元末明初尚属宾州迁江县永安乡，洪武二十五年（1392 年）开设千户所，由韦镛等八个土百户领兵屯守。此千户所为迁江县附郭，直隶广西都司，说明八寨属于省级军事管制区。《读史方舆纪要》载:“（八寨）洪武间设千户所。后寨贼强盛，所不能制。弘治六年（1493 年），以其地拨附思恩。正德间（1506—1521 年），又改属归顺州，未几复叛。”嘉靖七年（1528 年）王守仁进剿后，决定将南丹卫（官军五百，加家口共两千人）从宾州移到周安，“清理屯田之八寨者，使之屯种，又分拨各贼占据之田，使官军得以为业”。并将迁江八所（土千户、百户共辖狼兵四千）中的四个所的狼兵调入八寨，与南丹卫官军共同屯守。这位兵部尚书的策划并不高明，周安筑卫城不久即放弃，其部署多被林富更改。隆庆四年（1570 年），巡抚殷正茂派重兵向古田农军开战之同时，利用在八寨经商与各寨老有长期往来的萧绅对八寨农军进行招抚，定下条约：由那马土巡检黄旸为长官司，领土兵六百人驻扎八寨，司署设于思吉；兴隆土巡检韦观（一说韦富）、安定土目黄昌为土舍，各领土兵二百人，分别进驻咘咳寨和龙哈寨。该两寨土舍皆受长官黄旸统辖。十寨岁输银一千七十两有奇，由各土官照所辖地征发。耕地被占，还要负担沉重的赋税，民不聊生，只有不断进行抗争。

---

① 《粤西诗载》卷 16。

② 《元仁宗本纪》卷 25 之延祐三年四月、《元泰定帝本纪》卷 29 之泰定元年三月。

《万历武功录》云：“(万历初)，思吉长官司被壮所迫，常退予所辖之地。可三里、亡何、咘咳寨酋长蓝公潺等欲执土吏黄如金(黄旸之子——据嘉庆《广西通志》卷57)，尽夺其地。”继而土官全被逼走。万历七年(1579年)大征八寨之后，广西巡抚张任以周安、古卯为一镇，思吉、古钵、罗墨为一镇，都者、古蓬、剥丁为一镇，各建一城，任命参剿的东兰土官韦应鲲、韦显能和田州总目黄冯为土巡检，各留土兵千人，携家来居，屯田世守。并在八寨四周留驻重兵，往来巡逻。尤其重视把守八寨南面门户，古城里由一参将领兵六百镇守，抚安里(咘咳寨)和循业里(龙哈寨)各驻兵三百。同时迁南丹卫尚存之官兵三百名于三里，并调迁江所土兵前来协防，将抚安、循业、古城三里之地，“不拘军民产，割自扬渡水为界，尽作南丹卫屯田”。三里残存的居民充为耕兵。据文森主编的《上林县志》载，李应祥将其参将府设于黄村，要筑城镇守。黄村庐墓田塘一概迫令迁毁，居民则于西门外隙地安插，而额征粮米二石有零，乃竟全不蠲除。此后村民虽叠经控诉，均不获邀准，清康熙二十一年始得停免。黄姓族裔将事由及历次所奉批文刻石立碑，以泄不平。上述史料说明，土地问题乃是明代社会矛盾的核心问题，统治者的种种措置，剥夺民利，丧失民心。

八寨壮民的斗争延续两百余年，明代的史志所载连篇累牍。由于壮民毫无话语权，所有的声音都出自官员及其文人之口，前来镇压的文臣武将们的纪功碑从屠杀现场到省会的公众游乐场所，皆可看见。奉王守仁之命征剿八寨的守备孙纲，将一首托无名为氏作的七律刻在周安寨的白虎山上。其后四句为：“此地传闻生贼种，累朝杀人使人愁。从今设置千军镇，殄灭猺蛮永绝休。”王守仁有句名言：“灭山中贼易，灭心中贼难。”表面意思是强调施教化，话中却暴露了他那种认为造反的人民性本恶，生来就是“贼种”的唯心史观。霍韬在其《地方疏》中引用谚语说：“广西民三而贼七。”其时在广西执政的大多数官员都认为少数民族非我族类，甚为敌视，严加戒备。王守仁《赴任谢恩遂陈肤见疏》曾说：“两广军门，专为诸猺獞及诸流贼而设。”统治者较少去研讨自身的政策，督察官员的执政，修明自身的政治，更多的是玩弄权术，稳住政权就是乞灵于“以蛮制蛮”“以蛮剿蛮”，用土司、土兵去对付壮民和其他少数民族。王守仁极力倡导明王朝利用土司、土兵，他陈述利弊，认为最上算。历史证明，土司在八寨的残酷统治，正是壮人两百年间不断反抗的导火索。万历十三年(1585年)《宾州志·兵防》卷10记载：“土舍(黄)昌及其子东周帅所部兵征寨粮，倍其赋，且淫及妇女。诸壮恙甚，复纠党邀杀昌。时昌以素善峒老石茶得脱，东周死焉。应聘闻之，驰檄谕暴昌之罪，而械治之，其乱遂息。”金鉷《广西通志》亦载：“黄昌贪淫失众心，应聘暴昌罪，按如律。”郭应聘历任广西左布政使、巡抚、两广总督，就其对此案的处理来看，他就不认为动乱根子都在“寨贼”身上。另一位总督李迁说得就更明白些：“八寨之民，淳朴太甚。不患其心之不诚，而患吾所以处之不得其理。不患土官之力不能制，患其制之太过或不堪命。而为他时之忧，岂其然乎？且八寨自嘉靖中新建伯讨平以来，至樊公悬归降，能几何时，而旋有己卯役哉。十寨庶几无他肠，与建堡开屯久矣，为塞上无穷尽之灾也。”此论载于《万历武功录》，同书之另一版本，末句又记作“为塞上画无穷之筴也”，二者文字不同，但全文意思皆是：长期以来用土官领兵到八寨开屯建堡压制壮民，结果是乍平乍起，乍降乍叛，忧患无穷。历史说明：朝廷的民族歧视、压迫政策和土司的残酷暴政，正是壮族人民反抗斗争不断的根由。

有关八寨碑刻选录

张祐《筑南丹卫城记》碑刻：“协同镇守副总兵镇国将军张祐奉兵部尚书新建伯王之委，重建南丹卫城。偶登仙石，惟冀工役早竣，永奠兹土，务俾夷猺绥服咸归。春台玉烛之中，人马平安，共至寿考，康宁之域，庶副委记，乃遂予私。时同事者按察副宪翁公，分理则南宁府同知陈志敬、宾州守备孙纲也。嘉靖戊子岁闰十月十八日题。”

此碑刻在今忻城县古蓬镇周安屯白虎山西侧卧仙岩石壁上。磨高 0.5 米，宽 0.64 米，行书直径 0.03 米。碑文反映嘉靖七年（1528 年）闰十月南丹卫城尚未竣工。1991 年出版的党丁文《广西历代名人名胜录》第 142 页载：南丹卫城遗址今尚在，城墙为泥筑，圆形，直径约 2 里，现城墙高 4 米，底部宽 8 米，顶部宽 4.5 米，遗址内外为耕地，城墙顶部栽树种菜。可惜《名胜录》未写明此城址之具体位置。

《无名氏诗孙纲跋》碑刻：“‘钧旨于斯八寨游，无村夜泊此岩头。凶山有约如回顾，恶水无情向北流。此地传闻生贼种，累朝杀戮使人愁。从今设置千军镇，殄灭猺蛮永绝休。’右无名氏诗，莫稽题于何时，然已载诸宾志，则其来远矣。此地自古负固不服，游人不通，故世传为异人之笔。细绎结句，似为今日谶也。戊子冬十月，纲奉新建伯王委筑城垣至此，初见硃书烟然，逮后观览者多摩沙模糊，恐久失真也，故为刻之，以俟观风者考焉。嘉靖戊子腊月守备宾州中山孙纲跋。”

此碑刻亦在周安白虎山卧仙岩石壁上，磨高 0.29 米，宽 0.75 米，真书径 0.03 米。

郑登高《千军镇》碑刻：上款：钦差整饬兵备副使郑登高，中为榜书：千军镇，下款：大明嘉靖癸卯八月吉立。

此碑刻在上林县三里镇汇水桥旁船山东侧崖壁上，磨高 2.63 米，宽 1.15 米。为钦差对十五年前王守仁征剿的追颂。

《征蛮将领会师碑》："大明万历八年岁次庚辰端月谷旦，奉天王明命：镇守广西总兵征蛮将军后军都督观海王尚文为总督，分守柳庆参将荆州倪中化、分守思恩参将九溪李应祥、分守永宁参将武林于嵩、分守浔梧参将括苍张榜为统督，原任参将宗守愚、都司王尧臣、坐营官洪梦鲤、庆远守备童元镇、永福守备孙世宝、指挥裴以义、李时中、孟宗文、刘安邦为领哨，会师平此。"

此碑刻在周安白虎山卧仙岩石壁上，磨高 1.42 米，宽 0.88 米。共记会师将领 14 名，含总督 1 名、统督 4 名、领哨 9 名。碑文反映四路官军及土兵（于万历七年十二月二十日首事进剿后）于万历八年正月谷旦即在八寨之中心周安会合。"谷旦"意为吉利日子，不确指某日。实际上从四个方向出发的十万大军，也不可能全在一天到达会合地点。另悉，作战三月三日结束班师，估计二月间仍在搜剿八寨及龙哈、咘咳。碑文还反映作战的上、中、下三级指挥皆系官军将领，无土官之名。

《于嵩部下职名碑》："夷江哨参将于部下征平周安、古蓬、都者寨贼，职名开后。中军官：广州卫百户李道基、奉议卫指挥沈誉。领先锋大哨：新宁所百户伍志。领兵：桂林右卫指挥许大用，古田所千户李椿、张汝能，桂林中右卫千户李梦孔、封梦龙，碣石卫百户刘元威、河源所百户肖仕高、柳州卫百户黄礼、庆远卫百户李璋。军门兵府督阵官：郭来璧、魏道宁、耿文举。中军督阵：庆远、南宁、浔州、梧州、玉林卫所指挥、千百户刘朝栋等 12 人（名略），灌阳所吏目谢鹄。中军督阵：把总哨官林豪等 15 人（名略）。田州知州岑大禄，总州梁鉴、黄□，土巡检李仁、黄关。归德州知州黄朝、白山司土巡检王观、安定司土巡检潘承纪、湖润寨官男岑寿松。大明万历八年岁次庚辰仲春吉旦立　石匠李□刻"。

此碑刻在周安白虎山卧仙岩石壁上，磨高 0.72 米，宽 1.18 米。共记从夷江东进的参将于嵩及其部下 53 名，含中军官 2 名、领先锋大哨 1 名、领兵 9 名、军门督阵官 3 名、由 5 个卫所指挥千百户及 1 名吏目出任的中军督阵官 13 名、由把总哨官出任的中军督阵官 15 名、土吏 9 名和于嵩本人。二兵占作战兵力七成以上，就此碑来看，土吏却只占中层指挥人员百分之十七。

《王尚文于嵩扎营碑》："征蛮将军都督宝江王公、永宁参戎角泉于君督兵营此，时万历八年春正月上浣之旦也。领哨守备孙世宝督勒。"

此碑在忻城县古蓬乡板内村北丁屯旗山东侧崖壁上，磨高 1.1 米，宽 0.46 米。碑文反映从夷江东进之于嵩部，继占都者、周安、古蓬之后，于万历八年正月上旬南下到剥丁（今北丁）。作战总指挥王尚文设帐于此路，说明于嵩部任务重大，也说明八寨西南的剥丁、咘咳一带可能是交战最激烈之地。"领哨永福守备孙世宝"在《征蛮将领会师碑》中列名，说明其与于嵩共同领率自夷江东进兵力。

《李应祥纪功碑》之一：上款：副总戎李，讳应祥，号仁宇，荆九溪人也。伟貌壮猷，雅耽儒术，初任思恩参将，痛恨寨贼睚眦，荼毒四民，毅然画策请师。蹂平十寨，建城署，开屯田，集耕兵，布烽堠，辟道路，柔远安边，凡猺獞农工商贾，各得欢心。通州士夫，磨崖勒其丰功茂德，永志不忘云。

中款为榜书：千古伟绩。

下款为：□、知县、主簿、教谕、举人、贡生、生员、武举（共列 26 人名）同立。

之二："按寨贼毒焰，流炽稔矣。万历丁丑冬庙堂谬目，予授执钺而守兹土。予惟以贼之窟穴盘踞势固，非大举莫能勘，乃书策请天讨靖之。当宁可厥谋，密令聚饷集师，于己卯冬十月以从事焉。时檄汉土兵八万余，分大哨有四，予统其一，今三里是也。鼓旅先驱古卯、龙哈，二首巢不崇朝，蹂而礫焉，斩首三千，俘人畜过□，由是各哨继进，而数百年妖寝渊薮洗荡殆尽，功合计一万。庚辰春献捷，天颜色喜，命礼卿纪勋陈祖庙，褒赏有差。蒙部议以平蛮首事创于予，因以善后诸责复属之。顾绵菲不揣，悉殚忠力，设三镇，迁卫所，筑城垣、建衙署，化残党，辟道路，开屯田，招耕兵，辑宁遐迩。凡兹策举，比及三年，乃底厥绩。聊纪诸壁，以见绥文治、定武功，非一蹴而就云尔。壬午孟秋吉明骠骑将军荆楚李应祥书识”。

以上两碑均刻在上林县三里镇汇水桥旁船山石壁上，之一磨高 3.4 米，宽 1.5 米；之二磨高 2.3 米，宽 1.5 米。

之三：“此金鸡营也，寨贼首穴。万历己卯冬，予部汉土兵二万扫荡之，即扎柳于斯，俘馘计二千五百。嗣移公堂，续前捷擒斩合三千有奇。随振旅善后。猗欤！无敌之师，奉自天讨，应祥敢云倡率师制？聊纪之。统督参将荆楚李应祥书”。

此碑刻在上林县乔贤乡高祥屯金鸡岭一块高 2.5 米、宽 2.3 米、厚 4 米的巨石上，磨高 0.65 米，宽 0.79 米。

以上三块《李应祥纪功碑》反映万历五年冬他出任思恩参将后，甚感八寨根基坚固，便策请会兵征讨。其谋得认可，万历七年十月开始聚饷集师，号十万之师实为八万余人，分大哨为四，他所统领的自三里出发的一哨为二万人。据“之二”碑文所记，是他所率一哨“鼓旅先驱古卯、龙哈”“斩级三千”“由是各哨继进……功合一万”。“之三”碑文所记，他在金鸡营俘馘二千五百，“续前捷斩合三千有奇。随振旅善后”。按地图，自三里北上，先是高祥的金鸡营，然后才是龙哈，再后才是更北之古卯，古卯西北即周安。情况可能是：李应祥部置金鸡岭寨贼首穴于不顾，先驱龙哈、古卯，斩获不过数百，按规定日期赶到周安会师后，回师搜剿金鸡岭，大有斩获，其功才达三千，之后便“振旅善后”。碑文还概述了善后的各项内容。

另，广西桂林市七星公园尚有**《督府刘公平蛮碑》**，是《桂海碑林》中最大的一块磨崖碑刻。该碑文系万历八年六月兵部左侍郎汪道昆所撰，首述八寨纠合古田播乱抗威，同恶相济，躏障塞、挠师徒、侵田土、御道路、系累士女、虔刘人民，而其罪浮于古田。会武缘、上林告急，总督刘尧诲、巡抚张任、御使顾钤，集议以闻，兵部复请，诏许出师。八寨聚党万余人，据地五百里，溃窜难以周防，因而令粤西发各部土兵六万，号十万，简操募兵二万，分布中坚，益以东粤浙兵三营，按十则围之要求，兵力足矣。粤西发盐利五万，益以粤东军费万缗，保障军食。(《万历武功录》称此役三月费凡七万余。)以总兵王尚文并将诸部，分道进兵：东南李应祥部自三里而上，直北倪中化部自忻城而下，正西于嵩部自夷江入，西南张榜部自上林上。十二月二十日首事，迄三月三日班师。“既则以北五诸聚落习与贼通，毕事而移兵平之便。各部如期而进，贼犹设险以拒我师，我师夺险先登，贼披靡而退收保。我师驫鼓深入，直捣诸巢，巢覆而奔，亡匿深阻。乃复申令搜剿，噍类无遗。北五诸聚落悉平，一如成算，以俘馘计盖万四千五百八十有奇，其余焚巢堕堑、殣于不毛，殊三千尽矣。”

碑文所述，“毕事”当指剿毕八寨，唯不明“移兵”是在三月三日班师之前，还是在其后；是剿过八寨即称“班师”，还是兼平了北五才称“班师”。碑文“各部如期而进”以下，按其行文顺序似乎都是讲平北五之事，其实是倒回去讲十二月二十日首事以后剿八寨之战况。最后讲的战果，也不能按行文顺序理解为平北五的战果，而是八寨（十寨）及北五“悉平”后的战果。

古田农军

明代广西古田县，包括今永福县大部、融安县的东部和鹿寨县的北部。县治在今永福县的寿城镇，位于桂林西南约六十公里。古田东北紧靠省城，东南通达府江，西南连接柳庆，进而南下，可通八寨、大藤峡。古田明代属桂林府管辖，是少数民族聚居地，《明通鉴》卷31称："广西猺獞唯古田种类最繁，其最强者曰韦、曰白、曰闭，而皆并于韦。"官府将古田划分为"善村"和"恶村"，"善村"由流官治理，"恶村"由土官领土兵屯守。官府沉重的赋税徭役、土兵无尽的侵扰劫掠，残酷的阶级压迫和民族压迫使得民不聊生。知州唐执中在其《古田升州记》中称，古田连年的动荡，使得"民尽流移临桂、阳朔、兴安寄居焉"。当时古田还流传着这样的民歌："官府捉丁守石城，孤寡老幼难逃生。差役多来捐税重，不杀官家活不成。"[①] 残暴的压迫，激起农民强烈的反抗，古田成为明代广西最大的农民武装斗争地区之一。

古田壮民，包括有部分瑶民参加的武装斗争，最早应是洪武十年（1377年）前一段时间就开始了。据刘兴《永福县志》卷3记载，都督韩观该年"驻兵在县中，征古田、义宁地方"。但详情不明。史志记载较多的，也是对官方震动较大的军事行动，主要在弘治至隆庆的八十年间。此八十年可以分为韦朝威领导的二十六年（1490—1515年）和韦银豹领导的五十四年（1518—1571年）两个时期来叙述。

韦朝威时期

明弘治三年（1490年），古田壮人韦永盛率领中岭十三村农民造反，瑶人梁辰玺率领北坡塘等村农民造反，时称"东猺西獞"。古田守备麻琳因此在银峒、石城编组二十四甲，对百姓实施军事管制，其军队借口查匪骚扰民众，强行征夫派差。引起民众强烈不满，公推壮族贫民韦朝威、覃万贤为首领，举行武装起义，韦姓、白姓、闭姓等壮民纷纷参加，迅速形成了一支强大队伍。起义农军攻下县城，占领全县。官军被赶跑，官员和土豪劣绅逃往桂林、柳州或邻县，躲避农民的惩罚。县官派典史入县抚谕，被农军"烹食之"。[②] 农军接着向邻县出击，扩大控制区。镇守广西的太监王廉等不断向朝廷奏报，请求派兵镇压。

弘治五年（1492年）十月（一称三月），朝廷命两广总督闵珪督派湖广、广东、广西三省汉达军（明代将投降的元军编成队伍，称为达军）和土司兵共四万七千余人，征

① 桂林文物管理委员会《明代广西古田农民起义调查资料》。

② 《明史·土司传》、《明通鉴》卷37。

剿古田。闵珪和总兵毛锐决定分四路进攻，其中由省城桂林通向古田的一条道路要经过都狼隘和三厄岭。三厄岭位于今永福县寿城东北，“绵亘五里，孔道一线，逾岭之凹凡三，崎岖巉险，行者病之，故俗呼‘三厄岭’也”。[①] 韦朝威判断官军进攻将会经由此两地，遂布置农军先在都狼隘阻击而佯败，将官军引入三厄岭，然后用伏兵歼灭之。由参政副总兵马俊、参议马铉率领的官军主攻部队如其所料而来，初次遭遇，官军“杀获颇利”，马俊便以为事易得手。行至“仅容一骑，士卒隔绝不相顾”的三厄岭时，马铉“戒勿进”，马俊却命士卒继续前行。农军“伏于林箐中射之，俊及参议马铉、千户王珊俱死”，所部大部被歼。[②] 与此同时，其他三路官军亦都败退。朝廷闻讯，“诏夺两广总督闵珪等俸，令益兵进剿”。闵珪不得不亲自带队再征，但农军已转移，官军屠杀四百余人后撤离。弘治七年（1494 年），韦朝威联合灵川七都的农军组成一千余人队伍开展活动，将来清剿的都指挥冯琚的部队打得缩守永福不敢出城。[③] 弘治十二年（1499 年）十一月，农军进入湖广省的宝庆、长沙、武冈、新宁等地游击，都指挥佥事谢文等因而被兵部问罪。[④] 正德初，官军又进剿古田，农军将来犯的知县、通判、指挥等官击毙。[⑤] 为堵住农军外出，正德二年（1507 年）广西总兵康泰在古田外围永福县的兰麻、理定等八个隘口驻兵把守。正德七年（1512 年），古田农军又在一位“冲天将军”——有的学者称即韦朝威[⑥] 指挥下，再次出现于省城北面，攻打了灵川县。自从三厄岭大捷后，农军完全控制了古田县，并向外发展。永福、阳朔等地农民纷纷响应，农军控制了漓江，切断了省城桂林通向梧州的航道。“省城百里之外，皆为贼垒”，桂林附近亦成了农军的天下。不幸的是农军于正德十年（1515 年）受到广西按察司副使刘潮和桂林卫指挥使冯琚派兵袭击，韦朝威被俘遭杀害，[⑦] 覃万贤下落不明，农军受挫。

韦银豹时期

韦银豹是韦朝威的儿子，出生于古田县城南三十余公里的凤凰村，从小给地主看牛、放鸭。他身强力壮，练过剑术和骑术，武艺高强。正德十三年（1518 年），他在从父黄朝猛（家居三皇拉粟村，壮族）的辅助下，在古田登云山一个岩洞——当地传称的银豹岩，聚众起义。[⑧] 次年（1519 年）率领农军向永福县边境出击。镇守广西的太监傅伦和副总兵张祐奉旨调集三广（广东、广西、湖广）汉达官军和土兵、民壮共四万三千三百余名

---

① 《永宁州志》卷 3。
② 《粤西文载 · 马铉传》卷 64 ;《孝宗实录》卷 61。
③ 《粤西文载 · 冯琚传》卷 65。
④ 《孝宗实录》卷 156。
⑤ 《明史 · 广西土司传》。
⑥ 《起义史》第 72 页。
⑦ 《世宗实录》卷 3、卷 12。
⑧ 刘兴《永福县志》卷 3，前事。

征剿古田，分五大哨而进，“竟莫有深入者”，据称是“招抚而罢”。[①]农军挫败了官军的围剿，势力壮大，积极地向外发展。北边进入桂林近郊，击毙官军指挥朱铠；东面占领了永福县的西乡、托定、洛斗，南面攻克了洛容县（今鹿寨一带），控制了桂林至柳州的航道。嘉靖五年（1526 年），农军在义宁打败来犯官军，击毙其指挥使舒松。农军还在“战江王”莫振虎带领下，与马平三都、五都农军联合，进攻永福县，打击官军守备刘经。[②]

嘉靖九年（1530 年），总兵张经推行围困政策，在古田外围“立都狼各隘一十三堡，募土舍莫崎领兵守之”。[③]但不久张经调走，莫崎病死，土兵日益耗损，农军不仅占领着古田，还控制义宁、洛容、永福、昭平四县大部及临桂、灵川、阳朔等县的部分地区。古田农军还与兴安金盆竹的韦朝奉、义宁大竹山的林银汉、临桂南乡的盘银汉等农军联合，形成了桂北农民斗争的最强盛时期。据俞大猷《正气堂集》之“卷又十六”和《明史・广西土司传》载：古田县“原有一千二百三十八户，粮米一万七千有零，”五六十年来，农军分其地为上、下六里，其乡村则“一村一老，有一老管十人者，有一老管二三十人者”。“银豹出掠，挟下六里人行，而上六里不与焉。”两广提督吴桂芳据访报称：“（古田）肆逆之徒，不过下六里凤凰村首从七百余人，其余皆越村偷牛、出江讨盐小贼，而自种自食者固多。至其上四里（官府原分古田为十里）壮人，则颇不为盗，稍向官府。”嘉靖三十二年（1553 年）十一月二十九日，韦银豹带领农军袭击灵川县城，从城南翻墙而入，取走库银千余两，夺得官印一颗，焚烧库房后撤离。[④]嘉靖四十三年（1564 年）十二月二十四日，农军袭击广西首府。据《世宗实录》卷 541 所载，古田凤凰山农军自永福突桂林，乘夜缒城而入，夺取布政司库署印。参政黎民衷以为是宗室闹事，出而谕止之，被杀死。农军劫库银四万两有奇及金珠若干，仍取原道缒城而去。曾参与清剿古田后升任巡抚的郭应聘在其《西南纪事》中载：“韦银豹、黄朝猛纠八寨贼樊公尚等梯越省城，劫布政司库银四万余两，参政黎民衷遇害。变闻，副总兵、都司而下各抵罪。”嘉靖四十四年（1565 年）正月初五，农军在灵川县城南郊设伏，捉走署县事布政司照磨曾傅及其子女五人，并持印去，缴纳赎银三十两后放还。[⑤]同年八月，农军再次袭击桂林，此次攻打的目标是明王朝的靖江王府。当农军冲击王府端理门（今正阳门）时，王府禁卫军与桂林驻军赶到，发生激烈交战。鉴于官军越聚越多，农军撤离。据俞大猷《正气堂集》之卷又十六称，嘉靖四十五年（1566 年）十月，古田农军和八寨农军四百多人又集结于凤凰村，扬言要打全州和湖南宝庆府，实际是准备再次袭击靖江王府，后因内部有人告密官军做了防范而取消。古田农军袭击省城和靖王府，朝廷震动，时值安南贼犯境，兵食交诎，两广提督吴桂芳度其时未可轻举，遣古田守备卜祯、典史廖元持文告进行抚谕。据吴桂芳《恢复古田县治议处善后疏》称：“县中上四里壮人各已欣然向化，纳

① 《古今图书集成》卷 1403 之《桂林府部》。

② 《明史・广西土司传》、光绪十一年《永宁县志》卷 2。

③ 《粤西丛载》卷 28。

④ 李滋繁《灵川县志》卷 14。

⑤ 同上。

粮服役；下六里恶壮亦各赴县递结乞抚。典史廖元已入居县城，署掌印信，守备卜祯亦入彼中抚谕。”其实韦银豹及其五个儿子仍控制着凤凰、连水二寨，并不受廖元左右。又派农军南下夜袭昭平，杀死知县魏文端。[①]还在苗民的支援配合下，进入湖广省边境活动，于武冈新寨和绥宁寻屯等地连战皆捷。[②]

嘉靖末年，古田农军的斗争达到高峰，八寨农军亦从嘉靖初的挫折中恢复过来，与古田农军一道，四处出击，震撼了明王朝。尚书殷正茂说：“古田陷于猺者将百年，讨之益张，煽动四邻，招摇八寨，杀大吏，劫府库，恶逆滔天，莫敢谁何。”张瀚《会议军饷征剿古田疏》称，以古田为首之农军已“盘据本省两府（指桂林、柳州）四县（指古田、永福、义宁、洛容）之地，外连湖广、贵州之间，其中林箐深密，蜂窝蚁穴百十余处，众号数万”。嘉靖四十四年（1565年），朝廷调名将俞大猷为广西总兵官，到广西研究制订镇压农军计划。隆庆三年（1569年）冬，穆宗皇帝朱载垕召群臣廷议，讨论征剿计划，将江西按察使殷正茂升任为都察院右佥都御史，巡抚广西，充当征剿总指挥。除下令征发广西各地土司兵、官军十万名外，还调用湖广永顺、保靖等地土司兵四万名，以及福建、浙江的鸟铳手，总计汉达官军土兵共十四万人参战。并按半年之需，筹银二十万银以充军用。隆庆四年（1570年）四月，殷正茂到广西后，首先软硬兼施招抚了八寨，“折古田之羽翼”。十一月初五，将捕获的古田农军首领黄朝猛杀害，企图打击农军的斗志。十二月初一卯时，八路官军向古田分进合击。事先，前线总指挥俞大猷派兵夺取了牛河、三厄水陆要隘，随即以参将梁高、卢锜领兵一万三千名，由东而西直插古田县城（今百寿镇）；以参将王世科领兵一万九千名，由永福南下龙坑隘，插向古底；以参将黄应甲领兵一万三千二百名，从洛容北攻三门隘；以都指挥钱凤翔领兵一万零九百人，由临桂西进都狼隘；以副总兵门崇文领兵九千八百人，由永福北入总甫隘；以游击丁山领兵一万一千四百人，由洛容北上思管隘；以都指挥董龙领兵一万二千五百人，由西而东进入风门隘；以都司鲁国贤领兵七千九百人，由洛容北上莲塘隘。另外，还布置有兵力分别把守永福江道、苏桥、洛容、义宁、柳城、融县、怀远，并让湖广参将祝明领湖广、贵州之兵，防守古田邻近之隘口和道路，防堵农军转移。[③]

在官军重重包围、来势汹汹的进攻面前，古田农军在韦银豹的率领下，沉着镇定，进行了艰苦卓绝的战斗。为了减少己方的伤亡和尽多地消灭敌人，农军不同敌人打阵地战，而是寻机和制造战机在运动中歼敌。如在第一路官军一万三千人扑向古田县城时，农军弃城而走。当官军入城立足未稳之际，农军突然回师向官军发起攻击，打得梁高、卢锜晕头转向，又退出了古田城。由俞大猷亲自督率的从洛容出发的官军，北进途中屡遭农军伏击和截击，直至十九日才到古底、军屯。在这一带，又遭到农军的袭击，等到从永福来的门崇文的官军与之会合后，才又向北推进。进到韦银豹的家乡凤凰村，官军纵兵掳掠烧杀，对凤凰石及其周边的杉树亦全予摧毁。声言：“此恶石恶木，当与恶人同

① 《明史·广西土司传》。
② 《宝庆府志》卷4。
③ 《古今图书集成》卷1403之《桂林府部》册171。

殄灭也！”[①] 农军经过一个月的浴血战斗，损失惨重，退入潮水、马浪、苦利等大石山区，赶筑工事，凭险抵抗。隆庆五年（1571年）正月初六，俞大猷统领上十万人的各路官军，跟踪而至，团团围住了潮浪村等农军据点。潮浪村前临平野，背靠深山，村旁有一白塔山，地势险要，易守难攻。韦银豹率领农军占据着白塔山，屯粮储水，架木垒石，治弓备箭，居高临下，严阵以待。半个月中，农军击退官军夜以继日的数十次进攻，杀伤大量敌人，但潮水、马浪、苦利、扶台等均被官军分割包围，各据点均孤立无援，已难以持久。[②] 在此形势日益危急之际，韦银豹“令其党阴觅肖己者斩首以献，而古田主簿廖元、把总王纲相与证之”。[③] 巡抚殷正茂、总兵俞大猷、提督李迁将“银豹”首级、宝剑和衣服送京报功，在古田农军根据地大肆屠杀之后，于二月二十八日撤兵。不久，韦银豹又带着部属重新出现。殷正茂震惊之余，立将廖元、王纲正法，请求朝廷“赦欺君之罪”，并派员跟踪搜查，同时令知县唐执中以重金悬赏缉拿韦银豹。五月，韦银豹被其兄银站出卖，械押京师。九月连同其孙韦扶壮被磔于市。跟随父亲征战的韦银豹的五个儿子（一说七个）和其他亲属，被殷正茂杀害。在三个多月的反围剿作战中，古田农军和群众牺牲七千四百六十六名，被捕一千零三十三名。[④] 由韦氏父子领导的古田农军整八十年（1490—1571年）的壮烈斗争，遭到了失败。

镇压了起义农军之后，统治者升古田县为州，称“永宁”，并将永福、义宁二县划入。改流官巡检为土司巡检，命参与围剿的南丹土司莫罗守富禄镇、东兰土司韦显忠守常安镇、那地土司罗永山守桐木镇。升指挥使门崇文为参将，镇抚永宁。参将营设参将一员、守备一员、千总二员、把总四员，内拨往永福、义宁分防官各一名。又设守御千户所，旗军二百六十七名，哨长二十六名，队长八十三名，马战兵二十名，步战兵一百五十七名，守兵四百四十七名，经制兵六百二十五名，内驻防本州三百八十名，分驻永福兵二百零三名，分驻义宁兵四十三名。[⑤] 清理“绝田”（农民被屠杀后之无主田），上四里的一半募兵屯戍，一半招流民耕种；下六里则“请镇兵屯戍，每镇一万（亩）有奇”。同时修城建署，扩城三十余丈，建瓦屋二百余间，以资防卫。还兴办社学，企图实施思想统治。[⑥]

韦银豹父子领导的斗争被镇压，但古田及其周围地区农民的斗争随即又起。万历元年（1573年）永宁（古田）、永福、柳城、洛容“并以贼告”。正月上元，洛容县令以归养去，县尉（一说主簿）谢漳行县事，托定、洛斗壮民和永宁古底、柳城上油等地壮民听闻官军在征剿怀远，而谢漳亦将请官军前来清剿，便在壮酋韦朝义率领下，于夜半突入谢漳住所，“逼夺其印，意盖质以挟抚也”。谢漳不从，被杀死，夺其印符而去。指挥使朱昌胤、土巡检韦显忠当即领兵追击，杀农军五十四人；继后总兵李锡和指挥杨照各

① 《永福县志》卷3。
② 俞大猷《正气堂集》卷之又16。
③ 《穆宗实录》卷58。
④ 《穆宗实录》卷61、张翀《平古田大功碑》。
⑤ 《永福县志》卷3。
⑥ 唐执中《古田升州记》，见《永宁州志》卷14。

带兵分剿洛容、柳城，裨将文俊（斌）率部追至上油，俘杀了韦朝义。秋八月，永宁“遗孽”韦狼要，“愤土司之穷之也，血其羊以盟永福、阳朔、碎江诸贼，杀千户章继宗”。一说“壮人黄银成与狼要有隙，相仇杀，而常安逻司（土巡检韦显忠）欲穷治之。于是狼要椎牛，齐合永福、阳朔、碎江诸壮，攻围凤凰、理定、大水田，射杀千户章继宗”。嗣后，诸壮投奔荔浦南边的山湾农军根据地，韦狼要与其弟韦狼金还赴马平五都“招至诸剧贼为党援”，拟开展进一步行动。对此，巡抚郭应聘派参将王承恩、王瑞等领向武、都康、田州土兵万人，于当年冬进击山湾，诱擒了韦狼要。阳朔壮酋廖金滥率余众千余人突围，又集合永福、洛容农军达八九千人，攻打洛容，袭杀了洛容尉，但攻城十余日不下，转战阳朔。当时清剿怀远尚在进行中，郭应聘分兵一万给府江参政吴一介，跟踪廖金滥，围之于阳朔之金宝。廖金滥率八千余众殊死战，挥镖奋击，官军三次被击退。但官军攻陷了碎江等农军各据点，焚其庐，金宝农军意志动摇，廖金滥等被擒杀。嗣后，总督殷正茂、巡抚郭应聘、总兵李锡又将刚剿完怀远的十万狼兵及楚浙贵钩刀手、鸟铳手八千人，移师永宁、永福、洛容、柳城四州县，作进一部搜剿，于万历二年（1574年）二月二十六日起，甫二旬，又斩首四千五百余级。对府江、怀远和永宁等州县的连续屠杀，共“获首功一万二千余级”，得到神宗皇帝的奖赏，诏升殷正茂为兵部尚书，郭应聘为户部右侍郎，并各赐金三十两，李锡升秩三级并赐金二十两。土司官则按其土兵所杀农军数量赐金：泗城、归顺、镇安、永顺土官名列头等，各获金二十两；南丹、东兰、那地、保靖土官为二等，各获金十五两；下雷、龙州、英州、上峡峒、忠州、思明、永顺另部、上林、安隆、下石西土官为三等，各获金十两。皇上之嘉赉甫下，洛容又传闻大屋诸村“残壮”黄朝贵、黄金鼎复齐合融县之阳老村、柳城之上油村酋长覃金磊等，聚众号称万余人，声言要进攻南丹土司屯守的福禄镇了。①

① 《明史·李锡传》《万历武功录》《金志》。

古田农军活动及官军围剿态势图

图例：() 农军起义处和长期控制之县份　→ 农军进攻方向　✕ 农军伏击歼敌处

⇨ 弘治五年（1492 年）官军围剿主攻方向　⇢ 隆庆四年（1570 年）官军进剿方向

注：各隘位置仅据其所在方向判填；富禄、桐木、常安三镇据《殿粤要纂》永宁州图判填；洛容县治于万历三年南迁。

周永光撰文、制图

府江农军

《明实录》载:“广西府江，北抵桂林，南连梧州，而平乐府介其中，上下八百余里。”许之豫《荔浦县志》云:“府江，平乐府地也，上起阳朔，下达昭平，绵亘三百余里。”明代壮族农民的斗争，一大部分就集中发生于府江中段这三百余里地带，即江西岸的荔浦、修仁、立山（今蒙山）；地兼两岸的阳朔和平乐、昭平。《万历武功录》称:“府江诸獞为粤边患。”明代官方文献中之“府江”概念不一，但多用以表示农民武装活动自然形成的一个特定区域和官府多次采取镇压措施相对固定的范围，重点在府江两岸，亦涉及平乐府的其他州县，包括恭城、富川、贺县。

（一）

洪武十八年（1385年），壮瑶农军攻占立山，官府流移他境，地主豪绅纷纷出走，“各处猺獞乐其土地闲置，自相屯聚”，控制了该地区。官府无奈，奏将立山县改为古眉巡检司。永乐三年（1405年）平乐莫彦恭等“聚众杀良民”，都指挥葛森领兵前往镇压。正统九年（1444年），荔浦韦贵、莫公乔聚众在乡间夺地主土地、钱财，焚其庐舍，还屡攻荔浦、修仁城，夺取官库金银和军器。总兵官柳溥派两千兵征剿，又派员“抚谕再四”，均无效果。[①] 史载：立山有獞人，善傅毒药弩矢，中人无不立毙。大藤峡蓝、胡、侯、盘四姓猺亦惮之，渠长侯大狗尝悬千金购莫能得。[②] 正统四年（1439年）起，侯大狗在大藤峡组成万人大军，掀起斗争高潮时，修仁、荔浦、平乐、立山为之响应。景泰七年（1456年）荔浦农军与藤峡农军攻占荔浦城。当时农军攻堕州县，出没山谷，守吏不能制，朝廷北患瓦剌，率以招抚縻之。[③] 成化元年（1465年），朝廷拜赵辅为总兵大征藤峡，兵部尚书王竑称，平贼非韩雍不可，用其赞理军务。韩雍“至桂林，斩失机指挥四人，按地图与诸将议曰：贼以修仁、荔浦为羽翼，当先收二县以孤贼势。乃督兵十六万，分五道，先破修仁贼，穷追至立山，擒千二百余人，斩首七千三百级，荔浦亦定”。[④] 据《英宗实录》卷6载，韩雍破府江五百余寨、洞，农军家属少男少女被掳八千余人，男性被阉割，交官军、官府为奴。

① 《起义史稿》之第111页、第112页。

② 《明史·广西土司传》。

③ 《蛮司合志》。

④ 《明史·韩雍传》。

（二）

成化十二年（1476年）农民斗争又起，修仁、荔浦尤剧，立山亦予响应。新任两广总督朱英到任，鉴于韩雍大征以来，将帅“利俘掠”“多滥杀冒功”，力主招抚，瑶壮归顺者，定为编户，给复三年，因而马平、阳朔、苍梧等地皆有望风归附者。立山“有众数万”的壮族长老李公著，亦派儿子李扶宝纳款，乞复县治为编氓。[①]朱英奏准以其地为永安州，俾其子孙世为吏目。影响所及，归附日众，共达四万三千余户，十五万余口，明宪宗甚为嘉许。荔浦、修仁亦相继被平。[②]时至弘治七年（1494年），永安又不安，“生獞（未受招抚为编氓的壮人）成万，围攻州治，且结构修仁、荔浦等邑沿府江恶党，阻截江道，军民大扰”。是年冬，总督闵珪、总兵毛锐亲临府江战场，坐镇昭平指挥三广官军、狼兵、达军、民款共六万人，分四哨清剿：一哨剿荔浦至府江西岸诸村，一哨剿永安、修仁峒穴，一哨剿五屯（藤县西北百里）以北府江西岸，一哨剿府江东岸各峒穴。迄四月二十六日班师，共破村寨岩峒一百八十处，斩首六千级，夺回男女四千四百口，俘获贼属及器械无算。[③]

（三）

残酷的镇压不可能解除社会矛盾，正德二年（1507年）农民斗争又起，“修仁、荔浦二县田塘顷亩，节被獞贼占种”。[④]沿岸壮瑶农民，“挟短兵长弩，出入府江，拦截官船”。明人袁帙诗云：“昭平滩险恶，最险是龙头。药弩弦齐彀，铜刀鞘屡抽，红巾翻把隘，白昼竟钩船。”[⑤]府江上农军设卡收税，“虽绣斧所经，亦携盐自备”——即使钦差大臣也得同商民一样交盐作买路钱，朝廷惊呼“是得为纲纪乎”！次年春，总督陈金所派十万兵在镇压了马平之后，移师六万对荔浦、修仁农军进行了一次清剿，俘斩数千。正德十二年（1517年），陈金又偕总兵郭勋，领兵数万分道清剿府江，杀害王公珣农军六千多，俘五千多。但其班师不久，农军又重占府江，陈金无奈，乃与约，农军收税官军不过问。[⑥]

① 《粤西丛载》卷26记李公著为“猺老”，而从李公著、李扶宝之名称来看，显然为壮族。《粤西诗载》卷16的桑悦《记壮俗》诗云，壮人取名之规律是“朝甫（扶）先加老唤公”，即初名朝某、长名甫（扶）某、老名公某。

② 《粤西丛载》卷26、《明史·朱英传》。

③ 桑悦《平永安蛮碑》，《粤西丛载》引《荔浦县志》。

④ 《明武宗实录》。

⑤ 《粤西诗载》卷11。

⑥ 《明史·陈金传》、《粤西丛载》卷26、《明经世文编》卷163林希元《应诏陈主边患疏》，见《起义史》第61页。

（四）

嘉靖元年（1522年），荔浦农军在潘公银率领下向北进攻阳朔、临桂、永宁等地，杀掉临桂主簿曹时、古田典史陈祚。当时还有梁公当的数千农军亦在临桂活动，省城为之戒严，近郭数里外，“群蛮纷肆侵扰”，巡抚张嵿久未抵任，正副总兵官因循观望。[①] 此后，阳朔农军袭击县城，杀死知县张士毅和百户曹恩，劫了县库，东渡漓江，占领东岸的庄头、鬼子等寨为据点，四处作战。嘉靖三十一年（1552年），被府江兵备茅坤领兵袭破。[②] 隆庆三年至五年（1569—1571年），荔浦上、中、下三峒五千余人在韦公海率领下，屡攻县城，破官军营堡四座；永安各寨万余众在李都堂、杨公满、黄功东、胡公选等领导下，围攻州城，杀指挥胡翰、千户李可久和周廉、土官岑文等，夺去州印，俘知州杨惟执索赎，阻扼江道，州治不通。[③] 当时的统治者哀叹：“道路梗塞，城门昼闭，永安荔修，几至陆沉。”“凡六十年矣，其间负固阻塞，劫掠占据，使（平乐府）一州五县之内，行旅官民，田粮府库，受害有不可胜言者。”这些文字，折射出农民斗争“如汤沸燎扬”的激烈形势。[④]

为扑灭这烈火，先是巡抚刘涛调向武、奉议土司兵前往征讨，杀了荔浦农军首领韦公海。继任的殷正茂又令剿过古田的总兵俞大猷移师两万前往镇压，因俞中途被调走，殷又迁任总督，事情一度搁置。以后，朝廷擢升郭应聘为巡抚，拜李锡为镇南将军，发左右两江卒（土司兵）凡六万人，分多路于隆庆六年（1572年）十月十五日起，对府江两岸展开了全面清剿。一路由右江参将王世科统东兰、泗城、永顺、安隆、湖润土司兵，先后进攻荔浦县的古西岩口、平满、笋山、南源鸡笼山、西南、青殿等巢，斩农军首领杨钱甫、杨公满、莫扶金等以下一千二百七十八级；一路由都司钱凤翔统田州、忠州、龙英、武靖、迁隆土司兵，清剿府江东岸平乐县的黄洞、黄泥岭水浐洞、何冲、倒流、苦竹等巢，擒黄公护、黄公送、唐义婆等，斩首八百六十五级；一路由都司王承恩统田州、思恩、镇安、都康土司兵，剿府江西岸龙岩、仙回、高天等巢，斩周添郎、邓琶婆、盘满婆、黄公东等一千二百八十九级；原任都指挥董龙统归顺、南丹、那地、上林土司兵，进击太平、古冒、唐冲、彪滩等巢，斩雷公奉等二百五十八级；田义、凌文明提向武、江州、奉议、上映土司兵，重复搜剿南源、鸡笼、仙回、高天，斩首和捕掳二百五十八人。迄万历元年（1573年）正月二十日清剿结束，三个月间，壮族及瑶族军

① 《粤西文载》卷26。

② 《世宗实录》卷365记载：杀阳朔知县的“桂林府瑶贼莫良朋”已被官军诱擒，嘉靖二十九年九月“诏斩以徇”。但谢启昆《广西通志·前事略·明十》中载称，据《丛载》引《通志》云：嘉靖初，张士毅、曹恩遇害。该通志《前事略·明十二》则引《金志》称，廖金滥趁古田之乱入阳朔县城，杀知县张士毅。

③ 《粤西文载》卷26。

④ 蒋庚蕃《平乐府志》、张翀《平府江大功碑记》、王锡爵《平蛮碑》。

民共四千六百六十七人牺牲，四百四十八人被俘。农军经过艰苦的反围剿后，退出各寨，进入深山老林，保存实力。[①]

清剿过后，巡抚郭应聘提出六项措施：第一，改荔浦之峰门、南源，修仁之壁丽、永安之古眉等巡检司为土司，调整原东岸营、西岸营、上峒营、下峒营位置，各募兵千人至两千人（共六千六百人），实施屯守；恢复广运、足滩二堡，令土官领兵巡守。第二，设参将一员，领兵驻昭平，统辖两岸及三峒之土司。第三，开辟水陆通道，募商砍伐江岸林木，使农军无可隐藏。第四，官营和屯堡之兵共七千余人，人月盐米钱三钱，年总二万余两，由梧州镇司府库供给，次年即屯田自给。第五，划平乐、富川、贺县各部分地盘，开设昭平县。稽之故牒，唐宋时设龙平、思勤、马江、沙亭数县，后胥为蛮占没，今昭平即龙平地也。昭平县总其赋得三千六百（石）有奇，而仙回（原农军控制区，剿后置土司屯守）诸田税亦纳其中。第六，核贼遗田计四十万亩有奇，令民复业，输徭赋如故；土司屯种者，人给田十亩，兵领加给有差，养以月粮，资以牛种，三年之后，亩课粮三升，蠲其徭差，著为例。此六项均获神宗批准，嗣后逐年予以实施。[②]今钟山县与昭平县交界思勤江西侧的清塘镇枫木村明代为狼兵屯堡，居山临江，扼水路入昭平之要冲。城堡石墙高 4 米、厚 1.3 米，开三门，外有壕，城堡还修有上山之暗道。该地区曾驻狼兵一千三百人，呈大分散小集中状态进行屯守。[③]

（五）

农民土地被侵占，必然进行反抗。万历元年（1573 年）冬，荔浦南源农军余部即与阳朔碎江起义后转移来的廖金滥所率农军联合，袭击并歼灭土官莫栋营，还攻打古西、岩口等堡，夺取峰门、山湾为根据地，会集阳朔、荔浦、洛容、永宁、永安等农军，共同行动。郭应聘派参将王承恩、王瑞领向武、都康、田州狼兵万人进攻山湾农军根据地，诱擒了永宁农军首领韦狼要，继而又攻破峰门、下南源、榕峒等农军据点，廖金滥率千余众突围，转战于阳朔后牺牲。万历四年（1576 年），值官府策划割富川、贺县地入建昭平县，原平乐上四屯酋领黎福庄趁机联合下四屯酋领周淋湘、韦方相等，并与大罗山农军一道，出击贺县桂岭，旋攻大桐江，然后进入白帽、五指岩，与盘福成领导的瑶族农军会合，杀牛祭神，准备出击府江各地。巡抚吴文华诱捕了黎福庄，并诱其子黎天龙逮捕韦方相等送官，允其“除罪弗治”。黎天龙未受其骗，构筑工事，准备应战。吴文华调向武、常安、富禄、迁江等狼兵，交总兵李锡统领前往昭平征讨。当年十一月至次年正月，陆续攻陷上下四屯、五指岩等寨，农军牺牲一千三百七十余人，被俘二百余人，黎天龙带部分人员突围。[④]万历六年（1578 年），府江瑶壮农民又在瑶族首领盘宗明领导

① 《万历武功录》、王锡爵《平蛮碑》。

② 《明史・郭应聘传》、郭应聘《府江善后疏》。

③ 韦浩明《明代广西狼兵东迁及其历史作用》，载《广西民族研究》2007 年第 1 期。

④ 《万历武功录》。

下，攻打大结、犹苍、猫儿等屯堡，杀屯兵，夺土地，并拦截江上官商船只，杀百户刘卿。万历十二年（1584 年）总督吴文华派都督呼良朋领汉土官兵三万六千人，对荔浦至永安地区实施搜剿，攻占四十余寨，屠杀农民一千二百余名，重占田地数万亩。[①] 万历二十六年（1598 年），府江农民斗争又出现高潮：北陀壮酋黄朝田被把总诬陷入狱，其部众数千围攻昭平县城；桐亮瑶族趁机攻打龙塘营，俘其指挥；横溪、石狗瑶民则攻西平、下陂，杀指挥张茂功等；荔浦韦扶仲则率众攻下了下洞土司城；平乐严头、恭城站面等地瑶民亦纷起响应。对此，当年七月巡抚戴耀亲临平乐，调汉土官兵六万人由都佥事童元镇统领进剿，相继攻陷北陀、严头、站面等据点，诱擒韦扶仲，屠杀农军二千余人。[②] 此后农民斗争依然不断，崇祯十三年（1640 年）修仁头排壮人潘扶叶聚众进攻阳朔、恭城等地，被总兵杨国威及府江道领兵镇压。十五年（1642 年），荔浦南源周扶隐联合修仁、永安农军，围攻荔浦城，知县只有募乡勇以自守。[③] 十六年（1643 年）阳朔大旱，田稼不登，民不聊生，揭竿而起，无处不造反。官方哀叹：郊关之外，不敢出行，孤子一城，“不啻在釜鱼虾，束手俟命而矣”。[④]

---

① 《粤西文载》卷 26。
② 谢启昆《广西通志·前事略二十五·明十五》引《金志》。
③ 《起义史稿》第 118 页。
④ 龙文光《广西兵巡道蔡公祖平寇大功记》，载《阳朔县志》卷 3。

府江农军活动及官军征剿示意图

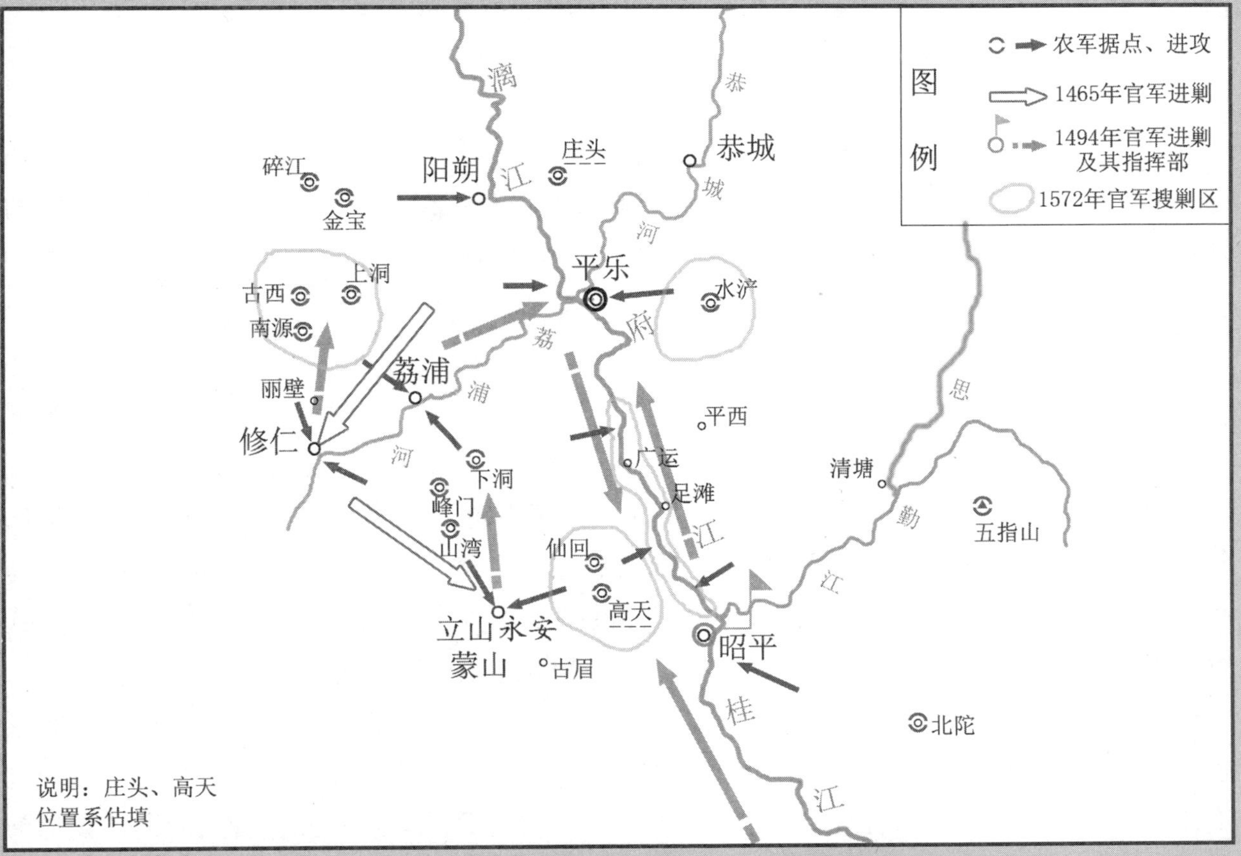

1385年壮瑶农军攻占立山县。1405年平乐莫恭彦聚众劫杀"良民"被都指挥讨平。1450年大藤峡瑶民起义时，修仁、荔浦、立山、平乐壮民起而响应。1465年朝廷发十六万汉土官兵讨藤峡时，韩雍用兵先攻修仁农军，追至立山，斩擒凡八千五百余人。1476年立山被招抚，改为永安州。1494年，永安成万农军围攻州城，并与修仁、荔浦农军联合，阻截江道，当局大困。当年冬至次年四月末，总兵毛锐率六万汉土兵对府江两岸进行搜剿，毁一百八十余寨，斩首六千，夺回四千四百口。1506年，修仁、荔浦农民又起来夺田塘，截江船，商人、官员过往皆得交税。总督陈金剿抚兼施，一度让农军抽税不干预。明代正德、嘉靖、隆庆之六十余年（1506—1572年）间，府江两岸壮民的斗争此伏彼起，呈现持续的高潮。潘公银率荔浦农军北上进攻阳朔、临桂、永宁，省城为之戒严，韦公海部农军屡攻荔浦县城，破营堡；莫良朋领阳朔农军破县城，杀知县、百户，夺县库，占领了江东诸多村寨；李都堂、杨公满率永安农军围州城，杀汉土军官，绑知州索赎……官方称当时形势有如"汤沸燎扬"。

1572年10月中旬起，巡抚郭应聘派总兵李锡领土司兵六万对府江实施三个月的清剿，屠杀壮酋杨钱甫等五千一百余人，在府江南段建置昭平县，设参将领兵七千余屯戍两岸诸峒。处理"遗田"四十万亩有奇，五万三千余亩交土司兵屯种，其余令民复业，耕种输徭赋如故。

1573年，壮民斗争又起。荔浦农军余部与转移来的阳朔廖金滥、永宁韦狼要、永安等部农军联合，夺取峰门、山湾为根据地，不时出击，曾歼灭土司莫栋营。1576年有昭平上下四屯农军联合瑶民进行的战斗，1578年瑶壮农军杀屯兵，夺土地，截江船，杀百户。1598年北陀壮酋黄朝田部众围攻昭平县城，攻打土司屯堡，荔浦、平乐、恭城壮瑶农民纷起响应。当年7月，官府调兵六万镇压，屠杀二千余人。但直到崇祯末年，府江亦未平息。1643年阳朔大旱，田稼不登，民不聊生，到处造反。官员不敢出行，缩守孤城，"真不啻在釜鱼虾，束手俟命而矣"。

周永光撰文、制图

马平农军

马平为明代柳州府的首县，县治在柳州城内。以五都为中心的马平壮民反抗官府的斗争，是明代广西农民战争最激烈的地区之一。桂中重镇柳州之府治，长期处于农军的包围之中。

（一）

马平人民富有斗争传统。洪武间县主簿孔性善有疏云：“昔者陈文景为知县（元皇庆年间任），瑶壮皆应差役，阙后长吏扶字乖方，始复反侧。”①《万历武功录》云：“初，马平猺獞常请乡士大夫之托，以佃丁庄户沉浮闾闬，而乡士大夫亦亲入入寨峒，遂至交钱财、课租责息，出入县庭，未尝不相善，而后渐自成戕贼也。而大司马梁梦龙请著为令，令监门各立门籍，严加稽察，凡与猺獞通而致富者，即以其财产没官。由此獞人大凛凛也。”②（按：据 1985 年统计，昔马平县今柳江县的民族构成是：壮族人口占全县的百分之七十四点六一，汉族占百分之二十五，其他民族只占百分之零点三九。昔人所谓“猺獞”，其实主要是壮。）据汪森《粤西丛载》卷 26 所载，洪武四年（1371 年）马平农军联合宾州农军，北攻融县，转战融江、柳江沿岸，柳州卫指挥苏铨领兵镇压，农军散入山区，官军撤走，农军又聚集出击。苏铨只好在柳州修城浚池，据城固守。洪武七年（1374 年），农军进逼柳州，卫指挥佥事周谊领兵出城交战，韦布党、黄布寡等首领及一百八十多人牺牲，农军失利撤走。永乐元年（1403 年），五都壮民在梁公竦领导下起来造反，联合柳城、融县农军数千人，攻入柳州水南街。他们在柳庆地区扼江阻险，攻城杀吏，震惊了统治者。永乐五年（1407 年），朝廷令征交趾返柳的将军韩观领湖广、广东、贵州三都司兵镇压“柳、浔诸蛮”，并敕新城侯张辅遣都督朱广、方政以征交趾兵协剿。十月，诸军皆集，分道进剿。韩观“以贵州、两广兵，自柳州攻马平、来宾、迁江、宾州、上林、罗城、融县，皆破之。会兵象州，复进武宣、东乡、桂林、贵县、永福。斩首万余级，擒万三千余人”。永乐十九年（1421 年），马平县壮酋梁公竦部众及上林等县壮民六千户、三万三千余口接受招抚复业，隶籍为民。③韩观是皇帝亦曾戒其“勿专杀戮”的嗜杀者，其在广西的恶名“继之者，自山云外，皆不能及”。④据驻柳州的右江参将沈希仪云：“马平县五都贼梁公竦作乱，都督韩观剿之，斩首万余级，马平十八里（马平分为六都共辖

① 《柳州县志》卷 6；《粤西丛载》卷 26 亦载，但上疏时间为成化十八年。

② 见谢启昆《广西通志·前事略二十四·明十四》。

③ 《明史·广西土司传》，《起义史稿》第 124 页。

④ 《明史·韩观传》。

十八里，明制一百一十户为一里）之民尽被屠戮，其存者三不得一。后耕民日少，沃壤荒芜，往往募獞人耕种，日繁而剽掠滋甚。”[①] 马平籍户部员外郎周琦《条陈地方利病疏》亦云：韩观剿马平，“不分善恶，一扫而平。遗下残民只得六里，因致民地空虚，无人居住，乡间田土俱系獞侵”。[②] 当时官府将田地分为三等，上等为地主强豪据有，中等的拨作军事屯田，下等的山区畲地旱田称“余田”，交付壮人耕种。“田虽余，粮则仍在。”每年官府派兵进山征粮，常激起壮族人民的反抗。[③]

（二）

宣德初（1426 年），马平农军在韦朝烈率领下与庆远农军韦万皇部联合，北上临桂、永福、古田、阳朔、修仁五县活动，与当地农军一道，控制了柳州到桂林的江道，进逼到距省府只四十余里。[④] 朝廷派山云取代顾兴祖为总兵前来镇压，反遭农军袭击。[⑤] 景泰元年（1450 年），镇守柳庆的土官岑瑛带兵从征广东，马平五都蓝茄等部农军联合庆远宜山韦万秀等部，聚集万余人，围住柳州城达七日。农军给官府的战书称：“官给我田耕，本以安我，而追征严重，所以至此。”官府被迫与农军谈判，户部太保金链将情况报告朝廷，答应田赋减半，农军才撤围。[⑥] 次年，马平农军韦朝天部北上桂林境活动。[⑦] 景泰五年（1454 年），蓝茄所部及另一支农军韦万山部从柳州南下到宾州、上林、武缘等县，与当地黄公好领导的农军一道活动，“夷众万余，渐逼南宁地方”。天顺元年（1457 年）遭到总兵柳溥率兵围剿，激战四十余日，黄公好及其部众五百余人战死，蓝万随等三十三人被俘，蓝茄率部继续坚持战斗。[⑧]

（三）

正德二年（1507 年），广西地方官奏称，柳庆獞贼常朝宣等四处剽掠，武宗朱厚照命两广总督兼总兵陈金亲率两广汉达官军及两江土司兵亡虑十万众前往征剿，自冬徂春，用兵十有一旬，捣巢扫穴，斩首凡七千级。[⑨] 其实陈金之征剿未见有与农军交战之记载，而是屠杀农民去报功，晋升为左都御史。后任总督张岳称，陈金斩杀虽多，“然而鱼窝等巢攻围数月，竟未尽克，遂且招抚，是以兵散之后，余党复布山谷。顷年以来，根蔓延

① 《紫溪集》，见谢启昆《广西通志》卷 190。
② 见《粤西文载》卷 5。
③ 《起义史》第 95 页、第 96 页。
④ 《明史·山云传》记作韦朝烈；《宣宗实录》卷 29 记作韦朝傅。
⑤ 王臣《平马平蛮碑记》，见《粤西文载》卷 45。
⑥ 黄佐《广西通志》卷 19、谢启昆《广西通志》卷 190《前事略十二·明二》。
⑦ 《粤西丛载》卷 26。
⑧ 《英宗实录》卷 275、卷 278。
⑨ 王臣《平马平蛮碑》，见《粤西文载》卷 45、《粤西丛载》卷 26。

引，占据庆远水陆两路，敌杀官军，攻劫县库，杀戮乡村，每杀一村，则一村田土尽被包占。积岁蚕食，各县仅存附郭数里，其余大抵漫为盗区”。[①] 地方官害怕朝廷罪罚，不敢上报情况。《马平县志》载："弘（治）正（德）间，寇起多不上闻，三都、五都结洛容獞，啸聚如故。" 正德五年（1510 年），周鉴率五都农军开向柳州城，知府刘链领兵数百出城迎战，农军回撤时发现其并无后援，遂又进击将其活捉，"剖腹实草焚其尸"。在刘知府被歼之后，继任知府郭鋐出城又被农军"弩中其膊"，自后驻柳官员披甲亦怕出城。参将沈希仪命百户蒋绍宗带守兵五百偷袭五都农军，陷入重围。沈希仪亲自带兵五百去救援，连战数日，不分胜负。双方谈判息战，农军"收兵奔山顶，空隘以通百户兵"，蒋、沈得以缩回柳州城。遭此挫折，沈认为对付农军，"非狼兵不可"。[②]

（四）

嘉靖二年（1523 年），马平大饥荒，矿工周克亮聚众造反，农民纷纷参加，队伍发展到万余人。两广总督张嵿调兵镇压，农军经数月苦战，最后失败。嘉靖二十一年（1542 年），马平农军又在韦扶矿的领导下重新活跃于柳庆交界地区，阻断了水陆交通，致使"庆远一郡几为绝域"。[③] 嘉靖二十四年（1545 年），两广总督张岳奉命会同广西总兵陈圭，动用汉达官军和土兵共七万实施镇压。张岳对"府县查过应剿首从贼徒名数、村分，并哨道防守把截去处，与夫合用官军兵款粮饷船只等，逐一会同详议，画图贴说，备开条件"的材料进行审查，他更考察了"国初以来，凡四用兵""竟未尽克，遂且招抚"的经验教训，对农军采取"久困之计"。他选在九月初就出兵，抢收农军根据地的庄稼充兵粮，"兵有余粮，决意持久"，而让农军当年失收，粮食亏缺。其进剿部署是：右参政郑炯监参将戚振统南丹土官男莫惟武所带土兵为中哨，攻鱼窝、雷岩、同良、北岸；左参议赵崇信监参将孙建武统那地土官男罗庭凤所带土兵为东哨，攻马鞍、平田、北册、洛满、南团；副使魏良辅监都指挥李霁统东兰土官男韦起云所带土兵为西哨，攻都博、龙船、高桅。九月初七同时开始进兵，"按图扑剿"。五都农军守险拒敌，多次打退土兵的进攻。土兵被迟滞，特别是中哨，"兵力不敷，所围有限"，久无进展，郑炯、戚振向张岳请求增援。此时张岳正结束在广东封川对苏公乐壮族农军的征讨，遂从班师的队伍中抽出田州土官男岑芝的土兵五千、镇安土官男岑真宝的土兵三千、向武土官男黄仲金土兵三千、东莞县铳手五十名，以及汉达官军、打手等，由广东都指挥刘海、参政张烜统领，随其于十一月十五日开抵柳州，补入各哨参战。面对敌军压境，五都农军收拢兵力，择要据守。特别是"鱼窝、马鞍、龙船等寨，势极高险，拔地数十丈，弓箭火铳俱不能达"，农军"防官军，据高临下，礧石如雨，从古攻打未曾克破"，"自洪武初年以来，不入版图"，且各寨"岁有积聚"，足资坚持。梁鲁《柳江县志·军事篇·重大战事章》载，鱼窝及郎

① 张岳《报柳州捷音疏》，见《粤西文载》卷 8。

② 王臣《平马平蛮碑》，见《粤西文载》卷 45、《粤西丛载》卷 26，以及沈希仪《紫溪集》。

③ 张岳《与夏桂州书》，见《粤西文载》卷 54。

洞系洛满西南同一个山弄中的几个屯，当地民谣称："吉村府，潭头县，鱼窝、郎洞金銮殿。"反映了嘉靖年间农军在该地的聚集情况。官军来攻，礨石之下，徒付伤亡。为此，张岳便围而不攻，还专调副总兵程鉴来坐镇，防止农军突围。经过整七个月的围困，官军于嘉靖二十五年（1546年）四月初八起，开始对农军实施攻击。张岳还到柳城设帐督战，责令各哨主官于限期内攻克目标，否则军法处置。在严令之下，官军相继拿下了雷岩、同良、平田、洛满、都博等寨，但鱼窝、马鞍等险寨则数度强攻不破。张岳命副总兵程鉴购募敢死目兵七十名偷袭鱼窝，对程鉴称：破了鱼窝报你首功，鱼窝不破治你养寇首罪。程鉴令五死士于夜间先攀藤爬树上山，杀了因缺水卧不巡警的几名农军，便冒充农军巡逻，掩护其余敢死队员夜登。当山上发生交火时，山下官军亦一拥而上，夺闸门，投火球，烧茅房，农军仓促应战，伤亡惨重。"山顶贼架木桥通往来，兵至顶，贼蹙毁桥，火炮矢刃，迅激交发，呼声震山谷间。而贼中主计老媪，年八十矣，急呼众速自焚，毋为官军所鱼肉也。于是鱼窝遂破。"张岳称，各哨共捕杀了农军和群众四千零八十四人，农军首领韦金田、韦金秀、覃朝解、韦明濂、蓝扶威等均遇害。消灭了农军之后，张岳便在当地重建封建秩序，编户二万零六百六十三名，核定了一千三百二十六石税田，搜缴盔甲、刀枪、箭弩等二千八百一十七件、马三百五十匹。并命令参将戚振统领泗城、东兰、南丹、那地等州土兵各五十名于柳州、融县、来宾、千蔓、古零等处立营留守数月。自己于五月二十四日返回梧州总府。据称，平五都后，马平之三都、四都，来宾之北五，以及宾州之龙哈、八寨等，其魁渠皆自投军门，愿编立里甲，输纳税粮，同于百姓。[①]

（五）

农军失败后，一些地主强豪陆续到马平占地招耕，剥削佃户。官府又派土舍韦志雄提兵前往建营堡，占地屯守。马平壮民在韦王朋领导下起来斗争，"视堡兵为仇雠""常率东欧、大产诸酋，阻山横行，要挟营堡""三都与东欧贼掳官杀役"。鉴于矛盾日益尖锐，万历十年（1582年）秋，柳州分守使彭应时、兵备使周浩派一名千总前去抚谕，被农民处死。是年，县官领人下乡度田定税，韦王朋率众抵制，四出攻击官军，使官员不敢入境。为此，两广制置使刘尧诲、广西巡抚郭应聘命总兵王尚文、参将李应祥、金丹统领千总张茂功、吴国勋等兵及忻城莫镇威、下雷许宗荫的土兵，前往征讨。韦王朋领导的农军和群众被杀六百六十二人，被俘四百三十七人，被缴器械二百四十余件，掳走牛马六十余头。[②]

马平农军虽然最终失败，但它在壮族人民武装斗争史上，写下了壮烈的一章。

---

① 张岳《报柳州捷音疏》，见《粤西文载》卷8；沈希仪《紫溪集》，见《粤西丛载》卷29。

② 谢启昆《广西通志·前事略二十四·明十四》，《粤西丛载》卷26。

马平农军活动形势图

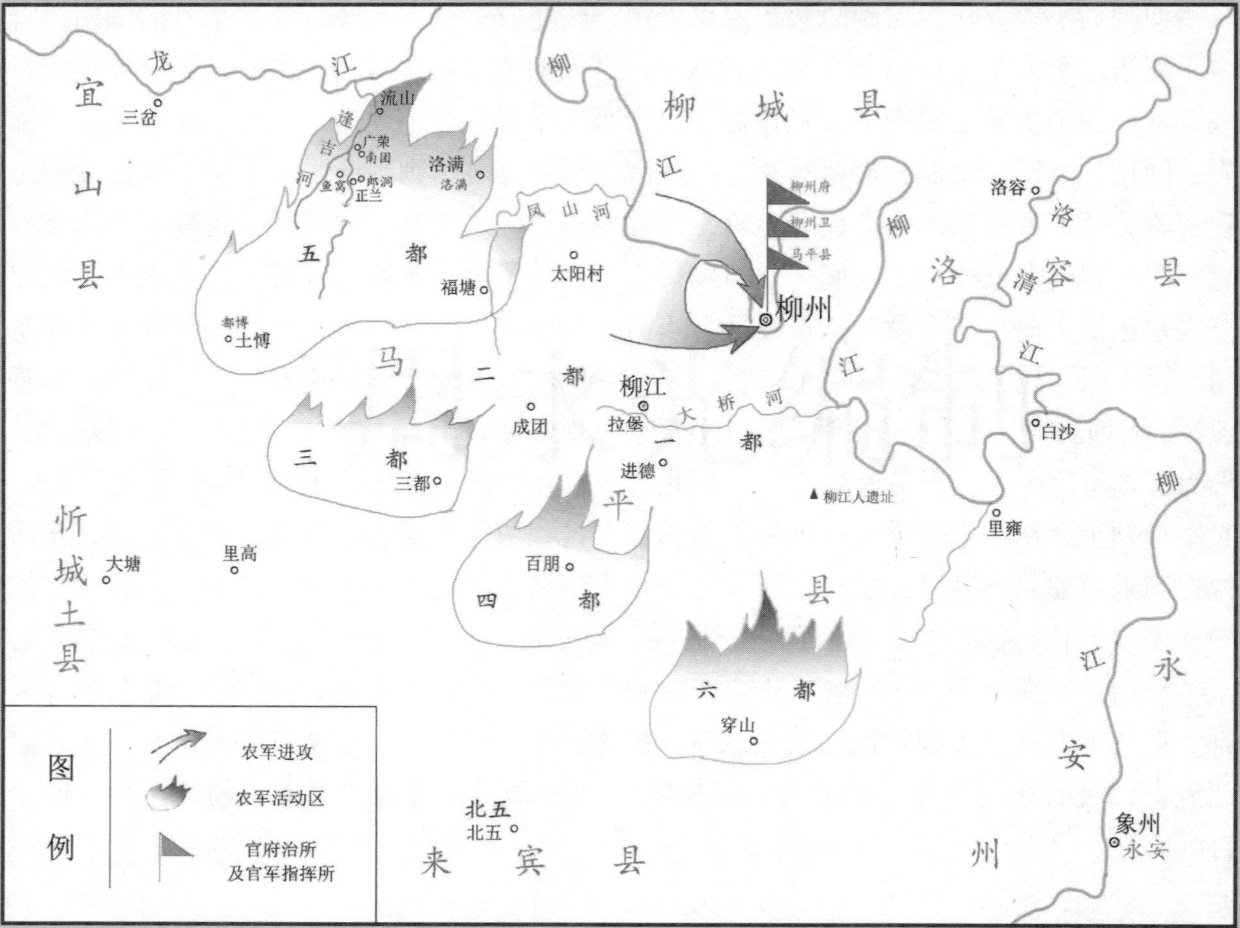

洪武四年（1371 年）柳宾农军北攻融县，柳州卫击之而复聚。永乐元年（1403 年）梁公竦于马平五都造反，率壮民与柳城、融县农军进攻柳州城。五年，韩观领粤桂黔三省官军前来镇压，在柳州各县斩首万余级，马平六都共十八里之民仅存六里。荒芜之田，招壮人耕种。宣德二年（1427 年）马平农军又起，韦朝烈部联合宜山农军北上游击阳朔、永福等五县，威逼省城。景泰元年（1450 年）马平五都等地农军联合宜山农军万余围攻柳州城，给官府下战书称：官给我田耕，本以安我，而追征严重，所以至此。朝廷答应田赋减半方撤围。当时马平、北五、大藤峡农军各数千，转战柳州各县。景泰、天顺之际（1454—1458 年），马平蓝茄、韦万山等率部南下，联合宾州黄公好农军，出击上林、武缘，进逼南宁。正德二年（1507 年），总督陈金率十万兵剿马平，不敢深入，屠民报功，致使农军更为壮大。五年，柳州知府刘琏领兵出城作战，被农军擒杀焚尸。嘉靖元年（1522 年），马平大饥荒，周克亮起义，应者万余人，遭镇压苦战数月而失败。二十一年（1542 年），马平农军又起，二十四年（1545 年）九月，总督张岳领七万官军、土司兵用久困之计对马平实施围剿。农军退向鱼窝等据点坚守，苦战至次年四月失败，四千人牺牲，韦金田等首领遇害。

农军失败后，官府派土舍韦志隆领兵到马平建堡屯守，还派官员下乡度田定税，韦王朋和东欧、大产等壮人首领率众抵制，阻山横行，要挟营堡，有司莫能制。万历十年（1582 年）秋，官府派千总去抚谕，被农民处死。继而总兵王尚文提两千总之兵及忻城、下雷等土司兵前往镇压，杀农民六百六十二人，捕四百三十七人。

周永光撰文、制图

庆远农军

明代的庆远府辖宜山（今宜州市）、忻城、天河（今罗城）、思恩（今环江）、荔波（今属贵州）五县，河池、南丹、东兰、那地四州，永顺、永定、永安三长官司。府治在宜山（今宜州市庆远镇）。明代庆远壮民的斗争，可分为明代初年的斗争、韦万皇起义、反土官岑瑛三起来叙述。

（一）

洪武十六年（1383 年），史载"东兰那地贼犯边"，广西指挥徐玄领兵镇压，平二十四寨，斩首千余级。[①] 二十八年（1395 年），龙州土官赵宗寿反明时，宜山"蛮寇"韦召同时称王，赵成秀、韦公旺称万户，聚众对抗官府。皇帝朱元璋派大军讨龙州时，令广西都指挥韩观率兵剿宜山，捕获韦召所部二千八百余人，斩大王韦召及其万户，传首京师。同年，思恩农民在莫父练率领下亦起来造反，占领镇宁等寨并进攻县城，劫杀官民，取仓库钱粮。广西都指挥同知姜旺、童胜带兵前往镇压，"杀获"农军三千余人，招降一千一百四十三户，缴获故宋铜印一颗。[②] 官军的镇压，激化了社会矛盾，加之当时庆远一带连年灾荒，流移遍野，到处是暴动的火种。永乐二年（1404 年），陈公宣率忻城、宜山"两县洞蛮"成立武装，四处出击。后来皇帝命都指挥朱辉前往招抚，陈公宣等带一千零三十五户归附，斗争被平息。据载，荔波未隶编籍的八十二洞瑶民亦跟着被招抚。[③] 永乐五年（1407 年），宜山县述昆乡农民在韦公本的率领下起来造反，不久受到韩观的征剿而失败。[④] 洪武年间和永乐初，庆远各地的农军活动此起彼伏，规模不是很大，但它开启了明代壮民武装斗争的先河。

（二）

永乐十九年（1421 年）起，韦万皇领导的延续二十余年的庆远农民武装斗争，是对明代影响重大的历史事件之一。韦万皇是宜山县升河村贫苦的壮族农民，他同官府斗争的决心很大，起义时就封王侯和将帅：他自己和韦钱望称王侯元帅，部下韦万贤为通天侯，韦万两、廖用为通天侯都元帅，韦公响为无敌大将军，韦公笑为猛烈将军。他们联

① 《粤西丛载》卷 26。

② 《明太祖实录》卷 239、卷 242、卷 246，《明史・广西土司传》。

③ 《明史・广西土司传》。

④ 《粤西丛载》卷 26。

络马平三都、五都，以及忻城、八寨、荔浦等地农军共同打击官军，控制了柳庆两府广大乡村。明成祖朱棣派巡按御史诸璞前往处置，被擒杀，并被夺走印信。朱棣遂命镇远侯顾兴祖为征蛮将军，调湖广、贵州、广西三省官军前往征剿。先剿永福以通道路，再谕降荔浦、修仁农军，以拆散韦万皇之同盟，然后三路围剿宜山、忻城：左路官军由指挥使鲁义率领，自宾州北上攻忻城；右路官军由指挥使李宣、史雄率领，自思恩县向东南推进；中路官军主力由顾兴祖亲率，自柳州经小安定西进，与思恩右路对进合击宜山。针对官军的攻势，韦万皇布置覃宣带领一支队伍在忻城防御北上之敌；派韦万两、韦公笑率部拦击由思恩东进之敌；派韦万贤、廖用、韦公响等带领主力迎击自柳州西进之官军。战斗进行得十分激烈，农军几经血战，各路将领全部牺牲，部众被杀五千余人，次年（1422 年），梁善聪等首领亦被捕，但农军余部由韦万皇带领，“奔入山林潜住”，官军班师后复出活动。①

永乐二十一年（1423 年），庆远农民又纷起造反，队伍日益壮大。洪熙元年（1425 年），思恩县覃公旺称都督，聚众达两千余人，河池覃公新联合宜山莫往韦万皇，以及忻城等农军又有四千余人，他们相互呼应，“四出攻劫，杀掠人畜，焚烧仓粮”。宣德初（1426 年）顾兴祖再次调兵镇压，覃公旺据守思恩大小富龙三十余峒，凭险抗击，杀伤不少官军。后来覃公旺阵亡，农军受挫，牺牲一千零五十余人。河池农军反征剿也告失败，众首领阵亡，覃公新被俘，械送京师杀害。宜山农军韦稳所部亦遭镇压。②失败的教训使韦万皇改变了以往被动应付的做法，采取了你打进来、我打出去的策略，主动撤离庆远东进，联合马平韦朝烈部农军，出击修仁、阳朔、古田、永福、临桂五县，进抵离省城只四十余里的临桂南乡，“焚毁公廨，杀人劫财”“肆无忌惮”，致使省府城门紧闭，通宵戒严。与此同时，谭团所率的一支千余人的队伍则继续在忻城境内作战。③农军的重新活跃，使刚登基的明宣宗朱瞻基甚为恼怒，下诏将原负责剿办的顾兴祖逮捕治罪，让山云配征蛮将军印，出任广西总兵官。宣德三年（1428 年），山云到广西首先就调兵征讨韦朝烈、韦万皇的马平、庆远农军。农军依托山区优势对抗官军，“保山巅，山峻险，挂木于藤，垒石其上，官军至，辄断藤下木石，无敢近者”。山云改用夜间佯攻，鸣锣击鼓，驱赶角上绑着火把的牛羊上山，诱使农军断藤放石。“比明，木石且尽，众噪而登，遂尽破之。”当年冬，山云还派兵追击忻城谭团部众到横州永淳县，谭团及其部众二百九十余人牺牲。④事后，山云将“忻城残贼委土人莫贤抚化”。正统六年（1441 年）监察御史韦广，在宜山守丧后回京向皇帝建言称，经莫贤这位“土人之有智识、兵力者”的抚化，瑶壮“至今听服”。⑤

山云连续进攻，攻破了众多的农军据点。据其奏报：自宣德三年至五年，征剿柳州、

① 《粤西丛载》卷 26、光绪七年版《宜山县志》卷 20。

② 《宣宗实录》卷 6、卷 8、卷 11、卷 12。

③ 《宣宗实录》卷 28、卷 29、卷 42。

④ 《明史·山云传》、《宣宗实录》卷 42。

⑤ 《英宗实录》卷 76。

庆远等府，忻城、马平等县，斩首七千四百一十九级，归男妇一千五百三十人。[①]但农军化整为零，继续活动。宣德八年（1433 年），韦万皇——此时化名韦公秾——和黄公帐从桂北返回，庆远地区的农民武装斗争又起。次年，山云派都指挥彭义领兵镇压，思恩农军首领覃公寨、梁公成、潘天通及部下一千零五十五人牺牲。[②]韦万皇则于正统十年（1445 年）在反围剿中被俘遇害。正统初，府江、藤峡农民斗争高涨，官军四顾不暇，山云疲于奔命，坠马伤股，于正统三年（1438 年）不治身死。

（三）

《明史·广西土司传》载：正统六年（1441 年），宜山境内"蛮民弗靖，有司莫能控御。耆民黄祖记与思恩府土官岑瑛交结，欲割地归之思恩，因谋于知县朱斌备。时瑛方雄两江，大将多右之，斌备亦欲藉以自固，遂为具奏，以地改属思恩。土民不服，韦万秀以复地为名，因而倡乱"。《粤西丛载》卷 26 载：先是韦万皇等作乱，顾兴祖领大军剿捕，班师后从山林复出为害，知县朱斌备以作乱地方奏准拨与岑瑛管治。诏准时间在正统七年。于谦《论宜山贼情疏》称：述昆等乡自拨与思恩府之后，韦万秀等不服岑瑛管束，流劫不已。继任知县张宗乞照旧归宜山管辖。副总兵武毅等会议，认为将述昆等乡贼峒退还本县，恐武缘、上林仿效，为患非小，主张仍令岑瑛管束。准行后，韦万秀又作乱，武毅又奏还与宜山。[③]韦万秀不屈不挠的斗争，获得忻城韦公点聚众响应，并攻打宾州，岑瑛带兵镇压，导致柳庆各地都掀起了反抗斗争。正统十年（1445 年），宜山三岔梁公合、柳城西乡龙受福联合起事。五月，都指挥佥事范息带兵镇压无果。十二月，广西总兵柳溥亲赴庆远征剿，八百多农军牺牲，庆远农民领袖韦万皇被俘遇害。但农军又在韦万秀的带领下，与马平蓝茄等部农军联合，转战柳庆地区，一度攻下河池所驿镇，并围困柳州府城，迫使朝廷答应田赋减半。负责柳庆镇守的副总兵武毅因"拥兵自守、畏缩无谋"，以致地方"四年未平"，被参奏降黜，由陈旺接替其职。[④]

景泰三年（1452 年）二月初十，宜山千余名农军在韦万秀等四人带领下，张旗鸣锣打鼓，到莲塘等四村捉拿谢宗举等四名豪绅地主，杀了祭旗。处决布告云："谢宗举卖地方与岑瑛。先前作反，皆因科扰重大激变，后蒙宜山县招安，你又告大军来杀我，你众人不去告讨地方还我，务要杀绝尔等。"接着，韦万秀带农军围攻德胜、小廖等寨，洛东、田心等寨千余名农民闻声响应，攻下大曹驿，夺走驿马，占据提点、江皋等地。韦万秀又"四散传迭木刻，招徒聚众"，吸纳了陈万等领导的天河、富禄、白藤、鱼良等地农军，忻城、河池、来宾、马平等县农民亦纷起响应。当时农军"不计数万，四散屯聚，攻劫各县，柳州一带，水路道路，俱各不通"。右参将孙麒领兵六百缩守河池，称官军数少，把剿捕

① 《宣宗实录》卷 72。
② 《宣宗实录》卷 109。
③ 谢启昆《广西通志·前事略十二·明二》。
④ 《英宗实录》卷 126；于谦《议处广西夷情疏》，载谢启昆《广西通志·前事略十二·明二》。

责任推给岑瑛，而岑瑛见农军人多势大，不仅按兵不动，还声言“要将前地方退与宜山县招抚，本职领军回府听调”。[①] 天顺初（1457年），宜山韦万强又聚众造反。庆远府同知叶祯招募乡勇，加以训练，对抗农军，并将“数败官军”之峒酋韦父强捕杀。农军遂围攻庆远城，旗山守将“拥兵不救”，叶祯父子领乡勇出城交战。《明史·叶祯传》云:“贼却去，旋蹑祯，战相当，祯子公荣歼焉。顷之，贼围攻鸡喇诸村，祯率三百人趋赴，道遇贼人头山下，鏖战，祯被数枪，手刃贼一人，与从子官庆及三百人皆死，时天顺三年正月晦也。”《粤西丛载》卷26之记载是：韦父强复叛，叶祯征之，指挥黄钺忌其功，遣谍泄机于贼以杀祯，自是贼势日炽。天顺五年（1461年），府、县申议，以前地方复畀瑛治之。立八仙堡，以土兵千人戍守。同年，广西总兵过兴领兵进剿清潭等寨，杀韦召海部农军六百余人。成化四年（1468年），述昆农军攻破古邕、东寨诸堡，杀百户王祥。成化六年（1470年）忻城及皂岭农军四千余人在黄公刚率领下，入宾州安城乡攻破上团渌旧寨，焚仓舍、劫财畜。八年（1472年）黄公刚部又和八寨农军出击宾州、上林、永淳乡村。韩雍派参将张寿带兵攻入八寨，并追剿到忻城等地，农军牺牲五百六十二人后，转移到浔、梧两府各县及广东高、廉、雷、肇等地进行游击作战。韩雍又派游击冯升等分道阻击，农军又牺牲四百七十一人。[②] 次年（1473年），忻城农军又“纠众流劫宾州、上林等处”。[③] 弘治四年（1491年），庆远和八寨农军在韦七璇带领南下，出击宾州、上林，杀指挥王英。庆远知府姜绾设计杀害了韦七璇。

此前，宜山覃召官在成化二十二年（1486年）就又聚众起来进行“复地”斗争，“屡征不靖”。弘治元年（1488年）朝廷委官招抚，“众愿取前地，别立长官司”，脱离思恩土府管辖。弘治五年（1492年），广西巡抚邓廷瓒奏准，将宜山述昆、古阳和归善、洛三，分别设立永顺、永定二长官司，皆以宜山诸里人为正、副长官。至此，庆远壮民五十余年的反思恩土司统治的风暴，乃告停息。[④] 弘治九年（1496年）九月，两广总镇等官又奏准在天河县被“獞贼所据”的地方设立永安长官司，授土人韦万妙为长官，韦全保、韦公利、韦应填为副，并置流官吏目一员。[⑤]

明代中期以后，庆远仍然有农民的反抗斗争。弘治十三年（1500年）四月初一，韦七璇妻联合韦万妙等率众数万，突然包围庆远城，“矢石如雨，几为所陷”，连攻数日不下而后撤离。[⑥] 次年（1501年），韦万妙率众攻天河，姜绾调那地土兵镇压，韦万妙被俘杀。嘉靖三十年（1551年）六月间，农军夜入庆远城，“劫库杀人”。[⑦] 万历七年（1579年），蓝龙返率其三个儿子聚众造反，在德胜乾合村火把洞被卫指挥戚秉忠领兵夜袭杀死，部众溃散。一百五十七年后的清乾隆元年（1736年），蓝明返、蓝奉鳌、覃奉恩等又率白土、

① 于谦《南征疏稿》卷4。
② 《英宗实录》卷278，《宪宗实录》卷78、卷100、卷104。
③ 《宪宗实录》卷78、卷104、卷115，《明史·韩雍传》。
④ 《明史·广西土司传》。
⑤ 《明孝宗实录》卷217。
⑥ 《明史·姜绾传》。
⑦ 《世宗实录》卷374。

庆远农军活动及官军进剿示意图

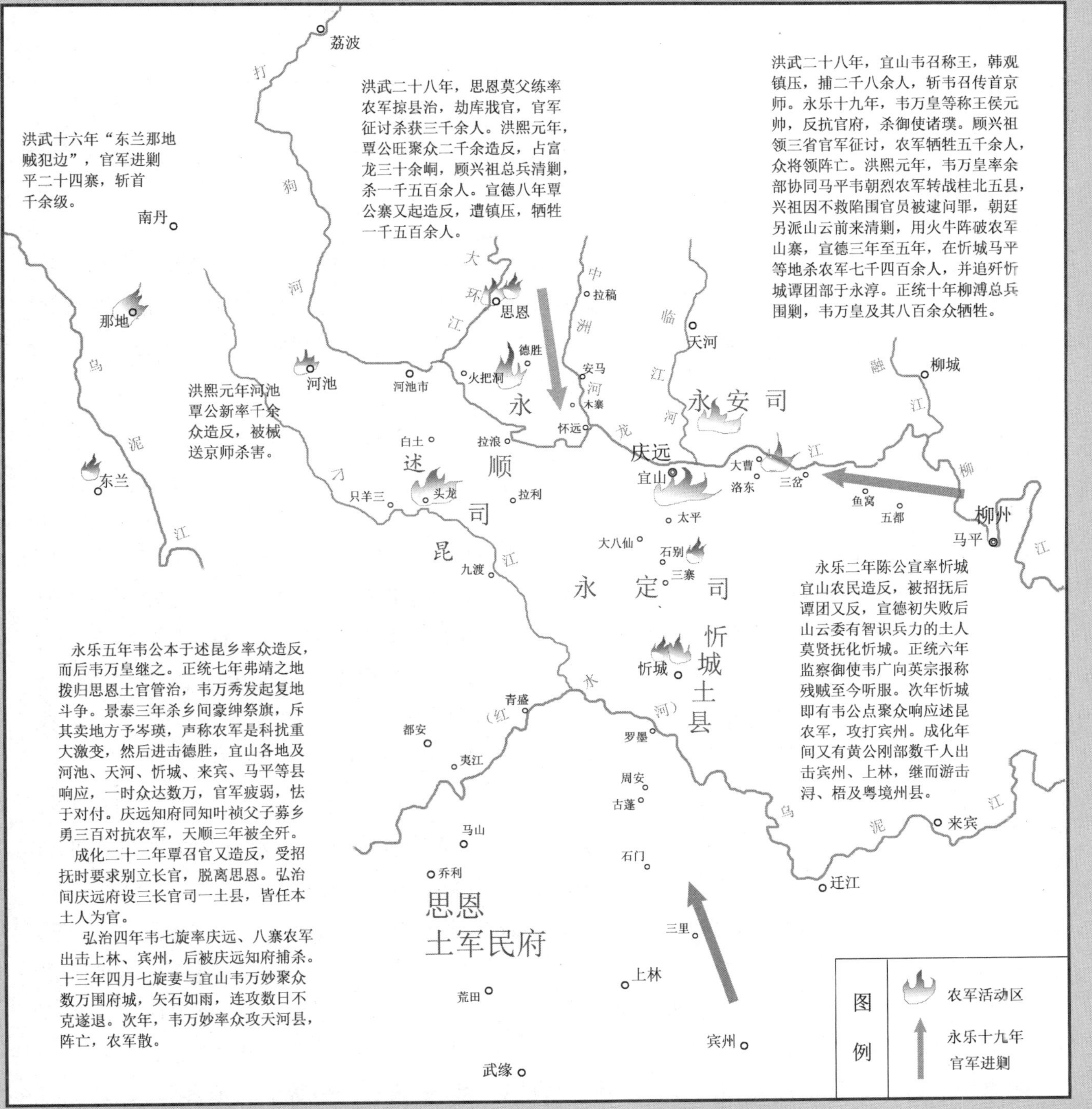

明代庆远府辖宜山、荔波、思恩、天河、忻城五县，河池、南丹、那地、东兰四州。宜山县因“蛮民弗靖”，正统七年（1442年）割地予思恩土府岑瑛抚治，述昆等乡土民不服，屡征不靖。弘治五年（1492年）总督邓廷瓒取前地置永顺、永定长官司，正、副长官皆以宜山诸里人任之。九年，又析“渐为壮贼所据”之天河县十八里置永安长官司，授土人韦万妙为长官；同年裁忻城流官，留土知县掌县事。

周永光撰文、制图

邱索（永顺长官司境，今属河池市）等十八个村寨千余农民起来造反，连年攻打土司城堡。五年（1740年）遭到三千汉土官军征剿，农军激战八天后失败，蓝明返被俘，狱中嚼舌而死，其他首领被杀害。[①]

右江划马军

宾州迁江县的北三、来宾县的北五农军，是明代壮民武装中的一支劲旅，他们多骑无鞍之马出行和作战，别号“划马”。其主要活动地区在红水河下游、黔江上游，明代属于右江道，因而古籍中常称右江划马军。万历孙成名《奇功膺锡序》云：“盖北三诸巢，犷悍恣睢，为右江积患，已百有余年于兹矣。”

（一）

洪武四年（1371年）宾州农民造反，联合柳州农军北攻融县。柳州卫指挥苏铨率兵“奋击”，农军散而复聚，继续活动。[②]洪武十四年（1381年），宾州农军联合象州、浔州瑶壮农军，攻占宾、象、浔交界地区。广西都指挥徐元领兵镇压，数百名农军牺牲。洪武二十五年（1392年），宾州、上林等地农军活动频繁，广西都指挥韩观征剿，无大效果。景泰元年（1450年），北五韦公写、马平韦公猛、藤峡侯通三等同时揭竿而起，各有数千人，人多马壮，声势颇大，巡抚李棠对之征讨。朝廷还命广东都指挥范信率部前往柳州，与都指挥同知孙麟部会合，进行围剿。范部于二月二十五日到达北流，企图为县城解围，受农军打击。三月初四到来宾，正值划马军七千余人围攻千户所，范部一千四百人亦陷入划马军包围之中，恶战多日，官军突围逃跑，范信中箭穿腮，几乎送命。[③]次年，农军又围攻宾州等地，朝廷于四月间再度命广东发兵救援。[④]此后，划马军得到进一步发展。天顺元年（1457年），宾州黄公好打出了“划平王”的旗号，率领部队与马平蓝茄，以及上林、武缘等农军联合，“夷众万余”转战于宾州、上林、武缘一带，进逼南宁，威震一方。当时谣称“官军见到黄公好，兵卒发抖马嘶叫”。[⑤]广西总兵官柳溥调集“左右参将等官臣会合各处官军和土兵，分布八哨，与贼对敌四十余日，贼势据险愈甚”。后来官军命士卒“攀藤缘崖而进，用铳炮火器四方夹攻，克破贼寨，斩划平王黄公好等五百二十四人，生擒蓝万随等三十三人，夺回被掳男妇一百一十二人”。但次年八月官府又奏：“贼

① 韦甘睦《宜州市志·军事篇·兵事章》。
② 《粤西丛载》卷26。
③ 于谦《南征疏稿》卷1。
④ 《英宗实录》卷203。
⑤ 高言弘等在武鸣两江搜集，载《起义史》第85页。

五千余徒烧劫宾州坊厢，杀死男妇四百三十九口，掳二千六十余口，牛马二千余匹。”①

（二）

嘉靖七年（1528年），王守仁镇压八寨后曾经移师攻击北三、北五，但刬马军避实击虚，使其无功而返。嘉靖二十一年（1542年），宾州、马平农军在韦公返、韦扶矿领导下，频繁出击。嘉靖二十四年（1545年），覃朝鲜领导马平、来宾农军转战红水河、黔江两岸，敌杀官军。《万历武功录》载：“北三、北五皆右江獞……岁与东欧、西里及三都诸贼相依附，马多人劲，俗号为刬马贼。常陈兵走东粤，略三水、清远诸县，还入南宁、平南、武宣、来宾、藤、贵，劫府库。已略来宾所千户黄元举家产，杀土吏黄胜及其子四人、兵七十余人。已杀明经诸生王朝经、周松、李茂、姜集四人。自是之后，白昼皆蒲伏道左，夺诸过使行李。李副使、戴佥事，多受其祸。居顷之，南四逋逃酋韦明甫及其子十余人，亡抵右江，谋为报复计，乃卤武宣诸生米如银，扬扬骑马骡千余来。焚大卢等七村，攻博学等二十一村，会舍人张刚、佐史周于义遇行间，诸壮执而戮之，夺其所持牒。阻置邮，置邮无敢昼夜行，道上多不得以文书往来。”

在无可奈何的情况下，右江兵备使沈希仪于万历元年（1573年）派指挥使于碧、萧绅入北三、北五，“宣朝廷威德趋归降，会峒老韦法真等，同原卤来宾、迁江民蒙演、蒙葛眉等，俱盟誓，诣兵备使所，愿归所夺田，输赋，请以汉官式临之。当事者具报可。于是蒙演等得自新，而李良臣、李纯、唐鍊，先后为巡按使具得其状，大会巡抚郭应聘、制置使殷正茂，并奏于上”。布政使、参政、按察副使等又上善后之策，皇上皆可之，并诏赐奖赏。但刬马军将士对峒老韦法真等人的许诺不予承认，继续同官府对抗。北三酋长谭公柄与韦三层、韦三丈等常率二千余人，出岔凤山鱼鳖塘；同时，河塘韦宋五（河池州惟建里酋长）傍江（指金城江）结垒，咘咳寨酋领蓝公潺率众驱逐土官，桂北义宁、永宁、永福等地壮酋农军都相应而起，阻山公行杀商人、执“良獞”，“郡县皆警戒，道路不通”。②

万历六年（1578年）正月，巡抚吴文华用兵近万突袭北三刬马军。北面三哨由右江参将倪中化率领，自忻城、都博、三都进剿古车、黄腊、福波、下葛、中满等寨，南面三哨由义宁参将王瑞率领，自迁江、来宾的迎恩、中店、沙村进剿进攻社头、官田、吉凤、牛尾、狗零等寨。刬马军仓促应战，退守古铁、虎伏、穿岩、铜瓶、卡来等寨，抵抗一个月，伤亡四千八百余人，被俘三千四百余人，丧失了一百余个村寨，被掳走牛马器械数以万计，大片田地被占作屯田，迁江所屯重新被官方占有。刬马军此次重挫，在于中了吴文华“近而示之远”，声东击西之计。他在例当更戍之时调集诸州土兵，分为数哨，北剿河池，南讨咘咳，掩盖其主要征讨犷悍百余年而未经讨伐的北三刬马军的企图。

---

① 《英宗实录》卷275、卷294。

② 《北三谭公柄、河塘韦宋武诸壮列传》，见《万历武功录》。

北三划马军始闻兵集，颇戒严。继闻兵势分，又并非向己而来，遂不为戒。官兵乘胜疾趋，穷昼夜驰数百里，抵北三，划马始相顾愕然。[①]《明史·吴文华传》载：文华“偕总督凌云翼征河池、咘咳、北三瑶。北三瑶未为逆，云翼喜事，杀戮甚残，得荫袭，文华亦受赏，迁户部右侍郎”。

（三）

万历四十六年（1618年）广西大旱，次年又大疫。当时出任右江巡道的盛万年在其《粤事记》中写道：“万历戊午之大荒，己未之大疫，宾民死者，白骨成山。余设处银三十两，分发柳州府……建义塚三区。又发迁江、宾州银十两，亦造义塚，掩埋饥殍尸骸。因劝士民随处收埋，或经行道路间，常令土司带锄锸相随，遇则以土掩之。三四百里，经行之处，亦不至暴骸于莽，窜骨于渠者。然而不能使其不饿殍也。可悯孰甚焉，真是救荒无奇策耳。”处在生死线上的人民，要活命只有参加造反，划马军又得到了空前的发展壮大，所到之处，“穷人必入其党”“壮夫皆从”“聚党日众”，宾州城陷入了起义军汪洋大海包围之中。宾州至省，道路不通，铺递驿馆，空虚无人，官员不敢赴任已是多年的现象。据盛万年《上林抚台三书》称，划马军“有数百为群者，有千余为群者，有三千为群者，白昼出劫，殆无虚日”。为配好马，不惜重金。“昔以一两一匹，今出价二十两。”划马军战士“挟一长枪三镖，连辔而行，如入无人之境”。招兵入伍即“教以制火器，造甲衣”“还长于制弩，弩颇毒，发必能中伤人”。划马军还广设耳目，建立了情报网。“密布私人于东西两广各衙门，俱有月报。其以机密事报者，尤重酬谢，人皆乐为之用。”划马军出入，“张旗帜，鸣金鼓，大非平时盗贼行径”。“据今宾、迁士民之诉，贼徒数万，势可立聚。”“明言欲攻城郭；明言官兵有几，其奈我何；明言从来说剿，何曾能剿？”当时“宾州在营戍兵总不过五百名，柳州军兵千余……战邪？守邪？必无幸矣！”盛万年虽派土兵斩、捕了宾州、迁江、柳州划马军五百六十余名，无阻其燎原之势。从以上报告可以看出，万历末年的宾州、迁江、来宾一带，几乎成为划马军之天下。[②]

（四）

除了北三、北五，位于贵县西北的五山和北部的龙山，也是划马军的根据地之一。五山距龙山不远，二山农军连成一气，这里山崇而袤，谷深林密，是壮族聚居地。早在宣德二年（1427年），贵县（龙山、五山）农军就和横州农军到钦州地域活动，攻入灵山县衙，杀知县，“掳官民妇女十二口，抢掠财富及官军仪仗回。”宣德五年（1430年）龙山农军又与大藤峡瑶族农军联合出击，守备都指挥陈金因剿捕不力被治罪。天顺六年

① 张翀《平北三大功碑》、孙成名《奇功膺锡记》。

② 《粤西文载》卷54。

（1462年），龙山又有韦公立率众造反，八年（1464年）伙同郁林余何敬部攻下陆川、平南等县。[1]嘉靖六年（1527年）八寨农军曾到五山地区的凉伞、叠纸一带活动。万历七年（1579年）官军征剿八寨，部分八寨农军转移到五山、龙山。万历二十三年（1595年），昭平参将白斯清“潜议雕剿，机事不密，几酿大祸”，白斯清“擅剿五山失利”后，农军乘胜四出攻击。[2]继而“督抚二臣檄副使杨寅秋以计破之，余党相率请降，穷山负谷，举为编户”。[3]为防五山农军再起，巡抚陈大科当年即会同总督采众议，奏准于五山要地谢村筑土城，立参将衙门，令浔、梧参将逐季巡历，有事则往驻镇；选用督备指挥一员，常驻镇守。将奉议卫贵县所和向武千户所官兵四十五名从贵城内外迁驻谢村，携家驻守。并环五山棋布营堡，增兵防守。原堡和添建的营、堡，其兵力共达七百八十五名。[4]在陈大科措施尚未完全实现之时，暴动又起。天启六年（1626年），壮民在六斗酋首胡扶纪、胡扶龙兄弟率领下出击，“戕害上黄民兵，劫掳村落”。浔州守备蔡人龙、把总邓养性统兵剿捕，“穷搜倦寝，夜被歼焉”。两广总督商周祚奏称：“胡扶纪以鹅山（龙山）为窟穴，盘踞猖獗，人无安堵，党羽甚繁，耳目甚广，兵至则逃匿，兵退则出劫，即欲纵兵穷搜，而山深箐密，无从踪迹……今复敢戕杀守备。”崇祯元年（1628年）二月，广西巡抚王尊德令参将康承爵率领左江土兵三千七百人，参将范景文率领右江兵四千人，分道进攻龙山。胡扶纪带领农军与敌周旋。官军收买了农军叛徒，诱骗胡扶纪回寨，在途中进行伏击。农军伤亡惨重，胡扶纪被俘遇害。[5]但农军并未灭绝，《桂平县志》记载：崇祯间“浔贵划马贼起”，说明五山、龙山农军是右江划马军的一部分，而且坚持斗争到明末。

① 《宣宗实录》卷65、《英宗实录》卷344、《宪宗实录》卷3。

② 《神宗实录》卷288。

③ 谢启昆《广西通志》卷203。

④ 陈大科《五山善后疏》，载《粤西文载》卷9。

⑤ 《熹宗实录》卷79、卷86，《起义史稿》第144页。

划马军活动及与官军交战示意图

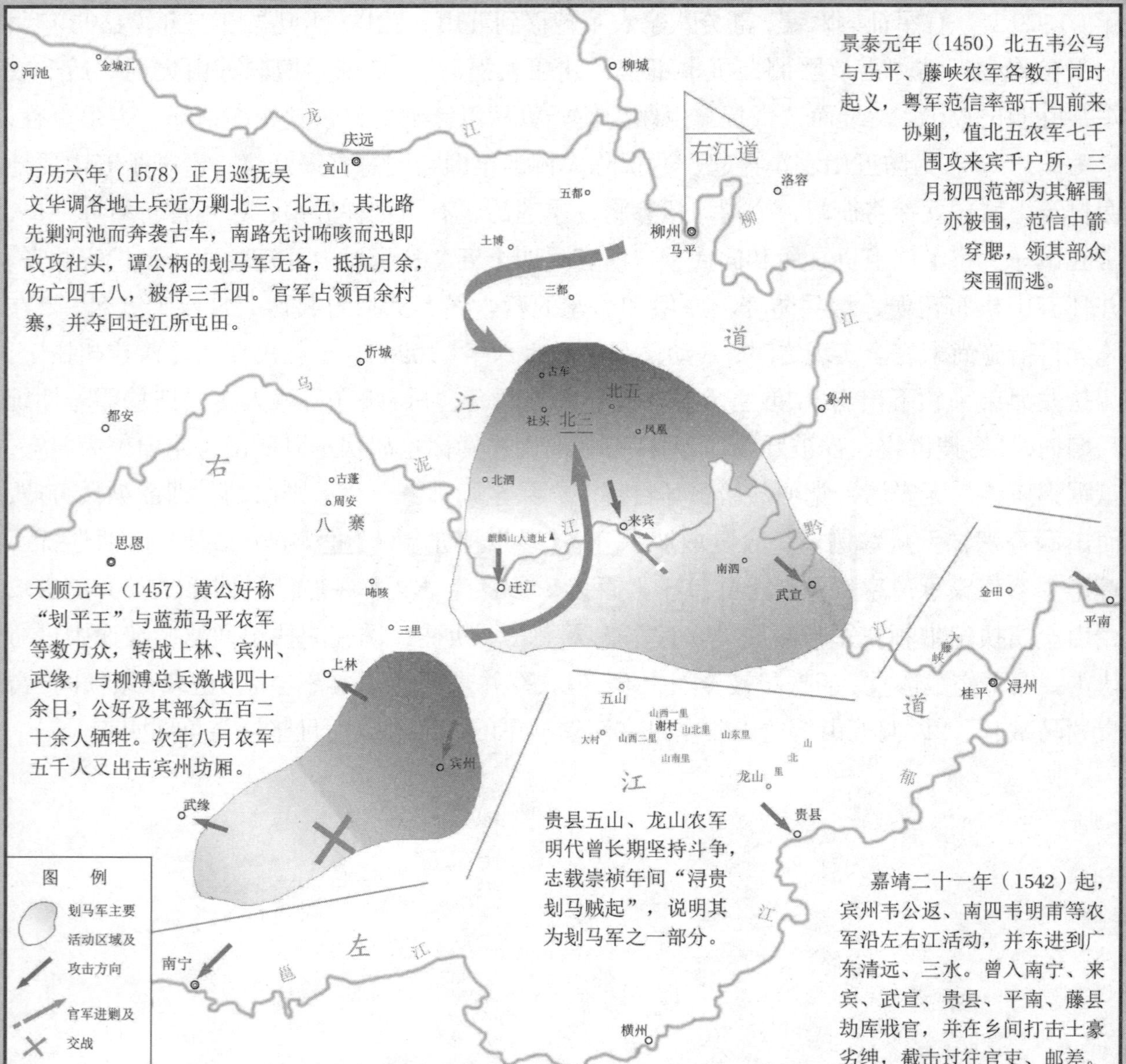

宾州迁江县之北三和来宾县之北五的农军，是明代壮族武装的一支劲旅，常骑无鞍马出行作战，别号“划马”，主要活动于乌泥江下游及黔江上游两岸，又称右江划马军，官谓“犷悍恣睢，为右江积患，已百有余年”。洪武年间宾州农军就曾北征融县，东至象、浔。景泰初北五韦公写聚众围攻来宾千户所，并击败来犯粤军。天顺元年黄公好称王，领数万众转战宾州、武缘、上林一带，与柳溥总兵激战四十余日。嘉靖年间，北三、北五农军和宾州韦公返、南四韦明甫沿左右江活动，入城劫库戕官，在乡间打土豪，截击过往官差。万历元年，右江兵备使沈希仪派指挥使于碧、萧绅入北三、北五招安，峒老韦法真及原“被掳”入伙的来宾、迁江民众头领等许愿：归所夺田，输赋，请以汉官式临之。巡抚、总督等官相继报奏，获神宗赏赐。万历五年，北三谭公柄、河塘韦宋五又造反，桂北数州县壮民与之呼应，打杀官吏，阻山公行，郡县皆警戒。次年正月，巡抚吴文华调兵近万突袭北三、北五，农军无备，损失惨重，斗争陷入低潮。到万历末年，右江道大荒接大疫，划马军复起。右江巡道盛万年上报称：“穷民必入其党”“贼徒数万，势可立聚”，而宾州在营戍兵总不过五百，柳州军兵亦只千余，“战耶？守耶？必无幸矣”！

周永光撰文、制图

五山龙山农军根据地及官军营堡位置图

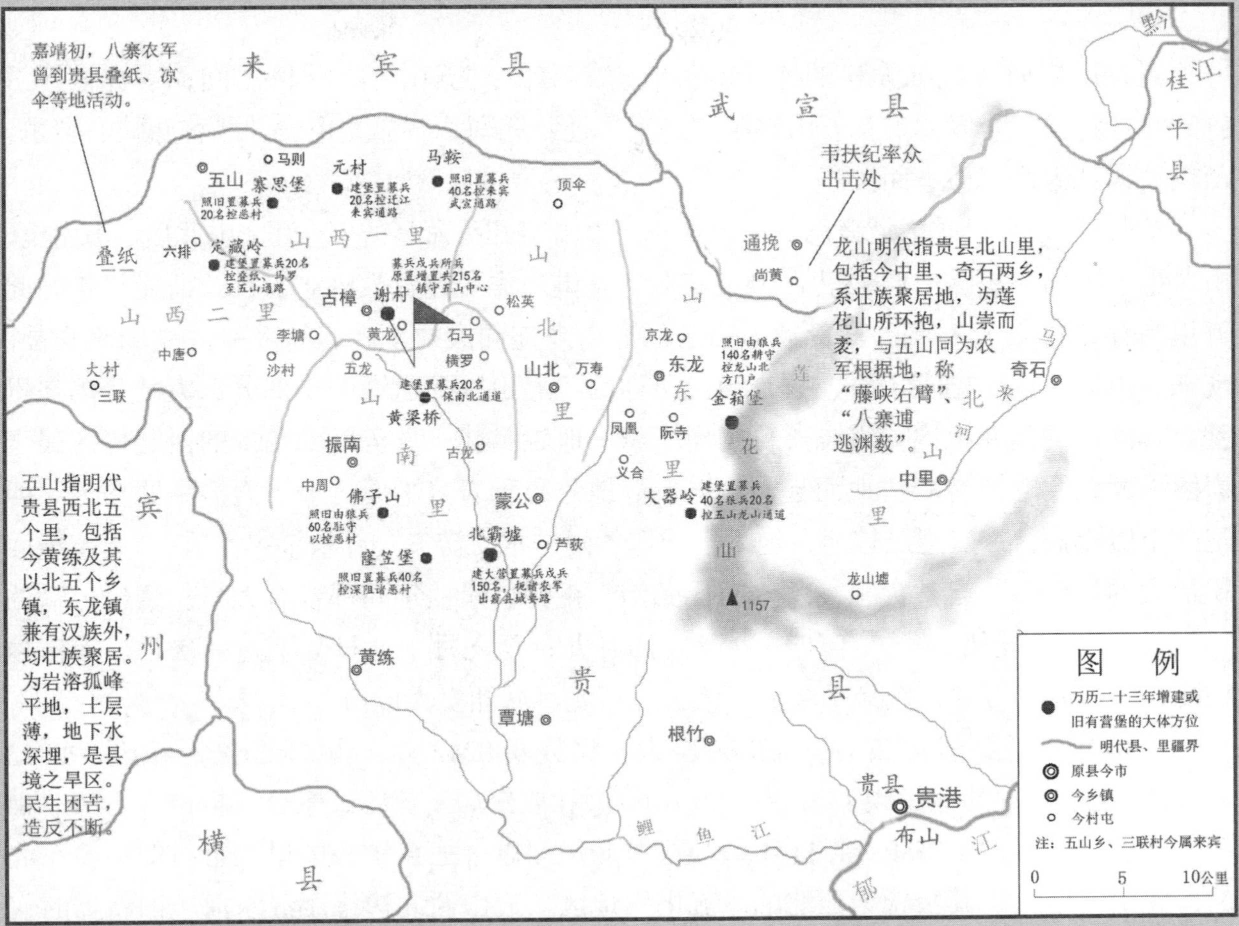

万历二十三年（1595年）剿平五山后，巡抚陈大科与总督会商奏准采取三项善后措施：一、在周围数百里的五山之中心谢村筑土城设参将衙门，令浔梧参将按季巡历，有警即坐镇。派督备指挥一员常驻谢村为统领，命堡官三员分统南、北、东各组营堡，以利应援。二、将奉议卫贵县所和向武千户所从贵城迁往谢村，令其四十五名官兵携家随驻。变赘疣为有用，可稍壮声威。三、添建五个营堡，增加募兵一百五十名，调入梧镇戍兵二百名平分给谢村和北霸，使五山营堡增至十一个，共驻狼兵、募兵、所兵、戍兵七百八十五人。

上述部署，使五山地区形成了有一个核心和南北东三个组群的防御体系，南面增建北霸墟大营和黄梁桥堡，反映其防堵五山农军出击县城，并确保谢村防御核心进退安全的主要意图；东面和北面添堡增兵，则是要阻断五山农军与龙山农军，以及与外县农军的往来。陈大科认为："要害据而威势张，将佐集而事权重。反侧者有所畏而不敢为，向化者有所恃而无恐，五山可永底于宁矣！"其实武力镇压再严密，社会问题不解决，农民的斗争不会停息。天启六年（1626年）即有韦扶纪兄弟率众出击，到上黄"戕害民兵，劫掳村落"。浔州守备蔡人龙统兵"穷搜，倦寝，夜被歼焉"。

注：1. 本图资料依据为陈大科《五山善后疏》、1993年《贵港市志》、2003年《广西壮族自治区地图集》。

2.《志》载谢村属今古樟乡黄龙行政村；《疏》称马鞍在谢村东北十五里，元村在马鞍西十里；《集》上已有黄龙和元村。据此可定谢村、马鞍位置。《疏》称寨思堡在元村西，定藏岭在堡之南，无里程，参考《集》之道路估判二者位置。《疏》称谢村南十里为黄梁桥，三十里为北霸墟，参考河流、道路，二者应处于南偏东位置。北霸墟稍横而西为簦笠堡，又折向西北为佛子山，无里程，此二者只表示大体方位。《疏》称谢村东北四十里为金箱堡，系武赖（《志》第262页注：武宣县通挽）通龙山门户。金箱堡既然在通挽与龙山之间，只能是谢村东或东南，称东北乃误。又称金箱堡南为大器岭，为五山龙山通衢，建堡既控通衢，还可兼控山东、山北及芦荻诸贼村。据此，大器岭当在义合东南道路旁。《疏》又称定藏岭控叠纸通五山之路，叠纸当在定藏岭西。

3. 明代五山各里疆界依《志》之清光绪行政区划和1990年政区表综合分析绘出。如1990年山北乡横罗行政村辖古横、罗村，而光绪山南里辖古横、罗村，因将横、罗置于明之山南里。

周永光撰文、制图

五山地理历史考

明万历广西巡抚陈大科的《五山善后疏》中称:“五山界在浔柳之间，素称盗区。”《粤西丛载》卷30载:“贵县五山界于宾、来、迁、武间，背靠龙山，即所称藤峡右臂也。山崇而袤，为八寨逋逃渊薮。”

“五山”是个行政区域概念，指贵县西北以山字开头命名的五个里：山北里、山南里、山东里、山西一里、山西二里。1993年版《贵港市志·建置政区志》载，清光绪年间此五里尚存，1952年6月1日贵县第四区的五山乡连同大村乡、青岭乡一并划归来宾县。现来宾市兴宾区所辖五山乡，只是明代所称的“五山”的边缘一小部分，大部分仍在贵县今贵港市的西北境内。市志《自然环境志·地貌》载，占全境17.2%的西北地区属于岩溶平原区，喀斯特峰拔地而起，三五成群地分布于岩溶平原之上。岩溶平原多为第四纪红土层覆盖，一般土层较薄，地下水深埋，雨季常受涝灾，春秋旱灾严重，“为市境面积最大的旱区”。《自然灾害》载，明代弘治、正德、崇祯年间都各有大旱；清代记录的旱灾为21次，光绪二十八年（1902年）四月九日至九月十九日只下过一次雨，禾稼尽枯死，米一升售百钱，饿毙千余人，蒙公、石龙、城厢卖人成市。

1990年统计，贵港市总共1388057人，汉族988242人，占71.20%；壮族398075人，占28.68%；其他民族1740人，占0.1%。壮族聚居于黄练、蒙公、振南、古樟、山北、中里、奇石七个乡镇，东龙镇是壮汉共居地。以上七乡镇，中里、奇石即市境东北的“龙山”地区，其余皆为西北的“五山”地区。五山西北边缘距红水河边旧石器时代的麒麟山人遗址不到40公里，说明壮族皆当地土著。汉族分布于郁江沿岸及江南地区，市区罗泊湾一号墓出土的带“布山”戳记的冥器，说明贵县今贵港市在秦汉时代相继是桂林郡和郁林郡的政治中心，是汉人进入岭南最早、最重要的地区之一。从秦辟桂林郡的公元前214年到明末1644年，历时一千八百五十余年，其间民族交流、融合、同化的一面是存在的。“岭南歌墟风俗的女儿刘三姐”就诞生于郁江的贵县一带。广东《肇庆府志》和《阳春县志》都记载，当地传说唐代到阳春传歌的刘三姐来自广西的贵县。《广东新语》称，刘三妹（姐）在新兴登山而歌，“粤民及瑶壮诸人围而观之，男女数十百层”。这是民族文化交流的典型史证之一。在长期的民族交流过程中，不少壮人同化成了汉人；也不排除有的汉人同化为壮人。近有论者认为说粤语的人是汉壮融合而成的新人。但在漫长的封建制度统治下，民族关系的基本面是不平等的，一直表现为对抗，战事不断。在贵县，唐宋时就有黄少卿、黄少度、侬智高先后攻下过它的城池，明代有五山和龙山壮民不断造反及其与八寨、大藤峡的配合行动。此后的清代，顺治元年至十三年（1644—1656年）五山、龙山等处民众坚持抗清。康熙三年（1664年）壮民在韦太宁率领下起义，杀死五山守备刘洪爵。十三年（1674年）韦金宁之子狼目韦国栋又在五山起义，坚持战斗到二十五年（1686年），死而后已。道光二十九年（1849年）广西大饥荒，五山黎特弟，黄练汤西利，瓦塘徐亚云、邱二娘等率众造反；石达开同洪秀全、冯云山率众围攻奇石土豪周凤鸣寨堡。次年，徐亚云等部攻打县城；石达开率众千余赴金田团营。咸丰元年（1851 年）邱二娘附义金田，后脱离回县，率众万余攻占覃塘。次年，山东梁超起义。三年（1853 年）蝗灾，黄鼎凤于覃塘起义，石龙壮民应之。四年（1854 年）黄鼎凤、梁超等各路会党人马开进县城设大馆，五山巡检刘裕昆亦开设分馆，知县弃印逃离。六年（1856年）五月，清军陷贵县，杀刘裕昆等。九月，大成国军克贵县，黄鼎凤等获封为将军。七年（1857 年）龙山陆鼎嘉攻克龙山墟。九年（1859 年）翼王石达开回师贵县，两年后撤往横州。同治二年（1863 年）黄鼎凤数败清军，毙其四品以下官兵数百名。次年依母命降清后被杀。四年（1865 年），其余众千余人在大村起义，攻打县城不克。六年（1867 年），壮民二千余人又占据黄练，遭知县萨毕图率兵围攻，首领黄三奴阵亡，众散。五山、龙山等贵县境内两千年的战争史，多表现为民族冲突，其内核主要是阶级斗争问题。

岑溪罗旁农军和怀集贺县连山农军

（一）

罗旁在广东德庆州上下江界、东西两山之间，延袤七百里。《明史·凌云翼传》载：“成化中（1465—1487 年）韩雍经略西山颇安辑，惟东山猺阻深箐剽掠，有司岁发卒戍守。”罗旁西与岑溪相比邻，官方所述当地农军活动的情况是：岑溪西北有“七山三十余巢”、东南有“六十三山孔亮、鱼修等百余巢”“贼据峻岭，高可摩天，丛林修树，环数百里无日色。贼上下阪若走丸，我兵乘之竟不能尾其后。贼伏树中，望我兵如数一二。我兵惟一小径可行，贼旁伏药弩，中人立毙，我兵望之，辄次而却。弘治（1488 年）以来，四征不克。贼谓‘官有万兵，我有万山；兵来我去，兵去我还’。盖二百年来，未有捣其虚者。粤东罗旁贼方炽，横江截人，而岑溪潘积善、容县刘德厚等俱为羽翼，益鸱张无忌”。[①] 万历初，总督凌云翼调集汉土兵十万[②]，令两广总兵张元勋、李锡率领，扫荡罗旁，“四阅月，克巢五百六十，俘斩招降四万二千八百余人……邻近诸处猺獞皆惧”。[③] 万历六年（1578 年）三月，壮酋潘积善自缚诣军门乞降，刘德厚亦投容县，愿约束诸民为编户。于是，当局于六十三山咽喉之北科、苍藤信地之七山、容县北流之中冲六山，直至怀集诸处，立五大营，每营六百人，人月食饷一钱二分，营官季得饩廪三两，皆领梧饷戍守。于大峒设参将府，筑城一百七十余丈，外城二百四十余丈，建屯堡三十、墩堠二十有二，布兵千余名镇守，参将秋冬二季驻节练兵。核北科镇田三千六百余亩，招壮人头目潘积

① 《紫溪集》，引自谢启昆《广西通志·前事略》。
② 王世贞《吴中丞平岭西前后功志》，载谢启昆《广西通志·前事略》。
③ 《明史·凌云翼传》。

善之同党韦月统耕兵三百名耕守。一说是杂募耕兵韦月等八百人，给牛种月四钱，自四月至九月，如是三年，始计亩输赋。

开初，“参将往来大峒，练诸材官，贼尚稍戢。（万历）二十一年（1593年）有参将吴显忠者，足迹不入岑溪，而时朘削诸镇官（营官），镇官索诸偏裨，偏裨索诸部伍，上下交为市，而兵制益荡然矣。二十三年（1595年）冬，贼瞰我无备，日出剽夺”。会岁饥，粤东亡命浪贼数百人潜入七山，诱诸瑶为乱，袭杀了占夺其耕地的乾厢村壮人，并企图攻打岑溪劫库掠帑，官方急调梧州戍名数百兵前往增防。当时北科的瑶人正就韦月听招，忽见官府檄书上有剿北科之文辞，以为受骗，顿时大怒，遂与七山、孔亮山诸瑶合谋，攻杀韦月，焚烧捣毁大峒参将府。总督陈大科、巡抚戴耀速调两粤兵八千、土兵可万进剿。诸瑶伐大木塞道，环布笓签，官军阳督诸役开道，而阴从小径登孔亮山。弩矢如雨，兵士将前而却，参将即斩一卒以徇，官军复进，用火铳攻，追至鱼修、白牒，大破之。此役共斩首一千一百余级，俘四百余人，招抚余党八百余人。[①]

（二）

正德至万历年间，怀集（明代属广西）、贺县及广东开建等地壮瑶农军同官府进行了长达六十余年的武装斗争。史载怀集地方上世已为诸郡邑之患，正德（1506—1521年）中征讨归降，之后盘互连岁，生齿益繁。壮人严秀珠与车廷惠诸酋，雄踞十五寨，环二百余里。怀集金鹅、松柏、龙塘、埇七诸酋，皆慕秀珠仁义，推其为渠帅[②]；贺县大湾、磨刀、深埇、佛篓、企砧、黄沙，开建水细、白莲等地农军，亦与之呼应。隆庆年间（1567—1572年），他们惩百户，杀把总，掠郡县，并阻截贺县江道。万历十二年（1584年）冬，严秀珠率众三百到开建、封川活动，与官军交战，击毙总旗史二。次年（1585年）二月二日，总督吴善令两广总兵官戚继光、呼良朋率粤东标兵，罗定、肇庆、北岸、大峒、泗城、归顺、都康等土司兵近七千人（《金志》为二万五千人，待证）前往围剿，师行仅逾两旬，擒斩严秀珠、韦胡通以下八百余名，俘其家属男妇二百余，并“犁其庭，扫其穴”，怀集遂平。[③]

《粤西文载》卷8之张岳《报连山、贺县捷音疏》称，贺县倪仲亮、李三弟等，与广东连山县李金、石柱等，聚众数千，潜称名号，焚掠村寨，杀掳人财，占据田土，祸延三省，德庆、开建等州县亦受其害，贻患三十余年。嘉靖二十六年（1547年）总督张岳

① 《紫溪集》，并据《明史·李应祥传附童元镇传》。

② 关于严秀珠之“义”，谢启昆《广西通志·前事略·明十四》引《金志》载：“严秀珠，少时任侠，使酒杀人报仇。里中诸健儿高雁、高库等尝与把总罗定朝博弈，不胜索资，急以告秀珠，秀珠为鬻田宅尽给之。贺县口桥贼杨乳与李用生盗牛，用生匿怀集百户朱裳所，为佣保。而乳被逮，鞫之得实，乳引捕者迹至裳家，裳出用生就系。秀珠曰：‘人以穷蹙来归，奈何出之？且乳非用生友也。’追而格杀乳及捕者，纵用生逸去。还，乃并杀裳。久之，秀珠更失牛，为封川宁峒贼所窃。知为秀珠牛，谢过请还，秀珠义而释之。既去，复为开建蔡村贼所夺。秀珠乃击鲜造酿，聚党数百人，走蔡村，掠其耕牛二十五头，杀九人，掳七人还。”

③ 管大勋《剿平怀集峒蛮纪事碑》、《明史·广西土司传·梧州》、《万历武功录》。

与总兵陈圭调集镇安、思明、田州、南丹、东兰、那地、向武、都康、泗城、归顺、上林土官目兵，并两广汉达官军、民壮、打手等，共八万余员名，于次年（1548 年）正月十四日分两哨进剿，其中广西副总兵沈希仪率五万九千零七十七员名，剿贺县弓山、碟石、黄峒等峒，广东都指挥佥事梁希孔率二万零七百九十员名，剿连山黄南、梅水、大曲等集，迄二十一日，共擒斩三千零一十九级。

农军简析

纵观明代壮民的武装斗争，它具有时间持久、地域广泛、战斗激烈的特点和较强的氏族色彩，他们聚众成军多是以家族为核心。古田的斗争是在韦银豹父子及孙辈，还包括辅政的从父的主持下开展的。庆远壮民起义中，韦氏“万”字辈首领就有六名之多：韦万皇、韦万秀、韦万妙、韦万贤、韦万强、韦万两。八寨的蓝海潮亦是一家数兄弟，从遂意乡敢妹村迁到乔贤乡蓝干村女仙洞垦荒练武，进而聚众举事的。壮族农军的氏族性，赋予和增强了它的队伍的坚定性和斗争的持久性。古田为农军“所据八十年”，八寨、府江等地的斗争更是百余年、两百余年延绵不断。统治者称明代壮族农军是“一酋死，一酋立，非若宋之侬智高，元之黄胜许之徒，一败即散者可比也”。[①] 明代壮族农军的斗争，基本没有部族大首领的队伍出现——唯一“有众数万”的长老李公著，其历史记录是率部接受招抚——而是各个地区的劳苦民众在小范围的自然领袖领导下，临时联合起来进行战斗，充分体现了壮族人民不堪忍受压迫剥削、勇于抗暴的传统。他们前赴后继（有的是子承父志，满门英烈），不怕牺牲（有的村寨妇孺皆兵，男妇与斗，慷慨赴难），百折而不挠，是封建统治者“分耕贼田”侵夺性政策和汉土官员的残酷压迫剥削逼出来的，整体而言，是正义的斗争；但不可否认有的是流寇行为。[②] 明代中后期社会矛盾尖锐，壮民用烹杀、焚尸、砍头祭旗等手段来回敬官员，将捕获的贪官剖腹塞盐塞禾焚尸以泄愤[③]。而官军、土司兵对农军农民的屠杀则更为残忍，仅一百二十余村的十寨就被杀近万人。马平县被韩观屠戮“存者三不得一”。明代壮族等农军活动地域广泛，时呈汪洋之势，常陷广西封建政权于孤岛之中。起义多发生在流官统治地区，桂西南土司辖区相对寂然（土属地区此起彼伏的战事是土司间为争夺地盘所展开的火并）。有论者说这是土司制度有生命力的证明，其实明代壮民起义就是反抗屯戍土司的统治和同进剿土司

---

① 丘濬《两广事宜议》。

② 清乾隆《柳州府志》卷 30《獞》云：“善为毒矢，为蛊毒，好斗狠。或误杀人者，以牛畜为偿，或数十头至百头，名曰人头钱。流劫则纠党麇起，亦有渠长，人给银三钱赡其家，曰枪头钱。在山要人，于路伏草。在江絷船取货，羁以求赎，谓之勾船。或攻村，民弃田庐以遁，即其村据之，谓之打地。劫物不论多寡，敝衣釜甑之属罄卷而逃。官司觉治莫知其亡处，先出重金购之，名曰买线。戚属利得金，辄以所匿告，往而成擒。”

③ 《起义史稿》第 127 页。

兵进行较量的斗争。土司辖区少有造反，原因在于那里的政权加族权，世袭统治根深蒂固，严刑峻法使农奴无法动弹，加之土司连续对外用兵，在相当程度上也转移了本土矛盾。明代壮族农军活动主要在山区，封建统治相对薄弱，但官府集结力量前来征剿时，局势又极其严峻。在此种战争环境下，壮族农军注意联合，包括与瑶、苗、侗等族农军，相互配合，相互支援。农军重视根据地建设，构筑山寨防御设施，储备粮食和武器，开展军事训练，研究制定战略战术，从山区自然条件出发，用游击战对付官军。“依山为势，军来则入山远避，军去则外出”，重新集结开展战斗，使官军“既不可速战，又不可持久”①，多次挫败官军的围剿。明代岑溪农军“官有万兵，我有万山，兵来我去，兵去我还”的战斗口诀，② 也是整体壮族农军战斗状况的写照。壮族农军不仅善于运用自身处于山区的有利环境与强敌周旋，保存实力，而且善于选择地形为兵之助，进行伏击，以少胜多，予敌以重创。如古田农军歼灭副总兵马俊和参议马铉，马平农军歼灭知府刘琏，庆远农军歼灭府同知叶祯等，均为成功的伏击战例。壮族农军还长于奇袭，首府桂林、重镇南宁以及其他城镇，多次被农军在夜间夺库戕官而去。壮族农军还分兵进行游击战，如八寨农军南下横州、钦州，马平、庆远农军转战桂北，古田农军北上湘南等，增强了斗争的声势，扩大了农军的影响。壮族农军长期作战的许多胜利，也与其出色的情报工作有关。农军耳目遍地，甚至深入官署，官军行动往往能事先获知，预谋应对。张顺之《沈紫江广右军功录》有载：“贼势张甚，而熟猺（指已入户籍的壮瑶等少数民族）及城中黠吏民多为贼诇者。贼耳目遍官府左右，官府闺闼动色情性，贼在豁峒千里之外辄知。凡议大征或雕剿，口语沓沓，未及聚兵，而手足尽露。以是贼得阴为备，或伏岩薮，伺兵殪之；或先徙妻子畜聚于邻巢，而自空巢以待官兵。官兵至，徒手无所得。甚者我所任为向导往往为贼，误我入死地，崩坠崖谷，不战而糜烂者过半。而贼以耳目故，益知官军虚实，与民积聚多少，乘虚掠夺，所入无不当，而所噬无不饱。我兵筑堡增戍，则日纷然，如刻穴守鼠，而贼活脱不可踪迹。”孙成名《奇功膺锡序》亦云：“诸巢距邑治密迩，胥正吏卒，十九为耳目，少露其谋，俾得先期为备。”副使陶鲁有鉴于此，特在署中凿池，凡议军事，皆以板渡人，到池中亭子进行，此乃农军情报工作威力使然。③

由于受历史的限制，明代壮民武装存在两个严重缺点：一是狭隘性。其两百余年的战斗，或反清剿保家园，或驱屯兵夺土地，或外出夺库戕官、劫富济贫，或钩船抽税，或绑官索赎，都属于为自家生存和经济利益而进行的军事行为，本身并没有政治目的。偶有几起称王侯元帅者，似乎已有某种斗争理想，但未见其有明确的作战目标和提出作战的长远打算。丘浚在其《驭猺獞议》中说：“且今所谓猺獞者，非有强宗豪族，亦无深谋远虑，非欲争城邑，非欲收人心，不过欲掳掠财物而已。”没有远大政治目标的作战，虽有时能迫使统治者做出某些让步措施，例如代宗皇帝曾答应柳庆农军田赋减半，但不

① 《粤西文载》卷56之丘浚《驭猺獞议》。

② 《粤西丛载》卷29引《紫溪集》。

③ 《明史·陶鲁传》。

可能摧毁封建制度，改变社会。二是分散性。各地壮族农军能相互支援，如八寨曾派龙哈樊公尚等部队帮助古田农军袭击省府，劫司币，大藤峡瑶军亦曾同府江农军一道攻县治。然而就全局而论，还只是各自为战。静态而言，农军与官军的力量对比占很大优势。巡按使冯彬曾说，广西兵不满万，而贼有数万。[①]有时各地各族农民起义风起云涌，统治者称广西几乎成了“将倾之舟”，然而这种局面并非农民军有统一的指挥、按计划的行动造成的。有谋略的封建统治者看准了这一点，采取一抚一剿的策略，对农军分而制之，以蒙骗手段稳住一部，集结优势兵力打击一部，最终达成其逐次击破之目的。隆庆年间殷正茂对古田、八寨即用此法，万历初凌云翼对罗旁、岑溪亦重操此伎。此外，壮族农军在料敌上亦有过错，曾出现被官军诈术所骗的情况。嘉靖七年王守仁突袭八寨得逞，即为沉痛之教训。万历六年，北三、北五划马军亦中了巡抚吴文华声东击西之计。

明代壮族农军首领和实施剿抚主官简况表

农军首领	简况	剿抚主官	简况
韦布党	洪武七年柳州活动	卫指挥佥事周谊	斩韦布党等180级
	洪武九年迁江县古蓬等寨及武仙县民造反	明太祖朱元璋	诏发柳州、南宁、桂林等卫官军征讨
	洪武十六年东兰、那地壮民造反	都指挥徐玄	剿东兰、那地，斩1000余级
	洪武十八年农军攻入并占据立山县		
韦　召	洪武二十八年宜山称王	历任桂林右卫指挥佥事、广西都指挥使、总兵韩观	洪武十年征古田、义宁；十九年讨柳州、融县；二十五年平八寨，建迁江屯田千户所；二十八年剿斩韦召等2800余级
赵成秀	洪武二十八年宜山称万户侯		
韦公旺	洪武二十八年宜山称万户侯		
莫父练	洪武二十八年思恩造反	都指挥姜旺、童胜	剿思恩，斩3000余级
梁公竦	永乐元年马平五都造反，联合柳城、融县农军扼江阻险，攻城杀吏	韩观	清剿柳、桂、浔各州县，斩万余级，擒万三千余人，马平居后荒芜，民之存者三不得一
韦公本	永乐初宜山述昆活动		永乐五年镇压韦公本
陈公宣	永乐二年率忻城、宜山农军活动，后受招抚	都指挥朱辉	永乐二年招抚忻城、荔波
王仲文	永乐三年理定、洛容活动	都指挥葛森	永乐元年协韩观剿理定等县斩1180余级，永乐三年剿平乐
莫彦恭	永乐三年平乐活动		

① 《明世宗实录》卷312。

续表

农军首领	简况	剿抚主官	简况
梁公荡	永乐三年来宾活动	总兵顾兴祖	永乐、洪熙年间剿庆远、府江、大藤峡。宣德初，因柳庆农军韦朝烈、韦万皇部活跃，威逼省城，宣宗朱瞻基将其逮捕治罪
黄　田	永乐三年武宣受抚		
廖均用	永乐三年荔浦受抚		
胡通四	永乐十三年武宣活动		
蒙哥物	永乐十三年平乐活动		
陆扶宽	永乐十三年桂平活动		
韦万皇	永乐十九年于宜山造反，称王侯元帅，擒杀巡按御史诸璞，转战各地		
韦钱旺	与万皇同称王侯元帅		
覃万两	随万皇称通天侯都元帅		
廖　用	随万皇称通天侯都元帅		
韦万贤	随万皇称通天侯		
韦公响	随万皇称无敌大将军		
韦公笑	随万皇称猛烈将军		
梁善总	随韦万皇征战		
覃　宣	随韦万皇征战		
覃公新	洪熙元年河城造反	指挥彭举、史雄等	领兵剿河池擒公新并斩其众
覃公旺	洪熙元年思恩称都督	总兵顾兴祖	督兵剿杀公旺等1500余人
韦朝烈	宣德二年柳州造反，联合韦万皇北上游击	总兵山云	宣德三年至正统三年，先后征剿韦朝烈、谭团等柳庆农军及浔州、府江、大藤峡等地，共斩首12260级。奏请调派左右两江狼兵屯戍封锁大藤峡瑶族农军
谭　团	宣德二年忻城造反		
覃公专	宣德二年桂平活动		
覃公寨	宣德九年思恩造反		
梁公成	宣德九年思恩造反		
韦潮振	正统二年怀远活动	英宗朱祁镇	敕山云遣人抚谕，不服再剿
韦公振	正统五年罗城活动	总兵柳溥	正统年间，镇压庆远、府江、大藤峡农军，正统十年俘杀韦万皇及其部众800余人
韦万川	正统五年罗城活动		
	正统六年浔州“有贼十一人”	都指挥佥事史雄、马文等	虑剿获寡功赏小，杀平民480余人，悉诬以为贼。载《英宗实录》
韦万秀	正统六年于宜山述昆发起“复地”斗争，联合马平农军作战	土官岑瑛	正统间，协助清剿柳庆两府，并接管宜山的述昆等地
韦公点	忻城造反，响应述昆农军斗争		
韦　贵	正统九年荔浦活动	英宗朱祁镇	命总兵柳溥及三司巡按御史设法抚谕，如不化，具奏定夺
莫公乔	正统九年荔浦活动		

续表

农军首领	简况	剿抚主官	简况
梁公合	正统十年宜山活动	副总兵武毅	正统间负责柳庆两府剿办而“拥兵自守，畏缩无谋”，被降黜
龙受福	正统十年柳城活动		
	景泰元年马平五都蓝茄等部农军及宜山农军万余围攻柳州七日	户部太保金链	与农军谈判上报，朝廷答应田赋减半，农军撤围
韦公写	景泰元年北五造反		
侯公寨	景泰元年柳城造反		
韦公猛	景泰元年马平造反		
韦朝天	景泰二年马平造反		
蓝　茄 韦万山	景泰五年与八寨农军联合转战上林、武缘、南宁		
	景泰七年荔浦农军联合大藤峡军劫掠县治		
黄公好	天顺元年宾州活动，称划平王	总兵柳溥	在宾州、上林、武缘一带与柳庆农军激战，斩黄公好等524人
韦万强 韦父强	天顺三年宜山活动	庆远府同知叶祯	捕父强，募乡兵300对抗农军，被全歼
韦召海	天顺五年清潭活动	总兵过兴	剿杀韦召海部612人
	天顺七年侯大狗率瑶军袭破梧州城	总兵陈泾	因梧州城遇袭事件被问责下狱
		参将范信	天顺间守浔梧，“阴纳猺赂，纵使越境流劫，约勿犯己，于是雷廉高肇悉被寇”。尔后范信还诬乡民为贼肆施屠戮，被督察朱英阻止
韦公立	天顺六年龙山造反	总督颜彪	斩公立，函首献京师奏捷
	八寨农军于天顺元年破武缘县城、南宁府城，攻柳城。四年破灵山县城	参将马义	成化元年对八寨“剿之无功，杀同行军士，谬以捷闻”
		赞理军务，继升总督韩雍	成化元年协助都督赵辅领16万兵剿修仁、立山、大藤峡，共斩首10600级，擒杀瑶军首领侯大狗，在峡区设武靖州。王世祯《为韩雍孙乞恩比例录功疏》称，迄成化十年韩雍在广西各地共擒斩83500余级

续表

农军首领	简况	剿抚主官	简况
黄公刚	成化六年率皂岭、忻城农军及八寨韦公童部农军到宾州、永淳等地活动	参将张寿 游击冯升	成化八年剿黄公刚部，攻入八寨，追至忻城，斩562级 成化八年截击散往浔梧及粤境高廉雷肇剽掠之农军，斩471级
李公著	成化十二年领立山部众接受招抚	总督朱英	成化中，招抚广西各地4.3万户15万余口，将立山建为永安州
覃召官	成化二十二年造反，弘治元年受抚时要求述昆脱离思恩土司统治		
韦七璇	弘治四年领庆远、八寨农军袭击上林，攻宾州	左参将陈嗥等 庆远知府姜绾	剿办韦七璇无能被治罪，同时有数名军官直降三级 弘治间计杀韦七璇
		巡抚邓廷瓒	弘治五年于述昆地区立永顺、永定长官司，九年奏革忻城流官，降忻城为土县
韦朝威 覃万贤	弘治三年于古田率众造反	总督闵珪 总兵毛锐 副总兵马俊 参议马铉	弘治五年派4.7万兵剿古田失败，总督等官“诏停俸讨贼” 马俊、马铉被农军伏击身亡
		总兵吴山 土官岑瑛	弘治六年接管经总兵吴山剿平之八寨，传至岑浚转拨归顺土官岑璋，至岑梧止
	弘治七年永安壮人万众围攻州城，与荔浦、修仁农军阻截江道	总督闵珪 总兵毛锐	弘治七年，派6万兵剿府江沿岸，斩首6000级
		都指挥佥事谢文	因古田农军进入湘南被问罪
韦万妙	弘治十三年和韦七璇妻聚众数万攻庆远府	庆远知府姜绾	弘治十四年调那地土兵镇压攻打天河的韦万妙
常朝宣	正德初马平造反 府江农军亦起，夺田塘，拦江抽税	总督陈金	正德二年派兵10万剿马平，俘斩7500人。次年移兵6万剿府江，斩数千人
		总兵康泰	正德二年在古田周围八个隘口驻兵把守
周　鉴	正德五年率五都农军击毙柳州知府刘琏		
韦扶谏	正德间四都造反，弩中知府郭鋐膊，柳州官员畏出城	都指挥沈希仪	嘉靖间七捕扶谏不能得，十九年施计擒获
		桂林卫指挥冯琚	正德十年袭杀韦朝威
王公珣	正德十二年于府江活动	总督陈金 总兵郭勋	派兵数万剿府江，斩王公珣及其部众6000余人，俘5000余人

续表

农军首领	简况	剿抚主官	简况
韦银豹 黄朝猛	正德十三年率众于古田造反	太监傅伦 副总兵张祐	正德十四年派兵43300余人剿古田，不敢深入，招抚而罢
莫振虎	嘉靖初于古田造反，称战江王		
潘公银	嘉靖元年荔浦造反，率所部农军转战桂北		
梁公当	嘉靖元年临桂活动		
周克亮	嘉靖二年马平造反	总督张嵿	嘉靖二年镇压周克亮
		兵部尚书兼总制两广、湖广、江西军务王守仁	嘉靖七年令右布政使林富、旧任副总兵张祐领思恩土目卢苏、田州土目王受带6000土兵突袭八寨，斩2000余级，害死寨民4000多人
		总兵张经	嘉靖九年在古田周围立13堡，募土舍莫崎领兵驻守
		总督蔡经	嘉靖十八年派兵5万剿灭大藤峡
韦公返	嘉靖二十一年宾州造反		
韦扶矿	嘉靖二十一年马平造反		
韦公珦	嘉靖二十四年古田活动		
韦金田 韦金秀 覃朝解 韦明濂 蓝扶威	嘉靖二十四年马平五都反围剿	总督张岳	嘉靖二十四年调南丹、东兰、那地、田州、镇安、向武土兵及汉达官军打手共7万人，用七个月围困摧毁马平五都农军根据地，杀韦金田等4000余人
倪仲亮 李　金	迄嘉靖二十七年，于贺县等地活动已30余年，波及三省 连山活动亦30余年	总督张岳、两广总兵陈圭、广西副总兵沈希仪、广东都指挥佥事梁希孔	嘉靖二十七年调桂西狼兵及两广官军民壮共80367员名，剿贺县、连山，擒斩3019级
莫良朋	率农军造反，杀阳朔知县张士毅		官军计擒莫良朋，嘉靖二十九年九月，诏斩以徇
吴宗显等	嘉靖年间率八寨农军游击灵山、钦州、南宁、苍梧、廉州、宣化、北流等地，劫库戕官	县丞曾凤仪 副千总杜凌云	嘉靖三十九年追捕在容县劫库掠帑的八寨农军人员，俘杀吴宗显
	嘉靖四十三年，古田及八寨农军劫省城司库	参政黎民衷	以为是内讧，出面谕止，被杀
		总督吴桂芳	嘉靖四十五年招抚古田，韦银豹出降，典史廖元入县掌印信

续表

农军首领	简况	剿抚主官	简况
莫振平	隆庆初偕韦银花等27人，率古田农军作战	巡抚殷正茂 总兵俞大猷	隆庆四年冬调兵14万围剿古田，斩韦银豹等7466人，升古田县为永宁州，升门崇文为参将镇抚该州，在古田设三镇，留土兵屯守
		典史廖元	入抚古田，以壮人黄金线诱捕黄朝猛，后因认假韦银豹首级，坐欺君罪被正法
		土巡检莫　罗 土巡检韦显忠 土巡检罗永山	领南丹兵屯守富禄镇 领东兰兵屯守常安镇 领那地兵屯守桐木镇
李都堂 韦公海	隆庆三年永安造反 隆庆三年荔浦造反	都御使刘涛 兵备副使应存卓	以向武、奉议土兵清剿，斩韦公海
樊公悬等六姓寨老	隆庆四年樊公悬、韦公良、石公庆、蓝公咯、罗公印、黄公遨等寨老代表十寨接受招抚	巡抚殷正茂	隆庆四年购贾人萧绅招抚十寨
		土巡检黄旸	出任十寨长官司，领那马土兵600人驻思吉等八寨屯守
		土巡检韦观（富）	领兴隆土兵200人屯守咘咳寨
		土目黄昌	领安定土兵200人屯守龙哈寨，万历间“贪淫失众心”，巡抚郭应聘“暴其罪，械治之，乱遂息”。其子先已被寨民杀死
杨钱甫	隆庆间偕杨公满、雷公奉、邓邑婆等20人率府江农军作战	巡抚郭应聘 总兵李锡	隆庆六年冬，发左右两江狼兵6万剿府江，斩壮酋杨钱甫等4667人，屯兵7000于两岸耕守，置参将统管防务，设昭平县核征田赋
	怀远少数民族造反		万历元年冬，集狼兵10万及楚浙贵三省钩刀手、鸟铳手8000剿怀远，斩3344级
韦法真 蒙　演	万历元年，领北三、北五部众接受招抚 领“被掳”至北三、北五的来宾、迁江民众受抚	右江兵备使沈希仪	万历元年，派指挥使于碧、萧绅入北三、北五招抚，皇上可之，并赐赏
韦朝义	万历元年洛容造反，杀县尉（主簿）谢漳	指挥朱昌胤 土巡检韦显忠	当即追剿韦朝义
		总兵李锡 指挥杨照	分兵剿洛容、柳城，裨将文俊（斌）于上油俘获韦朝义
韦狼要	万历元年永宁造反，与永福、阳朔农军会集荔浦山湾、峰门	参将王承恩、王瑞等	领土兵万人进攻山湾等农军根据地，诱擒韦狼要，廖金滥突围
廖金滥	万历元年阳朔造反	府江参政吴一介	领兵万人于大水田擒斩廖金滥
廖　胜	万历元年永福造反		

续表

农军首领	简况	剿抚主官	简况
樊公尚	万历二年于龙哈聚众谋反，原先曾与古田农军劫司库	十寨长官司黄旸	奉巡抚郭应聘密令袭杀樊公尚
		总督殷正茂 巡抚郭应聘 总兵李锡	万历二年春，移剿怀远之师搜剿洛容、柳城、永福、永宁四州县，斩4500余级，既而黄朝贵等又聚众造反
黄朝贵	万历二年洛容聚众反	右江参将王世科	领兵剿杀黄金鼎等58人
黄金鼎	万历二年洛容聚众反		
覃金磊	万历二年柳城上油聚众反		
	万历二年融县阳老造反		
黎福庄 黎天龙 周淋湘	万历三年昭平造反 万历三年昭平造反 万历三年昭平造反	巡抚吴文华 总兵李锡 参将吴京 都司韩文启	万历四年征向武、常安、富禄土兵，募迁江民兵，共约万人剿黎、周及与其联合的白帽、五指山瑶军，斩首1376级
谭公柄	万历初偕韦三层等于北三造反，称划马军	巡抚吴文华 右江参将倪中化 永宁参将王瑞	万历五年冬征各土州司狼兵万余，先剿河池、咘咳，奔袭北三、北五,三十日斩首4800余级
韦宋武	万历初河池活动		
潘积善	万历六年三月，领岑溪六十三山部众乞抚	总督凌云翼	万历初用兵10万剿罗旁，斩俘招降42800余人，邻近瑶壮皆惧
刘德厚	同年领容县部众乞抚		
盘宗明	万历六年领府江瑶壮造反，截江道，杀百户	巡抚吴文华	万历十二年派3.6万土汉官军剿荔浦、永安等府江两岸
蓝公潺 樊　琴	万历初率咘咳壮民驱逐土官 万历六、七年间率八寨农民造反，杀逐土舍、烧毁衙宇，出击上林、武缘、宣化、太平	总督刘尧诲 巡抚张任 总兵王尚文	万历七年冬调狼兵6万加募兵浙粤兵共8万余人剿八（十）寨及北五，俘馘14580有奇，农军农民焚巢堕堑殪于不毛者3000
		思恩参将李应祥	万历七年策动剿八寨，所部杀农军3000人，嗣后统兵镇守
		忻城土官莫镇威	万历七年领兵1000参剿八寨
		东兰土官韦应鲲	领兵1000留戍周安、古卯
		东兰土官韦显能	领兵1000留戍思吉、古钵、罗墨
		田州总目黄冯	领兵1000留戍古蓬、都者、剥丁
蓝龙返	万历七年河池造反		

续表

农军首领	简况	剿抚主官	简况
韦王朋	万历十年马平造反	总兵王尚文 副总兵李应祥 参将金丹	万历十年提忻城、下雷等土兵及官军剿马平，斩、俘1099名
严秀珠	万历十二年偕车廷惠等怀集造反，劫开建、封川	总督吴善、 总兵戚继光、呼良朋	万历十三年集两广土汉官兵7000剿怀集，斩秀珠等800余名
		参将白斯清 副使杨秋寅 总督陈大科	万历二十三年，白参将潜议雕剿五山失败，杨副使以计破之，五山壮人就抚，陈总督增兵添堡置将镇守
赵宗亮	万历二十四年造反，杀屯戍土官韦月，焚岑溪大峒参将府	总督陈大科 巡抚戴耀 总兵童元镇、侯国弼	当年调土司兵1万、两粤兵8000剿岑溪七山、六十三山（北科、孔亮等），斩俘1500余
黄朝田 韦扶仲	万历二十六年其北陀部众造反，荔浦等地响应。攻克荔浦下峒土司城	巡抚戴耀 都督佥事童元镇	万历二十六年调土汉官军6万剿北陀、荔浦等府江两岸，斩2000余级，诱擒韦扶仲
	万历四十六年大旱大疫宾州、迁江划马军四起	右江巡道盛万年	斩、捕划马军566人
胡扶纪	天启六年贵县龙山活动，出击上黄，歼灭来剿的守备蔡人龙	巡抚王尊德 参将范文景、康承爵	天启八年以左、右江土兵7700名进剿龙山，俘胡扶纪
蓝海潮	崇祯十年进占到三里附近		
潘扶叶	崇祯十三年领修仁农军攻阳朔、恭城等地	总兵杨国威 府江道唐绍尧 参将龙伦	领兵追剿潘扶叶农军
周扶隐	崇祯十四年聚众攻荔浦	知县钟行旦	募乡勇自守

第九章　岭南战事诸计

中国古代积累提炼流传下来的军事智慧中，有被后人奉为经典的《三十六计》。纵观岭南壮族先民的作战，包括与其交战的对方的作战，亦是计出多端，既有战略层面的，亦有战术层面的，还有属于技术性的。按《三十六计》分类，既有交战双方势均力敌时所用之计，亦有处于强势时所用之计，处于弱势时所用之计，还有别的情势下所用之计。兹就自己读史之有限所见，依时为序，概不分类，但同计则并列，陈述于下。

一、“走”之计

秦始皇二十五年（前222年）发兵开五岭，“略取陆梁地”，越人悉众出战，开始秦军获胜，三年后西瓯人转败为胜。《淮南子·人间训》记载，秦军“杀西瓯君译吁宋，而越人皆入丛薄中，与禽兽处，莫肯为秦虏，相置桀骏以为将，而夜攻秦人，大破之，杀尉屠睢，伏尸流血数十万，乃发戍卒以备之”。《史记·平津侯主父列传》记载是:“（秦军）深入越，越人逃遁，旷日持久，粮食绝乏，越人击之，秦兵大败。秦乃使尉佗将卒以戍越。”这两则记载，讲的是秦之五十万南征大军中，由统帅尉屠睢直接指挥的西路主力与西瓯人交战的经过。当时之秦国已是初并天下的大帝国，秦军是横扫中原，刚刚灭楚的强劲武装；西瓯尚处于军事民主制时期，经济不如中原，军事上只有部落或部落联盟战争经验。秦瓯交战是不对等之战，西瓯首战失利，领袖译吁宋也牺牲了，西瓯军民全都逃入丛林山野保存实力，推举出新的将领，继续与敌周旋，长期袭扰敌人，使秦军“宿兵于无用之地，进而不得退”“三年不解甲弛弩”，待远离后方的秦军陷入疲惫不堪的困境后，方大举出击之，以一场暗夜奇袭重创秦军，使数十万大军之统帅授首，秦皇任命赵佗为新统帅，增派了兵力，才稳住战局。

西瓯人转败为胜，关键在于认识到了敌强我弱的形势，正确采取了“走”的决策，避免与敌人进行战略决战，待局势变化再行动。西瓯人成功地实施“走”的计策，发生于公元前221年。后人所谓“三十六计，走为上”，据孔干、郭贞安《三十六计详解》（新华出版社，2012年出版）称，语出《南齐书·王敬则传》:“檀公（指檀道济）三十六策，走是上计。汝父子唯应急走耳。”南齐，存在于公元479年至502年。人们明确提出“三十六计走为上”，是在秦瓯之战以后七百年。

宋代，侬智高在庆历八年（1048年）起兵反抗交趾。广源虽富，但以一州之力来同一国对抗，显然力量悬殊。他在向宋朝要求内附无果的情况下，只有采取“走”之计策，放弃广源，北上安德州另建根据地。他避免同强敌决战，成功地保存了自己的力量。其起兵当年，交趾即派太尉郭盛溢率部前去征讨，皇祐二年（1050年）五月又发兵前去搜剿，“其众遁伏山林”，使敌人两度来犯皆无功而返。

明代，岑溪东南六十三山的壮民武装对“走”之策略运用娴熟，还总结成了口诀。据官军参将沈希仪在其《紫溪集》中载:“六十三山贼，其桀骜犹故。贼谓:‘官有万兵，我有万山；兵来我去，兵去我还。’盖二百年来，未有捣其虚者。”丘浚《驭猺獞议》亦称：“蛮性阴柔，依山为势，军来则入山远避，军去则外出掳掠。如蝇蚋然，挥扇则飞散，收扇则复集，剿灭之甚难。且其地多瘴疠，中原之人惮入其地，未至，固已怯畏；一入其地，气候不齐，蒸湿特甚，往往不战而死。既不可速战，又不可持久。所以自古用兵，未有大得志于岭南者也。”

二、未战先伐交　联横与合纵

赵佗于秦亡汉兴之际的公元前204年割据岭南建南越国，而刘邦于次年称帝后将前秦之岭南三郡划归其所封长沙王。对于南越国，刘邦之“将相欲移兵而攻之”，只是北方匈奴压境才姑且“羁而不备”。赵佗自知为汉朝所不容，为预防未来汉越开战时陷入孤立，他进行了广泛的联横外交活动，于公元前179年趁敌视南越的汉高后病死，汉朝压境大军撤退，南越国威势高涨之机，“以兵威边，财物赂遗闽越、西瓯雒，役属焉”。并“以财物役属夜郎，西至同师”。赵佗用军事影响和经济笼络，在东西数千里的南疆组织了防范汉朝吞并的松散的联合阵线。

汉朝经过六七十年积蓄力量，国势日强，戡平了内乱，并基本打垮匈奴之后，便将统一南方提上了日程。汉武帝一方面派使团入南越，开出优惠条件促使其内附；一方面进行合纵，破坏南越国的联横阵线。在东方，趁闽越占夺南越边土，汉军干预，闽越王在兵变中被杀之机，汉武帝便迫使闽越内附，截除了南越之右臂。太史公曰，“闽越相攻，南越动摇”，即指此。（原文为“瓯雒相攻”，岳麓书社2006年出版的《史记》韩兆琦评注本第1551页之注2称：相攻者为闽越，原文有误。）在西方，汉武帝付出颇大的本钱将“始倚南越”的夜郎拉到自己一方。他拜唐蒙为中郎将，率部千人、食重万余人（运送食物、缯帛等物资的有万余人）去见夜郎侯多同，谕威德，给厚赐，约为置吏，许以其子为令。夜郎旁小邑皆贪汉缯帛，答应了唐蒙的要求。汉朝得以在夜郎置犍为郡、两县一都尉，将军事政治力量推进到了南越国西侧。

伐交是战争中许多情况下必须做的工作，但不一定能从根本上解决问题，因为被争取的对方之立场，最终是依其自身利害为转移的。后来汉武帝讨伐南越时，东越（前称闽越）王余善曾自请出兵八千助汉作战，兵至揭阳却以海风波为由不进，阴使南越，骑墙观望。汉楼船将军欲引兵诛之，余善闻讯杀汉三校尉反。夜郎得汉朝财物颇多，但汉朝要发其兵参加攻打南越时，它怕丢了地盘，拒绝远行，杀汉使者和犍为太守而反汉。上述汉代情况见诸《史记》之《南越列传》《东越列传》《西南夷列传》。在宋代，侬智高曾以金珠和子女玉帛相赠，争取结洞首领和特磨道首领支持其反宋。但宋朝用更重的财物施贿，并以封官去拉拢结洞和特磨道首领时，该两首领又都附宋而反侬了。

三、借刀杀人

闽越与南越的关系复杂，它既要联合南越与汉朝相抗衡，又想侵占南越之东部领土扩大自己的地盘，于赵佗去世南越新君即位刚两年时兴兵西进。对于闽越犯境，南越有足够力量还击却按兵不动，老臣吕嘉等以闽越与南越俱为汉之藩臣不得擅自兴兵相攻为由，上书天子出面处理。早就想消除南方割据的汉武帝刘彻随即发兵向闽越问罪。大兵迫境，闽越兵变，王弟余善杀了闽越王郢投降汉朝。此事件是南越借汉朝之力解除了眼前的威胁，汉朝又借用南越给的口实和闽越内部的分化灭了闽越国，余善又借汉朝的力量夺了权，是多重的借刀杀人计。闽越相攻，南越动摇，最大的受益者为汉朝。

四、和亲计

晋人《交州外域记》云：“南越王尉佗举众攻安阳王，安阳王有神人名皋通下辅佐，为安阳王治神弩一张，一发杀三百人。南越王知不可战，却军武宁县。越遣太子始降服安阳王，称臣事之……安阳王有女，名曰媚珠，见始端正，珠与始交通。始问珠，令取父弩视之。始见弩，便盗，以锯截弩，讫，便逃归报越王，越王进兵攻之。安阳王发弩，弩折，遂败。安阳王下船径出海。”晋人此《记》含有些不明之处、与史实不符之处，还有属于神话之处，但仍属较早记载秦汉史事的一份重要资料。《记》中所称蜀王子将兵讨雒王、雒侯，征服诸雒将后，便在交趾称安阳王；赵佗征服安阳王后，其地开设交趾、九真二郡，都与正史所载前后相链接。赵佗与安阳王较量是为秦尉之时，还是自立为南越王时，《记》中两职并称，可作多种解读。赵佗之子赵始随父征战，先其父而死，赵佗称王在位 67 年，死后由孙子赵胡（眜）继位，亦都合乎逻辑。因而《记》中所说赵佗对安阳王不强攻，而是让儿子臣事之，并与其女交好，从而伺机挫败之——除却神话情节不论——应该是可能的。如果承认这一事实，这当是岭南战争史上最早的和亲计。此后运用和亲计的还有很多，例如宋代的侬存福以女嫁广源州而后夺其地；侬智高娶田州知州之母为妻而后拥有田州；智高母阿侬嫁特磨道主之弟，后来使败退的三千侬军获得一方休整喘息之地。再如，明末清初的云南王弄山土司沙定洲与阿迷土司遗孀万氏，不顾年龄之悬殊，罔闻封建伦理的谤毁，毅然结为夫妻，他们强强联合，领地和兵力空前扩大，一举推翻了沐氏家族在云南的世袭统治。这对夫妻同心奋斗，曾开创了甚好局面，只因全国形势大变，他们双双沥血昆明街市。

五、示假隐真　瞒天过海

梁朝末年（梁亡于557年）发生侯景叛乱，高州刺史李迁仕称病不服从朝廷调遣，铸兵聚众，并召高梁太守冯宝议事。冯宝妻冼夫人怀疑他是诈骗冯宝去参与谋反，劝冯宝先观其势。数日后李迁仕果反，派其主帅领兵进扎灨石，拒阻官军。冼夫人鉴于其高州兵力已空虚，设计破之：让冯宝对其称身有不便，改派夫人带礼前去参见。获得同意后，冼夫人带千余名士卒步担杂物，唱言输赕，进入李迁仕营寨中，李全无防备，一举被打垮，逃离高州。

侬智高反宋在起兵时，对敌人、对自己的部众都用示假隐真之计。智高父子经营金矿起家，颇为富足。智高起兵前为了麻痹官府，“数出弊衣易谷食，给言洞中饥，部落离散，邕州信其微弱，不设备也”。司户参军孔宗旦曾上书，并多次面谏邕州知州陈珙采取措施防备侬智高，被陈珙斥责：“司户狂邪！”结果拥兵五千，城内亦有驻军两千的邕州被侬军迅即摧毁。智高示假隐真做得很到位，以至于打到广东俘虏了康州（今德庆）知州赵师旦时，这位顽固的俘虏还骂侬军为“饿獠”。侬智高起兵东进，早已储备充足，为了让部属下决心追随其造反，遂“焚其巢穴，给其众曰：‘平生积聚，今为天火所焚，无以为生，计穷矣。当拔邕州，据广州以自王，否则共死！’”。智高用假象给其众，起到了统一部众思想的目的。

狄青讨侬智高，亦示假隐真，急而示之以缓。皇祐五年（1053年）正月，狄青率部南下到宾州即整顿军纪，于初八日以“妄与贼斗”招致损失之罪名杀了陈曙等数十名将领后按兵不动，十六日又下令调集十日之军粮。侬军侦探到这些情况，以为狄青尚不会立即行动，而狄青第二天即进军到昆仑关下，并于当夜率先锋度关，十八日黎明诸将环立帐前待令，得到的命令是“去食关外，即归仁铺为阵”。在南宁的侬智高当看到宋军突然出现于城北二三十里处时，已经措手不及，只能仓促应战，遭到了毁灭性的打击。

明嘉靖七年（1528年）兵部尚书王守仁剿八寨、剿大藤峡，亦采用了平息田州之乱后假装撤军的做法，麻痹了八寨和藤峡的农军，达到出其不意、攻其不备的目的。

六、沉索设口袋　夹江射困舟

南汉白龙四年（928 年），楚舟师攻封州，封州兵败于贺江。刘龑派苏章以三千神弩军赴援。苏章以两铁索沉于贺江中，为巨轮于岸上，筑堤以隐之，因轻舟迎战，阳败而奔。楚人逐之，苏章举巨轮挽索锁楚舟，以强弩夹江射之，尽杀楚人。此战事载于《新五代史》之卷 65。

七、佯作攻城　聚歼援军

李焘《续资治通鉴长编》载，宋皇祐四年（1052 年）七月十九日侬军从广州撤围北上，“攻贺州，不克，遇广东都监张忠于白田，忠战败被杀，虔州巡检董玉、康州巡检王懿、连州巡检张宿、贺州巡检赵允明、监押张全、司理参军邓冕皆殁”。先是，张忠自京师受命南来，于广州西的边渡村见有八千兵在扼堵侬军归路，“夺而将之”，以其去追击北上的侬军。临战，张忠“不介马（骑裸马）而前，（宋军）先锋遇贼奔，忠手拉贼帅二人，马陷泞，不能奋，遂中标枪死”。显然，侬军奔逃是诱敌，虽是身先士卒其实有勇无谋的张忠，进入侬军标枪手设伏的泥泞地段，成了侬军的活靶子。联系侬军围攻广州 57 日不克而撤离的情况来看，攻贺州不再是侬军必达目标，打援才是其真正意图。白田之战，侬军一举歼灭张忠及贺州等诸多将领、官员，打垮数千宋兵。按理，贺州文武官员既殁，其城池自然亦落入了侬军之手中。应该说白田之战是攻点打援的一个漂亮伏击仗。《长编》将此仗写成遭遇战，是不愿承认侬军颇有谋略。

八、以己之强　击敌之弱

司马光《涑水记闻》、李焘《续资治通鉴长编》及孙沔《征南录》等载，宋皇祐五年（1053 年）正月十八日，狄青领步骑二万人直趋邕州城北归仁铺，侬智高悉其众（据综合计算当为一万六千人）列三锐阵以拒官军，执大盾、标枪，衣绛衣，望之如火，气锐甚。及战，官军前锋将领孙节搏击中中枪身亡，前军稍却，副帅孙沔失色，余靖更弃所部躲入孙沔军中。但将卒畏狄青令严，尚能力战不退，而统帅狄青登上高丘，执五色旗，麾蕃落骑兵为左右翼，出侬军长枪队之后，断侬军为三，以长刀巨斧铁连枷冲击侬军，左而复右，右而复左，旋而击之。侬军枪立如束，不知所措，遂大溃，被追杀十五里。据司马光当时搜集记录的材料，狄青布阵是步卒居前，匿骑兵于后，侬军则是使骁勇者执长枪居前，羸弱悉在其后。这样，狄青是以己之弱兵牵制彼之强兵，以己之强兵击彼之弱兵，取胜后彼之后方空虚，彼之强兵前后受敌，斗志动摇，故败。据《太平治迹统类》载，狄青还朝后，宋仁宗曾令其演示蕃落骑兵归仁铺驰逐之阵势，并等第推赏。

九、两路夹攻　囊土傅城

宋熙宁八年（1075年）十一月交趾李朝扬言中国受王安石变法之害，为“拯济”中国人发兵八万，由太尉李常杰率领，水陆并进，夹击邕州。陆路破四边寨向东北开进；水路先取钦州、廉州，然后北上。当月底，两路会合，遂发起攻城。邕州知州苏缄闻敌至，集结州兵得二千八百人，召集土官及有才干之郡人授以方略，使其领兵分守各地段。百姓听说要打仗纷纷外逃。苏缄拿出库银及私家财物展示，告诉部属和民众：我们兵械齐备，蓄聚不少，应该固守待援；若一人逃走，将会群心动摇。谁不听令，我必严惩不贷。有一军佐翟绩潜走，苏缄即将其抓回斩首。苏缄长子在桂州任司户，因公事携妻、子来省，正将返去时却遇开战。苏缄觉得此时离开，人们会以为郡守放家人出城，决定只给儿子回去交差复命，而要其妻、子留下。从此全城上下同心，粮尽泉涸，人吸沤麻水解渴，多病下痢，枕藉以死，讫无叛者。邕既受围，苏缄日夜行劳士卒，以神臂弓射攻城之敌，杀伤甚众。苏缄向桂州知州刘彝求救，刘派张守节带兵赴援，张逗留不进，在大夹岭（七塘山心坳）遭遇交趾兵，队伍未及展开即被全歼。交趾人收买俘虏为其造云梯，又做攻壕洞子，蒙上伪装布，都被苏缄设法烧了。后来有人献囊土傅城之计，顷刻堆土数丈，交趾兵蚁附而登，正月戊辰（十二日），邕州城陷落。苦斗已四十二天的苏缄犹带领伤卒驰骑激战，兵力耗尽，他急返治所，自杀家人三十六口，藏于坎，而后纵火自焚。交趾兵入城寻其尸皆不得，屠郡民五万八千余人。加上在钦州、廉州的屠杀，“死亡者几十余万人”。李常杰还“俘三州人而还”。事见《宋史》的《苏缄传》《交趾传》及《续资治通鉴长编》卷279。

十、襟山带河筑坚城　截流涸濠而攻之

1253年蒙军占领云南，广西成为御蒙前线，宋廷遂令广南制置使兼知静江府李曾伯及后继的三任广西经略使在静江府（桂林）加强城防建设。经过1259—1272年的持续修筑，北起铁峰山、鹦鹉山、宝积山向南到榕湖北岸，东折至漓江边北转至伏波山、叠彩山连接

附：古代桂林城池简介

古代桂林有内外城：内城为唐代创建的桂州城，位于独秀峰南的漓江西岸；外城为宋代发生依智高事件后于1055年余靖所建的静江府城，在唐城基础上向南北西三面拓展。1253年蒙军占领云南，宋廷遂令李曾伯等四任广西主官持续增筑静江城防。经1259—1272十四年施工，体系完备的城池建成，达成了“襟山带河立天险”的构想，使之在抗蒙战争中能恃险自守十八年。后来蒙军“筑堰大小溶二江以遏上流，决东南埭以涸其隍”，放干了漓江水才于1277年1月攻入城内。清咸丰二年（1852年）太平军围攻桂林一月，因城坚难破而绕道北上。但明代古田和八寨农军奇袭省府，劫库戕官，进出自如，此城池却形同虚设。

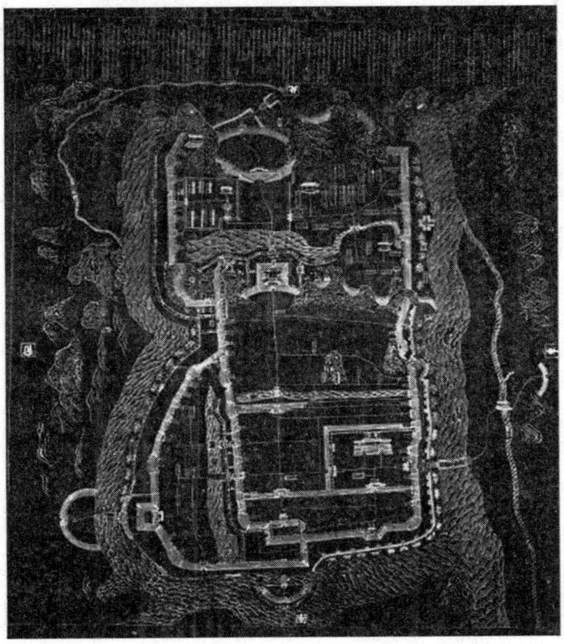

左图为《静江府城池图》石刻拓片，石刻位于桂林城北鹦鹉山，高3.4米、宽3米，比同时期的《平江府城图》大一倍，是世界现存最大古代军事石刻地图。其上部图记楷书113行，记述筑城经过、起始地段、高广尺寸以及用工用料等。主体部分用36种符号和写景法绘出山、河、城濠、津渡、桥梁、城墙、城门、各种城楼、瓮城、月城、挡马墙、官署、军营，以及主要街道的位置。地图显示城西骝马山上有烽烟楼，远望有警即可升烟或举火，通知城内谯楼钟楼击鼓鸣锣；宝积山上有望火楼，可监视城中，防范奸细纵火或居民失火；鹦鹉山南麓有三面亭，系城防主官的指挥所，地势较高，能观察东南西三方向的情况，对照山崖上的石刻地图，进行研究做出部署。此地图使用混合比例，东西方向1：750，南北方向1：1000，地形地物位置准确。兵书和战史对宋代城防工事和守城战术记载颇详，而《静江府城池图》则为诸记载提供了形象的注释。

城池局部摹本

图上绘有镇岭门、瓮城、万人敌、硬楼、羊马墙、拖板桥、城壕等，皆处于《静江府城池图》中部

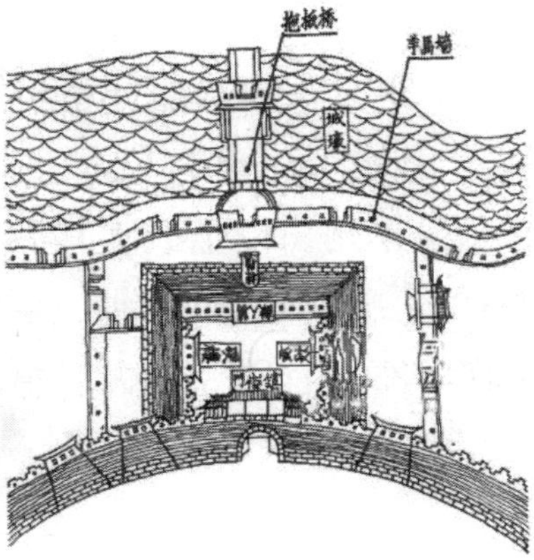

古南门东西长39.4米，南北厚19.4米，券门高3.5米、宽2.9米

静江府城墙北起铁峰山、鹦鹉山沿宝积山向南至榕湖北岸，东折至漓江边，北转伏波山、叠彩山接铁峰山，全长2359丈。城高2丈至3丈，面阔2丈至4丈，辟大小城门13个、暗门2个、月城2座、瓮城2座、关城1座。开浚新旧濠河3235丈8尺，建沿江泊岸石城758丈4尺。

周永光撰文编图，资料摘自《桂林市志》及有关网络铁峰山的矩形城墙竣工，全长2359丈，高2丈至3丈多，面阔2丈至4丈，皆用料石砌筑成，城上建楼橹79座，凸出墙外建有马面楼和团楼，用以打击爬墙之敌，关键地段筑了瓮城、月城，以利于重点扼守。城外疏浚新旧濠河3235丈8尺，漓江沿岸筑石城758丈多，以阻碍敌方攻城器械集结。整个防御体系甚为严密牢固，守军凭此多次挫败来犯之敌，使孤悬敌后的静江坚持了十八年。1276年2月临安陷落宋室降元，忽必烈命初定湖南的阿里海牙增兵3万进军广西，于8月25日下手书诏谕广西静江府归降。时值原知邕州的马塈应招入朝滞留静江，他总领屯戍诸军掌右经略司矢志抗元，两次斩杀劝降的来使。元军进逼严关，他亲率3000兵前往镇守，阿里海牙鉴于严关险阻难破，乃以偏师下平乐，溯漓江北上，与主力南北夹攻严关，马塈腹背受敌，退回静江与原守部合力死守。元军围城，再遣员送诏书劝降，又被斩使焚书。阿里海牙乃筑堰阻断大溶、小溶二江水，使漓江绝源，别引渠决其东坝，以涸静江城濠，用实力猛攻西门，选精兵攻东门。因战车遇炮石无法近城，遂令士卒伺隙攀堞，蚁附而上，于1277年1月11日突入城内。马塈率部几番激战，臂伤被俘，尔后慷慨就义。其部众突围失败，娄钤辖集合残部250人守月城十余日，最后聚围火炮引燃，与月城同归于尽。阿里海牙下令屠城，旋遣将招降广南西路15州。

十一、火牛耗破垒石阵

《明史·山云传》载，宣德三年（1428年）正月，山云佩征蛮将军印，充总兵官到广西镇压柳庆农军韦朝烈部。农军“保山巅。山峻险，挂木于藤，垒石其上。官军至，辄断藤下木石，无敢近者。云夜半束火（于）牛羊角，以金鼓随其后，驱向农军。农军谓官军至，亟断藤。比明，木石且尽，众噪而登，遂尽破之”。另，明官军为严密围堵农军，在农军山寨下扎营，农军乘机下礌石杀伤官军。官军受损失后想出一法：在营帐与山坡间掘壕，农军再放礌石，皆落入壕中。

十二、诱敌出城　伏击歼之

明天顺初，宜山农民韦万强聚众造反，庆远府同知叶祯募乡勇与农军对抗，因捕杀了农军一名重要头领而颇有名声。天顺三年（1459年）正月晦日，农军进攻庆远府城，旗山守将拥兵不救，叶祯父子领乡勇出城应战。农军先却去，随潜踪袭击返城的叶祯所部，叶祯之子被击毙。顷之，农军围攻鸡喇村，叶祯率乡勇赴救，行至人头山下，遭农军伏击，叶祯及其从子以及三百乡勇，悉数被歼。事见《明史·叶祯传》。《粤西丛载》卷26载，官军指挥黄钺忌叶祯之功，“遣谍泄机于贼以杀祯”。如此载属实，显然农军是利用敌人之矛盾，将肯定无援的叶祯所部连续两次引诱出城，最后将其全歼。

《国榷》卷 42 载，明弘治四年（1491 年）十月，黄公刚农军的余部在韦旋（即韦七璇）率领下攻占上林。高言弘、姚舜安《明代广西农民起义史》称，民间传说韦旋系上林县塘红石门壮族人，以务农和打猎为生，射箭精准。黄公刚牺牲后他带领少数农军回乡坚持斗争，几次攻打县城皆不成功，后来想出一计：让农军以树叶树枝伪装埋伏于城门外，派数名勇士化装商贩入城做内应，他先向城楼连射三箭，守城官军惊愕之际，数名内应在人群中大喊："韦旋进城了！"一时城中大乱，城楼上官军慌忙开门出逃，全被埋伏的农军捉拿。农军随即进城，取库银、杀贪官、放囚徒……不等官军援兵到达，顺利转移。

十三、避免分兵与战　断然直捣腹心

《明史·韩雍传》、《蛮司合志》、钱溥《运筹亭平蛮碑》等载，明成化元年（1465 年）正月朝廷大发兵，拜都督赵辅为总兵官，讨伐大藤峡。兵部尚书王竑进言：平贼非韩雍不可。皇上乃起用浙江参政韩雍为赞理军务。韩雍驰至南京，与诸将议方略。编修丘濬先曾上书皇上，主张贼在广东者宜驱，在广西者宜困。诏录示诸将。诸将是其说，主张派江西军二千、蕃骑兵五百由庾岭入广东，大军由湖南入广西，分兵扑灭。韩雍曰：不然。贼已蔓延数千里，而所至与战，是自敝也。当全师直捣大藤峡，攻其腹心，巢穴既倾，余迎刃解耳。舍此不图，而分兵四出，贼益奔突，郡邑益残，所谓救火而嘘之也。众曰善，赵辅亦听雍。

师至广西界，韩雍即放委两都指挥策应广东副总兵范信在新会以西堵截，委参将孙震等守卫浔、梧、南宁，防范藤峡瑶军奔逸；委一都指挥守兴安、灵川，对付阳峒苗贼；命湖广总兵率部以进。至全州，韩雍发偏师击阳峒，战皆捷，擒数贼首。至桂林，斩失误军机的指挥等人，以振军威。然后按地图与诸将议曰："贼以修仁、荔浦为羽翼，当先收此二县以孤贼势。"乃督兵十六万分数哨进军，继而分二十五哨搜剿，夹攻弥月，并穷追至立山，擒千二百余人，斩七千三百级，修、荔遂平。遂长驱至峡口，遇儒生、里老数十人伏道左，愿为向导。韩雍骂曰："贼敢绐我！"叱左右缚斩之。既缚，袂中利刃出，果贼也。悉支解刳肠胃，分挂林箐中，累累相属。贼大惊曰："雍天神也！"

韩雍以六万八千人为右军，令广西总兵欧信、湖广都指挥夏正等将之，自象州、武宣分五道攻大藤峡之北；以九万二千人为左军，自与张辅督都指挥白全等将之，自桂平、平南分八道攻峡之南；复令孙震等领两道兵守左江和龙山、五屯，防贼转移。于是诸道并发，腹背夹击，贼既失利，乃悉力捍于峡南，据险立栅，置滚木、垒石、标枪、毒矢，下如雨注。官军仰山而攻，韩雍督战益急，敌稍息，雍趁其怠击之。将士用团牌、扒山虎、压二笆诸器，鱼贯以进，皆殊死战，呼声裂谷。贼气夺，纵火焚栅，官军乘之，连破石门、林峒、沙田、古营、老鼠、牛肠诸寨。众入贼寨，见其屋庐藏积俱赫，皆栗。雍饬兵穷追，伐山通道，行数日，至腹地。贼上九层崖顽抗，前树大栅，用千斤垒石从云霄转下，声如轰雷，且弩矢雨注，不可当。雍诱使大发，而令人间道潜陟其巅，觇发竭，举炮。贼不能支，乃大奔。会夏正亦援至，生擒侯大狗及其党七百八十人，斩首三千二百有奇，坠溺死者不可胜计。韩雍勒石纪功而还，分兵击余党，郁林、阳江、洛容、博白次第皆定。

十四、四面受敌　选歼一路

明弘治五年（1492年）十月，两广总督闵珪督派湖广、广东、广西三省汉达官军和土司兵共四万七千人，讨伐古田起义农军。他兵分四路，分进合击，企图一举围歼农军。韦朝威等农军领袖认定由省城桂林到古田，都狼隘、三厄岭是官军必由之路。三厄岭位于今永福县寿城东北，《永宁府志》载，此岭"绵延五里，孔道一线，逾岭之凹凡三，崎岖巉险，行者病之，故俗呼'三厄岭'也"。韦朝威选定此有利地形对官军作战，布置部分农军先在都狼隘阻击而佯败，诱官军追击，待其深入三厄岭后即以埋伏的主力歼灭之。由广西副总兵马俊及参议马铉所率的官军主力部队，竟由此道而来，"初与寇遇，杀获颇利，俊易之"。行至"仅容一骑，士卒隔绝不相顾"的三厄岭时，马铉"虑寇有备，戒勿进"。马俊却说前军都快过完了，没什么可顾虑的，令继续前行。忽然，林箐间万箭齐发，伏于丛薄中的农军冲杀出来，马俊、马铉俱死，其部众大部被歼。主力既歼，其余三路官军未经激战亦退。朝廷闻讯，"诏夺两广总督闵珪等俸，令益兵进剿"。闵珪不得不亲自率队再征，但农军已转移，让其无功而返。事见《粤西文载·马铉传》及《明孝宗实录》。据载，马铉因有所警觉，朝廷追赠其为右参政。《孙子兵法》云："夫地形者，兵之助也。料敌制胜，计险厄远近，上将之道也。知此而用战者必胜，不知此而用战者必败。"三厄之战，农军熟知地形，选好了战场，因而获胜；官军事先不知地形，盲目开进，陷入险厄，方有人"戒勿进"，死到临头，悔之已晚。

十五、诱敌就范　寡可制众

据唐顺之《广右战功录》，明正德十二年（1517年），义宁农军出击临桂县后返乡，沈希仪率官军追击。农军在丁岭隘设伏，让与官方有往来的壮人告诉官军，前方道路有两条，一条路上的山隘已封闭，只有丁岭隘之路可通。沈希仪判断此乃骗局，斩所闭隘而入，并无兵守，直趋农军大本营。丁岭农军仓促还救，被击溃。此后有荔浦农军八千余渡江往东岸活动，沈希仪率部五百驻白面寨（位恭城县境）待其归。寨距蛟龙、滑石两滩各数里，沈认为滑石滩狭，敌虽众而可搏；蛟龙滩广，济则难图。便竖旗百面于蛟龙，守以羸卒，燃柴烟以疑之。农军至，果避龙滩而趋滑石。沈预以小艇载劲卒伏葭苇中，待敌半渡乘泷冲之，两岸兵噪而前，农军遭突袭遂乱，拥挤堕渊，溺死甚众，未济者退走复趋蛟龙而渡。此役五百人能破八千众，乃靠地形为兵之助也。义宁的农军在隘口有利地形设伏，却不能诱敌就范，因而失算。

十六、明为救难　暗设圈套

《广右战功录》及《西事珥》载：嘉靖初，田州土官岑猛聚兵数万，屡侵旁郡，不听调遣。督府姚镆奏诛之，召参将沈希仪讨论：归顺岑璋乃猛妇翁，其助猛奈何？沈素得土官阴事，曰：璋女失宠，璋心恨猛，徒貌合耳。并献以璋擒猛计，姚依之。沈召与岑璋雅善之千户赵臣商议。赵云：镇安世与归顺为仇，派我去镇安征兵，可过路探璋。赵过璋所，璋喜迎：久不见故人，今肯念我来邪？赵不言，佯为不怿者。次日，璋置酒款赵，赵复太息。璋问故曰：军门有意督过我邪？临壤有所诉，且逮勘邪？赵皆不应。因挽赵入卧内，跽叩之。赵泣下，璋亦泣下。赵曰：君肺腑有急，不忍隐。督府论罪田州，谓君必党猛，命我檄镇安兵袭君。我不言，则君死；然君不死，则我以泄机死矣。璋顿首曰：君实生我，不言，我死不悟也。猛奴视吾女，吾欲图之久矣。璋乃遣人驰诣沈希仪，愿擒猛自效。

嘉靖五年（1526 年），汉达官军、土兵等十万二千三百余人分五哨进剿田州，岑猛集劲兵扼守工尧隘。沈希仪率中哨主攻工尧，按与岑璋之约，派左右两股各三百卒走间道绕到隘后山头，准备插旗为号。黎明，中哨发起攻击，猛兵殊死斗，数攻不下。先前，岑璋已按计遣兵二千助猛守隘，居后阵；遣精卒千人以护女为名居猛左右。后阵璋兵见山头旗已举，大嚣曰：天兵得工尧矣！溃而却。猛兵见后阵却，亦嚣而却。沈军乘之，蹂尸数里，猛子邦彦中箭窜死山中。在田州城的岑猛闻工尧破，窘急欲走交趾。璋卒五百已护其女归，五百独守猛，绐猛曰：赴交趾路皆天兵矣，不如且走归顺再为后图。猛不得已而从之，至境与璋相抱哭。璋以子女歌舞饮食恣猛，圈留数日后醉杀之，函首送督府。

十七、抚剿分施　逐个击破　就地取兵　以夷制夷

明嘉靖六年（1527 年），田州土目卢苏联同思恩土目王受反叛，官府“竭两省之财，动四省兵”加以镇压，久战无果，八寨、大藤峡农军趁势出击州县，广西已成“将倾之

舟”。在家养病的王守仁奉旨于次年正月到广西戡乱。他凭借自己兵部尚书的身份和刚刚讨平江西之威势，对叛乱的卢苏、王受实施招抚，通过谈判软硬兼施，迫使卢、王率田州、思恩两府的七万土司兵投降。同时做出撤兵息战的假象麻痹农军，暗中部署进剿，组织“愿杀贼自效”的土司兵“乘夜衔枚速进”，突袭农军根据地，使八寨、大藤峡农军受到重挫，其中八寨阵亡、遇害军民达六七千人。

王守仁前来戡乱，面对两类目标，他认为对土司“抚之为是”，且就范之后即可为用，以夷制夷。为防其日后复叛，他提出“众建寡力”办法奏准实施。对于造反的农军，他则以剿杀为是，所立“灭猺关”大石碑足以表明其心志。王守仁对其拉一打一，以夷制夷之计颇是自赏，斥前人之办事为“过计”。应该承认王守仁此招确有事半功倍之效。但历史说明土司叛服无常，农民造反不断，并非一时之计能够彻底解决的。

十八、调虎离山　剥笋取心

据《广右战功录》，明弘治十八年（1505 年）官府以十万八千兵力剿灭叛乱的思恩土官岑浚后，思恩府废土归流，让土酋徐五、韦贵为土巡检，分掌土兵各万余，受流官指挥。土酋杨留无所归，率其党千余人到宾州应募为打手。剿岑浚时，镇安土官曾派兵参与，掳回一批思恩生口，“其中一人长大而姣，因托言岑浚子而名之曰金”。鉴于思恩“夷人不乐汉法，数十年间数叛”，嘉靖十六年（1537 年）镇安土官潜召其酋长，出金曰：“汝小主人也。”诸酋长聚兵五千归岑金指挥，准备攻城复故地。镇安土官与之约：金立，与我地几百里。一时诸酋欲响应，势汹汹。

当时，右江参将沈希仪与兵备使在宾州。杨留对沈说要回去跟小主人。沈心想事关重大，不可急图，宜以计款之，遂称曾闻有岑金在镇安，是岑浚第九子。杨闻此言，追随之心更为坚定。沈又将杨引入密室说：岑氏要复官绝不能杀人劫城，要杀人劫城任自为之；若能依我的办法，可以状述于我。杨称是，沈又对杨说：金欲得官，非赂我万金不可。杨称该当重谢，但现今难办。沈笑道：我哪里就要钱，只欲得一凭据而已。至此，杨信沈无疑。走时，沈又嘱咐：韦贵、徐五向来仇恨你，亦仇视岑金，你们要多加提防。杨回去后，把沈的话告诉岑金，岑率其五千兵到宾州见沈，以万金帖子奉沈。沈笑曰：若穷鬼，安得此乎？岑说：赖公力得官，不穷矣。赖公，诚不敢忘报公子孙。沈戏曰：汝土官多不知恩，得官且忘我，况子孙乎？岑唯唯不敢。沈乃令其侄出见岑曰：岑金，汝兄弟也。岑金得官，他日每日出征，乞金四功与汝。沈又为岑打算说：汝赂我，兵备公独无赂乎？令岑再写一帖，代其转送。沈潜对兵备说：处理岑金，祸叵测，公夷情未熟，一言不妥败矣，不若一一听我。沈遣岑诣兵备，兵备但言岑有福相，其事一请沈公办理。次日，沈诣岑兵营，犒之五牛，酒五十尊。又次日，兵备犒之如沈。沈对杨留、岑金说：倘有兵马来杀岑，是我杀岑；倘暗箭刺客杀岑，是韦贵、徐五杀岑。一切交由杨留负责，不可诳骗于岑。杨乃日夜披甲护卫，沈复遣其侄与岑同饮食卧起，岑自是心死于沈矣。

时值巡按在南宁，沈诱岑前往呈诉以缚之，乃请兵备先行密报巡按。途中，沈与岑同席，沈对岑说：韦、徐重赂赂吾庖毒汝奈何？吾所食，汝亦食；吾所勿食，汝亦勿食。岑如沈言，以为沈甚关爱于己。行七十里至思龙驿，晨起沈向岑耳语：南宁人皆言汝叛，以五千人往则人益疑，不若遣散三千，而选二千心腹健卒以往，既不撤卫，又可息人言。岑从之。行至距南宁百里处，沈又对岑说：汝至南宁久候，诸从人衣粮恐不给，不若留千人营于此，以千人随往为便。岑至南宁见巡按，巡按好语慰之曰：吾为汝奏。居五六日，沈度岑众衣粮且尽，告岑：何不遣其半回思恩取衣粮？岑照办，而营百里外之千人，因衣粮乏已渐散去。

沈建言巡按且往柳州，以便途中图之。至思龙驿，忽报韦、徐领万人于道，阳为迎巡按，暗袭岑金，岑惊而逃。巡按、兵备皆谓事糟矣，沈谓且阳为不知，待徐图之。沈出，呼韦、徐骂曰：汝安得擅兵于此？岑金得官与不得官，唯朝廷所命，汝安得私仇之！岑得耳目报知，伏道旁候沈。沈戒之曰：汝尚不知死，韦、徐兵至矣！疾入宾州匿吾参将府，当可无虞。沈请于巡按遣散韦徐之众；商于兵备遣杨留杀手百人，护巡按往柳州。而后对岑说：汝何不亦带百人送巡按，以表忠心？但方行五十里岑即欲返。沈又拉其行百余里，岑又要返。沈曰：汝独返势弱，倘韦、徐伏人待汝奈何？何不偕杨至柳而偕返。岑遂行，途中坠马。随从酋长十余人皆岑死党骁健，沈因责其五六人护岑不力，痛笞之至卧创。岑只得四五酋随其入参将府，其与杨之两百兵皆营于城外，而柳城故有狼兵两千足以应变。沈宴请岑及其数酋，戏曰：汝往时惧诛又惧韦徐逼，常不乐，今无事矣，何不痛饮？！岑及酋皆尽饮至醉，是夜遣狼兵皆缚之。

黎明，沈遣人召杨于城外，狼兵夹墀左右立。杨与其党三十人入见沈，沈大言曰：岑金，国贼也。非汝与吾同心诱其至此，吾安得缚之。为杨披红赏银，杨惧不能言，其党皆股栗。沈复引杨见巡按、兵备，皆给劳赏。复犒营城外之两百兵，令杨率之还宾州，并赍牌遣散岑在宾之兵众，曰：所诛只岑金一人。杨惶恐见给，又虞同行猜己卖岑而仇杀于途中，日夜为备，奔归得病死。沈将岑金及其十余酋解巡按府而扑杀之，思恩之乱萌而复息。

十九、“围魏救赵”与“击其惰归”

据《明史·广西土司传》之镇安、田州条载：嘉靖十四年（1535年）田州内乱，署州事的岑邦相恶土目卢苏专擅，谋诛之反被杀。镇安土官男岑真宝对卢苏发难，以兵纳岑邦佐（时任武靖州土知州）回田州掌权。卢苏女婿归顺州土官岑瓛以及向武州土官黄仲金与岑真宝有隙，应卢苏之请发兵袭破镇安府，发真宝父母墓，焚其骸，分兵占据镇安诸洞寨。真宝闻讯走还，被卢苏调集兵力追围于武陵寨，死者万计（《国朝典汇》载：

死者八千）。此役岑瓛趁敌后空虚而袭之，瓦解了敌方对友方之攻势，可谓“围魏救赵”之计；而卢苏趁敌仓促退兵而击之，重创敌军于运动之中，实乃“击其惰归”之成功战例。

二十、出其不意　攻其不备

《明史·世宗实录》等载，明嘉靖三十三年（1554 年）八月初七夜，八寨农军突然进抵南宁，架梯越城潜入府衙，杀死巡风吏和守堂民款共四人，运走库银和财物。次晨，官军发现出城追赶，农军已越过高峰隘北返八寨。“事闻，抚按责官军赔补”，并奏报朝廷，“降调官军罚罪有差”。嘉靖四十三年（1564 年）十二月二十四日，古田凤凰山农军自永福突至桂林，乘夜缒城而入，进劫布政司库署印。参政黎民衷闻变，以为宗室争斗，出来谕止，被杀死。农军共劫取库银四万余两及金珠各若干，仍由原道缒城而去。郭应聘《西南纪事》载称，此次梯越省城劫库，乃韦银豹、黄朝威纠八寨樊公尚等所为，“变闻，副总兵、都司而下各抵罪”。俞大猷《正气堂集》之卷又十六载，嘉靖四十五年（1566 年）十月，古田农军和八寨农军四百余人又在凤凰村集结，扬言攻打全州和湖南宝庆府，其实企图袭击桂林靖江王府，只因内部有人告密而未举。上述农军的行动，远程奔袭，敢于用小股兵力径直插入官府核心之处，完全出敌人之所料，做到了兵书所称“出其不意，攻其不备”。

二十一、近而示之以远　潜机莫测

万历六年（1578 年）正月，广西巡抚吴文华用土司兵万余人突袭北三刬马军，三十日破百余寨，擒斩四千八百名颗，虏其眷属倍之，牛马器械无算，存在百余年的农军根据地遂被摧毁。孙成名《奇功膺锡序》云，宋时邕州用兵二十万，明初藤峡用兵十六万，皆竭数道之力，靡累岁之积，诛锄虽无算，而所损亦相偿。是役（剿北三）也，兵不满万余，费不逾千金，罄剃林搜，倾摧摇撼，难易劳逸，相远奚啻百十。其所以有事半功倍之效果，在于“潜机”，达成了行动的突然性。据张翀《平北三大功碑》及瞿九思《万历武功录》等载，前一年，吴文华即要求其官员讨论广西何为宜先加兵者。当时，以谭公柄为首的来宾北三刬马军，自弑土吏黄胜之后，日益剽悍，近已是二三千人一群，出没活动，桂北义宁、永宁、永福等地壮民群起响应，阻山公行，郡县道路不通；河池之河塘酋领韦宋武亦聚众傍江结寨；被招抚的八寨中的咘咳寨，又有蓝公潺率众造反，驱逐土司。官员们认为“北三者跳梁已极，且立赤帜于诸蛮之间，宜先加兵无逾于此”。吴文华认可，令永宁兵宪吴善经略此事，戒之曰：“兵贵潜机，使敌莫测，近而示之远，法也。”并提示其先声指响咳、河池。随即利用每年土兵更戍之时机，征调永顺、白山等土司兵及屯戍各地的狼兵，先开赴河池、响咳清剿。北三划马军侦获官府调兵，颇戒严。继闻其兵势分，且开展了行动，估量其必不能以弩末穿缟，遂嬉不为戒。不数日后，官军即疾趋北三，穷昼夜驰数百里。敌人万兵压境，划马军愕骇莫之所措，被歼鲜有遗者。据称，吴文华先年剿府江农军之筹略亦类此，先去广东罗旁清剿，随即出其不意地进军府江五指山农军根据地。

二十二、焚巢而出　有进无退

从事战争，必须要做思想准备。军事斗争有“心理作战”，心战不仅对外，对内也要战胜和克服种种不利的心理因素，方可开展行动。侬智高为了动员部众跟随他铁心反宋，他在一天傍晚放火焚其巢穴，“绐其众曰：平生积聚，今为天火所焚，无以为生，计穷矣。当拔邕州，据广州以自王，否则共死！”然后率部踏上征程。此做法与“破斧沉舟”让将士绝了退路，与敌死战的做法同出一辄。据（宋）蔡绦《铁围山丛谈》载，狄青征侬智高兵出桂林之南，在一大庙前取百钱与神曰：胜负无以为据，若大捷，则投此期尽钱面也。左右或谏止：倘不如意，恐沮师。狄不听，万众方耸视，已挥手一掷，则百钱尽红矣。于是举军欢呼，声震林野。狄亦大喜，即取钉随钱布地处钉帖之，加青纱笼覆，手自封焉。乃与神约：苟凯归，当偿谢神，如赎取钱。及师还，如言取钱，与幕府士大夫共视之，皆两字钱也。狄青之前宋军与侬军交战，尽为败绩。狄青玩此掷钱魔术，为了一扫军中晦气。壮族古代作战，先举行占卜仪式请示神灵。鸡卜经中关于战事的经文，写的全属得大于失，只是胜利大小不同，开战与不开战，执政者可操控自如。

二十三、铁链锁江与陆地行舟

《鹿寨县志·军事篇》载：咸丰八年（1858 年）四月，大成军李文茂部在桂北苏桥与按察使蒋益澧所率湘军交战失利退守柳州，令其弟李文辉领水师驻守白沙、江口，用连环铁链拦阻洛清江面，封锁湘军顺江而下进攻柳州的通道。五月上旬，湘军相继突破黄冕、鹿寨，占领雒容县城。蒋益澧到雒容后便休整部队，修补船只，扬言要攻江口、白沙，却于夜间令士兵、民夫抬船上岸，“陆地行舟”约二十华里，到洛埠下柳江，逆水而上，直抵柳州城下。十四日拂晓蒋益澧下令攻城，湘军翻墙而入，展开巷战。大成军以为江口、白沙已经失守，士气动摇，节节败退，李文茂只得弃城而走。蒋益澧拿下柳州后，以部分兵力回击白沙、江口，李文辉水师亦溃败。

大成军湘军柳州交战态势图

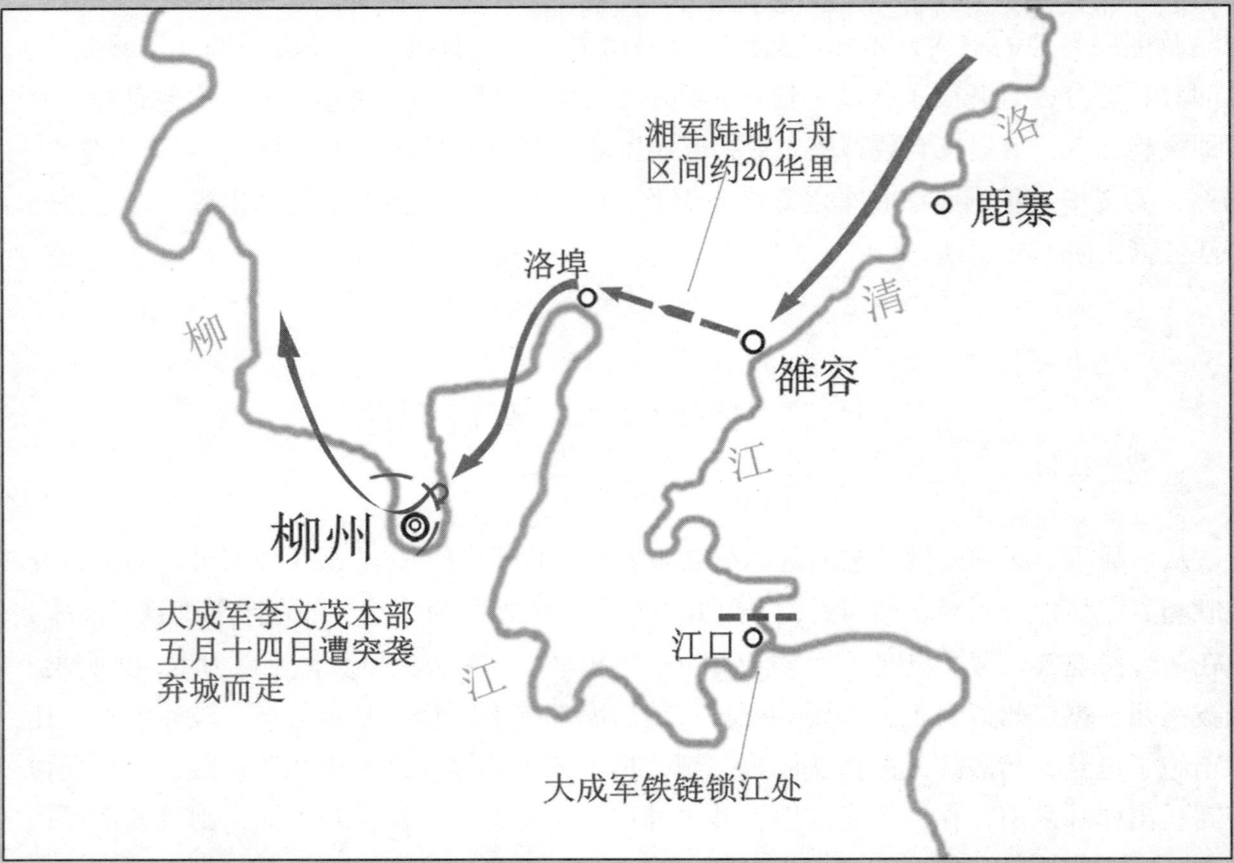

清咸丰八年（1858年）四月，大成军李文茂部在桂北与蒋益澧所率湘军交战失利，退守柳州，派一部守洛清江口，用铁链锁江，以拦击沿江南下之湘军。五月上旬湘军进至雒容，便休军修船，扬言将攻江口，却于夜间抬船上岸，“陆地行舟”20余华里到洛埠下水，然后溯柳江而上，直抵柳州城外。五月十四日晨李文茂本部突然遭到进攻，以为江口前线已破，士气动摇，弃城而走。湘军拿下柳州后，分兵回击江口，亦下。

大成军锁江链

《鹿寨县志》照片

周永光撰文、制图

二十四、寨结连环与伐交破阵

咸丰九年（1859年），太平天国翼王石达开回师广西，九月二十日攻占庆远府城，在庆远“伐暴施仁”，没收地方豪绅粮食财物，除供军需外，还分给贫苦农民。各地豪绅组织团练，占据山隘，构筑营寨，进行抵抗，今德胜镇揽树村邓山屯南里许的牛岩就是一处重要营寨。牛岩处于牛岩山脚，附近数村团丁垒石于岩口，以岩为寨，驻团丁及村民千余人。在牛岩山岩口当面就是独帽山，团丁在山顶又设一寨，驻八九百人，与牛岩寨结成连环阵：如独帽山被攻，牛岩发炮轰击来攻者；如牛岩被攻，独帽山即滚石杀伤来攻者。两寨相互支撑，势不可破。团丁以此为据点，四出截击过往太平军，积次杀伤数百人，夺去枪械物资无数。十一月中旬，太平军集兵包围牛岩、独帽两寨，团丁飞牒向其团总黄保清求救，久之不至。太平军趁机攻心，同独帽山寨讲和，争取其头领庠生、张慧光等，同意在太平军攻牛岩时不干预。十二月初三，太平军开始攻岩，独帽山寨未投石，得以从容向岩内发炮，杀伤颇重。头目韦玉石带部分团丁夜窜簸箕岭，欲向新会联防团求援，被埋伏的太平军歼灭。牛岩的水源亦被太平军控制，水缺援断，团丁夜间开寨，混同村民下山逃窜。太平军不辨其兵民，黑暗中逢人便杀，罕有脱者。太平军走后，张慧光被地主豪绅执杀，其家财充作超荐死者和赡养其家属之资。官府刻有《牛岩大墓碑序》记其事，同治五年（1866年）清明立于岩中，今存宜州市文物管理所。《孙子兵法·谋攻篇》云：“上兵伐谋，其次伐交，其次伐兵，其下攻城。”太平军聚兵围敌，围而不攻，待其出逃乃歼灭之，胜在伐交、伐谋。

牛岩山、独帽山古战场

牛岩山和独帽山位于宜州市德胜镇揽树村邓山屯。咸丰九年（1859年）冬，远近村庄的团丁在此扎寨，截击过往的石达开部太平军，杀伤数百人，夺取物资多次。十一月中旬，太平军包围此处，与独帽山寨头目谈判，瓦解其与牛岩山寨的攻守同盟后，发炮轰击牛岩，并阻断其水源。岩洞中团丁水断援绝，于十二月初三夜间混同村民出逃，共千余人被伏击伤亡殆尽。市文管所存有《牛岩大墓碑》，其序记载此事。

周永光拍照
2008年6月16日踏勘

第十章　军事遗址

壮族先民所筑军事设施，随所处时代生产水平和使用兵器而变化，明清时期和古代已有不同，但在选址、用材、功能要求上，一直保留着岩溶地貌区域和农耕社会的特点。岭南古代军事遗址不少，但尚有许多隐藏在深山草莽之中罕为人知。例如阳朔县葡萄镇东北距321国道6公里的山岭上发现有一座石砌古堡，四面的城门依次相距1—1.58公里不等，城内又有24座小石门将地面分割成独立空间，城堡东面和南面山峰上还建有10余座瞭望台以监视远方。当地村民传说古堡原由一位女寨主掌管，她能征善战，叱咤风云。此神秘的古城堡未见任何历史文字记载，有待组织专门考察研究。笔者仅能将自己有限踏勘过的五处遗址陈述于此。

韦敬辨智城

唐初大首领廖州刺史韦敬辨，在今上林县白圩镇爱长村石俭庄清水河（古称澄江）之北岸，建有一座城堡——智城。此城堡在相连的大小两块峰丛洼地上建成。小的洼地近圆形，中部略低，呈浅锅状，面积约17亩（1.13公顷，一说1.15公顷），专家称之为内城。此洼地东北连着一块轮廓似镰刀形、平坦宽阔的大洼地，面积约77亩（5.13公顷，一说5.04公顷），称为外城。内、外城群山环抱，山高100米至276米，悬崖绝壁，呈90度直立，极难翻越；即便觅得便道登山，亦难缒入城中。内城北侧半山腰上有一处约20米之豁口通向城外，东北侧地面有30米豁口连通外城，其余皆成封闭。外城西南端为30米豁口通内城，东北端有130米宽的豁口连通清水河北岸的开阔田畴。外城豁口距清水河1000米，豁口外为大池塘，呈东南走向的不规则长形，有水沟通向清水河。

韦敬辨选取这绝壁环抱、几成封闭的峰丛洼地建城，其修筑工程量只需平地筑城的十分之一。智城周长1700米（东西最长530米，南北最宽250米），其中属人工筑墙的，内城仅20米，外城亦只130米，智城便成为一个极其坚固的完全封闭的军事防御设施了。

智城遗址景观及城郭平面示意图

4 在外城南端回望外城

3 自豁口内窥所见智城外城景观

5 自外城看内城，豁口下方为坡状石墙及水池

6 在入口处所见的内城西部景观

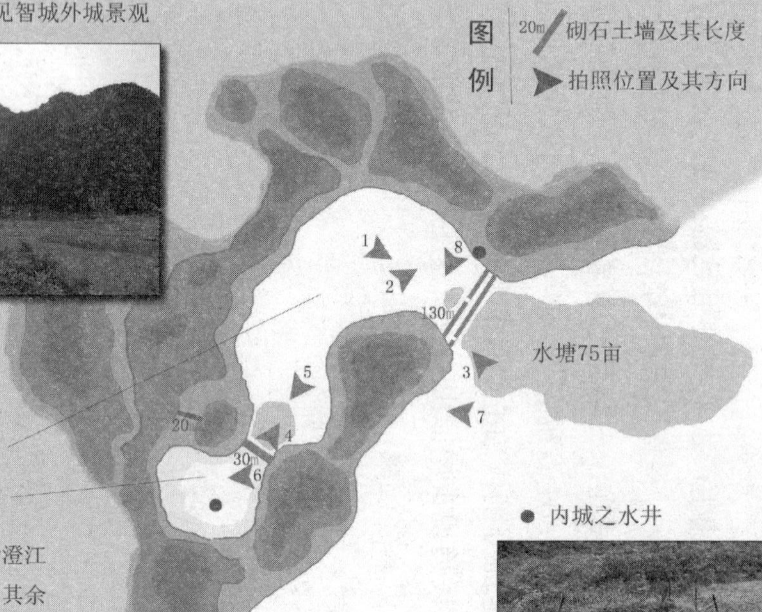

● 内城之水井

7 智城外部之绝壁

8 豁口南侧之山体

2 智城外城东北部景观

● 智城碑，位于入口处北侧山根

1 智城外望，豁口下方为石墙基及池塘

唐初岭南（俚僚）大首领检校廖州刺史韦敬辨在今上林县白圩镇爱长村石俭庄建立州城，城址设在大小相连的两个峰丛洼地上，全城周长1700米，人工筑城仅150米（不含内外城之间的间隔墙），其余皆是绝壁城垣。“依山筑城，石垒其阙”乃壮族先民构建防御设施的普遍做法，但此城“垒阙”不足一成，即形成一个坚固的密闭体。而且“表山内水”，前控田畴，“粮粒丰储”，可供数千人驻守，大概缘此，而称“智城”。智城城池兼备，城墙之下，“沟洫再施”，透露出汉壮军事文化交融的信息。

检校无虞县令韦敬一于大周通天二年（697年）制作的《智城碑》反映：“往以萧墙起衅，庭树睽阴，蓄刃兼年，推锋盈纪，（韦敬辨）遂乃处兹险奥，爰创州庐，烈位颁曹，砥平绳直。”碑文称赞山川形胜；抒发道家情怀；颂扬“韦使君性该武禁，艺博文枢，睹祸福于未萌，察安危于无像”；祈愿尺布合缝，斗粟分食，阋墙讼息，再洽股肱，永弃危亡，长归遐寿。

此前，韦敬辨于永淳元年（682年）自撰之《六合坚固大宅颂碑》云：“维我宗祧，昔居京兆，流派南邑……自余承彝，获称登次；开场拓境，置州占邨……其近修兹坚固大宅，以万世澄居。博文则物色益兴，用武则悬巘斩绝。一人所守，即万夫莫当，实开囗（疆）于数千，是无劳余一矢。黎庶甚众，粮粒丰储；纵有十载囗（歉）收，囗（亦）从人无菜色……”碑上长款为“岭南大首领鹈州都云县令骑都尉四品子韦敬辨制”。此碑刻在澄泰乡洋渡村石牛山洞中的巨石上，距智城4.5公里。

周永光撰文、拍照及制图

此堡所以称为“智城”，选址之妙，当为其一。1987—1989年，广西文物工作队上林分队考古专家们实地勘查考证，勘明智城共筑城墙四道。第一道墙位于外城东北豁口处，原长约130米，两端连接豁口两侧山体，墙体两面筑石，中间夯土。墙石被人撬走他用，只见残存之夯土，长约70米，残高1.5米，底宽30米，顶宽10米。第一道城墙外有护城池，面积75亩，池水淹抵墙基前，使人不能靠近城墙，只能由池水西侧的小路从城墙西端开有的城门入城。此城门处尚存安置门轴的凿有臼孔的石块一方。

第二道城墙在第一道城墙以内，两道墙平行，相距40米。第二道墙亦仅存夯土，残长100米，残高2~3米，底宽40米，顶宽10米。城墙中间有10米豁口，当为设城门处。城墙内侧有一椭圆形池塘，面积1.3亩。

第三道城墙位于内城与外城相通之豁口处，基本保存完好，长30米，高27米，底宽70米，顶宽35米，墙面镶石块，内夯土，墙体呈60度斜坡状。第三道墙前（外城一侧）为椭圆形水池，面积3.75亩，应是筑墙取土造成，此水池为内城之护城池当无疑议。

第四道城墙筑在内城北侧崖壁上的豁口处，墙长20米，全用大石块垒砌，堵塞外敌进入。

除城墙遗存外，智城内城还发现一口水井，井壁由天然石块砌成，井口直径两米多，深度不明。根据清水河水位较高推测，井深6~7米即可有水。一处碾坊，从残存的几段碾槽构件弧度推算，拼接好的圆形槽沟周长当为485厘米。碾轮无存，应当亦为石质，估计要用牛或马或者两人以上牵引方可运转。三具石臼，其中两具为厚50厘米、直径90厘米鼓状石块，表面中心凿直径43厘米、深38厘米臼窝，鼓面周边凸起4~5厘米，形成一个宽5~6厘米的圆圈，用以围住所舂谷物。一具为长170厘米、宽90厘米、厚数十厘米不等的长方石块，上凿两个臼窝，宽深与上述两具相当，四周亦有4~5厘米高的围边。有人说这连体石臼是喂马槽，但其形制与盛饲料喂马的要求不符。内城发现的遗物还有陶瓷器残片、砖、瓦等。瓦系桶瓦，青灰色，外表显布纹，较厚重，具有唐瓦特征。在外城，遗物有长150厘米、直径64厘米的石磙一具；山崖上有两处石堆，堆积着十厘米至二十厘米大小、形状不一的石块，估计是为打击入侵者而储备的石弹；进入外城25米的右侧山体距地两米多的崖壁上，有一块高164厘米、宽78厘米的石刻，即《智城碑》，是研究智城修筑及有关历史情况的重要资料。

《智城碑》共1115字，上款：“廖州大首领、左玉钤卫、金谷府上左果毅都尉、员外置上骑都尉、检校廖州刺史韦敬辨智城碑一首并序”。下款：“维大周万岁通天贰年（697年），岁次丁酉，肆月丁卯，朔柒日癸酉，检校无虞县令韦敬一制”。碑文称赞山川形胜，抒发道家理想，颂扬韦敬辨功德，祈愿江山永固。其中云：“智城山者，廖州之名山也。”“壮□更壮，实地险之不逾；坚之又坚，□丘陵之作固矣。”“韦使君性该武禁，艺博文枢；睹祸福于未萌，察安危于无像。往以萧墙起衅，庭树睽阴；蓄刃兼年，推锋盈纪。遂乃处兹险奥，爰创州庐；烈位颁曹，砥平绳直。”“表山内水，扼暴客之咽喉；涧户汤池，为奸宄之钤键。重门一闭，无劳击柝之忧；沟洫再施，永绝穿窬之患。故得冤踪退散，俱怀□□之□；□□□□，□伸外御之志。”

智城遗存文物

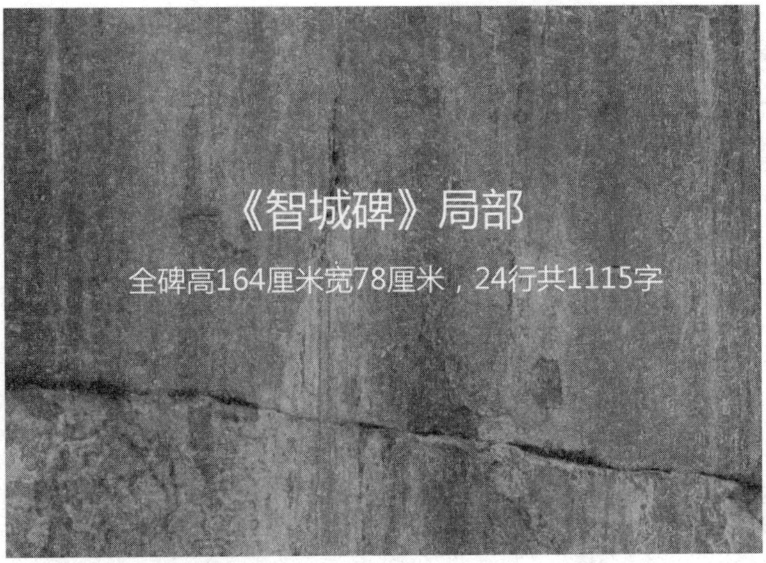

《大宅颂碑》高 95 厘米、宽 64 厘米
凡 17 行 382 字

《大宅颂碑》和《智城碑》被考古专家誉为岭南唐碑双星。两碑长款中“大首领”的冠名显示出城主韦敬辨地方少数民族酋长的身份。碑文所述同族内讧推锋盈纪，事平后乃建智城，为永弃危亡，须防范奸宄与暴客，警惕复仇的冤踪，抵御外来的侵凌，为考察当时社会矛盾和军事斗争性质提供了凭证。智城面对澄江，田畴无际，城内置碚、碾、舂臼等粮食加工器具，说明古代兵农一体，军事城堡兼具庄园性质。

《智城碑》上使用了 6 个武则天所造文字，例如第二行的日、月、星，反映汉文化动态能迅即波及南疆；学者们提出两碑碑文中有的是古壮字，有的汉字语义费解，可能是壮语的注音；碑文引经据典，骈体运用娴熟，显现了作者的文化水准和文学素养。

周永光拍摄、编图、标图和撰文

在智城以西 4.5 公里的清水河北岸，濒岸的洋渡村石牛山（俗称剥庙山）山脚的岩洞中，一方凸起的巨石上刻有韦敬辨自制的《六合坚固大宅颂碑》，碑高 95 厘米，宽 64 厘米，共 382 个字。上款："澄州无虞县清泰乡都万里六合坚固大宅颂一首并序，岭南大首领、鹣州都云县令、骑都尉、四品子韦敬辨制"。下款："永淳元年（682 年）岁次壬午十二月十五日聊掇"。其序云："维我宗祧，昔居京兆。流派南邑……列牧诸邦……自余承彝，获称登次，开场拓境，置州占邨，如灵□塚垠崖，宜于今日也。其近修兹坚固大宅，以万世澄居。博文则物色益兴，用武则悬巘斩绝。一人所守，即万夫莫当，实开□于数千，是勿劳余一矢。黎庶甚众，粮粒丰储；纵有十载□（歉）收，□从人无菜色。迴波所利，不耕亦获之□；木之所多，未乏南山之有。若池之流，岂不保全之祚者欤！"

智城及其两碑，540 多年后才见有籍载。成书于南宋宝庆三年（1227 年）的王象之《舆地纪胜》第 115 卷《景物下・智城洞》条云："去城四十里，唐韦厥所隐之洞。一山峭壁千仞，勒碑其上。"《碑记・韦厥碑》条云："智城洞去县四十里，盖韦厥所隐之洞。碑乃廖州刺史韦敬辨所撰。"《人物・韦厥》条云："汉韦元成之裔。唐武德七年，执节压服生蛮，开拓化外，诏领澄州刺史，后隐于智城洞。公与诸子皆封侯庙食，为庙者九。"

广西少数民族古籍整理出版规划办公室原主任罗宾指出，两碑和史书上虽然没有韦厥之名，而在上林等壮族占人口多数的桂中各县民间，韦厥被尊为"万寿公王"。传说他是地方长老，说服各部落停止战争，领众开垦田地、兴修水利，粮食丰收，大家生活变好，天下太平。传说他是武进士，也重视文教，所以他的两个儿子金轮、银轮是文进士。其安葬处上林县三里镇双罗村立有祀庙，并以金轮、银轮配祀其中。来宾、迁江、忻城、马山、武鸣等地亦有韦厥庙，亦以金轮、银轮配祀。广西博物馆韦仁义、上林县教师覃建谋认为，上林、迁江一带有短尾蛇"特掘"的传说，壮人说汉语，把"特掘"译成"尾缺"，以后衍化成俨然的姓名"韦厥"了。

智城南临沃壤，澄江沿岸盛产嘉禾，能保障城堡“粮粒丰储”

对智城遗址、两碑、《舆地纪胜》和民间传说所反映的，都是相关却又并非都能连接得上的情况作综合分析，可以肯定的部分是：唐永淳元年（682年）地方大首领韦敬辨在“蓄刃兼年、推锋盈纪”的氏族内斗的战争中获胜，便取这险奥之处创建官署——当初其为县令身份，不久升迁廖州刺史，智城遂称“州庐”。新旧《唐书》中无廖州，有的学者认为可能是地方首领自领自封，朝廷认可，州属羁縻，辖区不大，未曾上籍。有的认为可能是武则天当政（684年）后把澄州改作廖州，她死后恢复原名，故而《唐书》不载——整顿秩序，“再洽股肱”。大周通天二年（697年）其兄弟无虞县令（唐代澄州为有户籍输赋税的正州，辖上林、无虞、贺水、止戈四县）韦敬一制碑，称颂韦敬辨的文治武功，有“睹祸福于未萌，察安危于无像”之贤能，终使“阋墙讼息”“咸归忻悦”。并说智城“险隘难逾，襟期易守”，祝其“处之者逸，居之者久，永弃危亡，长归遐寿”。显然，智城是官署，亦是庄园，更是一座军事城堡——韦敬辨之领地在清水河两岸，沃壤易灌，黎庶甚众，粮粒丰储。从残存石碌和石碾、石舂臼所在位置来看，每当收割，作物即被运进外城脱粒，而后储于内城，随时脱壳食用。其丰储程度据碑文称，十载歉收其部众亦人无菜色。储粮——战争的必备物资，有储粮，攻方可动众，守才能持久。城内又有池有井，数千人生存不成问题。绝壁千寻，皆同刊削，一人所守，万夫莫当；如欲再开场拓境、夺地占村，亦可千众出动，粮秣继后。应该说，从本身的构造和所处环境来看，智城无疑是一座十分理想的城堡了，但智城使用时间不长。据考察，所筑之墙断面土色纯净，系一次夯成，无改建重建痕迹；城内发现的青瓷碗残片明确是隋至唐初之物，此外更无其他年代遗物。这说明智城使用期短，较快被废弃。《福州刺史管府君（元）惠神道碑》载，邕州刺史李祎之诬告澄州刺史韦守盈谋反，牵连其子弟千余人，开元十年（722年）平反昭雪，而韦氏已元气大伤。据《资治通鉴》及《杨思勗墓志铭》，开元十六年（728年）澄州刺史是陈行范，已非韦氏了。

韦敬辨所制碑称“维我宗祧，昔居京兆”，《舆地纪胜》把《智城碑》说成《韦厥碑》，并说韦厥是汉代丞相韦玄成的后裔。部分学者认为《舆地纪胜》之说基本可信，韦氏是南迁汉人，壮化后成为地方首领。两碑文内容表明，智城属于封建庄园，并非土酋的家族奴隶制的领地。部分学者认为韦敬辨是土著，其称祖上来自京兆是受南朝以来门第之风影响而作的假托。“韦厥”之名史册无载，两碑上皆无，其与敬辨、敬一之关系无从稽考。民俗有一普遍现象——把本地有影响的人物神化，在其身上寄托愿望，祈求其保佑一方百姓得安康。以上林为中心的桂中地区壮族先民曾饱受战乱之苦，大概因为唐初韦敬辨能平息当地连续十多年的氏族之战，百姓过上了一段平安日子，大家企望这好景长在，遂将其与助人为乐的“特掘”（尾缺）的神话故事相并接，虚化其名为“韦厥”，尊之为“万寿公王”，为其立庙供奉。反而将敬辨本人及其兄弟敬一改名为金轮、银轮，作为韦厥之子配祀，表示神灵子孙万代，永护黎民。说韦厥是汉丞相之裔，开拓化外，诏领澄州刺史，则可能是当地识文断字的上层人士的创作。有唐一代和北宋时期，这一集体创作的民间故事在桂中流传了五百多年，韦厥庙亦越建越多。到南宋王象之搜集各地资料编写《舆地纪胜》时，便有了那种似史非史的记载。

智城和两碑的学术研究内容很丰富，一些尚存争议的问题还有待新材料的出现来解决。就军事而言，两碑反映智城是在“祸起萧墙，庭树睽阴，蓄刃兼年，推锋盈纪”，战事结束之后创建的，城池防范的对象和任务包括“暴客”“奸宄”“冤踪”“外御”，为研究古代战争的性质提供了材料依据；两碑流露要修明政治，“烈位颁曹，砥平绳直”，使“同气情申，阋墙讼息”“耕农尽力”“斗争不起”的想法，体现了中华民族备战而不好战，向往和平的优良传统；智城绝壁城垣，施工可事半功倍，悬巘斩绝，一人所守，即万夫莫当，城主在选址上定然是不辞劳苦，踏勘过许多峰丛洼地，说明先民对地形为兵之助有深刻认识；选峒而居，因山筑城，石垒其缺，乃身处岩溶地区的壮族先民进行军事防御的普遍的规律性做法，智城是一个典型的先例；既筑石墙，复修汤池，坚城之下，“沟洫再施”，智城的设计吸取了中原城池的因素，有汉壮文化交流的内涵；智城依山傍水临田，内储多年之粮，有取之不竭之水，对长期坚守考虑充分；施工时就地取土，近处筑墙，城墙立即城池现，反映先民筑城的设计和运作，达到相当熟练的程度。这些，皆是智城和两碑提供给我们的军事文化价值。

本文参考已故覃圣敏先生整理的2003年《广西上林唐碑唐城学术研讨会综述》，载于吴伟山《上林唐城唐碑》，广西科学技术出版社，2013年出版；郑超雄、黄继先《土州土治：土司制度面面观》第7—16页“上林的韦氏家族”，广西人民出版社，2009年出版。

附:《六合坚固大宅颂碑》碑文

澄州无虞县清泰乡都万里六合坚固大宅颂一首、诗一篇并序。岭南大首领、鹣州都云县令、骑都尉、四品子韦敬辨制。

维我宗祧，昔居京兆。流派南邑，上望无阶。列牧诸邦，数封穷日；分条县宰，不可无尉。自余承彝，获称登次；开场拓境，置州占邨，如灵卄塚垠崖，宜于今日也。

其近修兹坚固大宅，以万世澄居。博文则物色益兴，用武则悬巘斩绝。一人所守，即万夫莫当，实开□于数千，是勿劳余一矢。黎庶甚众，粮粒丰储；纵有十载□（歉）收，□从人无菜色。迴波所利，不耕亦获之□；木之所多，未乏南山之有。若池之流，岂不保全之祚者欤！

聊述短辞，用申诚曲云尔。颂曰：皇皇前祖，睦睦后昆；上祢京兆，奕叶高门。流派南地，盖众无论；遍满诸邑，宗庙嘉存。其一。

世世相习，意也不难；乡士酋渠，民众益欢。文武兼备，是君冣安。猛兽渡逭，本郡穷残。其二。

庶男志壮，妙女更极；人皆礼仪，俱间秽色。桑桑滋耽，耕农尽力；斗争不起，咸统区域。其三。

诗曰五言：近渎纵横越，梦岱去来阑；千岑为远绝，三峡以衢难。□□犹乘跨，群猿岂能观；若固于此第，永世保无残。

永淳元年岁次壬午十二月十五日聊掇。

附:《智城碑》碑文

廖州大首领、左玉钤卫、金谷府长上左果毅都尉、员外置上骑都尉、检校廖州刺史韦敬辨智城碑一首并序。

若夫仰观天文，有日月星辰之象；俯察地理，有岳渎山河之镇。赤城玄圃，辟崐阆之仙都；金阙银台，烈瀛洲之秘境。皆□□蓄泄元气，崩腾横宇宙之间；苞括群灵，眇邈出埃尘之外。

自王子侨羽登霄汉，襟情与造化齐功、志想与幽冥合契者，欢□得而跻焉。然则智城山者，廖州之名山也。直上千万仞，周流数十里。昂昂焉，写嵩岱之真容；隐隐焉，括蓬壶之雅趣。

丹崖□崿，掩朝彩以飞光；玄岫嶔巇，含暮烟而孕影。攒峰崃峭，椝碧雾以舒莲；骇壑澄渊，纫黄舆而涌镜。悬岩坠石，奔羊伏虎之形；落涧翻波，挂鹤生虹之势。幽溪积阻，绝岸峥嵦；灵卉森罗，嘉林□仞。

踈藤引吹，声含中散之弦；密筿承风，影倾步兵之钵。灵芝挺秀，葛川所以登游；芳桂丛生，王孙以之忘返。珍禽瑞兽，接翼连踪；穴宅木栖，晨趋昏啸。歌莺哢响，绵蛮成玉管之声；舞蝶翻空，飘飏乱琼妆之粉。

尔乃郊原秋变，城邑春移；木落而天朗气清，花飞而时和景淑，则有丹丘之侣，玄圃之俦，飞羽盖于天垂，拖霓裳于云路。缤纷鹤驾，影散缑山之尘；髣髴龙舆，□□□□之水。

兼乃悬瓢荷苿之士，离群弃代之人，或击壤以自娱，时耦耕而尽性。清琴响亮，韵雅调于菱歌；浊酒沦漪，烈芳香于芰席。实乃灵仙之窟宅，贤哲之攸居。

复涧连山，真名胜境。重峦掩映，氤氲吐元气之精；叠嶂纠纷，泱轧纳苍黄之色。壮□更壮，实地险之不逾；坚之又坚，信丘陵之作固矣。

韦使君性该武禁，艺博文枢；睹祸福于未萌，察安危于无像。往以萧墙起衅，庭树暌阴；蓄刃兼年，推锋盈纪。遂乃处兹险奥，爰创州庐；烈位颁曹，砥平绳直。

周迴四面，悉愈雕镌；绝壁千寻，皆同刊削。前临沃壤，凤粟与蝉稻芬敷；后迩崇隅，碧雾与翠微兼映。澄江东逝，波开濯锦之花；林麓西屯，条结成帷之叶。傍连短峤，往往如陲；斜对孤岑，行行类阙。

表山内水，扼暴客之咽喉；涧户汤池，为奸宄之钤键。重门一闭，无劳击柝之忧；沟洫再施，永绝穿窬之患。故得冤踪退散，俱怀回洋之□；□□□□，□伸外御之志。

重乃恩逾鲁卫，意洽金兰；同气之义实隆，股肱之情弥重。岂不恃名山之景佑，托灵岳之鸿威！□危躅于安扃，静灾涂于美术。至于小池浅渚，犹彰文士之歌；况乎崇岳神基，罕得缄于明颂。聊镌翠巘，勒此徽猷，庶地革□□□□□□不朽。

其词曰：天地寥廓，阴阳迴薄；五镇三山，千溪万壑。积涧幽阻，攒峰磊硌；神仙攸归，灵祇是托。其一。崇哉峻岳，上□于天；澄澹韫镜，崍峭舒莲。虚窗写月，空岫含烟；藤萝郁蓊，林麓芊芃。寻之无极，察之无边；洪荒廓落，咸归自然。其二。

碧峤□□，□□□晰；玉室玲珑，冰泉澄澈。浮丘玩赏，子侨登谒；众化所都，群灵之宅。其三。峰岑隐映，岩穴杳冥；崩腾岸响，飂飕风声。□□□□兰芷驰馨；田家酒浊，涧户琴清。烈真登陟，灵仙所经；超超忽忽，元气之精。其四。

灵山作固，中连外绝；断岸成陲，孤峰□□。□□韬刃，穿窬罕越；因兹隔碍，咸归忻悦。其五。同气情申，阋墙讼息；尺布合缝，斗粟分食，切切其心，怡怡其色；再洽股肱，□□□□。其六。

川原泱轧，岗峦纷纠；险隘难逾，襟期易守。处之者逸，居之者久；永弃危亡，长归遐寿。作诫后昆，垂芳来胄；一□□□，□□不朽。其七。

维大周万岁通天贰年，岁次丁酉，肆月丁卯，朔柒日癸酉，检校无虞县令韦敬一制。

（文中空白所填之字，系2003年唐碑校释小组所填，序中“王子侨”三字据词中之其三有“子侨登谒”而判填；序中“回洋”二字，小组中另一种意见认为可能为“内恕”，这样便与下文之“外御”对应。）

侬王城

在大新县下雷镇东3公里处有一组峰丛洼地，洼地入口和各洼地间筑有土墙和石墙，形成五个既相对独立又连成一个整体的占地共百余亩的封闭空间，当地民间世代相传为侬王城。经踏勘和用古今地图结合史事研判，可以认定它是北宋壮族首领侬智高父子执掌傥犹州时所营建的军事城堡。

一、傥犹州治所在下雷

下雷镇东郊，距下雷河约0.5公里的香寿山下是巴达屯，《大新县地名志》载：巴达原名“百叠”，因屯四周用石头垒起，砌成城墙，开有大门口，“百”壮语指口，“叠”壮语指石头堆砌，故名。明成化年间建屯，用汉字写为“巴达”。明万历广西巡抚杨芳主修的《殿粤要纂》中的《下雷州图》上，下雷州城位于今下雷镇政府驻地所在的下雷河西岸，其对岸的香寿山下标绘有“古州基”，其位置就在现在的巴达屯。“古州基”的北面绘有上曜峒和下曜峒。下雷中学历史教师侬兵指出，下雷周围有“三犹”：上犹（上曜、上祐）在土湖村，中犹（中祐）在智刚村，下犹（下曜、下祐）在三湖、新湖。当地壮人仍称土湖为“犹尼”，称三湖为“犹底”，译为汉语即上犹、下犹。还有“四傥（荡）”：百荡在仁惠村，布荡在三湖村，土荡在天等县上映乡广元村（在下雷东北方），曼荡在德天瀑布西侧的越南境内。傥犹州可能因下雷周围有“四傥三犹”而得名。另一种说法是，靖西俗称“央”，下雷一带俗称“祐”，合称“央祐”，谐音即傥犹。笔者认为，傥犹州还可能因州治所在地的水体而得名。“古州基”前有“月池”，今巴达屯旁仍有大水池。此水体附近为两个曜洞，壮语指称该水体叫“氹曜”，可音译为“傥犹”。

《中国历史地名辞典》载：“顺安州：北宋嘉祐间（1056—1063年）置，治所在雷火洞。元丰（1078—1085年）以后改为下雷州。”《宋会要辑稿·蕃夷》五之六一至六六载：嘉祐七年（1062年）七月，“智高残党”侬宗旦父子等接受招安，宋廷以雷、火、计、诚诸洞（即侬智高据以造反的勿恶洞）组建顺安州，任侬宗旦为知州。熙宁三年（1070年）广源州“智高残徒”卢豹、黎顺、黄仲卿归明，乞于省地溪洞顺安州居住，从之。根据上述记载，“古州基”为顺安州治所已无疑义。再前，推定其为侬智高父子的傥犹州治所也合乎逻辑——同交趾有世仇不得已起兵反宋（但始终求附）的侬智高部众既然归附，有所反思的宋廷为防范交趾，藩篱内郡，将该部众原地（原傥犹州）安置，让其酋领原地封官，完全是顺理成章的事。《会要辑稿》载：“初，知傥犹州侬存福并三州之地（指武勒、万涯、广源），而卒为交趾所虏……（时为1039年，存福被押至升龙为人质，不肯屈服

侬智高故里——雷火洞

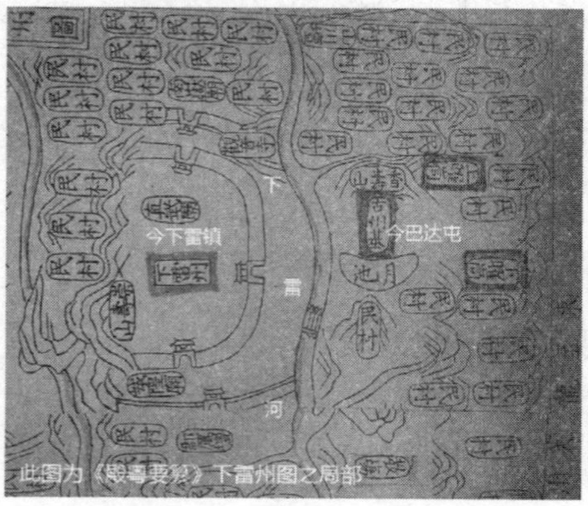

此图为《殿粤要纂》下雷州图之局部

傥犹州、顺安州治所原址
——下雷镇巴达屯

用照片与古代地图对照，可判定巴达屯为下雷州的前身顺安州的治所。而顺安州是侬智高部众接受招安后朝廷在傥犹州地盘上建置的，故可逆推：巴达原先亦为傥犹州治所。史料记载，侬智高母亲阿侬本左江武勒族，转至傥犹，知州侬存福纳之，尔后智高降生。1039 年智高 14 岁，1029 年存福进据广源，智高随父南迁当是 4 岁。智高并非生于广源，而是生于傥犹。父亲被交趾王杀害后，便与母亲“奔雷火洞，复据傥犹”。当地人士称，下雷河西为雷洞，河东属火洞，两洞毗连，皆属侬氏，因而史籍多合而称之。越南高平省侬智高庙中的对联称：“雷洞降神赫赫大名雪宇宙”，表明境外的侬氏后裔也认定雷火洞是侬智高出生地。后世的封建统治者害怕南疆再出蛮王，在雷火洞四周探寻要挖断侬智高“龙脉”，吉门村布国屯等处“断龙坳”所挖深坑犹存。

东望侬王城，
左为岜特山主峰，中为娅甘岭，右为岜蒌山

巨石拔地而起，与岜特主峰
并肩屹立，气势雄伟非凡

越南高平侬智高庙神堂
赵明龙供稿

周永光撰文及编图，雷火洞及巴达屯照片系蒙新良供稿

被斩于市，智高母子从广源）奔雷火洞，复据傥犹州。”此处的“复”字表明，雷火洞既是侬智高父母发迹之地，又是其母子、其部众先后回归之地。

《宋史・蛮夷广源州蛮传》载：“初，有侬存福者，知傥犹州……其妻阿侬本左江武勒族，转至傥犹州，存福纳之。”婚后生下侬智高。在阿侬的襄助下，迄1029年存福已兼并三州，便向宋朝表示归附，被补为邕州卫职。智高随父母迁居广源之时，大约已是四岁（《涑水记闻》载前知邕州萧注说，1039年侬智高十四岁）。越南高平省省城南3公里处的侬智高大庙内祭台旁的对联写着：“雷洞降神赫赫大名雪宇宙”“佘（上欠山字头）山显圣生生至德渎乾坤”。综合上述史料和口碑（对联是民众口碑的字面化）分析，可以认定：傥犹州治所在下雷，侬智高降生在下雷，具体地点是下雷河东岸的当今下雷镇巴达屯。

二、侬王城的现状

从古州基所在的巴达屯东行约2.5公里，到达陇满新屯，即到了侬王城北。陇满新屯紧靠在岜特山主峰之下，岜特山西侧与其西面的娅甘岭之间，可见一道土墙，豁口处可看出系由泥土和碎石夯成，墙厚一米多，墙高可能是两米多。土墙向娅甘岭顶延伸，然后向南延伸到岜墓山，长达一公里多。此豁口估计是土墙原有的城门。此处曾发现有陶片，考古专家郑超雄认为属宋代之物。由豁口南进约400米又有一道石墙，连接岜特山西南麓和岜墓山，石墙笼罩在草莽之下，基础断续可见。石墙豁口可见墙厚也有一米多，高度应有两米多。土墙和石墙之间是一片土坡，东面山脚有泉，坡地种植有庄稼，也曾有人在此养殖家畜家禽，当地壮人称“弄母”——养猪的弄场。此土墙和石墙围起

依王城外围土墙豁口处的墙基

依王城地图及景观

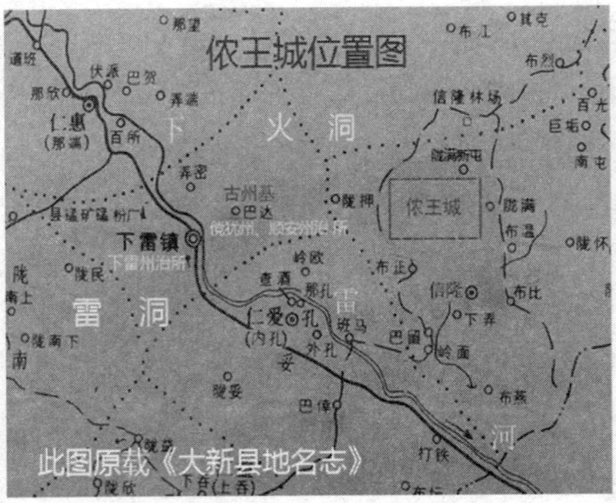

自陇满新屯上空向南拍摄的依王城

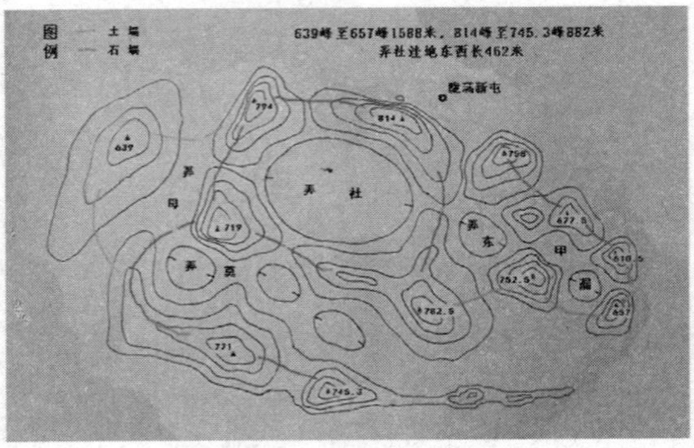

依王城地形草绘图

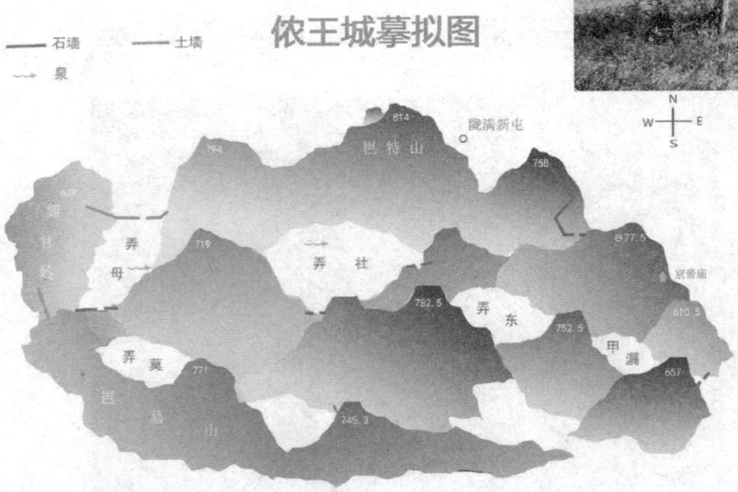

弄社洼地有水

下雷镇东，距巴达屯 2.5 公里处有岜特山、娅甘岭、岜墓山。三山环抱，形成五个相对独立又彼此通连的弄场。弄场间筑关口相扣锁，诸山脊上筑有石墙盘亘直到山顶。此山寨城堡规模巨大，气势恢宏，民国《雷平县志》称其为侬智高屯兵处，而当地民间径呼之为“依王城”。据史料结合地理研判，可认定其为北宋傥犹州壮族首领侬智高父母所营建的军事城堡，“杀并三州”倚仗的大本营，继后为智高母子及其部属所使用。

依王城是壮族极其珍贵的历史遗存，是壮族军事文化的一个标本，其城址之体量与所承载的历史内涵，堪与上林唐代智城并称壮史双璧。

周永光撰文绘图标图及拍摄弄社洼地两照片，右上照片系蒙新良供稿

依王城四周环山，814主峰处分离出一石，如柱擎天
故壮民称此山为"岜特"，意译即雄王山

的空间约 40 亩，是侬王城东部一个可屯兵之处。

穿过石墙，继续曲折南进，便到第一个洼地，南北宽约 200 米，东西长 300 米以上，底尖，呈漏斗状，洼地古木参天，植被茂密。壮人称其为“弄米”“弄莫”，意为树林茂密的弄场、放养黄牛的弄场——当地人不吃牛肉，老残黄牛放养于此，让其自生自灭。

从弄莫东进，攀越约 300 米的崎岖山路，到达一个山坳，又是一道石墙，墙体多已倒塌，关口的巨大基石犹存。关口北面便是一个东西长 460 余米、南北长度稍小，略呈

侬王城中弄母和弄莫之间的关口

椭圆形的面积约50亩的大洼地。地面平坦，长着杂草和一些小树，东端长着大片没人高的砂仁。洼地中间有一泉眼，又像是人工开凿的旧井。2014年11月29日探测，水深约1.5米，可见此泉终年不竭。洼地东部还有泉水溢出地面形成小池塘，水质清冽，人畜可饮。20世纪80年代陇满屯农民廖元新曾进来开荒种稻、挖塘养鸭。他在地下1米多深处发现数起炭坑，坭层中捡得多枚铜币，但锈损严重，朝代莫辨。当地壮民称此洼地为弄社，意为先民群居的弄场。弄社四周环山，内有小路通往四周山顶，山顶砌有石墙，沿山脊延伸，山腰有洞穴分布。弄社诸峰海拔814米、794米、719米、782.5米不等，外侧多为悬崖绝壁，难以攀越而入。下雷百姓传说，侬智高在此屯兵练兵，在此称王。民国《雷平县志》记载：正岩（指此地，因其位于布正屯旁而得名）是侬智高屯兵处。

弄社东南面的洼地叫弄东，两者之间的坳口有3米高的石墙相隔，坳口下为深沟，形势险要，一夫当关，万夫莫开。弄东洼地约30余亩，洼地东面山上有一洞穴，宽敞明亮，传说是侬智高的指挥所，藏有他的金棍、金鞋和宝剑，后人曾苦苦寻觅而无所获。弄东亦有暗道通往四周山顶城墙。

弄东东南面是相连着的两个较小的洼地，靠弄东的洼地叫内甲漏，靠依王城出口处的洼地叫外甲漏。壮语“甲”指上圆下尖的竹器，“漏”指酒，“甲漏”指盛粮食蒸酒用的容器，当地壮民依洼地的形状来称呼它。内甲漏与弄东有一隘口可通，此处无人工设施，但要翻越此隘口需攀登峭壁。外甲漏东南面出口处两山相对，两山之间原有石墙和城门，附近农民开荒取石围园，此墙和城门已经消失。但外甲漏山顶上有石墙与岜墓山石墙相连，说明其为依王城堡不可分割的一部分。

在1：10000比例的地图上量出，依王城西北639峰至东南657峰相距1588米，北面814峰至南面745.3峰相距882米，在这样宽大的面积上，地面有土墙、石墙层层防卫，山顶还有石墙沿山脊断续相连。所谓断续相连，是在山脊低凹难行处砌石，使依王城四周山顶通行无阻，便于巡逻，监视远方可能来犯之敌。5个弄场间设有4道关口（含一道天然隘口），山城向外开一处土墙门和两处石墙门，另外还设暗道出口。所有石墙皆系由大小不等的石块叠砌而成，并非加工过的料石，但能屹立悬崖绝壁之上，雄视南疆，可谓千古奇观。陇满屯的农民曾在城南面捡到一把生锈的宝剑，在屯边挖到过其他金属兵器，都触之即碎。依王城的结构及其附近出土的古代物件，反映出了它的军事性质。

在外甲漏北面山上有一个岩洞，附近的百姓曾在洞中用枧木造有一个京帝庙，80岁的侬兵老师记得其对联是：凿井耕田歌帝力；饱餐果腹颂仁皇。人们怀念侬智高这位仁惠皇帝，所以在其遗址处建庙祭拜他。显然，规模如此巨大的岜特山城堡，除了曾经杀并三州，敢于称帝封王与交趾李朝较量的侬智高父子，历史上该地区没有任何人有必要、有雄心、有能力来营造它。

三、依王城的历史

依王城的营造，应该是从侬存福知傥犹州时开始的，他以傥犹为基地而“杀并三州”，需要有一个大本营来屯兵、练兵和储备军需，他找到距傥犹州城仅 2.5 公里的岜特山丛峰洼地建筑军事城堡，经营了大约二十年。此城堡发挥重大作用，当是在 1029 年之前一段时间。1010 年交趾李朝取代了黎朝后向北扩张，1014 年在升龙芳林州金花步（今越池一带）打败了大理国守军，随后陆续进占了渭龙、都金、定原等州（今沾化、咸安、安沛一带），1027 年攻占邕管羁縻七源州和邕管界外山僚文州。与此同时，傥犹州依存福亦在崛起，积极拓展地盘，相继兼并万涯、武勒州之后，接着于 1029 年进占广源州，继后又东掠笼州，南据七源。广源州原为侬氏部族大首领侬民富的地盘，当时比傥犹州更富庶，侬民富的政治影响辐射八州两洞。侬存福得到广源后自然将其政治、经济活动中心从傥犹转移到广源，"由是富强""其徒甚盛"。《大越史记全书》说侬存福"改其州曰长生国，缮甲治兵，坚城自守"，又在新领地上扩充军备，大力营造军事设施，准备继续向南发展，与交趾较量。1039 年交趾王李德政亲征广源，掳走侬存福为人质，"招其遗类，而存抚之"，以为臣属。为防"遗类"反叛，特地留下军士"夷其城池"，然后才班师。1029—1039 年的十年间，侬存福将重心前移至广源，傥犹岜特山侬王城的经营和作用，自然会减弱甚至是停滞了。

押作人质不肯屈服的侬存福被杀，1041 年侬智高与其母亲阿侬"奔雷火洞，复据傥犹州"，名其居曰云南道（余靖《大宋平蛮碑》），一说建国曰大历（《续资治通鉴长编》），表明与交趾决裂。不久，交趾出兵"拔傥犹"，将智高母子缉回，交趾认为侬智高年幼可控，"释其罪"，仍让其担任广源州知州，并将雷、火、频、婆四洞及思朗州划归他管辖，1043 年又赐郡王印，并拜为太保，极力拉拢利用。次年侬智高到升龙朝见交趾王李德政。但交趾"赋敛无厌，州人苦之"，1048 年侬智高起兵反抗交趾。据《涑水记闻》所记邕州知州萧注的说法：侬智高"既长，因朝于交趾，阴结李德政左右，欲夺其国，事觉，逃归"。他带队伍北上，到安德州建立根据地，称南天国。在 1048 年某月到 1052 年四月起兵反宋前的四年间，他娶田州知州黄光祚之母为妻，其母阿侬则嫁特磨道道主之弟侬夏卿，以联姻方式向东北、西北发展。此间，1049 年和 1050 年交趾两次出兵攻打侬智高，均无功而返。史籍对交趾该两次出战均未记载地点，主攻目标是安德方向，是否进入傥犹岜特山侬王城不得而知，即便也像 1041 年那样进入傥犹，也是随即撤离了，并未派兵留守。可以说，从 1041 年至 1052 年的十二年间，前几年岜特山侬王城由侬智高母子直接经营，而后都是在其部众的控制和使用之中。侬智高转移到安德建南天国后，岜特山城堡地位下降，但仍是其部众掌控的一个军事要塞。

1052 年 5 月（旧历四月）侬智高起兵反宋率众东进后，桂西、滇东南根据地仍有其部属留守。1053 年 2 月智高败走特磨又西奔大理，傥犹一带也还在侬智高余众控制中。《宋会要辑稿・蕃夷》五之六一至六六载：火洞侬宗旦、温闷洞侬日新、下雷洞侬盛德等亲率丁壮，固守隘路，自保境土，拒不附于交趾。《宋史・王珪传附王罕传》载："或传智高不死，走火洞，侬宗旦据险聚众，邕守萧注谋击之。"王罕向宗旦之子日新陈述利害，于是父子俱降。火洞地点不详，史料只提及火洞、温闷洞原同属温州（温州治所在今湖润镇），并常将火洞与雷洞并提，有时径称"雷火洞"。火洞与雷洞毗邻无疑，因而不少研究者推断，距下雷3公里的邑特山侬王城即火洞。侬王城表山内水，可屯扎数千兵，其险要程度附近地方无一可比，侬宗旦“据险聚众”，非此莫属。传说“智高不死，走火洞”，要东山再起，就重回根据地，依靠老部属，亦合情理。侬宗旦附宋前的十年间，邑特山侬王城由侬宗旦据守。1062年宗旦接受顺安知州的官职，自然会出山就任去了，至于侬王城如何处置，不得而知。

四、对其他说法的辨析

（一）侬智高降生于雷洞，而雷洞有下雷还有上雷，上雷位于归春河南侧越南境内。有人问：能排除其降生于上雷吗？这要从下雷的历史来说明：早在唐代，下雷即为西原州侬氏部族的地盘——复旦大学编的《中国历史地名辞典》辞条称：“西原州：唐置，治所在罗和县（今大新县黑水河西岸），宋废。”在宋代，下雷又先后为傥犹、顺安、下雷三州州治所所在地。而上雷则没有这样的历史，是个较小的聚落，属于雷洞的边缘地带。侬智高降生于傥犹州治所所在地之雷洞，显然指下雷，而非上雷。

（二）顾祖禹《读史方舆纪要》卷112云：“傥犹、安德，旧俱与广源接界也。”雷火洞“盖在广源、傥犹二州间”。顾氏此说，认为傥犹州在雷火洞以北，把雷火洞当作自广源赴傥犹的“经由点”，似乎雷火洞还不属于傥犹州。此说是对史载侬智高母子自广源“奔雷火洞，复据傥犹州”和“奔雷火洞……久之，复据傥犹州”仅从字面上做的一种逻辑推理。顾氏忽略了还有一种合乎逻辑的推理——雷火洞属于傥犹州，而且是傥犹州的“中心点”，据有雷火洞，就可以逐步掌控整个傥犹州。众多依据证实，后者才是正确的。

（三）吕思勉《中国民族史》（中国大百科出版社1987年版）第201页称，傥犹州在今广西扶绥县。扶绥与广源相距甚远，中隔数州，与傥犹州、与广源州接界的历史事实相悖。而且，扶绥一带缺乏侬智高的遗址或传说。

（四）白耀天《侬智高是今广西靖西县人》称，据清光绪《直隶归顺州志》舆图所示，今靖西县武平乡的地方为“盎辱（右有鸟字旁）”，是“傥犹”的近音转写。“疑其地可能为宋傥犹州治所在。”[①] 白文所说的武平，宋时属于傥犹州的范围可以肯定，以为州治所则依据不足。侬智高反宋失败后，其部众归附宋朝，朝廷以侬智高原地盘雷、火、计、诚、频、婆、贡、任、温闷等洞组建顺安州。按中国史书对行政建置的记述成例，排于首位的地名（地方单位）在同级建置诸单位中最重要，而且就是其上级行政建置的治所所在。雷洞（包括下雷河东岸的巴达）为顺安州治所已无疑义，再前为傥犹州治所亦合情理。计洞为今靖西县城，诚洞为新靖镇东部之诚良村，该两洞原属傥犹州，其地位尚在雷洞、火洞之后，而武平紧靠计、诚两洞，清以前的史册上无该地名，说是州治所难以置信。

（五）侬芸青《关于北宋傥犹州在今靖西县坡州一带的调查报告》称，坡州南1公里处黑水河西岸山上有“侬智高洞”，洞前有土夯墙，残基长约100米；洞口有数块大石头，

① 《侬智高研究资料集》，广西民族出版社，2005年版，第564页。

下面为约 10 亩的平地，传说是侬智高的点将台和练兵场。洞穴幽深，入洞 66 米处有一长 10 米、宽 5 米的岩室，岩壁上有一钟乳石，似端坐的人像。当地人来此烧香膜拜，称此处为侬智高宫殿。洞底出土有石器、古代稻谷、北宋钱币、器皿等，专家鉴定说，此山洞宋代及之前就有人居住过。侬芸青另有文章称，坡州是侬智高的出生地。[①] 侬文所说的靖西坡州侬智高洞，相关设施遗址规模较小，难以与下雷邑特山侬王城相比，它只可能是侬智高或其部众活动的一个据点。

除了坡州智高洞，其他传说是侬智高遗址的还有很多。侬兵搜集整理有《侬智高遗址实录》（见《侬智高研究资料集》第 204—210 页），农贤生写有《侬智高构筑的千里长城》（见《侬智高研究资料集》第 175—178 页）。《遗址实录》中，下雷后龙山和邑倖村后山山上的石砌长墙较重要，显然是护卫下雷，向南防御的军事设施，但何段系何时构筑，有待研究甄别。在下雷南北通道两旁还有许多“侬智高木榔岩”——木榔用粗大的耐腐木段凿成槽，有盖，有的岩洞中木榔多达六七十只。人们说是侬智高驻军留下的储物器。《千里长城》称，侬智高防线延及今大新、靖西、那坡，以及云南富宁四个边境县。防线中有 12 个据点，其中安德南天国、照阳关、百南妖王洞、下雷侬王城四处发生过战斗。百南乡那平屯和坡荷乡中山村的人异口同声述说：世代相传下来，妖王洞原名虎跳岩，侬智高在此岩洞驻守，交趾兵屡攻不下，就说侬智高是妖王。后来虎跳岩就叫妖王洞至今。百南是交趾李朝进攻安德须经之地，妖王洞的传说有历史背景可以参考。侬智高在安德建南天国的史事颇重要，然而所营建之遗址已荡然无存。

五、结论

比较已知的所有侬智高遗址，下雷邑特山侬王城原始面貌保存最为完整，规模巨大，气势恢宏。链接有关史料及口碑，并从地理因素判断，它应该是北宋时期侬智高父母在傥犹州期间及智高母子复据傥犹州时营建的军事城堡，乃珍贵的壮族历史遗存，是壮族军事文化的又一个标本。以城址之体量和它所承载的重大历史内涵而论，其价值不在上林唐代韦敬辨智城之下。

① 《侬智高研究资料集》第 211—212 页。

思恩三府城

明代，思恩土司曾先后易置了三处府城：在今平果县的旧城、今马山县的乔利城、今武鸣县的府城。思恩府城三迁的过程，显示出一家土司典型的发展史，并可看出历朝对土司政策的延续与变化。

旧　城

思恩，唐代为羁縻州，治所在寨城山，即今平果县旧城镇八峰山。宋代岑氏族群在桂西崛起，元末岑氏已掌控了田州及思恩州。明洪武元年（1368 年）岑永泰随父岑坚（岑伯颜）在明军尚未入桂时赶赴潭州向湖广行省输诚，朱元璋授岑坚为田州土知府，授岑永泰为思恩州土知州。二十年（1387 年）永泰死，因无子以三弟永昌袭职。永昌匿五县民不贡赋，朝廷曾拟讨伐，既以荒远而不问。永乐初，思恩州居民仅 800 户，后因知州次子岑瑛辅政“强勇有谋略”，朝廷将武缘县白山峒及其 800 户划归思恩州管辖。十七年（1419 年）岑永昌死，其子岑瓛袭职未一年死，十八年（1420 年）改由岑瓛之弟岑瑛袭职。宣德二年（1427 年）岑瑛遣弟向朝廷贡马，朝廷“又以上林渌溪峒 800 余户益之”。五年（1430 年）岑瑛便动工修筑州城，《广西通志辑要》载，该州州治之所在，“四周皆山，环列如城”，岑瑛即“以山为城，石垒其缺，周四里，为门四”。兴宁街以东 L 形平畴的东面、西面和南面皆群山叠嶂，只要把住几处山口，即无径可入。今可看到平畴东

思恩旧城城内之田畴　自东向西拍摄

南山口至兴宁街后八峰山腰，皆有石墙遗址。据《平果县志》称，石墙总长3公里，高者达8米，低者2~3米，厚2~3米。开有数处小城门及众多小孔，要害处设炮台。东南山口处之城墙原长约400米，高6~8米，厚3~4米，“文革”后残存一小段，高2米多。八峰山诸峰间以石垒缺，筑成山寨，乃官方驻所。岑瑛所修，城中有城，构成双层防御体系。旧城中有小河横贯，可灌可饮；有水田和畲地数百亩，能产粮食菜蔬，这些也为据城固守提供了良好条件。八峰山北麓还有深潭一泓，终年碧绿，鱼虾嬉戏，为旧城八景之一，称“寒潭却暑”。八峰山石壁上尚存岑瑛刻石“兴宁”二字，表明其振兴乡邦，大展宏图的意向。岑瑛有谋略，善治兵，从征屡有功，正统三年（1438年）由知州晋升为知府，仍掌州事。因与田州原知府岑绍交恶，各具奏，朝廷遂于次年（1439年）升思恩为府，脱离田州府管辖，还将宜山县的八仙诸峒及其660户拨归思恩府。六年（1441年）岑瑛将思恩府治所迁往乔利后，寨城山府治仅为思恩13堡之一的旧城堡驻地，尔后变为思恩9司之一的旧城土巡检司治所，其地位下降，但仍为本府的一个军事要塞。岑瑛还于成化年间（1465—1487年）返回其发祥地大修岑氏墓园（位旧城南1.3公里处的弄良村），置华表、石人、石马、石麒麟等。此墓园占地近八亩，葬有岑坚及岑永泰、岑永昌、岑瓛、岑瑛、岑鐩、岑浚等思恩历任土官。末任土官岑浚扩张地盘，四出劫掠，在都阳等寨筑石城十有八所，在右江丹良筑石城屯兵刮商利，干涉田州府政事，数度出兵，杀掠过万。弘治十八年（1505年）被朝廷讨伐，十万八千官军、土兵向思恩府分进合击。岑浚势蹙遁入旧城，大军兵临城下，山高城坚只能抵抗一时，无外援的岑浚绝望自尽，城中人献出其首级。此为旧城唯一的战事纪录。

思恩旧城卫星图及景观

八峰山洞岑侯（岑瑛）庙

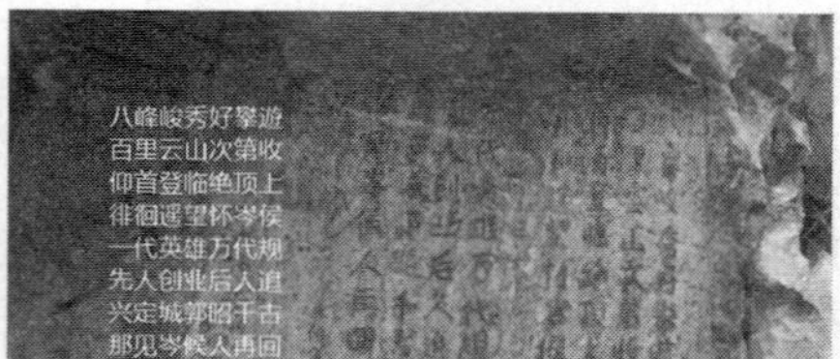

八峰山崖石刻诗

壮乡大地上陈列的文化遗产中，能讲明土司历史功过的，首推思恩旧城。它承载着典型的岑氏官族的故事：岑瑛在此发迹，一生应征，由知州升知府，官至参政都指挥。值得称道的是他办学兴邦，惩治暴虐，亲子不饶，受后人怀念。其孙岑浚则四出劫掠，扩张称霸，怙恶不悛，终被讨伐，在十万大军围剿下，退守旧城八峰山，势蹙自尽，城民献其首。

周永光拍照、标图、编图和撰文

思恩岑氏土司墓园文物

岑瑛于宣德五年（1430年）动工修建思恩州城后，成化年间（1465—1487年）又在旧城南1.3公里处弄良村修建岑氏墓园，占地近8亩，相继葬有岑坚、岑永泰、岑永昌、岑瑛、岑浚等思恩历代土司。该墓园已被列为自治区文物保护单位，2016年10月16日考察时园内尽为芭蕉树，只发现部分文物。

周永光拍发照、标图、撰文

乔利城

正统六年（1441年），岑瑛以旧城“府治僻隘，乔利堡正当猺寇出没之所，且有城垣公廨”，奏请徙置。朝廷许之，并以思恩府为思恩军民府。该府城址在今马山县乔利乡乔利街西南1公里处的那旧屯山包上，据党丁文所编《广西历代名人名胜录》记载，“城墙用卵石叠砌，周长约1000米，墙底宽5米，高4米，有东、西门，呈大拱形，极其雄伟”。“文革”后只剩50米长的一段残墙。乔利府城由岑瑛于正统七年（1442年）在原堡址上兴建。其尚为知州时，已将思恩州划分为13个堡来经营。民国《隆山县志》云：洪熙时，邕之述昆乡，白山、凤化、古参、武颙诸里从恶之民划归思恩，岑瑛乃设十三堡守之。今古零镇东面的北东屯之古零堡亦为其一，《马山县志》载，堡城平地筑起，占地约60亩，其南面临河，俗称“九曲十一湾”。据传，岑瑛于宣德四年（1429年）曾在古零堡那崩山前（位今古零镇古统村动旗屯东200米处）点兵誓师出征造反农军。此山十多米高处的崖壁上留有其题写的“剿蛮”石刻，正楷双勾阴刻，磨高1.5米、宽0.7米，落款：“宣德四年岁次乙酉二十冬月七日立”。今乔利乡白马屯的白马山的崖壁上有榜书“归顺”题刻，磨高2米、宽1米，落款为“领兵官思恩州土官知州岑瑛”，无年款，当在永乐十八年（1420年）至正统三年（1438年）其任知州期间。在今周鹿镇岑瑛建有那马堡，位于今周鹿中学所在的高坡上，可俯瞰四方。堡城占地约60亩，呈椭圆形，城高3米，东南开两座门，位置就在今中学大门和镇政府大门处。《广西历代名人名胜录》和《马山县志》称，在周鹿镇北3.5公里的那兴屯海拔700米的山顶上，岑瑛筑有宽3米、长1500米（志称宽5米，长约1公里）的马路，路高3米，路基为卵石，路面为卵石填石块，作跑马练兵场，当地百姓称“鬼马路”。在周鹿镇东北河边，建有宽3.2米，全长40米，中间有高1.5米的6个桥墩的石板桥，此桥使那马堡与东部的乔利、白山、古零、兴隆等堡通行无阻。此桥明代已有，清光绪二年重修。民间传说为刘三姐所建，亦传为岑瑛所建，当信后者。在今永州镇东南3公里二埂隘口的一块6米高的巨石上，岑瑛刻有楷书“坦途”二字，磨高2.5米、宽1.5米，无年款。五埂隘全长约两公里，皆用石头铺成，是岑瑛行军经常往来之地。永州镇定罗街西北100米处为定罗堡，堡城面积约50亩，椭圆形，高出地面2米，周围挖有宽5~6米的护城壕。定罗堡与那马堡处于思恩新旧府城之间，是保障前方与后方交通的重要据点。思恩府的东北面是明代活动最活跃的农军——八寨壮族农军的根据地，思恩府的北面还有宜山县多股造反的农军，而思恩寨城山旧府城远在西侧，确实显得“僻隘”，不适应形势的需要，所以以“剿蛮”为己任的岑瑛在升任知府后便立即奏请将府治东迁，他选取乔利堡建府城，近前指挥东部离八寨和宜山较近的安定、白山、古零、兴隆诸堡，以便随时应付局势。正统初，宜山县的大、小安定地方“弗靖”，相继拨予岑瑛管辖。因见效，继后该县述昆乡亦划归思恩府统治，立八仙屯派土兵屯守。岑瑛重视儒教，于正统十二年（1447年）在今乔利乡塘流屯办府学，置教授一员、训导四员。景泰四年（1453年）六月，“以岑瑛亲率本部狼兵韦陈威等赴（省）城操练，协助军威，敕授奉议大夫，赐彩缎，韦陈威等俱给冠带”。思恩土兵因调守省城和频繁应征剿蛮，官府曾多次全免或半免其当年税粮。五年（1454年）岑瑛建庙学，造祭祀乐器。岑瑛严守纲纪，因屡领兵随征在外，以子岑镔代为知府，镔“招集无赖，肆为不法”，六年（1455年）他向总兵告假回府惩治，镔闻风丧胆，自缢死。天顺三年（1459年），岑瑛改授都指挥同知，其子岑鐩出任知府。成化十四年（1478年）岑瑛死，归葬旧城。史载其频年领兵征战，多所斩获，历升知府、参政、都指挥，年且八十，尚在军中。

岑鐩早年多次随父出征，成化元年（1465年）曾与父一同受到朝廷嘉奖。十六年（1480年），田州知府岑溥因其土目作乱避难到思恩府，岑鐩协同镇守等官讨平叛乱，巡抚为其请奖。二十年（1484年）岑鐩死，其子岑浚年幼，至弘治七年（1494年）十八岁方获袭职。

岑浚“颇涉书史，知吟咏，但狡黠凶狠。左右少有过失，动则杀戮，部下甚惮之。以兵力雄于右江，益骄蹇无忌”。弘治六年（1493年），三司奏准将原迁江千户所所辖八寨划归思恩管治，岑浚乃筑周安堡屯守，屡遣其屯兵寇宾州、上林、迁江、武缘诸州县民村。同年，田州内乱知府岑溥被杀，岑浚与田州府目合谋，裹挟岑溥季子岑猛入思恩，胁岑猛立卷分地，以酬其“护卫”之劳。十一年（1498年），督府遣官取岑猛，岑浚不放。逾月又遣副总兵往征，岑猛方得出。岑猛得袭田州知府后，岑浚索地不得大怒，纠泗城、东兰土官统兵五万攻掠田州，杀掠万计。其中岑浚兵两万攻占旧田州，并劫掠龙州。督府遣副总兵和参政赴田州勘治。先前，岑浚筑石城于丹良（今平果县马头镇雷感村江州屯）屯兵千人截江道以刮商利，官令毁之，不听。副总兵自田州还，督官军毁其城，岑浚兵抵抗，杀死官军20人。总镇等官及巡按御使奏请治岑浚罪，参政受岑浚之贿，曲袒之，事竟不直。十二年（1499年），岑浚于夷江（今都安县与忻城县交界处的红水河北岸）造战船300余艘，其祖父所出报效甲兵3000，俱不奉调。自是，其兵屡寇田州、恩城、果化、上林等州县。十五年（1502年）岑浚率八寨、述昆兵二万余人攻陷田州。十六年（1503年）寇庆远府永定、永顺二长官司，夺其地。复筑都阳等寨石城十八所。是年又破田州，擅立土族岑洪为知府。次年又掠上林、武缘等县。弘治十八年（1505年），朝廷调三广官军并土兵十万八千人，自柳州、庆远、武缘、上林、工尧、丹良分进合击思恩，岑浚分兵据险抵抗，势蹙遁入旧城。“浚死（一说自刭，一说死于乱军中），城中人献其首，思恩遂平，前后斩捕4790级，俘男女800人。”①

岑浚被剿灭后思恩改土归流，以云南知府张凤升广西右参政掌思恩军民府事，“以夷民为编户，诸酋多不便，因相构乱”②，20年间，岁无宁日。嘉靖六年（1527年）又有土目王受勾结田州土目卢苏煽乱，同时攻打思恩、田州府城。八月，王受纠众万余入城，扣押思恩知府吴期英，封其府库，而后率部南下攻武缘，与守将张经部交战不克而退。朝廷派兵部尚书王守仁带湖广土兵前来处置，两土目被震慑，领七万部众到南宁请罪，随后王守仁调用该两部众六千交布政使林富指挥袭剿八寨。王受、卢苏“自备粮资，力辞军饷，舍死破敌”，率部于嘉靖七年（1528年）四月二十三日夜至五月初十，连克石门、古蓬、周安、古钵、都者，八寨农军猝不及防，阵亡二千余人，罹难死之男女老幼四千多。

① 《粤西丛载》卷27所引《通志》,《明史·广西土司传》。

② 《苍梧总督军门志》卷19。

事后，王守仁将思恩划分为九个土巡检司，授王受为八寨要冲的白山司的土巡检，准予世袭。同时奏准将思恩军民府治南迁至武缘县止戈里的荒田驿。

府　城

王守仁督剿八寨、大藤峡壮瑶农军后向皇帝上了一份《处置八寨断藤峡以图永安疏》，其措施之一称：思恩旧治原在寨城山，历高山数十余里。其后土官岑浚移出乔利，就岩险垒石为城而居，四面皆斩山绝壁，府治亦在琅确之上，芒利砱砑之石，冲射抵触，如处戈矛剑戟之中。自岑浚被诛，继是二十余年，反者数起，曾不能有一岁之安。人皆以为风气所使，虽未可尽信，然顽石之上不生嘉禾，而阴崖之下必有狐鼠，要亦事理之有然者。况其地瘴雾昏塞，薄午始开，中土之人来居，辄生疾疫。近因督剿八寨，亲往相度，乃于未至乔利六十里外地名荒田者，四野宽衍，皆膏腴之田，而后山起伏蜿蜒，敷为平原，环抱涵蓄。两水夹绕后山而出，合流于前，屈曲数十里，入武缘江水，达于南宁。四面山势重叠盘回，皆轩豁秀丽，真可以建立府治。思恩旧治水路不通，鱼盐诸货皆远出，辗转鬻卖，往返旬月，十不致一，常多匮绝。旧府无所资食，各夷终岁不一至府治，易生嫌隙。今府治既通江水，商货自集，诸夷所须，皆仰给于府，朝夕络绎，自然日加亲附归向。荒田系武缘（县）止戈乡之地，割属思恩，该府之官，自可因城头巡检之制，循土俗以顺各夷之情，又可开图立里，用汉法治武缘之众。夷夏交和，公私两便，则改筑思恩府城于荒田，是保治安民，势不容已之事。

王守仁为求得皇上对其迁治的裁允，讲了不少风水的话，其合理之处在于府治从闭塞山区迁到交通较便利、经济较发达之地，有利于“夷夏交和”，诸夷“日加亲附归向”；中土来的流官和经商等汉人也较适合居住。在奏请迁府治同时，王守仁还奏请将思恩府的凤化县治（位于今两江乡东北的韦寿屯）东移到上林县之三里，割三里之地以益之。如果将上林一县通属思恩，此府则更具规模，“流官之体统益尊，则土俗之归向益谨”“有不可尽言之益也”。王守仁还将驻宾州的南丹卫调驻八寨中心之周安，与凤化县内外声气联合，认为即可镇住八寨了。后来广西巡抚林富将南丹卫设在三里，而裁撤了凤化县。万历七年（1579 年），督抚吴文华鉴于思恩“九司日以骄黠，编氓甚少，缓急难恃”，奏割南宁府的武缘县归入思恩府。天启五年（1625 年）六月，兵部曾复广西巡抚称：“有功土官加文臣服色，不可予武臣职衔，益其骄纵。”清初，思恩军民府改为思恩府，所属九个土巡检司均改为土司，思恩府西部地区频有划入划出。雍正十二年（1734 年），柳州府的宾州及上林、迁江二县，一并划入思恩府，思恩遂成为辖有一州、三县、九土司的桂中巨镇，一府两制，“流”盛于“土”。至清末，除下旺司析出外，仍保持了原有规模。民国时期，思恩府于 1912 年 1 月改为武鸣府，辖地不变，府治仍在荒田。1913 年 6 月武鸣府被废止，其所属各土司于 1912 年至 1927 年陆续改土归流，分别并置为都安、隆山、果德、那马等县。

荒田设为思恩军民府治后修有府城，周长 312 丈、高 2.1 丈，开有三座城门，分别命名为“鸣凤门”“思正门”“悦化门”，今残垣仍依稀可考①。府城外设东、西二哨，由

① 《武鸣县志·建置政区·附思恩府》。

100 名募兵驻守；府城用 300 名土兵防守，由九个土巡检司按其辖区大小轮流派出。[①] 每年霜降日，各土司还亲率其精壮土兵到府城教场（位今镇政府前旧市场一带）祭旗操练，知府、同知、副将、参将、守备等亲临检阅。志载土司兵“或皮铠兜鍪络以长，或毡笠绒衣束大带，或彩缯缠头以别伍，或画衣饰甲以别营”，各据方位，行图布阵，“金鼓喧阗，旗幡炫耀”。各土司自备饮食，操演毕“各领牛酒，依方位扎队，席地杂沓而饮”。教场外，村民密集，商贾辐辏，一时形成闹市。其实此种场景只是表面现象，思恩长期动乱不已。嘉靖十六年（1537 年）就有所谓“岑浚第九子”岑金在镇安土司的支持下纠集五千人，企图攻城郭，复故地。十八年（1539 年）又有安定司土目卢回、刘观等鼓动三千人占领府城，要求恢复土府。[②] 次年卢回又率众攻武缘，击败官军，后被副使翁万达设计擒杀。接着还有东兰岑煊诈称岑浚子，谋图复官事件发生。土府自不安宁，以之围堵八寨也就不易。嘉靖二十六年（1547 年）三月和三十年（1551 年）十月，八寨农军先后两次攻入府治南面仅六十余里的武缘县城，劫了县库。思恩府内忧外患，几十任的流官知府皆驻在宾州，直到清道光年间的李彦章才进驻府城，之前的六任知府也只是偶驻府城理事。

尽管官府对思恩难以驾驭，思恩的土司势力仍是明王朝在广西所依靠的一支重要军事力量，曾经从思恩府招募“狼人”（指土司辖区内之壮人）到平南、桂平、贵县三县“护民耕守”。嘉靖年间和万历年间，思恩土兵先后被派去田州、东兰镇压叛乱土官。隆庆年间，思恩府的那马土巡检黄旸被任命为长官司长官，领兵 600 进驻八寨屯守；兴隆土巡检韦观（一说韦富）和安定土目黄昌被任命为土舍，各领兵 200 分别屯守八寨南面的咘咳和龙哈。继后白山司土兵又被调去咘咳镇压反抗的壮民。万历七年（1579 年），总督刘尧诲、巡抚张任调集广西 36 家土司 6 万兵为主力清剿八寨，思恩府有 6 家土司领兵参战，并全获奖赏，其中安定司土官潘承纪记一等功，获赏黄金 20 两。思恩府所属土兵还于隆庆年间参加清剿府江农军。于万历初参加清剿怀远农军，并有 8 名土官获奖。由于史料的片段性，思恩土兵被官府调用的情况难以叙述完整。据万历三十年（1602 年）巡抚杨芳主修之《殿粤要纂》所载，广西 38 家土司听调兵额共 72550 名，其中泗城州、田州各 10000 名，思恩 9 司共 9900 名；戍梧戍省共 16220 名，其中泗城州为 3000 名，田州、思恩（9 司）各 1800 名，可见思恩在明代曾为广西土司三大主力之一。

清代推行改土归流，向思恩增派驻军。明初朝廷在武缘设守御千户所，洪武二十四年（1391 年）曾驻军 1108 名，到明末万历三十年（1602 年）只剩 233 名。清初在思恩府设副将，顺治十八年（1661 年）城守营马兵有 730 名。康熙十三年（1674 年）设思恩协，驻军为 1030 名。康熙二十年（1681 年）右江分巡道简上上书广西巡抚，指出“土司五害”，土兵守城列为其一。巡抚郝浴因而下令“立行停止，勒石永禁”。荒田府城从此土兵消失，每年一度的土兵操演不再，原来的教场则已逐渐形成了市场，壮语称“hawcamh”，汉语译为“站圩”，当地有的老人仍叫本地为“站圩”。

① 万历《殿粤要纂》。

② 《粤西丛载》卷26载：兴隆土巡检潘良贪淫残虐为众怨恨，土民卢回等因诱众作乱，声称欲尽除九司官，覆流为土。

思恩军民府境域图

思恩事略　明初朱元璋授岑坚、岑永昌父子为田州府和思恩州土官，正统三年（1438 年）思恩知州岑瑛晋职为知府，次年思恩州升府，脱离田州府管辖。六年（1441 年）瑛奏请将府治从旧城东迁至乔利堡，扼"猺寇出没之所"。上许之，并以思恩为军民府。瑛频年领兵在外"剿蛮"和处置土官纠纷，其子岑镔代为知府肆为不法，即告假回府惩治，镔闻讯自杀。瑛重文教，在乡开办儒学。还亲率狼兵赴省操演，"协助军威"。瑛屡建军功，官至参政、都指挥。朝廷多次减免思恩粮赋，并先后将武缘、上林、宜山的一些"弗靖"地方划归思恩府治理。天顺三年（1459 年），一直随父从征的岑鐩袭职，成化十六年（1480 年）思恩出兵参与讨伐田州土目叛乱，巡抚为鐩请功。弘治七年（1494 年）岑濬十八岁正式袭职，"颇涉书史，知吟咏，但却狡黠凶狠"，以兵力雄于右江而骄蹇无忌。六年（1493 年）八寨从迁江千户所划归思恩，濬筑周安堡屯守，屡遣屯兵寇掠四邻州县民村。同年，田州知府在内乱中被杀，濬插手其土目争斗欲分其地，十一年（1498 年）向袭任的知府岑猛索地未遂，纠泗城、东兰土官合兵 5 万攻破田州，杀掠万计。濬于丹良筑石城屯兵截江道刮商利，官军奉命毁之被打死 20 人。自是，思恩应调兵额及在夷江所造 300 艘战船俱不奉调。十五年（1502 年）濬以驻八寨述昆兵两万余攻陷田州，次年又寇庆远府永定、永顺二长官司，夺据其地，并再次攻陷田州擅立知府。十八年（1505 年）朝廷调兵十万八千围剿岑濬，濬势蹙，遁入旧城自经死。

此后思恩改土归流，派流官知府统治，"以夷民为编户，诸酋多不便，因相构乱"。嘉靖六年（1527 年）土目王受伙同田州卢苏，纠众分别攻打府城。朝廷派兵部尚书王守仁前来戡乱，王、苏率 7 万众到南宁请罪。守仁用王受带兵袭击八寨，事后将思恩划分为 9 个土巡检司，授王受为白山司土巡检，同时将思恩府治南迁至交通较便利的荒田驿，以促进"夷夏交和"。

隆庆年间（1567—1572 年），那马土巡检黄旸被任命为长官司长官，领兵 600 进驻八寨屯守，兴隆土巡检韦观和安定土目黄昌为土舍，各领兵 200 屯守喃咳和龙哈，继而白山司土兵又被派往喃咳，镇压造反的壮民。思恩土兵还曾参加清剿府江，其 8 位司官俱受奖。万历初，思恩土兵参剿怀远农军和到田州、东兰镇压土官叛乱。万历七年（1579 年）朝廷集 10 万兵清剿八寨，思恩 6 司参剿，其中安定司土官潘承纪记一等功，获赐黄金 20 两。同年巡抚吴文华以"九司日以骄黠，编民甚少，缓急难恃"，奏割南宁府武缘县入思恩。万历三十年（1602 年）息，思恩听调兵额为 9900 名、戍省兵额 1800 名，与田州、泗城州同为广西所调土兵三大来源。清初，思恩军民府被改为思恩府，其土巡检司俱改为土司。雍正十二年（1734 年）柳州府的宾州及上林、迁江县一并划入，思恩遂成巨府，一府两制，"流"盛于"土"。迄清末，除下旺司析出外，思恩府基本保持原规模。

周永光撰文和标制地图

枫木、芦岗等狼兵屯戍村寨

（一）

枫木村，位于钟山县清塘镇——唐宋时期思勤县治所所在地——西北约3公里处。村民皆壮族，全姓韦。20世纪50年代住有400余人，现达800余人。村东边有小河自北而南流来，到清塘镇东南2公里处注入思勤江，河与江之间为一派平畴，盛产稻谷。枫木村北面和西面紧靠小山，从未遭砍伐，林木茂密，郁郁葱葱。西山脚下有泉一眼，终年涌流，可供全村饮用。此村既是让人安居乐业的农庄，又曾经是一座屯戍狼兵的坚固屯堡。村庄除依山处外，外周筑有高4米、厚1.5米的石墙，墙下挖有深3米、宽5米的壕沟，将村庄围住，只开有东、西、南三处寨门出入，寨门上盖有门楼，供人轮流驻守。村中主巷道为南北走向，分段建有门楼，层层设防。各户还开有小门，家家相通，战时可相互支援。村内还设暗道通往后山，以备抵御失利时撤往山上，躲进岩洞。据传清咸丰年间时局动荡，远近不少族人投奔枫木村避难。后来枫木村亦曾被外敌攻入，村人坚守巷道，节节抵抗，双方伤亡甚重，攻方久无进展，终于弃战而去。2016年5月笔者至枫木村见到东边的寨墙断续犹存，长达70余米，残高1米多到2米，厚1米多，寨墙拐角处和寨门两侧皆用料石砌成，料石宽、厚30~40厘米，长50~90厘米不等，不施灰浆乾砌，墙体经久不倒。西寨门和东寨门尚存，西寨门外石墙下见有一段积了水的沟，村人说即是原来的城壕。东寨门内侧尚见门楼之石础，据石础可知门楼面积约有16平方米。寨门外立有约110厘米高、50厘米宽的兽头石牌，牌面阴刻有“泰山石敢当”字样。因为村北、村西两面靠山，东面和南面自然是重点防御方向。村中之房屋大体可分南北两片，北片为老村，多为青砖青瓦两层楼的宅院，屋脊和墙头有浮雕和黑白色的绘饰，墙基为料石，门宽1.5米左右，经数百年风雨，门框还未尽朽。有的大门旁还立有石鼓，进入大门为石板砌成的深约20厘米面积大小不同的方井，住宅建筑十分讲究，显然是东来壮人立足已稳发家致富之后才营建的，多属明代后期和清代的建筑。村内横陈于主巷道上的门楼和巷边建筑的横出部分开有火枪射击孔，其阻击的功能显而易见。北片老村也有一些土坯房，但墙基亦为料石，墙角都竖镶有一块约1米高的料石，保护墙角不被过往的牲畜碰坏。北片的房屋过半已废弃，村民多到老村南面盖三四层水泥楼板的砖墙房屋居住，形成一个南片新村。村民们保持着桂西壮族团结的传统，至今尚持有数百年积存下来的一份公共村产。远近的韦氏族人还集资在枫木村东南大山之麓建起了一座韦氏宗祠，白墙黄瓦掩映在青山下，成为一道耀眼景观。

钟山县的壮族韦氏族谱记载，其先祖居住在庆远府东兰州，明朝年间有梧州反乱，太祖忠英、忠良奉旨征服……奉上司明文安扎岩口、清塘一带。清光绪十六年刊行的《富

枫木狼兵屯戍村寨遗址

周永光拍照和标图编图

枫木村寨东面残存的石墙南北长70余米

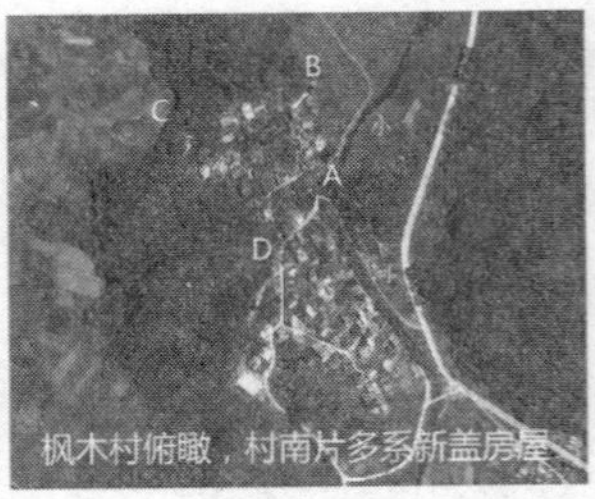

枫木村俯瞰，村南片多系新盖房屋

D 村寨西边山脚下的泉水

A 寨墙南端向西呈直角折拐，被改用作房基

C 西寨门内侧，门上拱顶系近年添盖

C 西寨门外水沟 系壕沟原址

此为横跨巷道的门楼之一，门上及左侧可见射击孔

村内巷道自南而北通向后山 建筑横出部分开有射击孔 诸巷道皆为石板近改铺水泥

B 北寨门外观

村寨北端房屋直抵山根

枫木村至清塘镇路旁的韦氏宗祠 族谱称其先祖来自庆远府东兰州

B 北寨门内侧的门楼残存基础

自枫木村南望所见田畴，远方中部凸起物为印山

B 门楼尚残存时的北寨门

枫木北寨门外望
韦浩明供稿

枫木寨内古巷道
韦浩明供稿

川县志》载，清塘为“内八源[①]门户，猺贼出入经此”“明朝生员周真义招壮丁留驻此地，以备防御，即今之黄、姜、韦、莫、覃五姓是也。所居依山面水，田畴甚腴。”民国二十二年版《钟山县志》载：“县西北之红花及西南之桔芬（属清塘镇），南区之义安，皆层峦叠嶂，林青幽阻。当元明时，向为瑶壮所依据，叛变无常，梗化难治，明季各设兵戍守，剿抚兼施，更置巡检司于白霞（今公安镇荷塘村白霞街，明正统十二年，即1447年置巡检司），居中控御。”以上族谱和方志所载表明，枫木的韦氏村寨是明朝为控制思勤江上游瑶壮苗等少数民族而设兵戍守才出现的，但有关征战情况史志缺载，唯有口碑叙说清代咸丰年间的村寨佚事。

（二）

芦岗村，位于贺州市八步区鹅塘镇西南约3公里处，全村500户1600余人，都讲壮话。韦姓人数最多，其次为覃、欧、陈、蒋、杨、罗、黄、吴等姓，各姓的住宅相对地集中在一起，不少人家门前曾挂有祖上因立军功而获得褒奖的牌匾。村民自称他们的先祖是明朝从庆远府迁来的，村里信奉莫一大王、花婆、雷神、莫六官，与所说来源吻合。村民的住房多为三开间，料石房基、门槛，青砖青瓦，有的筑有风火墙，庭院内还有方井，与桂北汉族的房屋无异。看来许多房屋是明末或清代修建，系迁入壮人已发家致富后盖起来的。村中十分显眼的建筑是韦氏祠堂，高三层共1300平方米，近年所建，装修华丽。60余万元的建筑资金主要从贺州市八步区30余个壮族韦氏村寨筹集，而平乐、昭平、苍梧、荔浦、藤县、阳朔、恭城、富川、钟山、容县，以及广东的连山、怀集，湖南的江华的壮族韦姓也捐了款。各地韦氏族人都在祠堂内立有自己始祖的牌位，每年清明节有许多外地的族人到此祭祖寻根。

鹅塘镇的芦岗村、象脚村等屯兵点与沙田镇屯兵点连成一道防线，扼住南面二十四山冲瑶民的外出通道，在明清两朝护卫贺县治所的安全。芦岗村和象脚村还是桂西狼兵狼族东迁分屯各地的一个中转站。芦岗村的覃氏“明朝始祖显考覃公讳程学老大人坟墓”碑文称：始祖公至临贺（贺县明初称临贺）落籍后生四子，分支三房（于）藤县、横县、六（鹿）寨，我葛养公移居大宁之妻张氏妹四脉生九子十螟蛉，由此分七房入南乡，有三房过粤东落籍。象脚村所存的覃氏族谱记载：老始祖覃庆公生五子，长子、次子迁肇庆府落籍，第五子少祖公生程学公。程学公自衡州珠玑巷（按：此地各姓族谱皆称其先祖来自珠玑巷，有北京珠玑巷、楚南珠玑巷、湖广庆远府善化县珠玑巷等，无可稽考）带军至贺县落籍后生葛公，配妣张氏脉生九子接一子，谓之九子十螟蛉，分居东西两省，“可谓千枝万叶而繁昌矣”。现存之南乡吴姓的“分关书”——明代有吴、覃等26姓60人从各地逃难到南乡山区，后来下山落籍垦荒，嘉靖四十二年（1563年）二月二十八日

① 内八源又称十六都，在今钟山县公安、牛庙、花山、红花至两安的思勤江沿岸以及富川县柳家乡一带，见胡庆生、陶红云《贺州瑶族》第58页、第60页。

26个头目在大庙开会，划定各人管辖范围和分关界线，立书为凭——记载："自始祖讳德传公于成化王（？）在北京珠玑巷来自（至）广西平乐府贺县上六里，在卢岗、墙（象）脚居住，闻于成化二年有河池州贼黄公恶、梁公月等打劫南乡峒，欧家人等死绝，于成化八年有排年（明代县下设都或排，排年相当于乡官）吴文斌、龙开骑拆（招）中里良僮田业。"此分关书亦说明，鹅塘之芦岗、象脚等村是桂东屯戍狼兵狼族的一个分蘖处。

（三）

沙田镇亦是桂东粤西狼兵狼族分蘖之一。该镇桥头村壮族黄氏族谱记载：先祖来自庆远，卜居桥头，始于明正德年间（1506—1521年）。朝杰公生于庆远府南丹州，武木千总出身，历任肇庆参戎之职，后调署广西平乐府协镇，征贺县沙田鹅塘韦巨贼无功，遂屑（削）职焉。后设计诛寇有功复职不肯就任，遂落居贺县沙田桥头村，即为桥头本族之始祖……后回南丹州接长兄朝俊至社塘寨居住立业，再接弟朝忠至贺县河东街外入圣庙巷（今贺街镇长利街北的黄家巷）落籍。南乡上新村韦氏族谱记载:(先祖由)青(庆)远府来贺县沙田、福龙、潭石、党社居住，生下韦进三公娶太婆潘氏，脉生韦法寿。自(正)德二年至连山福堂宜善乡盐洞冲下山落籍……十三世韦成历自福堂至南乡上新金沙落籍。位于芦岗村的"明故韦官灵老太公墓碑"云：始祖官灵迁入平乐府贺县沙田桥头村，再由福发公迁入鹅塘芦岗村，迄今十余代。桥头村官营岭有十冢祖墓存焉。

据1988年的资料，梧州地区壮族为79046人，其中贺县31934人、钟山17982人、昭平16368人、蒙山12589人、富川173人。外周的壮族平乐有17000人，广东连山36091人，怀集2300人，湖南江华9000人。上述三省区交界地区之壮族，大多是明代东迁狼兵狼族之后代。（参见《桂东六县屯戍狼兵分布图》）

桂东六县屯戍狼兵分布图

周永光撰文和制图

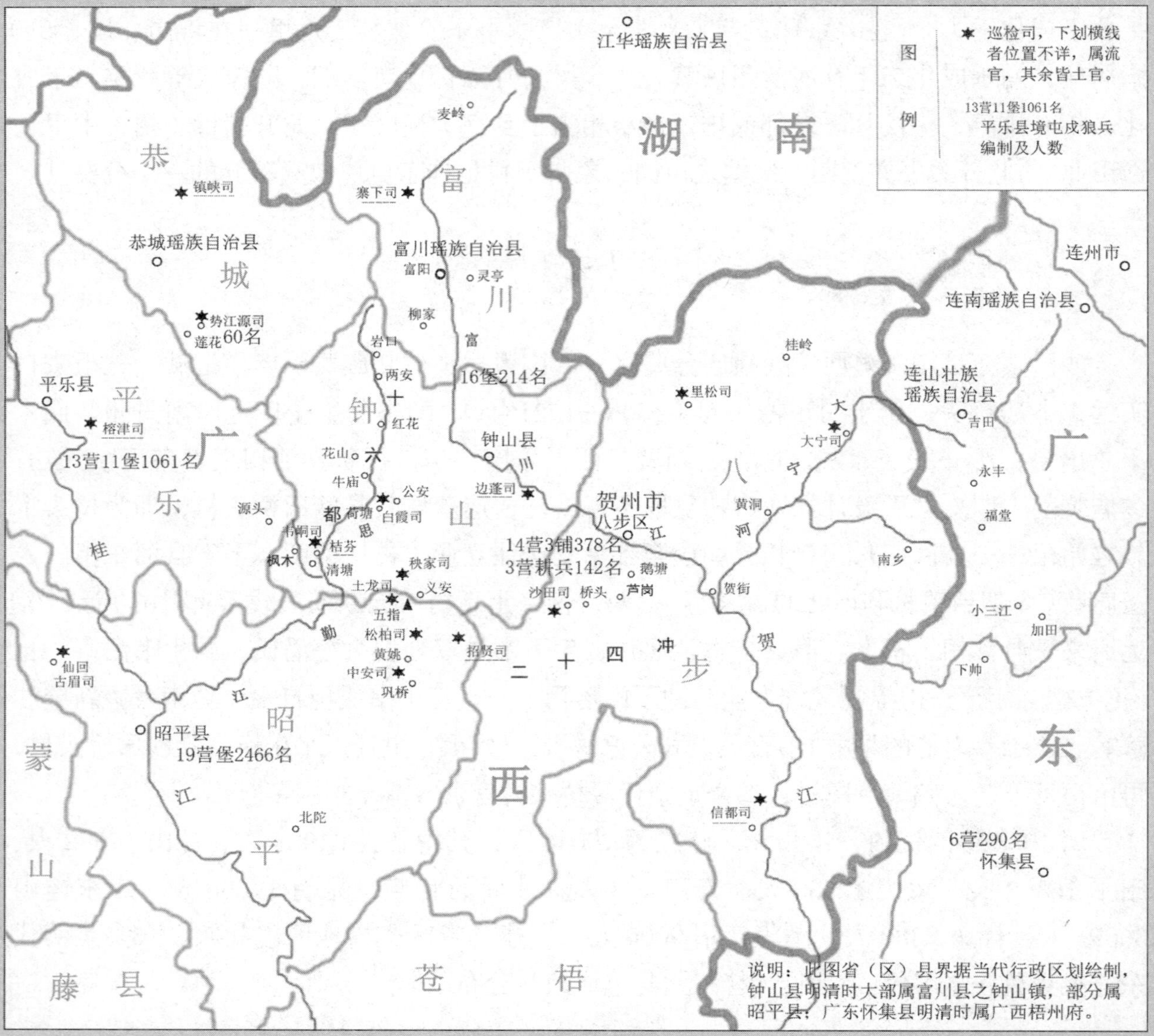

说明：此图省（区）县界据当代行政区划绘制，钟山县明清时大部属富川县之钟山镇，部分属昭平县；广东怀集县明清时属广西梧州府。

平乐县在明万历三十年有13营和11堡狼兵共1061名，领田耕守不支饷，轮派戍省的400名领布政司鱼盐银。

恭城县在万历初于势江源设土舍领营兵60名，善后设堡于凤凰山，留一哨官领百余兵耕食。清乾隆间存66名。

富川县在洪武二十二年韩观平蛮后设灵亭千户所，继而县治亦从钟山镇迁往富阳，加强北部控御。次年南边十六都苗瑶创乱，丹霞观《平蛮封地碑》云，钟益统旗百户剿杀七千，获授额外守御所千户世袭，永镇花山等处并就地耕食。民国《钟山县志》及胡庆生、陶红云《贺州瑶族》记载，为对付花山、桔芬、义安山区瑶壮，官府于各处设兵戍守，正统十二年设巡检司于荷塘之白霞街，居中控御。韦浩明《明代广西狼兵东迁及其历史作用》称，清塘壮村历史上是狼兵重要屯戍处之一，用以防堵十六都。钟山县壮族的韦氏族谱记载，其先祖居住庆远府东兰州，明朝有梧州反乱，太祖忠英、忠良奉旨征服……奉上司明文安扎岩口、清塘一带。清光绪《富川县志》载，明朝生员周真义招壮丁留驻此地，以备防御，即今之黄、姜、韦、莫、覃五姓是也，所居依山面水，田畴甚腴。万历三十年，富川县16堡屯兵共214名，其中8堡支府银、县银，8堡支县粮。

昭平县于明弘治九年龙彪以“杀贼功”授千夫长任昭平寨土巡检司世袭，传至清康熙十五年。万历间昭平耕兵共19营堡2466名，连同其5员把总均领田耕守不支饷。其中，秧家土司把总所管3营552名，向武黄仲掘任古眉土巡检所管的仙回营3堡540名，壮人潘积穰任土龙土巡检所管五指等4营500名，东兰土官韦镜任把总的韦峒3营414名，松柏土司把总管4营376名，非土司所管2堡84名。明代府江两岸的平乐、昭平及永安、修仁4州县由世守土司所管耕兵共为4682名，统辖于昭平参将。

贺县于万历间有14营3铺共378员名，其中1员千户及2名军伴管辖5营198名，大宁寨土巡检把总管辖4营40名，里松营土巡检把总管辖1营27名，沙田土巡检把总所辖不明。另有东立、西立、大湾3营耕兵142名领种“贼遗田土”不支饷。（贺县今为八步区）

怀集县于万历三十年有6营耕兵共290名。清乾隆二十二年县耕总、哨长、耕兵共384名，兵田3233亩9分。

田州　横山寨　工尧隘

田州地域自然条件优越，是壮族先民自远古以来就在该地渔猎耕牧、繁衍生息的富庶之区，同时也是土酋、土官、土司不断争夺的古战场。横山寨、工尧隘因为是交通咽喉，史载之战事更为频仍。

（一）

田州的中心区处于自然条件优越的百色盆地上，盆地自西北向东南倾斜，长 90 公里，南北宽 10~15 公里不等，旧志称其治所周遭“地旷如田”，故名田州。因处于低纬度，气候温暖，雨热同季，右江从盆地中穿过，此地适合农耕渔牧，壮族先民早就在此“从潮水上下”种植稻谷，开启了“那”文化的先河。[①] 田东县林逢镇檀河出土的“百色手斧”证明，80 万年前此地就是壮族先民的发祥地，亦即人类的发祥地之一。考古还发现，祥周镇旧州屯东北 2.7 公里处的甘莲村江洞屯锅盖岭有两座战国墓葬，出土有春秋战国时期的铜鼓、铜剑、铜矛、铜戈、斧、叉形器及 5 件玉饰。旧州屯北 6.5 公里处的联福村大索屯战国墓出土有万家坝型铜鼓两面。旧州屯东北 11 公里处的仓圩村梁好岭战国墓出土有四轮铜马车。这些文物表明，田州境的壮族先民早就与中原及西南地区有交往，领先出现了文明的曙光。

唐开元年间（713—741 年）此地置田州，治所在今祥周镇东南郊之旧州屯，辖横山、都救、惠佳、武龙、如赖 5 县。天宝元年（742 年）田州改为横山郡，乾元元年（758 年）复改为田州。贞元二十一年（805 年）田州废，改为田州羁縻州，五代及宋因之，治所仍在旧州屯。宋景祐年间（1034—1038 年）设横山寨，辖十余个羁縻州县。元代，置田州路军民总管府，治所仍在旧州屯，辖上隆、恩城、果化、归德、都康、向武、思恩 7 土州和上林、富劳 2 土县。明洪武二年（1369 年）改田州路为田州府，治所不变，领上隆、恩城、归德、果化 4 土州和上林土县。成化三年（1467 年）上隆州徙治浔州境，更名武靖州。弘治十八年（1505 年）归德州改属南宁府。嘉靖七年（1528 年）田州府降为州，继而果化改属南宁府。综上所述，相继设州、设郡、设县、设寨、设路、设府的今祥周镇旧州屯和百银村，在唐宋元明四朝一直是一个区域性的政治中心。田州虽富庶，但远离中原，朝廷所设衙署，势单力弱，唐宋时期在此只求羁縻而已。宋设横山寨，土官开初尚敬畏之，不久就不再把它放在眼里，寨提举不能直接调遣其一兵一卒，全寨只有官

① 《广西壮族自治区地图集·土地资源》的《土壤》图上表示田阳一带为“潮土”，图上说明广西贵港、玉林、北海一带潮土较多，分布于河流阶地和河谷地带，适种性广，宜于耕作，但须注意防洪排涝。

军600名，汉人寨主能奈拥兵成千上万的诸峒土官何？元明时期虽确立了土司制度，颁布有一套法令，元朝规定凡土司“兴兵仇杀者，坐以叛逆之罪”，但被任命为来安路总管的岑世兴和他的儿子就陆续夺取了原属于侬氏的上林州、罗佐佐州和攻占了原属于黄氏的路城、唐兴、兼州和田州。明朝对“梗化叛蛮”多次集重兵讨伐，斩首成千上万，但大小土官争权夺利，兼并仇杀不断（见《田州境域兵事录》），田州这方富庶土地上的峒民成为频年土司战争的受害者。

田州处在川黔滇桂交通线上，是数省的物资集散地。宋绍兴三年（1133年）横山置司马市，购买西南的马匹供应内地。同时廉州之盐亦分别由钦、横、宾、贵、浔、梧、藤、象、柳、容等州转运至横山仓，再运往西南各地。商业的兴起，引发了土酋和土司的利欲。宋嘉定年间（1208—1224年），羁縻州酋领岑汝弼和黄灿各置兵五千于“买马左右”，“争招马之利”而火并厮杀，还怂恿其部众在唐兴、路城一带拦路打劫，蛮人卖马得银锦而归，率被所掠。广西经略安抚司办公事范克信挺身深入溪峒陈说利害，晓谕岑黄双方敛兵释仇，并戒诸峒凡马所过咸开门献牛酒，马市才恢复交易。弘治十一年（1498年），思恩土知府岑濬派兵到田州丹良右江边筑石城，驻兵千人，截江道以刮商利，榷客商鹾货（向盐商抽税），还阻拦公使入田州。官府下令拆毁石城，岑濬不从。副总兵欧盘赴田州戡乱返程路过，令所带官兵毁之，岑濬兵抗拒，杀死官兵二十人。岑濬称霸一方，终被官府集兵十万剿灭。

（二）

横山寨，宋代管理桂西右江羁縻地区军政事务的官署，位于今田东县祥周镇百银村上寨、下寨、银匠三个自然屯之间，在西来的右江南折处之东岸。横山寨西北有长蛇岭，主峰海拔150米，山势绵延横亘，书名横山，横山寨因山而名。据1982年自治区文物调查队的田野调查，城址呈长方形，面积约38400平方米，城墙底宽约12米，护城河宽约16米、深3米。城址采集到宋代陶瓷片、明清砖瓦碎片等，城内建筑已毁，仅存残垣。横山寨开设于景祐年间（1034—1038年），负责管理上林、果化、惠佳、田州、婪凤、功饶、侯唐、上隆、奉议、泗城、利州、露城、龙川、武隆、归乐、归德、向武、都康等羁縻州县，此范围包括了现在的平果县、田东县、田阳县、右江区、田林县和凌云县的大部分及天等县的一部分。“平居则与之平仇杀、禁掠卖；有寇则调兵于诸峒，协力以合战。”寨内设提举都巡检使、知寨、主簿，寨官为汉官，掌诸峒财赋供养官兵，官兵则护卫寨官，控制诸峒。峒丁有争，讼诸土官；若不能决，或土官自争时，则讼诸寨或提举；又不能决，讼诸邕管，以至帅司。《岭外代答》卷3《沿边兵》载：“邕屯全将五千人，以三千人戍横山、太平、永平、古万四寨及迁龙镇，其二千人留州更戍。”据此，横山寨戍兵约为600名，占此5000名戍兵百分之十二。新编《田东县志·军事篇》载，横山寨除有正兵长戍600人外，还有寨丁（又称峒丁、乡兵）900人。

横山处于右江中部“之”字形折转处，此地驻兵可以控制右江航道，在交通以水路为主的时期，其军事位置十分重要。史料记载，唐贞观十三年（639年）渝州人侯宏仁自牂牁开道，经西赵、横山出邕州；咸通二年和五年、六年（861年和864年、865年）南诏多次进攻邕州皆取道横山，说明横山在唐代已显示出它是川滇黔桂交通线上的要害。宋代在横山设寨后，先后发生过三次重大交战：皇祐四年四月（1052年5月），在右江文村和田州经营了数年的侬智高多次求附被拒后决心起兵反宋，"拔邕州据广州以自王"，其东进首先必须突破驻有守军一千五百名的横山寨。他率部众五千沿江而下，兵力虽三倍于敌，但对攻城而言还算不上有很大优势，可能采取了某种特殊手段，才能旗开得胜。此战史载甚简略："寨主右侍禁张日新、邕州都巡检左班殿直高士钦、横州同巡检右班殿直吴香死之。"（智高）"掠其寨人，因其仓库而大赈之。"但此记录表明戍兵和寨丁多数并未跟随主官进行顽抗，而且随即参加了侬军。侬智高破寨两百年后，开庆四年（1262年）蒙军兀良哈台率四王骑兵三千、蛮僰万人，作为迂回部队攻宋，破横山寨，并追击宋军至静江府。景定元年（1260年）三月，蒙军又自大理绕道横山北上往攻衡州，在横山再次激战，宋军"将士效节，多死行阵"，宋理宗为横山总管张世雄等七人各赠十官资，赐缗钱万恤其家。

横山寨因处在重要交通线上，历史上发生数起攻防战。

（三）

工尧隘，据《田东县地名志》载，因其周围鹧鸪鸟多，又称鹧鸪坳，是桂西走廊上的险要关口，位于今田东县思林镇驻所东南4公里处，介于人头山与内元坡之间。隘口宽250米，隘长2300米，两侧山崖矗立，坡陡路曲，形势险要。以前草木丛生，仅有一条小路通行，现在324国道穿隘而过。笔者实地考察，看到隘间国道已做降坡处理，下挖一米至四米不等，但仍显坡度，道路自西北往东南为两公里多的爬坡路段。路南侧为土坡，坡度二三十度。路北侧为三十至七十度的山坡山崖，居高临下，下礌放箭、开枪发炮，或队伍冲击，均势难抵挡。历史上工尧隘是进出古田州的咽喉，明代土司兼并仇杀和官军讨伐土司，曾在此进行过多次交战，见诸史载的战事列述于下。

天顺元年（1457年）田州土目吕赵自称敌国大将军，张旗帜、鸣钲鼓，率众北上南下，劫掠南丹州和占据向武地方。天顺三年（1459年）田州土知府岑绍告老致仕，以嫡子岑镛袭职，被吕赵逐走，官府令岑鉴袭职，又被吕赵杀害。吕赵纵兵攻破镇安、奉议、南丹等州，还祸及上隆、恩城。天顺四年（1460年）三月，协赞广西军务吴祯奉敕剿捕吕赵，率官军水陆分进，攻破工尧、婪凤二阙，直捣田州府城。吕赵宵遁，官军追至云南富川，贼众悉降。吕赵带数骑走镇安，被追踪斩首。

弘治六年（1493年）九月，田州土知府岑溥被其失宠的长子杀死，溥母令府目黄骥护送季子岑猛（四岁）赴督府谋求袭职。黄骥与府目李蛮有隙，向督府控告李蛮谋反，督府令思恩土知府岑浚派兵护卫岑猛回田州。黄骥与岑浚诱迫岑猛立卷分地，以酬其劳，然后出兵护猛回府，拟伺机杀掉李蛮。李蛮获悉，"以兵拒之于工尧"。黄骥此计未遂，将岑猛带进思恩。溥母疑其有诈，控于督府。弘治十一年（1498 年）督府连续遣官索取岑猛，逾月才得放出，暂寓省城。七月岑猛得袭知府，黄骥、岑浚获悉大怒，遂邀泗城、东兰土官，共集兵五万攻破田州，李蛮退走，田州被杀掠两万多人。八月督府遣官至，兵始散。弘治十五年（1502 年）十月岑浚率八寨、述昆乡兵二万余人，破工尧，陷田州，杀掳无算，岑猛走免。次年（1503 年）七月，岑浚又破工尧。九月破田州，岑猛以数骑奔归顺，其祖母、妻子妇女被掠走一百二十九人，府境兵民被杀戮无算。岑浚另立岑洪为知府。弘治十八年（1505 年）督府调官军和土兵十万八千余人，从庆远、柳州、武缘、上林、丹良、工尧分进合击，剿捕岑浚。岑浚分兵阻险抗拒，不敌，遁入思恩旧城又遭围攻，势蹙，自尽。籍载的上述各处，岑浚所能阻险抗拒的，工尧隘当属其一。

嘉靖五年（1526 年），因岑猛江西“剿贼”归来后富甲两江，兵势日锐，不断侵凌旁郡，称霸一方，督府姚镆奏诛之。鉴于岑猛拥兵数万，其妇翁——岑猛妾瓦氏之父归顺土知州岑璋还可能出兵相助，姚镆调集汉达官军和土兵十万二千三百余人来讨伐他，并依参将沈希仪之策，先谋得与岑猛有隙的岑璋做内应，用计智取了工尧隘，然后诱擒岑猛于归顺。据唐顺之《广右战功录》记载：官军分五哨进攻，岑猛劲兵尽在工尧，诸将死让无敢当者，唯沈希仪自请将中哨任主攻，“去工尧五里而军，进攻隘，隘坚，复退营五里，而粮且尽”。当时左哨隔江扎营，沈潜济江，就左哨将乞粮，而请并兵攻工尧。左哨将以各哨已划分有任务范围拒绝。沈笑曰：兵、粮吾自有之，姑试君尔。左哨将惭。沈还军，乃夜分军三百人缘山而右走间道；三百人缘江而左上山，都绕出工尧背，准备插旗为号。煮余粮为稀糜，吃了就走。黎明合战，猛兵殊死斗，官军却，麾而进又却。沈亲斩却者一人提其头以令军，复麾而进。此时，前夜所遣间道卒皆已至，登山插旗。协助猛军守工尧的岑璋两千兵在后阵，望见山上旗，大嚣曰：官军得工尧矣！溃而却。猛军见后阵却，亦嚣而却。官军乘之，斩猛子邦彦于阵中（另记是：邦彦中箭窜死山中），蹂尸十里。遂入隘，得其积粟，军始饱，乘胜攻田州。岑猛闻工尧破，窘急欲走交趾，守护其身边的岑璋兵绐之曰：路上已伏官兵矣，不如且走归顺再作后图。猛不得已而从之，至归顺，岑璋以子女歌舞饮食恣猛，圈留之，而遣子驰田州报告沈希仪。沈入田州五日后诸哨跟进，猛在归顺事颇泄露，左哨将因移军压归顺境，索猛欲自为功。岑璋以二十牛百瓮酒犒军，谓左哨将曰：猛诚有之，公勿急也。于是醉猛而斩其首，函送督府。然后斩他囚首贯猛尸与左哨将。左哨将抽军献“猛首”至督府时，猛首已枭一日矣。据《蛮司合志》卷十三载，此左哨将姓胡名尧元。

就小范围而言，工尧隘是进出古田州之咽喉；从大范围来看，工尧隘还是滇与桂，也是西南与华南交通的一处锁钥，近代也发生过一次重大战斗。民国十九年（1930 年）六月蒋冯阎大战爆发，李白黄率桂军赴湘，协同张发奎的粤军和唐生智的湘军反蒋。蒋介石令滇军进攻南宁，抄北上桂军之后路。龙云派卢汉为总指挥，带张冲师一万余人经贵州兴义进入广西，滇军派代表向当时转战桂西的红七军下“警告书”，要红军退出百色—平马—果化—南宁沿线，保证滇军通行无阻。鉴于敌众我寡，红七军前委决定让开走廊，待其主力通过后截击其后队，夺取辎重，战场就选在地形险要的工尧隘。7 月 10 日，当滇军大部过了果化以后，红七军部队迅速占领 2.3 公里的工尧隘两侧，布置阵地，抢筑工事，待滇军辎重进入隘中，红军居高临下突然开火，滇军伤亡颇重，但仍极力反击，战斗十分激烈。思林的农民赤卫军亦赶来助战，砍树拦路，迟滞滇军队伍的行进。由于红军 4 挺重机枪缺水哑了火，滇军得以突破隘口而去，红军追至果化附近乃还。此次战斗持续了三天三夜（一说五昼夜），红军毙伤滇军 600 余人，缴获长枪 1482 支、子弹数万发、东毫龙毫十余驮、马 12 匹，红军亦伤亡 400 余人。

田州境域兵事录

（境域包括田州和田州路、府辖区及横山寨主要辖区）

时间	战况	性质
861年	南诏反唐突破横山寨以进攻邕州。	取道
864、865年	同上。	取道
1052年	侬智高拿下横山寨以进攻邕州。	取道
1208—1224年	岑汝弼与黄灿火并，怂恿部众在唐兴、路城一线拦路打劫卖马人。	土官争马市之利
1259年	蒙军一万三千人破横山寨往攻静江。	取道
1260年	蒙军再破横山寨往攻衡州。	取道
1319年	来安路总管岑世兴夺占唐兴州，被诏谕。	土司兼并
1322年	岑世兴作乱，朝廷遣兵讨之。次年改诏谕。	土司兼并
1324—1325年	朝廷以岑世兴为怀远大将军，遥领沿边溪洞军民安抚使配虎符，仍任来安路总管（治所今田阳县城）。次年九月岑世兴上言不反，并请设监官，次月即夺占上林州。	土司受抚 后又作乱
1326年	岑世兴及镇安岑修文“合山獠角蛮六万余人为寇”。《招捕总录》载，元代岑雄、岑世兴父子先后夺取了依氏的上林州、罗佐佐州和黄氏的路城、唐兴、兼州、田州。	土司兼并
1328年	来安路岑世兴受云南安隆寨岑世忠进攻。	土司火并
1372年	来安府岑振被宗叔田州府岑坚诬陷，总兵将来安交岑坚兼守。	土司兼并
1373年	田州溪洞“蛮贼作乱”，被岑坚讨平。	土司镇压洞民
1395年	奉议黄志威、向武黄世铁及都康、上林、南丹等土官反明，龙州土官亦不应诏。都督杨文率官军二万及田州、泗城土兵三万八千讨伐，斩黄世铁部众及家属26647人。	镇压土司
1437年	泗城岑豹兴兵攻占利州25甲土地人民。	土司兼并
1442年	岑豹夺占程县。	土司兼并
1457年	田州土目吕赵率众掠南丹，占据向武地方。	土目扩张
1459年	吕赵杀知府岑鉴纵兵攻破镇安、奉议、南丹，上隆、恩城亦受其害。次年官军攻破工尧、婪凤二隘入府城，追斩吕赵于镇安。	土目扩张 官府镇压
1465年	泗城岑豹率众4万攻劫上林司，据其境土。	土司兼并
1480年	田州土目黄明作乱，逐走知府，大肆屠掠。	土司内乱

续表

时间	战况	性质
1483年	恩城岑钦攻入田州，焚治所，大肆劫掠。其叔父田州知府岑溥败走，诉于总督。	土司火并
1487年	泗城岑应父子迄已杀占广西12州及贵州镇宁地方，是年又与恩城岑钦父子联兵攻夺田州。	土司兼并
1490年	泗城、恩城联兵攻入田州，杀虏人民26300余人，占据田州地方。	土司兼并
1493年	田州知府岑溥在右江练兵，夜间被其长子岑猇杀死于战船上。溥母倚黄骥镇压了叛党，继而黄骥与府目李蛮争权，构兵仇杀。思恩岑浚与黄骥勾结，插手田州内斗。	土司内讧
1498年	岑浚纠泗城及东兰共出兵5万攻田州杀掠男女16200余人，溺死无算。副总兵欧盘赴田州戡乱路过丹良，令部属拆毁岑浚擅设的收税石城，被岑浚兵杀死20人。	土司火并；截江收税
1499年	是年起，岑浚屡寇田州之恩城、果化、上林等州县；田州土目以泗城岑豹为应援杀掠男妇，劫烧仓库民庐，夺府学及横山驿印记。	土司劫掠；土目作乱
1502年	岑浚兵2万余破工尧，陷田州。	土司火并
1503年	岑浚兵七月破工尧，九月破田州。	土司火并
1505年	官府调集官军及土司兵108000余人围剿岑浚，斩捕4790级。	镇压土司
1523年	岑猛纠奉议、向武等出兵攻打泗城岑接，占据府城，称岑接非岑氏后而窃据其祖业。	土司火并
1526年	官府调集官军和土司兵102370余名分五路进攻田州，围剿岑猛。	镇压土司
1527年	岑猛余党卢苏、王受纠众里应外合攻打田州府城。官军万人守田州，但兵散在各处，败走向武。	土司反抗官府
1535年	田州内讧，武靖州岑邦佐由镇安岑真宝及泗城、那地、东兰土官支持回府夺权，攻入田州，杀掠万人；向武黄仲金归顺岑瓛支持另一派，袭击镇安府。混战死伤万计。	土司火并
1620年	田州岑懋仁支持上林黄德隆袭破县城，杀死其兄知县黄德勋夺印。	土司内讧
1703年	田州老土目与当权首目不和，请东兰及云南广南出兵来将之逐走。首目方又诱阳万州出兵来攻田州。老目方则让亲戚从里定带防兵回援，击败之。	土目内斗
1855年	田州土知州岑乃青病死无嗣，各支争袭，岑裕基与岑熙仇杀，江州、仓圩一带“杀人盈野”。官府派兵镇压未能停息，后形成岑森、岑鋐两派系互相攻杀不已。	争袭仇杀
1875年	巡抚刘长祐奏准田州改土归流，年底岑润青纠众反清，官府派来三个营及团练镇压，田州平。	反抗改流，官府镇压

注：①据唐代至清代的历史记载，田州境域一千年间发生的较大战事共37起。其中25起为土官、土司、土目间的火并；1起为土司余党叛乱；5起为官军讨伐不法土司；1起为土司镇压造反洞民；5起为外军过境发生的攻防战。

②田州土司兵外出作战有瓦氏夫人东征抗倭，岑懋仁、黄绍纶于下雷、湖润、归顺堵御来犯之交趾兵。此外大量是应调外出清剿农军，部分是参与讨伐作乱土官，还有数次出境参战。

田州历代建置图

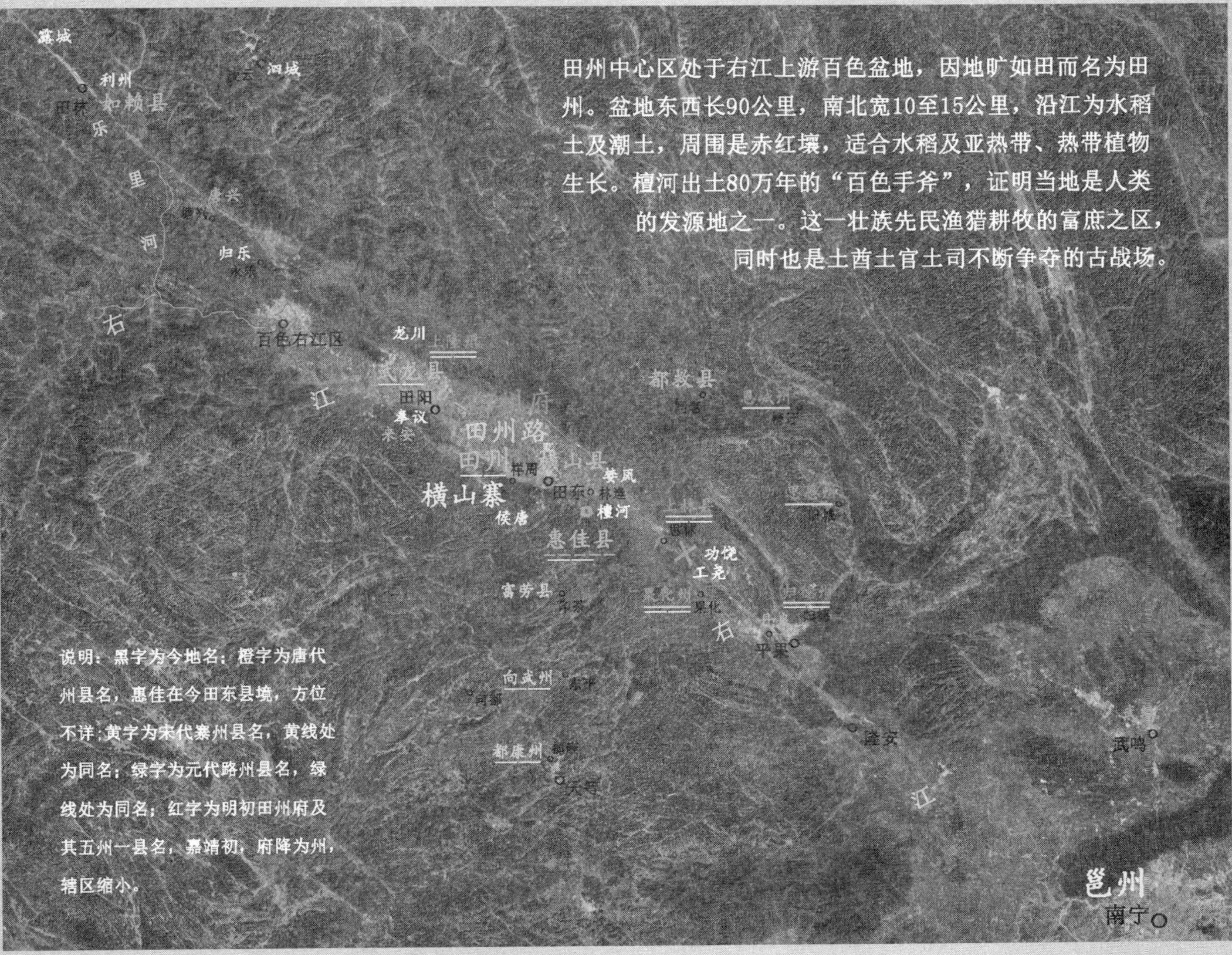

右江上游百色盆地是壮族发祥地之一

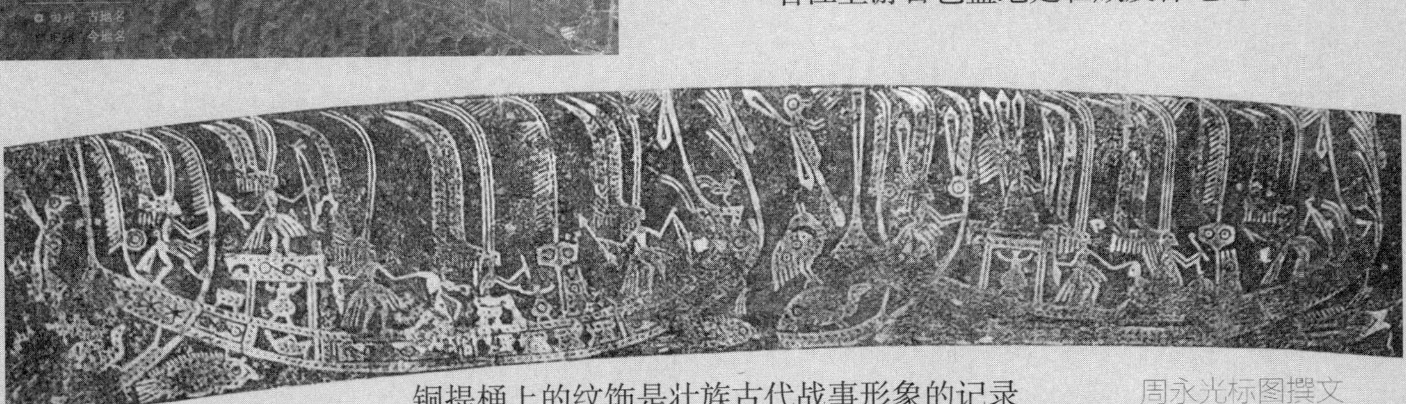

铜提桶上的纹饰是壮族古代战事形象的记录

周永光标图撰文

工尧隘嘉靖之役战场态势图

自西北方向看工尧隘口

自东南方向看工尧隘口

工尧隘南侧土坡

工尧隘北侧山体

周永光标图拍照

后 记

《瓯骆风云》是我研究壮族古代诸武装的性质、发展演变及其活动规律的探索性的著作，当代壮学研究领军人年届九旬的张声震先生对这部专著十分关注，要求每章初稿写出后即送他审阅，还多次约谈，提出意见和加以鼓励，并将他赴内蒙古访问得到的一部《蒙古族古代军事史》送给我参考，其意殷切，感人至深。广西社科院副院长黄铮、广西民族研究所研究员莫家仁，为我的研究和编写工作，提供了不可或缺的帮助。还有广西文化厅副厅长谢日万、广西博物馆原馆长蒋廷瑜、广西社科院研究员周中坚、贺州学院教授韦浩明、退休的志友凌火金、下雷退休历史教师侬兵、忻城文史委主任韦业猷，以及兴安、上林、马山等县文管所的同志，为我的考察工作给予支持乃至辛苦陪同。来宾市和忻城县两土司文化研究会对本书的编辑出版也曾给予帮助，在此一并表示谢意。还应该感谢莫乃群先生主编的《桂苑书林》广西基本史料的辑录和点校者，张老主编的《壮学丛书》诸资料集的编纂者，嘉庆《广西通志》的编修者和点校者，以及有关新编地方志的编修者。有了他们开辟路径，铺出阶梯，我们后人才能捷足而登，不然我想我至今还在书山中苦苦攀爬。

子曰："学而不厌，诲人不倦。"我是个追求认知之乐的人，自军事机关转业后便进了通志馆的门，利用编辑出版《广西地方志》期刊之便，在探讨修志理论的同时，致力于家乡古今情况的研究，从事地方志就像进了一个永远不会毕业的大学。2001 年退休后为《广西通志·旅游志》编撰了三百多则共十五万字的《名人旅桂》篇，2006 年又承揽了这部专著来编写，忙得不亦乐乎。自己学习研究的成果编写成书出版，是在"诲人"，但我不是好为人师，而是与读者交流学习心得，跟乡亲、朋友、同事分享认知的快乐。我本着这样的志愿和心情来编写这本《瓯骆风云》，十年间边学边写，自编自审，三推四问，数易其稿，企求完美。史学的最高境界是"竭泽而渔"，上大学时去过云梦泽，能想象得出其远古时的渺无涯际，我六十七岁才修史，哪能做到"竭泽而渔"，自己提出的低要求是"竭沟而渔"，努力把本课题的情况掌握全、理清楚，在一段小沟里求得"水落石出"。毕竟事物是相互联系的，不谋全局者不足以谋一隅，尚未对壮族历史全面深入的掌握是我的不足，所以我写的这本书因能力所限，错漏难免，乞方家和读者给予批评指正。

2017 年 3 月 23 日完稿